U0930113

中国石油天然气股份有限公司
冀东油田分公司年鉴

2010

中国石油天然气股份有限公司冀东油田分公司 编

石油工業出版社

图书在版编目（CIP）数据

中国石油天然气股份有限公司冀东油田分公司年鉴．2010 ／中国石油天然气股份有限公司冀东油田分公司编．
北京：石油工业出版社，2011．12
ISBN 978-7-5021-8757-6

Ⅰ．中…
Ⅱ．中…
Ⅲ．油田－河北省－2010－年鉴
Ⅳ．F426.22-54

中国版本图书馆 CIP 数据核字（2011）第 213914 号

中国石油天然气股份有限公司冀东油田分公司年鉴
2010 ／中国石油天然气股份有限公司冀东油田分公司编

出版发行：石油工业出版社
（北京安定门外安华里 2 区 1 号　100011）
网　址：www. petropub. com.cn
编辑部：（010）64523594　发行部：（010）64523620
经　销：全国新华书店
印　刷：石油工业出版社印刷厂

2011 年 12 月第 1 版　2011 年 12 月第 1 次印刷
787 × 1092 毫米　开本：1/16　印张：23.5　插页：18
字数：528 千字　印数：1—800 册

定价：288.00 元
（如出现印装质量问题，我社发行部负责调换）

《中国石油天然气股份有限公司冀东油田分公司年鉴》
编 委 会

《中国石油天然气股份有限公司冀东油田分公司年鉴》
主 审、主 编

《中国石油天然气股份有限公司冀东油田分公司年鉴》编辑部人员

高福仲　袁　敏　龚彬馨　赵冬梅　杨玲凤　覃锦元
刘　颖　潘　欢　李　洁

《中国石油天然气股份有限公司冀东油田分公司年鉴》摄影人员

刘占军　刘金平　王　祥　朱大军　朱米福　安晓文
刘生银　张常忠　陈占华　刘　颖　杨　俊　贺松波
韦敏慧　龚彬馨　李　洁　郭全福　寻灵杰　刘培义
刘志家　张　猛　周　毅　韩合营　李大明　刘永刚
胡　蕊　何　瑶　杜乐元等

编　辑　说　明

一、《中国石油天然气股份有限公司冀东油田分公司年鉴（2010）》是中国石油天然气股份有限公司冀东油田分公司（以下简称冀东油田公司）主办的专业性年鉴，是一部求实性与创新性相结合、具有地区特征与行业特色的工具书。本卷年鉴全面、系统、翔实地记录了冀东油田公司在2009年的主要工作、成就和经验，真实地反映了冀东油田公司广大员工为实践科学发展观和加快冀东石油的发展而付出的艰辛，具有指导性、实用性和保存价值。

二、本卷年鉴采用篇目、栏目、条目三级标题及分类编辑和陈述与说明式方法，以文字记述为主，照片、图表为辅。

三、本卷年鉴内容设有总述、油气勘探开发、油田基本建设、科技信息、质量安全环保管理、企业改革与管理、行政管理、党群工作、机构与人物、单位概览、油田大事记、附录12个篇。

四、本卷年鉴初稿、资料等主要由冀东油田公司机关、基层单位、油田史志办等提供，处室及单位领导审查，并加盖公章后上报油田史志办。

五、为行文简洁，本卷年鉴对机构名称采取首次出现时采用全称，随后改用简称。如“勘探开发研究院”简称为“研究院”等。

六、根据年鉴编写体裁的要求，撰稿人对所提供的初稿进行了多次修改，主要编写人对上报稿件重新进行了撰稿和补充。

七、本卷年鉴统一了全书体例，规范了专业名词术语等，在编辑过程中讲求了逻辑性和严谨性，语言文字表达力求顺畅、简洁、易懂、准确。

八、本卷年鉴的编纂工作，得到了油田各级领导、撰稿人及相关人员的关心、支持和帮助，在此，致以诚挚的谢意。同时，由于编辑部人员经验不足等原因，书中难免有误，恳请批评指正。

《中国石油天然气股份有限公司冀东油田分公司年鉴》编辑部

2011年6月1日

中共中央政治局委员、国务院副总理张德江（前排左四）来唐山视察并听取冀东油田工作汇报

中国石油天然气集团公司党组书记、总经理蒋洁敏（前排左一）来冀东油田检查指导工作

中国石油天然气集团公司党组成员、副总经理王宜林（左排中）来冀东油田检查指导工作

中国石油天然气集团公司党组成员、副总经理廖永远（中）来冀东油田检查指导工作

中国石油天然气集团公司党组成员、副总经理喻宝才（右二）来冀东油田检查指导工作

中国科学院院士、中国石油学会理事长贾承造（左一）来冀东油田检查指导工作

中国石油天然气股份有限公司副总裁赵政璋（左一）来冀东油田检查指导工作

中国共产党中国石油冀东油田公司第一次代表大会

冀东油田公司 2009 年工作会议暨三届三次职工（会员）代表大会

冀东油田公司 2009 年度“双文明”表彰大会

冀东油田公司 2009 年度工作务虚会

第三届渤海湾油气田勘探开发技术座谈会

冀东南堡油田潜山勘探技术座谈会

冀东油田公司健康安全环境委员会会议

冀东油田公司"和谐油区"共建座谈会

冀东油田公司综合治理会议

冀东油田公司落实“三控一规范”领导干部会

冀东油田公司“劳动模范”事迹报告会

冀东油田公司开展深入学习实践科学发展观活动动员大会

冀东油田公司深入学习实践科学发展观活动总结暨“创先争优”表彰大会

冀东油田公司总经理、党委副书记苟三权（前右）深入基层检查指导工作

冀东油田公司党委书记、副总经理张国旗（前左）深入基层检查指导工作

冀东油田公司党委副书记、纪委书记、工会主席金明权（中）深入基层检查指导工作

冀东油田公司副总经理常学军（前左）深入基层检查指导工作

冀东油田公司副总经理焦向民（中）深入基层检查指导工作

冀东油田公司副总经理兼矿区服务事业部主任席励新（前）深入基层检查指导工作

冀东油田公司总地质师董月霞（右一）深入基层检查指导工作

冀东油田公司总会计师严九（右一）为会计知识竞赛获奖者颁奖

冀东油田公司副总经理、安全总监修景涛（右二）深入基层检查指导工作

冀东油田公司领导班子成员（从左到右：修景涛、董月霞、焦向民、金明权、苟三权、张国旗、常学军、席励新、严九）

冀东油田公司总经理、党委副书记苟三权

冀东油田公司党委书记、副总经理张国旗

冀东南堡油田 1 号陆上终端工程投产

开发技术公司测试大队成立

志达公司码头与海上运输管理中心成立

科研人员开发井位论证

安全流程检查

应急演习

事故分析会

设备维修

产品检验

员工技能竞赛

整齐待检

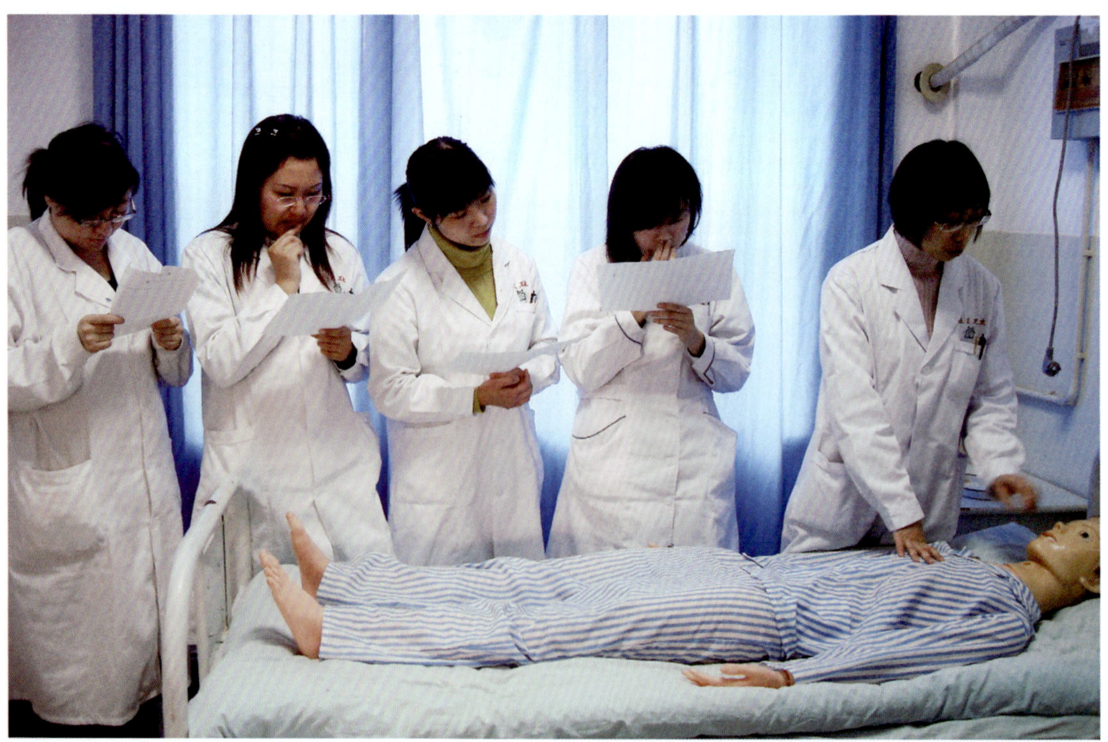

医护人员技能考核

迎宾培训

第五届职工运动会

冀东油田公司第十届职工篮球比赛

冀东油田公司领导与国庆节晚会演职人员亲切握手

集体婚礼

冀东油田公司参加唐山市职工庆祝新中国成立60周年歌咏大会获优秀组织奖

文化艺术周演出

业余播音主持大赛

4 号岛全景

开发中的高尚堡

冀东油田公司唐海职工文体活动中心

冀东油田地理位置图

北京市
三河市
蓟县
香河县
玉田县
迁安市
卢龙县
昌黎县
唐山市
滦南县
乐亭县
唐海县
柳赞镇
黑沿子
北堡
南堡
曹妃甸
汉沽区
塘沽区
天津市
廊坊市
固安县
102
205
106
图例
探明储量
控制储量
预测储量
海岸线
矿区线
工业园区

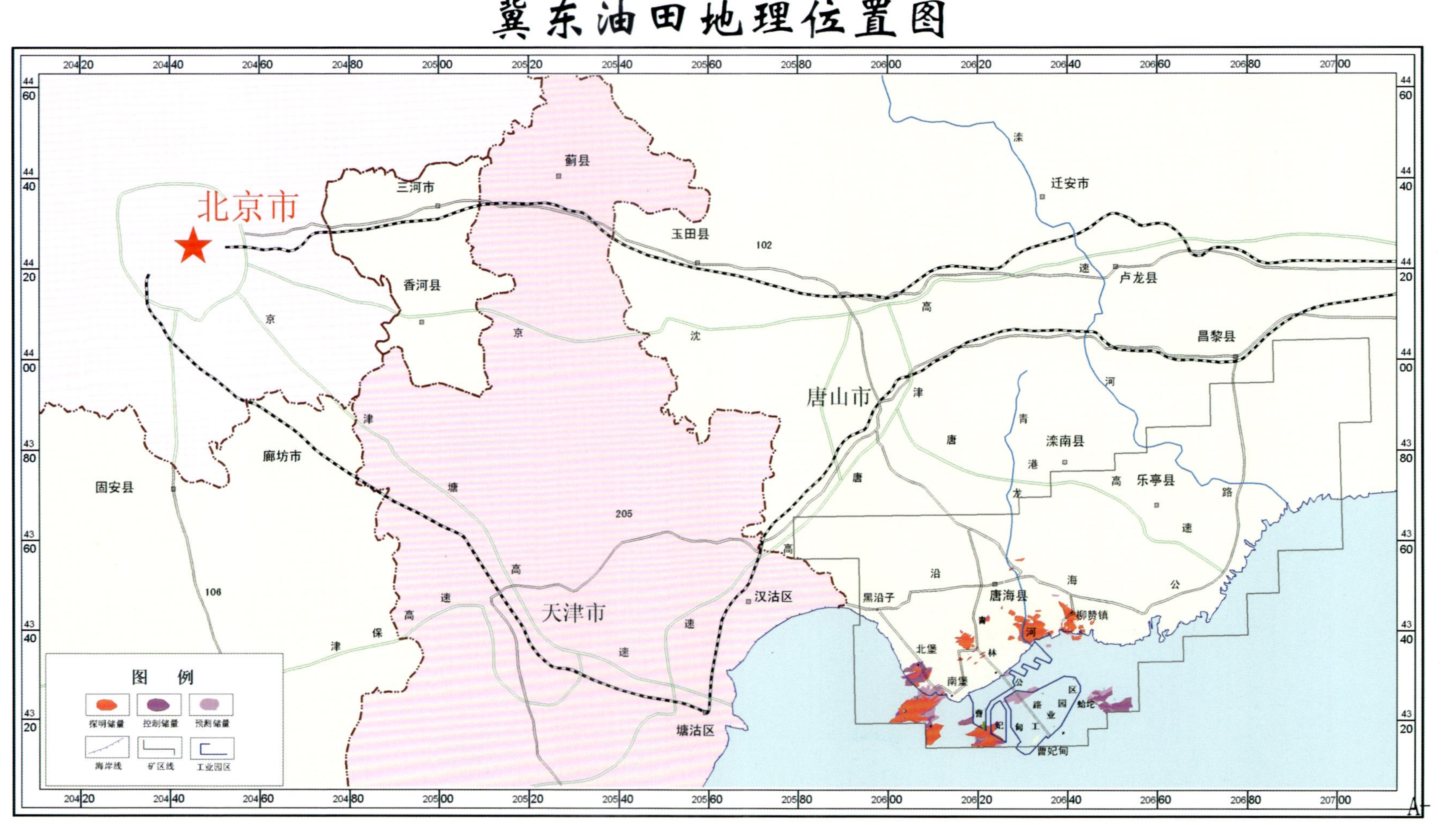

中国石油天然气股份有限公司冀东油田分公司机构图

- 油田机关处室(15个)
  - 总经理办公室
    - 勘探开发综合档案馆
  - 生产运行处
  - 规划计划处
  - 财务处
    - 资金结算中心
  - 人事处
    - 人才交流中心
    - 再就业协调办公室（劳务派遣公司）
  - 企管法规处
  - 质量安全环保处（冀东海洋石油作业安全监督处）
    - 安全环保监督中心
    - 工程质量监督站
  - 审计处
  - 科技信息处
    - 信息中心
  - 土地管理处
  - 党委办公室（企业文化处、团委）
  - 党委组织部
  - 纪检监察处
  - 工会办公室
  - 机关党委
- 直属部门(5个)
  - 勘探部
  - 开发部
  - 工程技术部
  - 基建海工部
  - 投资公司综合办公室
- 二级单位分公司(25个)
  - 勘探开发研究院
  - 钻采工艺研究院
  - 唐山冀东油田设计工程有限公司（勘察设计研究院）
  - 南堡油田采油作业区
  - 高尚堡油田采油作业区
  - 柳赞油田采油作业区
  - 老爷庙油田采油作业区
  - 井下作业公司
  - 油气集输公司
  - 油气销售公司
  - 勘探开发建设项目部
  - 工程监督中心
  - 中国石油海上应急救援响应中心
  - 供电公司
  - 唐山冀东石油建设工程有限公司
  - 供应处
  - 唐山冀东石油机械有限责任公司
  - 唐山冀油瑞丰化工有限公司
  - 开发技术公司
  - 唐山冀东油田能源开发有限公司
  - 唐山北田油气开发有限公司
  - 唐山冀东石油志达车辆服务有限责任公司
  - 唐山冀东油田工程造价咨询有限公司（工程造价与价格定额部）
  - 唐山冀东石油宾馆有限公司
  - 矿区服务事业部(卫生处)
    - 社区管理中心（退休职工管理处）
    - 教育培训中心
    - 职工医院
    - 冀东油田物业公司
    - 社会保险中心
    - 新闻中心

资料截止时间：2009 年 12 月 31 日。

要　　目

目　录

第一篇　总　述

油田综述

特载

专文

专稿

第二篇　油气勘探开发

油气勘探

油气藏评价

重大开发试验

新区产能建设

油气开发

钻井工程

采油工程

第三篇　油田基本建设

陆域基本建设

海洋工程建设

矿区基本建设

第四篇　科技信息

科技发展

信息工作

第五篇　质量安全环保管理

安全管理

环境保护

职业健康

质量管理

节能节水管理

计量标准化

工程质量监督

第六篇　企业改革与管理

企业发展思路

机构改革与业务调整

三控制一规范

规划计划管理

财务管理

人事管理

企管法规

审计监督

油气销售

集体资产投资管理

生产运行管理

土地管理

油田人物

第十篇　单位概览

勘探开发研究院

钻采工艺研究院

勘察设计研究院

南堡油田采油作业区

高尚堡油田采油作业区

柳赞油田采油作业区

老爷庙油田采油作业区

井下作业公司

油气集输公司

勘探开发建设项目部

工程监督中心

开发技术公司

供应处

冀东油田物业公司

第十一篇　油田大事记

第十二篇　附　　录

第一篇

总　述

油田综述

【概述】 2009年，中国石油天然气股份有限公司冀东油田分公司（以下简称油田）主营业务包括油气勘探开发生产，油气集输处理与销售以及机械制造、物资供应等为石油工程技术服务业务。截至2009年底，油田下设25个二级单位(分公司)、15个机关处室、5个直属机构。油田共有合同化用工4810人；拥有资产总额319.61亿元。2009年油田紧紧围绕中国石油天然气集团公司（以下简称集团公司）和中国石油天然气股份有限公司（以下简称股份公司）的工作部署，以科学发展观为指导，面对金融危机带来的挑战和严峻的生产经营形势，全面调整发展思路，确立科学发展思路体系，并狠抓落实，实现了员工思想观念、生产建设秩序和经营管理形势的三大根本性转变，各项工作都取得积极进展，经济效益显著提高，全面超额完成业绩指标。

2009年油田生产原油178万吨，其中南堡油田71.72万吨、陆地油田105.05万吨、轻质油1.23万吨，上报产量173.02万吨，完成计划的100%；生产天然气4.57亿立方米，完成计划的152.3%；油气当量达到209.48万吨。销售原油172.52万吨；销售天然气3.39亿立方米。实现销售收入64亿元，实现利润9.48亿元，分别超预算指标14.78亿元、17.6亿元；上缴税费6.61亿元。

【油气勘探】 2009年，在南堡滩海完成垂直地震剖面测井4口，完成南堡2–82井井中三维和地面三维联合地震采集11928炮；南堡滩海项目完成探井11口，完成年计划井口数的73.33%；完成探井进尺4.1120万米，完成计划进尺的63.7%，南堡陆地项目完成评价井4口，完成计划井口数的100%；完成进尺1.5323万米，完成计划进尺的109%；南堡滩海完成各类探井试油9口16层，获工业油气流4口。南堡陆地完成评价井试油4口6层，获工业油气流井3口。

南堡油田潜山勘探取得重要进展。坚持“贴断层、打高点、古近系—新近系地层直接覆盖”的定井原则，2009年已完钻的6口井在潜山风化壳均遇良好油气显示。

南堡油田东营组重大开发试验取得重要成果。主要完成了“保护油气层、认识油气层、认识产能、如何开发”4项试验内容，达到重大开发试验的目的，顺利通过股份公司验收。

南堡5号深层火山岩气藏地质综合评价获得新认识，重点研究火山岩气藏主控因素、分布规律及测井储层评价。通过井震结合，共识别出14个火山岩单体，总叠合面积225.3平方千米。

高南地区东营组为发育在高柳断层下降盘的断鼻构造，该区东营组累计上报探明石油地质储量1439.8万吨，剩余控制石油地质储量2134万吨，预测石油地质储量2010万吨。2009年部署评价井2口，均获工业油流。

南堡5号深层火山岩气藏完成4井

6层的大型酸化压裂改造，地质综合评价获得新认识；南堡4号构造中浅层预探评价已开钻3口，其中已完钻1口；南堡油田控制、预测储量评价研究取得新进展，评价升级方案初步确定；南堡陆地精细勘探取得新进展，进一步明确了庙南断裂带中浅层油藏、高南地区东营组、柳赞沙三段油气藏等下步勘探目标。

【油田开发】 一是产能建设。在精细油藏描述的基础上，遵循“评价先行、优化部署、滚动建产、先肥后瘦、效益优先”的原则，大力加强产能建设工作，钻井成功率和单井产量及产能到位率不断提高。2009年南堡油田新建产能60万吨，完钻新井91口，钻井成功率及产能到位率均达100%；严格执行油田开发建设程序，深化地质认识，不断优化方案设计，加强跟踪分析，及时调整井位部署，新井平均钻遇油层6.3层50.5米，投产初期平均单井日产油41.9吨，达到设计产能；持续加大产能建设实施过程中的组织协调力度，精心组织钻井和作业投产，推广优快钻井技术，平均机械钻速同比提高32.5%，平均钻井周期同比减少18.7天，平均建井周期同比减少30.8天。

二是原油生产。以“油田开发基础年”活动为契机，油田积极开展精细油藏描述，稳步推进老油田综合治理与二次开发工作：对陆地进入特高含水阶段的浅层油藏由自然能量开发有步骤地转入注水开发，转换开发方式、调整液流方向，提高水驱波及体积，实现控水稳油；对陆地中深层、深层油藏重构井网系统、完善注采井网，提高水驱控制与动用程度，恢复地层能量；以优化举升工艺、转换举升方式为重点，不断强化稳产工艺配套技术攻关与应用。全年共投转注水井75口，水井分注、增注64井次，调剖调驱57井次，调整举升方式96井次。通过实施调整措施，老油田自然递减率持续上升的态势得到根本扭转，2009年南堡陆地老井自然递减率同比下降4.3个百分点，南堡油田老井自然递减率同比下降15.3个百分点；油井免修期特别是电泵井免修期大大延长。水驱储量控制程度、动用程度大大提高；注水开发区块地层压力逐步恢复，2009年平均动液面同比上升68米；措施有效率同比提高了15.2个百分点，达到81.2%。

2009年对南堡陆地14个开发单元进行开发分析和潜力评价，柳北二次开发效果显著，现场实施井29口，投产井23口，高深北区二次开发方案通过了股份公司审查。

【海工及地面工程建设】 2009年，油田积极做好海工及地面工程建设。主要做好了油田采出水综合利用工程、油田商业原油储备库建设工程、南堡油田联合站一期建设工程、南堡35千伏变电站工程、南堡1号岛地面工程、南堡3号岛岛体及地面工程、南堡4–1岛4–2岛岛体工程、南堡1–5导管架平台南堡1–29导管架平台工程、南堡1号岛至3号岛、1–5导管架至3号岛、1–29导管架至2号岛海底电缆工程、采出水综合利用工程的建设，并相继建成投产，标志着南堡油田海工及地面主体系统配套工程建设基本完成。100万立方米原油商业储备库工程储罐主体已经完工。

【安全环保】 持续深入推进“安全环保基础年”活动，强化领导、直线责任、属地管理，狠抓安全环保责任落实，严格执行反违章六条禁令和HSE九项管理原则，扎实推进HSE体系建设，强化重点领域、要害部位和关键环节的监管，安全环保继续保持平稳态势，油田荣获集团公司2009年度安全环保先进单位的荣誉称号。坚持从源头控制污染源，突出海上环境保护工作，加强环保隐患治理力度，油田污染物排放总量得到控制，油田工业废水排放达标率100%；与集团公司下达的考核指标相比，COD消减10%、SO_2消减50%。

【企业改革与管理】 2009年重点在整合机关管理职能、全面推行项目管理、理顺财务核算体系和健全完善激励约束机制及严格执行“三控制一规范”等方面，强力推进企业改革与管理工作。一是撤销了4个具有管理职能的事业部，将勘探、开发、基建及海工等分散的管理职能整合，并将管理监督职能与建设业务、生产运行业务分离。二是将勘探开发建设的钻完井及地面海工工程全部整合集中到新组建的勘探开发建设项目部，撤销原6个建设项目单位，减少管理人员118人。三是将原6个具有管理监督职能的部门所承揽的建设业务全部划转到项目部，项目部代表油田作为项目建设单位，对工程项目的工期、投资、质量、安全、效益负全责。四是将79名财务人员从结算中心调整充实到一线生产科研单位，在二级单位设立财务核算机构，改变结算中心集中核算的体制，使财务核算业务与生产科研经营主体和经营管理过程融为一体。五是把难采储量开发的管理工作从北田公司分离出来，划归采油作业区管理，降低管理成本，实现专业化管理。六是根据职能整合、机构调整的结果，重新梳理和规范业务流程，修订完善各类管理制度121项，确保各项工作有章可循；按照“岗位靠竞争、收入凭贡献”的原则，突出产量、效益和安全环保三要素，加大与薪酬挂钩比例，拉大收入分配差距，建立有效的竞争激励机制；以内控体系建设及制度体系建设为核心，完善监督约束机制。七是严格执行集团公司“三控制一规范”工作要求，按照“严格控制、严肃政策、先减后转、不留尾巴”的原则，控制用工总量，盘活存量，年底一次性减员1122人，全年减员1304人，减幅达到13.3%。八是积极推动“五型”班组建设和“6S”管理模式，现场标准化管理水平进一步提高；强化质量、计量、标准化管理工作，工程质量、产品质量和服务质量明显提高；积极推进信息化建设工作，ERP系统全面启动，办公专网建设得到加强，A1、A2系统应用不断深化，生产现场信息化程度不断提升，为油田各项工作的高效运行提供了有力支持。

【科研工作】 大力实施科技创新战略，加大科技投入，提高自主创新能力，以国家科技重大专项为核心的科研工作取得新成果。2009年获省部级以上科技成果3项，获授权发明专利1项，获唐山市科技进步一等奖1项、二等奖1项、三等奖2项。一是以国家科技重大专项“滩海油气田高效开发技术”、“渤海湾盆地南堡凹陷勘探开发示范工程”为主攻方向，强化勘探开发技术攻关，完成科研项目36项，完成率100%。二是加大科研投入，为提高自主研发能力创造条件。2009年投入8808万元对“三院”科研设备的硬件和软件进行装备，并启动钻采院试验中心建设。三是通过自主研发与引进推广，形成南堡油田开发建设的“1条技术路线、5种建设模式、6大配套技术系列及24项单项主体成熟技术”，构成实现南堡油田规模有效开发的科学技术体系。

【人力资源管理】 油田扎实推进“三支队伍”建设，员工的整体素质进一步提升；组织领导干部赴长庆油田学习，接受延安精神、大庆精神再教育，开阔视野，增长见识，转变作风。制定《处级管理人员后备人选管理暂行办法》，选拔了一批后备管理人才；制定《技术专家、技术骨干队伍管理办法（暂行）》，公开选拔了136名专家和骨干，为油田持续发展提供了技术人才保障。

树立“人才就在身边”的理念，通过给任务、压担子，强化对科研人员的培养和工作交流及“传、帮、带”，提高工作能力。2009年辞退300余名外聘技术人员，年节约费用近亿元，培养和锻造了技术干部队伍，研究院、钻采院实现了全部地质工程方案设计的自主编制。

开展管理人员、专业技术人员、特种作业人员、操作骨干人员的技术培训和新录用人员、转岗人员及油田子女的职业技能培训，全年开办各类培训项目96个、136班次、培训2.39万人次。同时，开展职业技能鉴定工作，14人取得技师职业资格，840人取得初、中、高级的职业资格。还开展采、注、输等15个工种的技能竞赛活动，62名优秀选手脱颖而出，有效地激发了广大操作岗位员工学技能、练本领的积极性。

【和谐矿区建设】　油田在倾力建设现代化大油田的同时，也倾情建设冀东石油人美好家园，真心实意将企业发展成果惠及广大职工家属。(1) 冀东石油家园小区建设实质性推进，油田注册成立冀东油田房地产开发公司，组建项目经理部；(2) 北京办事处新楼正式投用，为职工家属进京出差、办事、旅游、就医提供便利；(3) 唐海职工文体活动中心竣工投用；(4) 唐山新科研办公楼工程进入收尾阶段并即将投用；(5) 全面启用“一卡通”，实现物业服务、水电暖费用由暗补变明补，全体职工家属得到实惠；(6) 安排全部172名职工子女就业，外送100名子女进行岗前培训；(7) 克服各种不利因素带来的影响，确保员工基本收入；(8) 提高离退休人员养老金待遇标准，提高家属工生活补贴和再就业人员的工资待遇；(9) 捐助资金300万元、电脑84台帮助石油中学改善教学设施，提高教学水平；(10) 坚持开展“送温暖”、“金秋助学”等暖心工程，帮扶济困救助弱势群体，发放慰问金86.8万元；(11) 投入近500万元购买医疗器械设备，改善职工医疗条件；开展一年一次的职工家属体检，建立职工健康档案；(12) 人大北街团购住房合同纠纷，一审宣判油田胜诉。

【党建与思想政治工作】　油田党组织围绕生产建设中心工作，坚持服务改革发展稳定大局，积极探索加强和改进党建与思想政治工作的有效途径和办法，做了大量扎实有效的工作。一是持续加强党的建设。按照集团公司党组的统一部署，开展了为期三个月的学习实践科学发展观活动，加深各级党组织、广大党员干部对科学发展观思想内涵、精神实质和根本要求的理解，提高引领企业科学发展的能力。组织召开油田第一次党代会，谋划今后一个时期党委工作的基本思路。积极推行党建工作质量管理体系，深入开展“四创”活动，有力地推动了科研生产和经营管理工作。广泛开展基层党支部“六个一”创建活动，深入开展“党员奉献日”等主题实践活动，涌现出10个“红旗党支部”、14个“先进党支部”、10名“模范共产党员”和46名“优秀共产党员”。围绕庆祝新中国成立60周年和大庆油田发现50周年，开展爱国爱企教育“十个一”活动，激发队伍干劲和热情。注重典型培养选树工作，开展“榜样”、“旗帜”学习宣传活动，涌现出一大批先进典型和模范。二是狠抓思想政治工作。深入开展“形势、目标、任务、责任”主题教育活动和大庆精神、铁人精神再学习再教育，增强干部员工的责任感和使命感。积极开发员工思想教育资源，油田教育基地和南堡展厅被集团公司授予“企业精神教育基地”荣誉称号。三是加大综合治理和维稳工作力度。健全综合治理工作机构，完善《公司社会治安综合治理领导责任制实施办法》等规章制度，坚持开展“平安油区”、“和谐矿区”创建活动，妥善做好信访接待与矛盾纠纷排查化解工作，突出抓好国庆60周年庆典活动期间的维稳工作，保持和谐稳定的良好局面。四是狠抓党风廉政建设。层层签订《党风廉政建设责任书》，认真贯彻落实《惩治和预防腐败体系2008—2012年实施计划》，扎实推进惩防腐败体系建设。深入开展反腐倡廉教育，筑牢党员干部廉洁自律的思想道德防线。加大监督检查力度，开展“小金库”专项清查，规范了生产经营管理。

【工会共青团工作】 主要开展“夺油上产、降本增效、安全生产”劳动竞赛，举办职工文化艺术周、职工运动会、职工篮球赛等文体活动，丰富业余文化生活，陶冶情操，调动了广大职工群众的积极性，增强了队伍凝聚力。

（谭 萧 高福仲）

特 载

中国石油冀东油田公司安全生产管理规定

中油冀安〔2009〕237号

第一章 总 则

第一条 为加强冀东油田公司（以下简称公司）安全生产工作，建立安全生产长效机制，防止和减少安全生产事故，切实保障员工在生产经营活动中的安全与健康，根据《中华人民共和国安全生产法》等法律法规、《中国石油天然气集团公司安全生产管理规定》等规章制度，制定本规定。

第二条 公司遵守国家有关安全生产法律法规，树立“人的生命健康高于一切”和“环保优先、安全第一、质量至上、以人为本”的理念，坚持“安全第一、预防为主、综合治理”的方针，推行“零”“不”安全文化理念，落实安全生产责任制，实施安全生产目标管理，健全安全生产各项规章制度，完善安全监督机制，强化培训教育，保证安全生产投入，采用先进适用的安全技术、装备，严格重大危险源管理，不断提高安全生产管理水平。

第三条 公司建立并推行 HSE 管理体系，加强风险管理，有效减少和防止各类事故。

第四条 公司加强基层安全建设，开展安全标准化活动，严格生产作业的过程管理，按照标准、规范组织生产，努力做到施工现场标准化、岗位操作标准化、基层管理标准化。

第五条 公司切实保障员工在安全生产方面的各项权利。与员工签订劳动合同，同时签订《员工安全生产合同》，为员工创造安全作业环境，提供合格的劳动防护用品和工具。员工应履行在安全生产方面的各项义务，在生产作业过程中遵守劳动纪律，落实岗位责任，执行各项安全生产规章制度和操作规程，正确佩戴和使用劳动防护用品。

第六条 本规定适用于公司各单位、各部门、控股公司。

第二章 组织与职责

第七条 公司各级行政正职是安全生产第一责任人，对本单位安全生产全面负责。

第八条 公司及其所属各单位须成立健康安全环境委员会，统一协调指导本单位 HSE 工作。本单位安全生产第一责任人任主任委员，成员由本单位其他领导成员、职能部门、基层单位或员工代表等相关人员组成。

第九条 健康安全环境委员会主要职责：

（一）组织落实安全生产法律法规、规章制度，督促落实安全生产责任制。

（二）审定本单位、本专业安全年度及季度工作计划，并督促落实。

（三）组织重大事故隐患评估，并督促立项整改。

（四）审查重大突发事件应急预案。

（五）组织实施 HSE 管理体系运行。

（六）组织、协调安全生产检查，组织、协调调查处理安全生产事故。

第十条 按照“条块”管理原则及专业特点，公司设立勘探生产、开发生产、钻井、井下作业、海洋石油作业、基本建设、交通运输、设备管理、矿区管理 9 个专业健康安全环境委员会。各专业健康安全环境委员会的安全生产职责：

（一）在公司健康安全环境委员会领导下，负责主管专业的健康安全环保工作。

（二）贯彻落实国家、行业关于本专业的健康安全环保工作的法规、方针、政策。

（三）负责制订主管专业工作年度计划、工作部署、规章制度。每月组织召开一次委员会会议，分析本专业健康安全环保形势，制定工作措施。每月 20 日前向公司健康安全环境委员会办公室递交本系统形势分析报告，提出工作建议。

（四）负责主管专业系统安全环保工作组织协调，发现重大问题及时向公司健康安全环境委员会汇报。

（五）配合调查处理关于健康安全环保发生的重大事故，参与审定重大事故的预案及防范、治理的计划。

（六）认真研究主管专业工作，定期组织开展本系统、本专业的监督检查，督促相关单位按照要求开展工作，严格考核。

（七）负责组织主管专业的宣传培训

教育工作。

第十一条　公司健康安全环境委员会办公室设在质量安全环保处，专业健康安全环境委员会办公室设在指定专业部门，各单位健康安全环境委员会办公室设在安全管理部门，负责处理日常工作。

健康安全环境委员会办公室的主要职责：

（一）向健康安全环境委员会提出年度及季度安全工作计划建议。

（二）掌握安全生产动态，通报安全信息，及时汇报。

（三）组织实施安全生产综合检查工作。

（四）负责各类事故的报告以及员工伤亡、火灾、交通事故报表的汇总上报。

（五）完成健康安全环境委员会交办的其他任务。

第十二条　公司及各单位应按规定设置相对独立的安全管理机构，配备满足工作需要的专（兼）职安全管理人员。基层队（站）、班组配备专（兼职）安全管理人员。

第十三条　各级安全管理人员应保持相对稳定，其部门负责人因工作需要变动岗位，应先征得上级安全部门同意。

第三章　安全生产责任制

第十四条　公司及各单位应制定覆盖本单位、部门各级领导干部、管理人员、岗位员工的安全生产责任制，实行“一职一责，一岗一责”。

第十五条　按照“谁主管、谁负责”的原则，各级领导干部、管理人员、岗位员工和部门必须认真履行各自的安全职责。

第十六条　每半年各级领导应向健康安全环境委员会进行述职。

第四章　安全监督

第十七条　油田及各单位应根据工作需要设置安全总监、安全副总监、安全监督人员。

第十八条　安全监督人员必须经资格培训，考核合格后，持证从事安全监督工作。

第十九条　公司及各单位要加强对钻井、测井、试油、修井、检维修、建筑施工以及其他重大危险的关键施工作业和动火、动土、有限空间等重点工作的安全监督。

第五章　安全技术

第二十条　公司及各单位要重视安全科技工作，加强安全技术研究与开发，提升安全技术水平。

第二十一条　公司及各单位要大力推广和应用先进适用安全科技成果，积极推广新工艺、新技术、新设备和新材料；依据国家、行业法规和标准，加大技术改造力度，及时淘汰危及安全的落后工艺技术和设备，促进本质安全。

第二十二条　公司及各单位要严格执行新建、改建、扩建项目（工程）的安全生产“三同时”制度，按规定进行安全预评价、安全设施设计审核和安全验收评价。

第二十三条　公司及各单位要按规定对在役生产装置、重要和特种设备定期进行安全评价和评估，坚持设备监测和检验制度，定期维修保养，使之符合安全生产条件。

第二十四条 公司及各单位要鼓励和引导员工积极参与安全技术革新，开展小改小革和合理化建议活动。

第六章 安全教育培训

第二十五条 公司及各单位主要负责人、分管领导和安全生产管理人员必须具备与本单位所从事的生产经营活动相适应的安全生产知识和管理能力，并取得相应安全资格证书。

第二十六条 公司及各单位要采取各种途径，定期对员工进行安全生产教育和培训，提高员工安全技术素质，使员工具备必要的安全生产技能和防范事故的能力。未经安全生产培训考核合格的员工，不得上岗作业。

第二十七条 公司及各单位要坚持新入厂员工的“三级安全教育”和转岗工人的二、三级安全教育，建立健全安全教育培训档案，做到一人一卡。三级安全教育时间不得少于40学时。

第二十八条 各单位特种作业人员必须参加专门培训和考核，取得操作证后方可上岗作业，并按规定进行复审。

第二十九条 各单位采用新工艺、新技术、新材料和使用新设备前，要对相关人员进行专门的技术培训和安全教育，考核合格后方可使用和操作。

第三十条 各单位要加强对临时雇用人员、外来施工作业人员的安全培训、考核工作，并记录在案。

第七章 安全检查

第三十一条 公司及各单位综合安全检查，实行油田季检、单位月检、班组周检、岗位日检制度。基层队（班组、站）要落实岗检、巡检、交接班检查。

第三十二条 公司及各单位应根据季节变化、节假日生产特点，以及特殊作业要求，及时组织开展专项安全检查或专业安全检查。

第三十三条 公司及各单位要建立领导干部安全生产联系点制度，定期对要害单位（部位）和关键装置等安全生产联系点进行检查和指导。

第三十四条 安全检查人员应将检查的时间、地点、内容、发现的问题及其处理情况，做出书面记录，并由检查人员和被检查单位的负责人签字；检查人员应将检查情况记录在案，并向上级报告。整改情况应有回执记录。

第三十五条 各单位要按照《反违章禁令》要求，加大对违章行为检查、监督和处罚力度。员工违反《反违章禁令》的，给予行政处分；造成事故的，解除劳动合同。

第三十六条 公司及各单位对检查中发现的事故隐患，应责令排除。重大事故隐患排除前或在排除过程中无法保证安全的，应将作业人员从危险区域内撤出，责令暂时停产或者停止使用；重大事故隐患排除后，经审查同意，方可恢复生产和使用。对检查中发现一时不能立即排除的事故隐患，应当制定防范和监控措施，在评估的基础上，按管理权限制订计划，投入整改经费，并按期完成整改。

第三十七条 公司及各单位要加强对重大危险源的检查，建立重大危险源管理档案和动态监测数据台账，配备必要的监测、检测仪器和设备，对重大危险源定期检测、评估和监控，确保重大危险源处于受控状态。

第三十八条 公司及各单位对当地政府和上级单位安全监督检查人员依照法律和相关规定履行监督检查职责时，应予以配合，不得拒绝、阻挠。

第八章 安全投入

第三十九条 公司及二级单位要保证用于安全生产方面的资金投入。在编制年度预算时，要优先保证安全费用，按规定和实际需要列支事故隐患治理和安全技术措施项目经费；新、改、扩建工程项目按规定落实安全环保投入。

（一）安全技术措施计划和事故隐患治理计划由规划计划部门、财务部门组织编制，纳入资金计划。

（二）安全技术措施和事故隐患治理计划实行项目管理，项目立项和审批按公司相关规定执行，项目竣工后由公司组织按程序进行验收，项目单位进行效果评价和后评价。

第四十条 安全技术措施计划项目的主要范围包括：

（一）安全技术：各种机器设备的防护、保险、信号、报警装置；安全启动和紧急停车设施；生产区域内危险场所的指示及警告标志；采用新技术、推广新工艺、新成果；有毒有害作业点的检测、检查仪器；对繁重费力或人工操作有危险的作业所采取的辅助机械化措施等。

（二）职业健康：生产厂房的通风换气和采光照明装置；产生有毒有害气体、粉尘或烟雾等生产过程的机械化、密闭化或空气净化设施；生产场所为防止辐射热危害的隔热防暑设施；为减轻或消除工作中的噪声、震动及辐射等的防护设施；工作厂房或辅助房屋内应增设或改善的防寒取暖设施等。

（三）辅助房屋及设施：女工较集中车间的女工卫生室，车间或工作场所的休息室、用膳室、更衣室及其相应的设施。

（四）宣传教育：包括安全技术、劳动保护的研究与实验工作及其所需的工作仪器；购置或编印安全技术、劳动保护管理所使用的辅助器材、书籍、刊物、画片、规章制度宣传材料、幻灯片、电影拷贝、录像带等。

第九章 消防安全管理

第四十一条 公司及各单位要坚持“预防为主、防消结合”的方针，加强消防宣传教育，组织开展防火检查，及时消除火险隐患。

第四十二条 各单位应按规定配置消防装置和设施，定期进行检查、检验，确保消防装备和设施完善、可靠。

第四十三条 公司及各单位要加强对火灾、爆炸危险场所的安全管理，严格执行作业许可制度，落实作业现场监护措施，确保特种作业安全。

第四十四条 公司及各单位要加强公众聚集场所的安全管理与防火检查，制订公共安全应急预案，严格监护措施，防止群体伤亡事故发生。

第四十五条 各单位要建立志愿消

防队伍，定期进行培训和演练，做到会报警、会使用灭火器材、会使用防护器具和会自救互救。

第十章　交通安全管理

第四十六条　公司及各单位要加强对驾驶人的管理，实行内部“准驾”审核备案制度，强化驾驶人行车安全和职业道德教育，不断提高驾驶人员安全意识。

第四十七条　各单位要加强对车辆的维护保养，保持车况良好。强化危险物品运输车辆、特种车辆、分散车辆的管理与控制，采取有效措施，严防交通事故。

第四十八条　公司及各单位要加强交通安全检查，落实节假日“三交一封”制度（交车辆钥匙、交行车证、交准驾证，定点封存车辆）。

第四十九条　公司及各单位要加强交通安全宣传教育，教育员工提高交通安全意识，遵守交通安全法规，保证交通安全。

第十一章　海上作业安全管理

第五十条　海上作业实行“作业者负责，政府监督检查，第三方发证检验”的安全生产管理体制。

第五十一条　冀东海洋石油作业安全监督处是国家安全生产监督管理总局海洋石油作业安全办公室中油分部（以下简称中油分部）下设的地区监督处，负责施工作业许可或认可备案安全检查，负责冀东海域执法检查和第三方发证检验过程监督。

第五十二条　海上石油作业设施必须委托经中油分部认可的检验机构进行技术检验，并核发证书（以下简称“发证检验”）。

第五十三条　海上石油作业设施作业实行作业许可或认可制度，未通过许可或认可的不允许作业。

第五十四条　凡从事海上石油作业的人员均应按《浅海石油作业人员安全资格》的要求进行取证培训，持证出海作业。

第五十五条　海上钻井作业执行《浅海钻井安全规程》标准要求，采油与井下作业执行《浅海采油与井下作业安全规程》标准要求。

第五十六条　在海上设施上进行动火、动土、临时用电、高空作业、吊装作业等危险性作业，必须按《海上石油设施动火作业安全规程》等有关规定，实行作业票许可制度，按审批权限，逐级上报，逐级审查，分级负责。

第五十七条　海上作业船舶应符合《浅海石油作业船舶安全基本要求》等规定，经备案检查合格后，办理相关备案手续，方可投入使用。

第五十八条　海上作业单位应制订海洋环境保护方案，并报政府相关部门备案。并按法规要求，配备应急物资，加强人员管理，防止出现溢油等污染事故，保护海洋环境。

第五十九条　海上油气弃井管理应按国家相关法律法规及《海上弃井管理规程》要求执行。

第十二章　职业健康和劳动防护

第六十条　公司及各单位要认真贯彻执行国家有关职业健康和劳动防护法规政策，建立完善职业健康管理制度，健全职业卫生档案和员工健康监护档案，做好职业健康监护工作。

第六十一条　公司及各单位要对从事接触职业病危害因素作业和特种作业的人员，按规定的检查项目和周期，进行上岗前、在岗期间及离岗时的职业健康检查。不得安排未经上岗前职业健康检查的人员从事接触职业病危害因素的作业，不得安排有职业禁忌病症的人员从事其所禁忌的作业。

第六十二条　公司及各单位要定期对作业场所职业病危害因素进行监测和评价，达不到国家卫生标准的应采取措施进行治理，不断改善工作条件，减少职业病危害因素的产生。

第六十三条　公司及各单位要开展施工作业健康管理，进行健康风险识别及评价。改善施工作业中医疗健康保障条件，严格饮食、饮用水、环境卫生管理，做好传染病、地方病等疾病预防。

第六十四条　公司及各单位要对产生职业病危害因素的作业场所，应在醒目位置设置公告栏，公布有关职业病防治规章制度和职业病危害因素检测结果；在职业病危害工作场所，设置警示标牌、操作规程及发生职业病危害事故应急救援措施。

第六十五条　公司及各单位要对于放射性同位素的使用、运输和储存，必须配置防护设备和报警装置，从事放射的工作人员要人人佩戴剂量计，加强人人防护用品的使用。

第六十六条　公司工作场所和员工宿舍应设有符合国家相关规定，达到紧急疏散要求、标志明显、通畅的安全通道；生产、经营、储存及使用危险物品的车间、商店、仓库不得与员工宿舍在同一建筑物内，并保持安全距离；在有较大危险的生产场所和有关设施、设备上，设置明显的安全警示标志。

第六十七条　公司工作场所和员工宿舍应保持清洁卫生，并有防潮、防寒、防热辐射和消毒等设施。其道路、采光照明、饮用水和排污道均应符合国家规定，并根据需求设置卫生辅助设施。

第六十八条　公司及各单位要按照国家及上级有关规定，为上岗员工提供满员安全生产要求的劳动防护用品，劳动防护服装应符合集团公司“四统一”要求（统一性能、款式、颜色、标识）。

第六十九条　公司及各单位必须做好女工特殊劳动保护工作。

第七十条　公司及各单位必须依法参加工伤社会保险，为从业人员缴纳工伤保险金。

第十三章　承包、租赁经营安全管理

第七十一条　公司各主管业务部门、作业单位（或建设单位）要加强承包单位的资质管理，严格市场准入资质审查，不得将生产经营项目、场所、设备发包或出租给不具备安全生产条件或相应资质的单位或个人，也不得租赁不符合安全生产条件的场所和设备从事生产经营活动。

第七十二条 公司和二级单位应加强承包、租赁经营的安全管理。在发包和签订的各种承包（含承包任务书）、技术协议或租赁合同中，必须明确相关方的安全生产管理责任。

第七十三条 作业单位（或建设单位）与承包单位，总承包单位与分包单位应在签订工程技术服务经济合同的同时，签订《工程 HSE 合同》，依法明确各自的安全生产管理职责和应当采取的安全措施，并指定专职安全生产管理人员进行安全检查和协调，切实做好承包商的安全监管工作。

施工单位应服从作业单位（或建设单位）安全监管，按照公司相关规章制度要求，设立安全管理机构，建立健全安全生产规章制度，强化员工培训，人员持证上岗，确保施工作业安全。实行施工总承包的，由总承包单位负责安全监督管理。分包单位向总承包单位负责，服从总承包单位对施工现场的安全监督管理。

第七十四条 生产经营项目、场所有多个承包、承租单位的，作业者（或建设单位）应当与各承包单位、承租单位分别签订专门的安全生产协议，或者在承包合同、租赁合同中约定各自的安全生产管理职责；作业单位（或建设单位）对承包单位、承租单位的安全生产工作统一协调、管理。

发包方或出租方必须为承包方或租赁方提供出租场所和设备的相关资料，承包方或租赁方必须在满足发包方或出租方安全生产要求的条件下，从事相关经营活动。

第十四章　应急管理

第七十五条 公司及各单位要制定处置突发事件的应急管理制度，做到早发现、早报告、早处置。

第七十六条 公司及各单位应分类、分级编制突发事件应急救援、处置预案。应急预案包括突发事件总体应急预案和重大自然灾害、井喷、油气站库及炼化装置爆炸着火、危险化学品严重泄漏失控和中毒、油气长输管道、海洋石油开发、环境、重大公共卫生、恐怖袭击、网络信息与安全、公共文化场所和文化活动等突发事件专项应急预案。

第七十七条 公司及各单位制订的突发事件应急预案，应上报给公司应急办公室、抢险救援的相关部门及其他相关方，并报上级主管部门和地方政府备案，一旦发生突发事件，要立即按程序启动应急预案。

第七十八条 公司及各单位要建立健全突发事件应救援组织，建立专业化应急救援队伍，提高救援装置水平，配备必要的应急救援储备物资。加强与当地政府、周边相关方的沟通，建立起预警、接警、救援和恢复的联动机制，增强应对各类突发事件的应急抢险救援能力。

第七十九条 公司及各单位对突发事件要坚持“单位负责、区域联动、属地管理、分级落实”的原则，处置突发事件要做到“反应迅捷、职责明确、指挥统一、救人优先”，把事故造成的危害减小到最低限度。

第十五章 事故管理

第八十条 公司及各单位要加强事故管理工作。对发生的各类生产安全事故均应报告，并按照规定统计。

第八十一条 事故发生后，事故单位应立即启动相应应急预案，组织抢救，防止事故扩大，减少人员伤亡和财产损失。

第八十二条 事故发生后，事故现场有关人员应立即向基层单位负责人报告，基层单位负责人应立即向本单位安全部门报告，各单位生产、安全部门应立即向生产运行处、质量安全环保处报告。

情况紧急时，事故现场有关人员可以直接向生产运行处、质量安全环保处报告。

公司及各单位应建立事故举报制度，公开举报电话、信箱或电子邮件地址，并及时受理和按规定处理。公司的举报电话是：8765704。

第八十三条 有关部门接到事故报告后，应按下列情况向上级有关部门报告。

（一）一般事故，在事故发生后1小时之内由质量安全环保处向集团公司（股份公司）安全主管部门报告。

（二）较大事故，在事故发生后1小时之内由总经理办公室向集团公司办公厅（股份公司总裁办）和集团公司（股份公司）安全主管部门报告。

（三）重大及以上事故，在事故发生后30分钟之内由总经理办公室向集团公司办公厅（股份公司总裁办）和集团公司（股份公司）安全主管部门报告。

公司在上报股份公司的同时，应当于1小时内向事故发生地县级及以上人民政府安全生产监督管理部门和负有安全生产监督管理职责的有关部门报告。

第八十四条 事故发生后，事故单位应积极配合政府和其授权或者委托有关部门组织的事故调查组进行事故调查。对于政府委托公司调查的事故，公司应当组成事故调查组，调查组成员应由专业委员会、安全、生产、设备、人事劳资、监察、工会等有关职能部门人员组成。调查结束后形成事故调查报告，并向政府有关部门报告。

第八十五条 事故调查组应当查明事故发生的经过、原因、人员伤亡情况及直接经济损失，认定事故的性质和事故责任，提出对事故责任者的处理建议，总结事故教训，提出防范和整改措施，提交事故调查报告。

第八十六条 发生事故的单位应按照HSE管理体系要素要求，深入查找管理方面存在的问题，并召开事故分析会。

第八十七条 所有事故均应按照事故原因未查明不放过，责任人未处理不放过，整改措施未落实不放过，有关人员未受到教育不放过的“四不放过”原则进行处理。

第八十八条 对事故发生负有责任的人员，应按照负责事故调查人民政府的批复和股份公司生产安全事故处理相关规定进行处理。

第八十九条 事故发生单位应吸取事故教训，落实防范和整改措施；公司业务主管部门和安全主管部门应对事故发生单位落实防范和整改措施的情况进行监督检查；公司及所属各单位工会和员工应对事故防范和整改措施的落实情况进行监督。

第九十条 公司及各单位要建立健全事故管理档案，一般事故C级由各单位负责存档，一般事故B级由公司负责存档，档案要长期保存。

第十六章　安全文化

第九十一条 公司秉承“爱国、创业、求实、奉献”的企业精神，公司奉行“奉献能源、创造和谐”的企业宗旨，公司执行“诚信、创新、业绩、和谐、安全”的企业核心经营管理理念。

第九十二条 公司推行“零”“不”安全理念：“零”理念就是以“零隐患、零事故”确保“零事故、零损失”；“不”理念就是“没有消除不了的隐患，没有避免不了的事故；不伤害自己，不伤害他人，不被他人伤害”。

第九十三条 公司及所属各单位要积极培育企业安全文化。通过“亲情教育”、“安全经验共享”等方式，不断丰富“零”“不”安全理念内涵，积极创新安全文化理念的宣贯形式，营造良好的氛围，不断提高员工的安全意识，发挥文化的引领功能，形成良好的安全行为习惯，有效提升公司安全发展水平。

第十七章　考核与奖惩

第九十四条 公司及各单位实施安全生产目标管理，按年度下达安全生产考核指标。

第九十五条 公司及各单位实施安全生产年度考核及季度挂牌考核评比。安全生产考核管理办法和奖励标准按《中国石油冀东油田公司健康安全环保考核评比实施细则》、《中国石油冀东油田健康安全环保季度考核挂牌办法》执行。

第九十六条 公司应制定《违章记分处罚办法》、《事故责任追究》、《隐患管理》等规定，各单位对查出的违章行为要按规定处理。

第十八章　附　则

第九十七条 本规定自印发之日起施行。原《中国石油冀东油田公司安全生产管理规定》（中油冀安〔2005〕70号）同时废止。

第九十八条 本规定由公司健康安全环境委员会办公室负责解释。

中国石油冀东油田公司设备管理实施细则

中油冀生〔2009〕267号

第一章　总　则

第一条　根据《中国石油天然气股份有限公司勘探与生产分公司设备管理暂行办法》，结合公司实际，制定本细则。

第二条　本细则中所称的设备，是指构成固定资产的设备和辅助设备。

第三条　设备管理的主要内容：设备的计划管理，规章制度，选型购置，安装（调试、验收）使用（操作、润滑），维护保养，检查修理，更新改造，闲置封存，调剂报废，事故管理，设备资料管理，设备的资源市场管理，科技与培训。

第四条　公司设备管理实行统一归口、分级管理的体制。

第五条　本细则适用于公司所属各单位、各部门。

第二章　管理机构和职责

第六条　管理机构。

公司设备管理体系分为主要专业设备管理和其他专业设备管理两个层次。

主要专业设备管理归口生产运行处，其他专业设备管理由所在部门主管领导负责。

其他专业设备管理部门分为五个：

1．质量安全环保处负责公司特种设备的管理；

2．科技信息处负责公司计算机及办公设备的管理；

3．工程技术部负责公司电动潜油泵、地面驱动螺杆抽油泵以及各种工业自动化控制设备的管理；

4．供电公司负责公司各种电力及通信设备的管理；

5．矿区事业部负责公司医疗卫生设备的管理。

第七条　公司设备管理部门职责：

1．负责贯彻落实国家、集团公司、股份公司及勘探与生产分公司设备管理有关法律法规、规章制度；

2．负责组织制、修订公司设备管理规章制度、主要设备操作、维护保养规程；

3．负责组织编制公司设备中长远规划、年度（季度）设备购置（更新）计划；负责公司设备管理工作计划的制订与实施；

4．检查、指导、考核、协调各单位的设备管理工作；组织设备的检查评比及经验交流活动；

5．负责组织油田设备的技术改造工作；负责新设备、新技术、新材料的应用推广工作；

6．负责组织油田设备的节能降耗和修旧利废工作；

7．负责设备事故的管理工作，配合安全部门做好事故的归口管理工作；

8．组织公司的设备调剂工作，负责公司主要设备报废的技术鉴定工作；

9．负责公司设备资源市场的管理；

10．负责公司设备管理主要数据统计分析工作，及时准确上报各种设备统计报表；

11．负责做好设备管理人员的培训工作。

第八条 其他专业设备管理部门职责：

1．负责制定本专业设备管理的规章制度及实施细则；

2．负责本专业设备的资质审查、论证、引进及新技术推广应用；

3．负责制定本专业设备管理考核细则，对使用单位及供应商实行动态监管、定期考核，并将考核情况报生产运行处；

4．负责协调解决本专业设备在生产运行中存在的问题；

5．负责本专业设备的报废鉴定。

第九条 各单位设备管理部门职责：

1．负责贯彻落实公司设备管理规章制度；

2．负责制定本单位设备管理实施细则，建立健全设备操作规程、维护保养规程及润滑点图并组织实施；

3．负责编制、上报本单位设备中长远发展规划、年度（季度）设备购置（更新）计划及选型建议，编制上报本单位月度维修计划；

4．组织本单位设备改造方案编制、上报、实施及新设备、新技术、新材料的试用推广工作；

5．负责本单位设备管理业务建设，检查、指导、考核、协调各基层单位设备管理；

6．负责本单位设备的安装验收、使用、维修、润滑、闲置封存、调剂、事故的管理及设备报废技术鉴定等工作；

7．负责本单位设备管理的基础工作；建立和完善本单位设备管理数据库、设备技术档案和各种经济、技术方面的记录、台账，并做好有关数据和报表的统计、分析及上报工作；

8．负责组织本单位设备管理及操作维修人员的技术、业务培训。

第三章 管理工作流程

第十条 设备管理主要内容：

包括设备调研、选型、安装调试、验收、使用、润滑、维护保养、修理、更新改造、闲置封存、调剂、事故调查处理到报废技术鉴定等全过程。

第十一条 设备管理流程：

1．设备购置计划编制。

各单位、专业设备管理部门分别按年、季度向公司计划部门申报设备购置（更新）计划。公司设备管理部门初审后，由计划部门汇总，按公司投资决策程序办理。

编制和审查设备购置（更新）计划时，要遵循“控制总量，优化增量，提高质量，盘活存量”的基本原则。

2．设备选型选厂。

设备管理部门按照工艺技术要求，本着性能先进、经济适用、机型尽可能规范统一、直接面向生产厂家的原则，与专业设备管理部门、建设单位及使用单位结合，负责设备的论证、选型、选厂，把好设备购置的技术关。

列入公司年、季度投资计划的非安装设备（包括零星设备购置）计划，由项目负责单位与使用单位设备管理部门共同与厂家进行技术谈判后，委托供应处组织采购。

工程、科技、技术服务等项目中的安装设备，工程建设方案初步设计完成后，由项目负责单位负责组织生产运行处和专业设备管理部门及供应处共同确定进行技术交流的厂商，并组织技术交流，必要时由供应处组织调研。

技术交流后，生产运行处组织各相关部门共同评定，拟定邀请参加招标的厂商。

项目负责单位根据技术交流的结果，填写《设备选型购置审批表》(附件1(略))，经审定后向供应处下达委托采购通知单。供应处组织采购。

抽油机的购置，按照《冀东油田抽油机购置程序管理办法》执行。

3．调试验收。

非安装设备到货后，由供应处组织设备使用单位的设备、资产管理人员对设备进行验收，并填写《设备验收单》(附件2（略))。验收人员按照设备配置、技术协议、装箱单逐项、逐件进行清点验收，做到附件、备件、工具及资料齐全无误。

新老区产能建设、老油田调整改造、科研、技术服务等项目中的安装设备，在设备安装后由项目负责单位组织相关部门和使用单位设备管理部门进行设备调试及验收，并填写《设备验收单》。涉及健康、安全、环保等设备验收，要有质量安全环保处有关人员参加。

生产运行处参加精、大、稀设备的验收。

设备验收合格后，转入正常使用管理。

4．投产转资。

公司资产部门凭《设备验收单》办理设备的转资手续。

5．设备质保金的支付。

设备质保期满后，各单位财务部门、资金结算中心依据使用单位设备管理部门、生产运行处及供应处签认的《设备质量保证金支付通知单》(附件3（略))支付设备质保金。

6．新安装设备的信息反馈。

设备安装调试完成正常运行后，设备使用单位应该对设备的运行进行跟踪，并每半年上报《新购设备使用信息反馈表》(附件4（略))，以对设备生产厂家及产品进行监督。

第十二条　管理责任：

1．凡未列入公司正式投资计划，无论资金来源于何处，任何单位和部门不得擅自购置设备。

2．因选型选厂原因造成的设备问题，由设备管理部门负责；因项目建设单位（或设计部门）提供设备技术参数原因造成的设备问题，由项目建设单位（或设计部门）负责；因采购原因造成的设备问题，由供应处负责。

3．因安装造成设备损坏，由项目建设单位负责追究施工单位责任。

4．需要到现场安装调试的设备，其供货厂家在签订购销合同时，应同时与公司签订安全环保合同。

第四章　日常管理

第十三条　设备管理基础工作：

设备管理部门应加强设备基础工作管理，完善设备管理技术档案，健全设备管理记录，做好设备管理信息系统管理及各类统计报表。

1．设备管理规章制度和规程规范。

(1) 国家有关政策法规；

(2) 中国石油天然气集团公司（股份公司）有关规章制度；

(3) 国家及行业有关技术规范、技术标准；

(4) 公司有关管理办法、制度和规定；

(5) 主要设备操作、维护保养规程。

2．主要设备技术档案。

(1) 主要设备购置技术协议；

(2) 主要设备使用说明书；

(3) 主要设备验收记录；

(4) 主要设备调试及试运行记录；

(5) 主要设备调拨、处置记录；

(6) 设备事故记录、调查报告、处理结果。

3．设备管理记录。

(1) 设备运转记录；

(2) 设备的修保记录；

(3) 设备管理检查评比记录；

(4) 设备管理活动记录。

4．设备管理各类报表。

(1) 设备管理 15 项总体指标年报；

(2) 主要设备经济技术指标半年报；

(3) 主要设备技术状况统计半年报；

(4) 主要设备事故统计月报；

(5) 年度（季度）设备购置（更新）计划报表；

(6) 设备更新改造完成情况年报表；

(7) 设备修理完成（半）年报表。

第十四条　设备使用管理。

设备使用应实行岗位责任制、操作和维护保养规程。对设备使用进行标准化管理，标准化操作。

1．设备操作人员必须达到“四懂三会”，即：懂性能、懂原理、懂结构、懂用途和会操作、会保养、会排除故障。严格按照操作及维护保养规程使用和维护设备，确保设备性能良好。

2．特种设备操作人员，必须按国家有关规定，经特种设备安全监督管理部门考核合格并取得特种作业人员证书后，方可持证操作设备。

3．各单位应根据设备使用工况，优化设备运行参数，更换不适应机型，做好设备调整配备工作，保持设备经常处于经济状态下运行。

第十五条　设备维护管理。

1．设备操作人员应执行十字作业法，即：清洁、润滑、紧固、调整、防腐，搞好设备维护保养。

2．各单位应逐步推行状态监测和故障诊断技术，查找并排除设备故障。

3．对安装设备实行巡回检查制度。

4．对各种车辆实行“三检制”，同时，强制实行回场检查制度。

第十六条　设备修理管理。

1．设备管理部门应定期组织对准许进入公司设备维修市场的设备修理厂站进行评定、筛选，以确保设备修理质量。

2．公司实行设备维修的计划管理。各单位设备管理部门应根据设备运行情况，编制修理计划，纳入本单位生产建设计划并组织实施，确保设备修理费用专款专用。

3．各单位设备的修理必须在已经进入公司设备维修市场的设备修理厂站范围内择优选择承修厂站，不得降低设备修理级别和修理标准。

4．各单位设备管理部门应按照设备修理技术规范和有关标准对所修设备进行修理过程监督和验收。

5．各单位应对设备修理完成情况进行统计分析，每年分两次上报生产运行处。

第十七条　设备润滑管理。

1．各单位设备管理部门应制定设备用油标准，提出设备用油型号、质量等级。对重大设备用油管理应采取特别措施。

2．供应处应依据设备管理部门提供的油品型号、品牌和质量等级进行润滑油品的采购。

3．试用新油品，供应商应提供近半年内通过省级以上计量认证，取得CMA标志使用资格的产品质检机构的质检报告或质量评定书，同时提供相应企业ISO 9000认证书。

4．使用中应执行“专储专输、密闭输送、油品对路、按质换油”管理方针和“五定”（定点、定质、定量、定人、定期）、“三过滤”（进罐过滤、出罐过滤、加注前过滤）、“一沉淀”（搅动后的油品，沉淀48小时后方可使用）等规定。

5. 加强油品入库化验和在用油品跟踪监测，确保用油质量。

第十八条 设备更新改造。

1．凡属下列情况之一的设备，应限期更新。

（1）国家明文淘汰的；

（2）设备磨损严重、经多次修理，修理后技术性能不能满足要求的；

（3）一次性修理费用超过设备原值50%的；

（4）设备磨损虽不严重，但技术性能落后，耗能超过原机标准20%，严重污染环境，危害人身安全与健康，进行改造又不经济的。

2．各单位应根据生产需要和设备技术状况，采用先进的检测、维修、改造技术，适时进行设备更新改造，并充分利用设备修理时机进行改造，提高设备技术、经济性能。

3．重大设备及较大规模设备更新改造，必须进行技术性、实用性、经济性、可靠性、维修性和安全环保性等论证。

4．更新改造设备完成后，设备管理部门应组织验收，把好更新改造设备的质量关。

第十九条 设备调拨管理。

1．生产设备资产调拨应有设备管理部门签发的《生产设备调拨通知单》（附件5（略）），资产管理部门凭该通知单办理转资手续。

2．调出、调入单位按规定办理资产交接和转移手续。

3．调出单位应保持设备完好状态，不准拆、换原机零部件，并将原机附件、工具及资料一并移交调入单位。

4．所有设备调拨手续必须清楚、齐全，及时转账，并在报表中如实变更、上报。

第二十条 闲置设备管理。

1．由于系统停运、超过备用系数或其他原因造成的设备长期停用，可申请闲置。

2．各单位应填报《闲置设备统计表》（附件6（略）），上报生产运行处、财务处，经核实后在公司内部进行调剂，不能利用的设备，由资产管理部门组织对外处置。

3．闲置设备必须做到性能良好，零部件齐全，并做到上盖下垫，防尘防潮，条件允许时应室内存放。设备长期闲置应按有关规定进行定期保养、检查。发电机组和内燃机组应定期发动。

第二十一条 设备报废及处置执行公司资产管理方面的有关规定。

第二十二条 设备事故管理。

配合安全部门对设备事故进行管理时，执行公司安全故事管理规定。设备管理部门对设备事故进行管理时，执行本细则。

凡因设备非正常损坏造成停机或性能降低而影响生产，直接损失达到或超过规定标准的，均称为设备事故。

1．按设备事故损失的金额分为：

（1）小型事故：一次直接损失金额在 3 千元以下（含 3 千元）；

（2）一般事故：一次直接损失金额在 3 千元以上至 2 万元（含 2 万元）；

（3）大型事故：一次直接损失金额在 2 万元以上至 10 万元（含 10 万元）；

（4）重大事故：一次直接损失金额在 10 万元以上至 50 万元（含 50 万元）；

（5）特大事故：一次直接损失金额在 50 万元以上。

2．按设备事故的性质分为：

（1）机械事故：设备构件自身缺陷造成设备损坏的事故；

（2）责任事故：人为造成设备损坏的事故；

（3）自然事故：自然破坏力造成设备损坏的事故。

3. 设备事故上报制度。

（1）发生重、特大、大型设备事故后，发生事故单位应立即报告本单位设备管理部门，各单位设备管理部门在 2 小时内通过电话或传真的方式向公司设备管理部门报告简要情况。公司设备管理部门应立即报告公司分管领导，并及时组成设备事故调查小组，组织设备事故调查及处理工作。

（2）发生一般设备事故后，发生事故单位应立即报告本单位设备管理部门，各单位设备管理部门应及时组织调查处理并尽快通过电话或传真的方式向公司设备管理部门报告事故简要情况。发生事故单位设备管理部门在一周内将事故报告报公司设备管理部门备案。

（3）车辆交通事故造成车辆损坏以至报废，事故处理由交通监理部门负责，但责任在我方的要按以上规定填报；责任在对方的应报公司设备管理部门备案。

（4）在保险公司投保的设备，如发生事故也要按规定上报。事故单位设备管理部门参与保险公司对损坏的设备进行定损。设备管理部门应做好修理过程中的监督和修复后的验收，以保证事故设备的修理质量。

（5）凡因火灾或爆炸造成设备毁坏的事故，事故处理按部门划分职责进行，而设备损坏造成直接经济损失仍需按本规定上报。

（6）工程事故：生产中发生的工程事故造成设备损坏，设备管理部门应参与事故的调查分析和处理，并按规定上报事故的发生和损失情况。

（7）各类设备事故发生后，在向上级主管部门报告的同时，向同级安全管理部门通报。

（8）由设备事故引发安全事故的，应向本单位安全主要责任人汇报。

4．设备事故的处理。

（1）对设备事故应按事故性质和“四不放过”（事故原因分析不明、责任不清不放过；事故责任者未经过教育和处理或干部群众未受到教育不放过；防范措施不落实不放过）的原则处理。

（2）对事故隐瞒不报者应从严处理。对责任人处以 1000—5000 元的罚款。对单位负责人责成其写出书面检查并给予公司内通报批评。

（3）对于一般事故、小型事故由各单位进行处理，给予主要责任者以批评教育直至 1000 元以内的罚款处分。

（4）对于大型事故，对主要责任者

处以经济损失的1%—5%的罚款或给予行政记大过处分。单位主管设备的领导处以2000元罚款，单位设备管理部门的负责人处以1000元的罚款，基层单位处以经济损失的1%—5%的罚款，基层单位领导处以1000元罚款。

(5) 对于特大、重大设备事故，对负有主要责任者处以经济损失的1%—5%的罚款，同时根据事故情节给予行政降级、留厂察看、开除厂籍直至追究刑事责任的处分。对有关人员的处罚按照本条第(4)款的规定加倍处罚，对公司设备主管部门的领导及相关管理人员处以1000—2000元的罚款。

(6) 下列情况在处罚的同时应追究该单位主要领导的责任。

①由于安全生产规章制度和设备操作规程不健全，职工无章可循造成重、特大设备事故的，责令限期整改，并处以10000元的罚款。

②对职工不按规定进行有关规程教育或职工未经考试合格就独立上岗操作造成设备事故的，处以1000—5000元罚款。

③设备超负荷运行，对存在隐患不采取措施造成大型设备事故的，对相关责任领导处以5000—10000元罚款；造成特大、重大设备事故者，给予加倍处罚。

④违章指挥，强令工人违章作业造成设备事故的，按上述第②、③条加倍处罚，并建议有关部门予以免职处分。

第五章 设备资源市场管理

第二十三条 设备资源市场包括：设备供应市场；设备维修市场；设备租赁市场；设备调剂市场及其他中介服务市场。

第二十四条 设备管理部门应加强设备资源市场的管理。实行设备资源市场准入制度，保证市场成员的质量。

第六章 科技与培训

第二十五条 科技交流与技术推广。

1．设备管理部门应积极开展设备技术交流活动，学习国内外先进设备管理办法，交流新设备、新技术、新材料推广应用经验，提高设备管理水平和技术水平。

2．在应用推广新设备、新技术、新材料时，按论证、测试、试验、试点、小批量、示范工程、大面积推广的程序开展工作。

第二十六条 培训。

设备管理部门应配合人事部门做好设备管理、操作、维修人员的培训，有计划、分层次地开展好这项工作，保证设备管理、操作、维修人员培训时间，提高他们的业务水平和综合能力。

第七章 检查、考核与奖惩

第二十七条 检查评比。

1．各单位应制定设备检查评比细则，认真组织开展“优秀单机”、“优秀设备操作手”等竞赛、评优活动。

2．公司每年组织一次设备检查、评优活动，各二级单位及直属生产单位每半年组织一次设备管理检查、评优活动。

3．设备管理检查评比的主要内容：

（1）设备管理的基础工作；

（2）设备的现场管理；

（3）设备的使用与维护保养；

（4）设备的完好情况；

（5）设备的利用情况；

（6）设备的维修费用投入情况；

（7）设备操作、维修人员的培训情况；

（8）设备事故情况。

4．通过设备管理检查、评优，开展设备管理经验交流，树立先进典型。

第二十八条　各单位设备管理主要考核内容：

1．主要设备综合完好率；

2．主要设备综合利用率；

3．主要设备的新度系数；

4．设备维修费用率；

5．一般及以上设备责任事故发生率。

第二十九条　奖惩。

公司及各单位应建立设备管理奖惩制度。

1．对设备管理提出合理化建议，并取得效果的，给予奖励。

2．对设备管理存在问题的单位，要通报批评，限期整改。

3．违反有关规定，按有关程序和规定进行处理。

第八章　附　则

第三十条　重大设备系指在生产过程中起主导、关键作用的设备。主要指各类16型以上抽油机、500千瓦以上注水泵、输油泵（长输泵）、大型压缩机组、700千瓦及以上发电机组、制冷设备、电站变压器、80吨以上修井机、700型以上水泥车、带电作业车、试井车、测井车、测试井架车、25吨以上轮式起重机等。

第三十一条　精、大、稀设备系指精密、大型（设备原值800万元以上）、稀有和成套进口设备。

第三十二条　设备安全附件（安全阀、呼吸阀、阻火器、防雷电设施、报警装置）和消防设施器材等由安全部门负责管理。

第三十三条　本细则由生产运行处负责解释。

第三十四条　本细则自发布之日起施行。原《中国石油冀东油田公司设备管理办法》（中油冀生〔2006〕350号）同时废止。

中国石油冀东油田公司节能节水管理办法

中油冀安〔2009〕205号

第一章　总　则

第一条　为提高公司能源和水资源的利用效率，推进资源节约型企业建设，依据集团公司、股份公司相关规定，制定本办法。

第二条　节能节水，是指公司及所属各部门、各单位通过加强用能用水管理，有效、合理利用能源和水资源，提高能源和水资源的利用效率的全部活动。

第三条　公司节能节水工作的主要任务是：贯彻执行国家有关节能节水法律法规和各项方针政策，推进技术进步，不断提高能源和水的综合利用水平。

第二章　机构与职责

第四条　公司节能节水工作实行统一领导、分级管理、分工负责体制。

第五条　质量安全环保处是公司节能节水工作的综合管理部门，其主要职责是：

（一）贯彻国家和地方政府法律法规，落实集团公司节能节水各项要求，制定公司节能节水管理制度，并监督实施。

（二）组织制订公司年度节能节水工作计划，并监督实施。

（三）组织开展公司节能节水型企业的创建、评价考核工作。

（四）负责组织节能节水新产品、新技术的现场试验、审查、评价、验收，推广应用节能节水新技术。

（五）组织编制节能节水技术措施项目计划，检查、验收节能节水技术改造项目的实施。

（六）参与公司新建、改建、扩建项目的节能节水可行性论证，参与可行性研究、初步设计中“节能节水篇（章）”的审查，组织工程项目的节能评估及节能竣工验收工作。

（七）负责公司能源和水资源消耗计量的监督管理，组织开展重点耗能用水设备、装置、系统的节能节水监测。

（八）负责公司节能节水统计、分析，定期上报有关能源用水报表及能源审计管理工作。

（九）协助做好公司节能节水培训和宣传工作。

第六条　公司有关部门负责节能节水相关工作，其中：

（一）规划计划处负责组织编制公司节能节水投资计划，组织项目可研报告节能篇章的审查；组织制定公司能源和水资源消耗指标体系及统计口径。

（二）财务处负责能耗、节能监测及节能审计的费用管理。

（三）生产运行处负责用电、用水管理和节电、节水措施落实；负责耗能设备管理及节能产品的推广工作。

（四）科技信息处负责节能节水科研和新技术推广应用工作。

（五）人事处负责对公司及所属各单位节能节水目标完成情况的考核和奖惩，组织节能节水相关培训。

（六）审计处、纪检监察处负责节能节水开展情况的审计和监察。

（七）勘探部、开发部负责能源勘探开发节能措施审定、实施。

（八）基建海工部负责新、改、扩建设项目“节能节水篇（章）”中相关工程技术和措施的审定及监督工作。

（九）工程技术部负责制定生产系统工艺优化措施，负责采油、注水、修井作业节能监督管理与考核。

（十）勘察设计院负责节能节水项目可行性研究报告的编写工作。

（十一）供应处负责优先采购节能节水产品、设备及供应商的归口管理。

（十二）矿区事业部负责矿区服务业务节能节水的管理。

第七条　公司所属各单位是节能节水工作的责任单位。各单位主要领导是本单位节能节水工作的第一责任人，对本单位节能节水工作全面负责。职责是：

（一）按照节约能源法的要求，年消耗5000吨标准煤以上的单位，应成立节能管理部门，并配备专职的管理人员，年消耗5000吨标准煤以下的单位，应明确节能节水的归口管理部门，配备必要专（兼）职的管理人员。

（二）依据油田公司节能节水专项规划和工作计划，制订本单位节能节水年度工作计划，并组织实施。

（三）负责节能节水型企业的创建和对本单位节能节水指标的分解和考核。

（四）负责本单位能源和水资源消耗计量的监督管理，组织开展重点耗能用水设备、装置、系统的节能节水监测。

（五）按进度实施节能节水专项投资项目，定期报送节能节水专项投资项目进展情况。

（六）负责本单位节能节水统计、分析，定期报送节能节水统计报表。

（七）组织开展节能节水技术改造、评价、交流和宣传培训工作。

第三章　基础管理

第八条　节能指标实行目标管理。各单位根据油田每年下达能源消耗和用水计划指标，应将指标层层分解、细化，落实到班组、岗位，并落实节能措施，定期考核。

第九条　能源和水资源消耗实行定额管理。各单位要制定主要装置、主要设备、主要产品（工作量）的用能用水定额指标，实行生产经营全过程能源和水资源消耗成本管理。

第十条　各单位应严格执行国家、行业有关用能用水标准。

第十一条　各单位应当依据国家有关计量法律法规和标准，建立健全能源和水资源计量管理体系，合理配备计量器具和仪表，完善计量台账，加强对能源和水资源计量仪表的检定（校准）管理和计量数据管理，做到计量核算、计量考核。

第十二条　各单位要按公司下达的监测计划，对重点耗能用水设备、装置、系统进行监测，进行能源和水资源利用状况评价。

第十三条　各单位应积极开展全员节能活动，积极宣传节能节水法律法规和政策，普及节能节水科学知识，宣传先进典型，增强本单位全体员工的节约意识，培育节约型企业文化，倡导文明节约的行为理念，营造良好的节约氛围。

第十四条　各单位应加强对能源管理岗位人员及重点耗能设备操作人员的节能培训。

第十五条　实行节能节水定期统计报告制度，分季报、半年报和年报。各单位应做好能源消耗和水资源消耗、主要产品（工作量）单耗、主要装置能耗等的统计、分析、核查工作，建立健全用能用水统计台账和有关基础数据资料档案，按规定报送统计报表和统计分析报告。

第四章　能源计量与统计管理

第十六条　各单位应按照集团公司《计量管理办法》,《企业能源计量器具配备和管理导则》、《石油石化行业能源计量器具配备和管理要求》等标准要求，加强能源计量仪表的配套和检验，实现用电、用水、用气单元计量或单井计量。

第十七条　各单位应建立健全能源计量器具档案、台账，将采油、注水、输油等用电分开计量、分类统计。

第十八条　各单位应做好能源计量器具维护和定期检定工作，确保数据准确性。

第十九条　公司及各单位要建立能源统计和分析制度。

（一）公司实行统一的统计报表格式，统一统计时间、范围、执行标准、计算方法。

（二）公司及各单位建立能源消耗统计台账。基本用能单元要建立健全能源消耗的原始记录。

（三）各单位按照公司节能节水统计报表上报要求，向质量安全环保处上报统计报表。质量安全环保处按照地方政府、集团公司相关要求，审查、汇总、编制、上报公司节能节水统计报表。

（四）各单位对统计报表进行分类汇总和统计分析，编制分析报告。统计分析应包括以下内容：

1．能源消耗实物量分析；

2．能源消耗指标分析；

3．节能节水措施实施情况分析；

4．用水状况分析；

5．用水水平指标分析；

6．节能量和节能价值量分析；

7．节水量和节水价值量分析；

8．主要用能用水设备状况分析；

9．节能节水工作存在问题及潜力、措施建议。

第五章　节能节水技改项目管理

第二十条　节能节水技改项目是指有节能率和节约实物量，以节能为目的的技术改造项目。

第二十一条　节能节水技改项目由各单位或部门根据公司中长期节能节水计划和生产经营实际，组织论证，并编写可行性研究报告，其内容包括：目的、意义、国内外技术状况及发展趋势、技术先进性及可行性、总节约目标及年度考核目标、课题设置、经济效益分析、经费预算、支持条件和人员组成、推广应用前景、起止年限等。

第二十二条　各单位、部门节能节水技改项目可行性研究报告经质量安全环保处初审后，由勘察设计研究院组织编制公司年度节能节水技改项目可行性研究报告。

第二十三条　规划计划处组织对节能节水技改项目可行性研究报告进行审查。勘察设计研究院根据审查意见进行修改，形成公司节能节水技改项目可研报告的报批稿，经股份公司批准后，由规划计划处下达。

第二十四条　各单位、部门是节能专项投资项目实施的主体，对本单位、部门节能专项投资项目负责。

第二十五条　各单位、部门应成立技改项目组，对项目的实施质量和进度负责。负责现场选择，协调项目进度和实施中出现的问题，保证项目的进度和质量。

第二十六条　技改项目实施前，项目单位必须向质量安全环保处申请实施前的监测。项目竣工后，必须报请质量安全环保处委托专业监测机构进行监测。

第二十七条　项目完成后，项目单位提出书面申请，报质量安全环保处按公司有关程序组织验收。

第二十八条　节能节水项目验收要提交以下材料：立项申请书、投资计划、中标通知书、专项合同书、节能节水监测报告、现场跟踪数据表、经济效益分析及用户意见材料。

第六章　监督管理

第二十九条　新建、改建、扩建工程项目节能节水可行性论证，初步设计中必须有“节能、节水篇（章)”，提出节能节水指标、措施和要求。无“节能、节水篇（章)”或经审查达不到考核要求的，计划部门不予批准建设。主要能耗水耗指标达不到设计要求的，不予竣工验收。

第三十条　各单位要对本单位主要耗能耗水设备、设施进行监测。公司按照集团公司相关要求，每年对重点耗能设备组织监测。

第三十一条　公司及各单位应优先采购国家有关部门发布的《节能节水专用设备企业所得税优惠目录》内的产品、设备，禁止采购国家和集团公司明令淘汰的用能用水产品、设备。

第三十二条　严格节能节水技改项目管理。节能节水技改项目单位应定期向公司质量安全环保处报告节能节水专项投资项目的实施情况，质量安全环保处会同有关部门对节能节水专项投资项目的实施情况进行监督检查。

第三十三条　开展节能审计工作。公司组织对各单位能耗情况进行审计，并报地方节能主管部门。

第七章　考核与奖惩

第三十四条　公司每年组织一次节能节水先进单位或先进个人或优秀节能项目的评选，并予以表彰、奖励。

第三十五条　违反本办法规定，有下列行为之一的，对相关责任人按公司管理人员违纪违规行为处分的有关规定追究责任：

（一）对公司节能节水工作造成严重不良影响的；

（二）未按照项目管理程序进行节能节水评估审查的；

（三）新建、改扩建项目能耗水耗指标测试不合格的；

（四）在节能节水工作中不认真履行职责，失职、渎职的；

（五）其他违反本办法规定的。

第八章　附　则

第三十六条　本办法由公司质量安全环保处负责解释。

第三十七条　本办法自印发之日起实行。

中国石油冀东油田公司
关于撤销南堡油田勘探开发公司等六个项目
建设单位组建勘探开发建设项目部的通知

中油冀人〔2009〕35号

公司所属各单位、各部门：

按照“管建分离、监管分开、权责明确、强化管理”的思路，为全面推行项目管理，明确项目建设责任，整合资源、优化运行，提高项目建设效率、效益和建设管理水平，经2009年1月12日公司党政领导联席会议研究决定：撤销南堡油田勘探开发公司等六个项目建设单位，组建勘探开发建设项目部。现将有关事项通知如下：

一、撤销南堡油田勘探开发公司、南堡油田1号平台地面建设项目经理部、南堡油田2号平台建设项目经理部、南堡油田4号海洋工程项目经理部、南堡油田5号平台建设项目经理部、海上钢制平台建设项目经理部，在此基础上组建成立勘探开发建设项目部。将上述撤销的六个单位的项目建设任务以及原勘探部、开发部、基建工程部、南堡油田海洋工程项目经理部、勘探开发工程监督中心等单位的勘探开发项目建设业务全部划归新组建的勘探开发建设项目部。勘探开发建设项目部代表公司作为项目建设单位，全面负责勘探开发建设工作。

二、勘探开发建设项目部为公司正处级二级单位，按分公司体制管理。

三、勘探开发建设项目部的主要职责。

勘探开发建设项目部是油田勘探开发项目的建设主体单位，全面负责勘探开发工程项目的建设，对建设项目的投资控制、施工质量、工期、安全环保和任务目标负全责。其主要职责是：

1．负责勘探开发工程建设项目的组织建设。对建设项目的投资控制、施工质量、工期、安全环保和任务目标负全责。

2．负责钻井工程、完井工程、试油、投产工程、地面工程、海工工程建设的组织运行管理。

3．参与分项设计和单井设计研究；组织勘探开发项目的现场踏勘、开工前的验收、许可申请、招标、合同谈判、合同签订、竣工验收、工程结算，完成建设任务目标。

四、编制定员和机构设置。

编制总定员为59人，其中：领导班子8人，科长8人，副科长11人。

1．领导岗位及职数配置。

领导班子设8人，分工为：经理1人，党总支书记（纪律检查委员、工会主席）1人，副经理5人（主管生产与安全，主管地质，主管钻井，主管作业试油，主管基建与海工各1人），总经济师1人。

2．科室设置及定员编制。

科室编制定员51人，其中科长8人，副科长11人。设综合办公室、基建海工科、地质工程科、钻井工程科、试油作业科、生产调度科、安全环保科和经营财务科8个科室。

（1）综合办公室。主要负责行政、党务、文秘、人事劳资、社会保险、工会、共青团、纪检监察、企业文化、宣传、信访稳定、保密、勘探开发和工程资料管理等工作。编制定员4人，其中主任1人，副主任1人。

（2）基建海工科。主要负责组织海洋工程、地面工程和钻前工程、海洋调查等项目的实施工作；负责相关资料的组织和验收管理工作。编制定员11人，其中科长1人，副科长2人。

（3）地质工程科。主要负责勘探评价地质、开发地质、测井工程等工作；负责相关资料的组织和验收管理工作。编制定员5人，其中科长1人、副科长1人。

（4）钻井工程科。主要负责组织钻井工程管理、工程资料的组织与验收管理等工作。编制定员8人，其中科长1人，副科长2人。

（5）试油作业科。主要负责组织试油作业、新井投产、工程资料的组织与验收管理等工作。编制定员3人，其中科长1人，副科长1人。

（6）生产调度科。主要负责生产综合调度、市场物资管理等工作。编制定员6人，其中科长1人，副科长1人。

（7）安全环保科。主要负责HSE管理、科级信息、质量、计量、标准化等工作。编制定员5人，其中科长1人、副科长1人。

（8）经营财务科。主要负责规划计划、统计、勘探和开发投资管理、合同、财务管理、内控、企管、审计等工作。编制定员9人，其中科长1人，副科长2人。

中国石油冀东油田公司
关于理顺公司财务核算管理体制的通知

中油冀人〔2009〕28号

公司所属各单位、各部门：

为理顺公司财务管理体制，解决财务核算与经营主体脱节、与管理过程脱节的问题，经2009年1月12日公司党政联席会议研究，决定对公司财务核算管理体制进行改革，将集中核算改为分单位核算，核算职能下放到各单位，实现投资控制与成本控制靠前管理。现将有关事项通知如下。

一、调整资金结算中心职能，资金结算中心不再承担各单位财务核算职能。调整后的资金结算中心主要职责是：

1．负责结算资金的统一管理。

2．负责执行货币资金计划。

3．负责内外部结算账户的管理。

4．负责办理内外资金收支结算。

5．负责基本建设投资的核算。

6．负责代扣税的管理和核算。

二、资金结算中心编制定员25人，其中主任1人，总会计师（副处级）1人；科室长6人。设唐山结算科、唐海结算科、中心费用管理科、封闭结算科和基建核算科5个科，级别为副科级。

中心费用管理科。主要负责中心费用的核算、综合、代扣税的管理和核算。编制定员4人，其中科长1人。

基建核算科。主要负责基本建设投资的核算和管理。编制定员4人，其中科长1人。

唐海结算科。主要负责唐海地区主业及三产单位的资金结算、资金计划的执行、账户的管理。编制定员5人，其中科长1人。

唐山结算科。主要负责唐山地区主业、法人单位及各种保险资金的结算、资金计划的执行、账户的管理。编制定员5人，其中科室长2人。

封闭结算科。主要负责股份公司内部单位、股份公司与集团公司单位之间的资金结算和管理；指导基层单位封闭结算业务的申报、审核、确认等。编制定员5人，其中科长1人。

三、原资金结算中心负责各单位核算业务和人员，随业务划转各单位，其中机关核算科划转财务处。

四、公司各单位根据实际需要设置财务科的，报公司人事处审批。各单位财务科主要负责本单位日常成本（费用）核算、基本建设投资核算和财务管理工作。

专　文

蒋洁敏总经理在听取冀东油田公司工作汇报后的讲话

（2009 年 5 月 7 日）

（根据录音整理，未经本人审阅）

这次利用两天的时间来到冀东，主要是看看现场，听取工作汇报，同时和大家一起讨论冀东的发展问题，并代表集团公司党组来看望大家。今天上午分别听取了冀东油田的勘探、开发和全面工作汇报，昨天在现场看了几个点，留下的印象都非常深刻。

冀东油田是 1988 年从大港独立出来的一个油区，成立至今已 20 多年了，为集团公司发展作出了重要贡献。原油年产量过去只有十几万吨，经过 16 年的努力 2004 年突破 100 万吨，去年油气当量达到 200 万吨以上，今年原油产量要超过 170 万吨，成绩巨大，为将来的发展打下了基础，同时培养锻炼了一支非常优秀的队伍。更为重要的是，这几年储量实现了快速增长，现在累计探明石油地质储量 6.8 亿吨，其中陆地 2.6 亿吨，海上 4.2 亿吨。

在过去几十年工作的基础上，通过几届班子和几代石油人的努力和奉献，2007 年“五一”前后，冀东发现了南堡油田，在全国乃至全世界引起了反响。这个大油田诞生的意义，绝不仅仅是当时几亿吨储量的提交和发现，它对我国石油工业发展的贡献是历史性的。正是由于南堡油田的发现，推进和带动了渤海湾新一轮勘探开发的高潮，形成了以精细三维工业化生产和应用的技术思路，并告诉大家，只有沉下心来搞勘探，才会有大发现。正是由于南堡油田的发现，我们才进一步研究和确定了对大港油田进行整体勘探和开发，力争拿到 10 亿吨石油储量的目标。目前在歧口、澄海等 5 亿吨石油地质储量到手，包括塘沽在内的过去没有做更多工作量的地方，现在三维地震已经完成，正在解释过程中。从目前我们掌握的情况看，渤海湾勘探开发状况总体上是好的，但是也面临和冀东东营组、沙河街组同样的问题。正是由于南堡油田的发现，除中石油矿权之外，中石化、中海油也在不断深化对渤海湾油气藏的认识，勘探工作力度都在加大。中海油一季度的油气当量同比增长 15%，主要贡献点在渤海湾。

从 2007 年“五一”之后，我们对南堡进行了一些先导性的试验，确立了东营组的开发试验区，形成了一些概念设计等。在两年多的实施过程中，出现了一些新情况、新问题，同时出现了“冀东怎么了”、“南堡油田怎么了”等个别不同声音。党组对此高度重视，管理层也认真对待。这次来，我和大家一起讨论，看看冀东到底是个什么样子，南堡油田到底怎么样。看完之后，我的感受是，这两年冀东油田在勘探上有了新认识、新发现、新成果，开发的基础正在得到进一步加强，以投资、成本、安全、制度等为主要内容的管理工作初见成效，效率得到了提高，主要经济技术指标得到了改善，建立了正常的生产经营秩序，调整完善了与油田开发建设需要相适应的管理体制，党的建设、队伍建设都有力地保证和支持了勘探开发的需要。应该说，冀东油田现在进一步巩固了发展的基础，取得了工作的主动权。油田班子和队伍是好的，思想解放、思路清晰，措施实在、执行到位，集团公司党组对你们的工作是满意的。

去年以来，我们取得了一些成绩和成果，但是由于产量紧张、压力过大，又暴露和出现了一些新的问题，特别是在勘探和开发上都出现了一些新的问题。虽然是个别问题，但影响很大。因此，对冀东产生了一些不同的认识。在石油工业发展历史上，诸如此类的事情多了。四川会战，当时把新疆、青海等一些重要的力量集中到四川，却失手了。四川若干年来的一个典型反面案例，就是当时有人说川气出川违背了基本规律。现在，四川是个什么样子？今年内集团公司要召开党组扩大会议，审议和批准西南油气田天然气上产的工作计划，川气出川已经实现，出川后要进一步扩大到湖南和湖北。20世纪80年代和90年代初，胜利油田当时面临两种选择，一种选择是产量上、稳，一种选择就是产量降、下。这件事当时报到了党中央、国务院，国务院总理亲自批示派出工作组解决胜利油田的问题。后来，石油部针对胜利油田的实际和问题，几次作出了战略部署的调整。从那以后到现在，胜利油田产量保持在2600万—2700万吨，每年坚持增加1亿吨石油地质储量，这个贡献是非常巨大的，也证明当时的调整决策是正确的。四川和胜利的发展实践充分表明，认识是一个过程，工作更需要时间来考验。冀东南堡油田在深化勘探和开发建设的初期，出现一些新情况新问题，有一些新变化，这也是正常的变化，是对客观存在的再认识、再深化，是一种科学的探索，这是我们必须要付出的代价。另一方面，冀东产量的调整也是一个主动的调整。从去年延安领导干部会议开始，就让大家艰苦奋斗、过紧日子。虽然去年三季度油价依然居高不下，但从四季度开始，形势急转直下，销量减少30%—40%，炼厂减负荷生产，油田被迫关井，整个集团公司现金流出现负值。如果不从去年6月份就调整产量，我们会出现极大的被动局面。集团公司原油产量的及时调整，是基于形势变化，统筹优化国际国内资源的大局作出的。我们要把集团公司建设成为综合性国际能源公司，资源完全靠中国石油自给是不可能的。

另外，你们在勘探阶段，要力争总体规模发现。要到开发阶段，储量开始肯定变小，但从渤海湾整个盆地来看，储量后来肯定变大。在勘探开发过程中，同志们是非常努力的。你们的力量不是很强，人员也不多，只有靠付出。去年是80部钻机，仅随钻分析和研究需要多少人？多少精力？虽然这两年出现了一些新变化，但回过头看，大家对油田整体的认识和判断没有错，对工作的安排和部署没有大失误，冀东同志们的工作是值得信任和信赖的。如果说有问题，问题出在党组，问题出在我，责任由我来负，成绩是大家贡献的。这一点明确告诉大家。大家不用感觉到有压力，要把压力用在工作上变成动力。

从 2007 年“五一”到现在，两年的实践进一步证明，南堡资源富集，储量落实，这个基本的判断没有变；渤海湾复杂的地质特点，在冀东同样存在，这个基本的规律和认识没有变；冀东进入了大发展的时期，实现可持续科学发展的形势没有变；建成千万吨油气当量大油田的目标不能变。只要科学实施，执行到位，油田的发展目标就一定能够实现。冀东油田累计探明石油地质储量中，海上的 4.2 亿吨现在动用储量只有 2650 万吨，加上控制储量 3.7 亿吨，预测储量 3.3 亿吨，10 亿吨储量还没动。不要因为几口空井，就感觉到储量也就这个数。2004 年，我在勘探工作会议上讲，勘探没有失败，探井没有空井。近两三年来，南堡至少告诉我们四条经验：海油陆采是有效开发和建设模式；油藏的压力是灵魂，生产的压差要控制，实现油田的稳产是一个关键性课题；市场化管理、标准化建设、低成本开发是重要抓手；解放思想，实事求是，一切从实际出发，是勘探开发的根本法宝。这四条要继续坚持，不断发展，在冀东结出更加硕实的成果。要对冀东近年来勘探开发工作进行总结，出经验、出认识、出理论，在借鉴他人和总结前人经验的基础上，形成具有冀东特色的理论体系。胜利油田搞了这么多年，就是一个复式油气聚集带的理论，获得过国家一等奖。滚动勘探就是从渤海湾、从胜利油田开始的。当时，石油部在胜利油田召开勘探技术座谈会，会期三个星期。我们才研究了多少？从北京总部到冀东油田，和前人比有很大差距，我们研究的还不够。静下心来、沉下心来搞勘探，发展滚动勘探，形成了勘探开发一体化。这三条，支持胜利油田建成了全国第二大油田，2500 万吨以上稳产了二十多年。

冀东油田和集团公司要达成共识，坚持战略部署不变，持续增储上产，勘探计划单列。坚定信心，埋头苦干，坚定不移地建设科技、绿色、和谐的现代化大油田。

第一，继续把勘探放在首位，增强建设大油田的资源基础。1500 多平方千米有利的勘探面积，现在已经实现了精细三维的整体连片，已经有了重大的发现。下步要集中南堡凹陷，保持 30 部钻机稳定生产，实施整体化战略，大力推广欠平衡钻井等新技术新工艺，坚持不懈，持之以恒，绝不轻言放弃。

第二，合理利用当前有利时机，夯实老油田稳产基础。陆上 2 亿多吨探明地质储量，现在开发程序不到 10.2%，含水就到 93.4%，递减超过 30%，100 万吨稳产还有难度。陆上对老油田稳产可立专项课题进行研究，要围绕注水、注足水、注好水做文章，完善井网，精细油藏描述，确定更适合油田开发的技术政策。海上开发要以效益为中心，以提高单井产量为抓手，把握工作节奏，成熟一块、建设一块，建设一块、生产一块、稳定一块。要进行整体规划部署，配套建成生产能力。同时，东营组重大开发试验今年底要全部完成。

第三，持续管理创新，建立高效开发大油田的体制机制。冀东是油公司，要学习借鉴塔里木的“两新两高”体制，建成 1000 万吨油气当量产量，用工总量 5000 人，突出发展油气核心业务，其他业务包括机械制造在内，必须服务和服从于大油田建设和核心业务的发展，多种经营业务要有进有退，有所为有所不为。

第四，加强职工队伍建设和党的建设。发扬大庆精神和铁人精神，崇尚埋头苦干，重实践、不争论，重实干、不浮躁，重实绩、不张扬。特别要加强队伍建设，培养冀东自己的专家和领军人物，干部员工的管理素质、业务能力、技术水平都要适应大油田的建设与发展。

第五，进一步突出科技创新、市场化推进、标准化建设和项目管理，确保安全生产和清洁生产，进一步体现以人为本、珍惜生命的理念。要及时向地方党委和政府汇报工作，取得更大的支持。要教育引导员工在忠诚事业、奉献石油的同时，孝敬父母，教育子女，关心家庭，建立和谐的生活环境。

冀东是个老油田，从1964年到现在已经有几十年了，从1988起累计生产原油1652万吨，贡献很大。冀东是有优势的，盆地小可以集中精力，人员少可以建成油公司。冀东三分之二的储量还没有动用，大发展的时期刚刚到来。冀东是一个充满希望和活力的油田。经过我们的努力，冀东一定能够建设成为科技、绿色、和谐的现代化大油田。感谢全公司干部员工作出的努力，感谢我们几届领导班子和所有关心支持冀东发展的领导和同志们，感谢地方党委和政府给我们的关心！祝愿冀东尽快建成现代化大油田！

王宜林副总经理在听取冀东油田公司工作汇报后的讲话

（2009年10月15日）

（根据录音整理，未经本人审阅）

这次来唐山参加曹妃甸论坛，并有计划专程到冀东油田看看发展的情况。刚才听了三权同志系统的汇报，给我的印象相当深刻。华启同志刚才说冀东油田已经进入了一个正常的发展阶段，我感觉冀东油田走过了一个不寻常的过程。从2007年的轰轰烈烈，再通过2008、2009两年扎扎实实的工作，冀东油田正在走向科学发展良性循环的轨道，同志们付出了非常艰苦的努力。三权同志原来在长庆工作，担任主要领导职务，到冀东以后把新班子组织得很好。班子各位同志精神面貌也非常好，说明大家对油田的发展是充满信心的。中午通过和三权、国旗同志聊天，感觉冀东目前的情况还是非常好的，是一个有着良好发展前景的油田。

冀东油田的发展毕竟要有一个过程，从一个只有几十万吨规模的小油田，经过十几年发展到年产100万吨的规模，又通过三年时间使原油产量踏上了200万吨的台阶。冀东油田的产量基数很小，发展到100万吨就是一个大台阶，从100万吨到200万吨翻一番更是成绩显著。在南堡这样一个小凹陷上，如果没有我们扎扎实实的工作，今天这个发展成果是很难获取的。特别是刚才三权同志汇报的今年工作，我认为还是很主动的。我们搞油田的，最后的落脚点就是产了多少油，通过卖出油的多少看出企业的效益。今年冀东173万吨的产量任务，这是商品量，再加上生产的4亿吨天然气，今年的油气当量还是200万吨，说明冀东油田就是一个200万吨规模的油气田，这就是一个很大的台阶，是一个非常了不起的成绩。

今年，以三权和国旗同志为核心的领导班子带领冀东油田广大干部员工，做了大量扎扎实实的工作，特别在压减成本和企业管理改革方面的力度是相当大的。成本问题是企业最核心的问题，刚才汇报中压减成本的一些具体措施，都是一点一点地，非常精细地在降成本。这是一个持续的基础工作，各种措施都见到了非常好的效果。比如操作成本方面，能够控制在总部下发的计划指标之内，做了大量卓有成效的工作。企业管理方面，对机构进行了大幅度整合，有的从六个单位整合成一个单位，有的从三个单位整合成一个单位，这个力度是相当大的。国有企业最难的是什么？干部能上不能下，收入能增不能降，这也是中国的基本国情。冀东却作出大量卓有成效的工作，非常不容易。冀东油田1—9月已经生产了135万吨原油，完成了年计划的78%，这与去年相比是相当主动了。去年，冀东原油产量吃紧，是中石油所有油气田中欠产的三个油田之一，从8月份开始油田不得已放大压差抢油，产量开始爬坡。今年冀东的原油生产不但很主动，而且成本能控制住，考核能完成，目前盈利7.5亿元，成绩来之不易。在勘探方面，不论是在奥陶系潜山，还是中浅层，还是5号构造火山岩的天然气勘探，都有重要进展，实现老区挖潜，非常不容易。在科技、节能、质量等方面也都做了大量卓有成效的工作。所以我确实是体会很深，回去以后我会把冀东的情况给党组详细汇报。

对于下一步发展，我认为冀东的思路是非常清楚的。现在冀东踏上了科学发展良性循环的步子，下一步要扎扎实实地把油田经营好。冀东油田的地位不一样，当前要立足于200万吨规模的油田，深入地把工作做好，进一步瞄准大油田的目标去做，这就是了不起的责任。总的工作，你们班子研究确定的目标是非常清楚的，蒋总5月份来，对冀东下一步发展提出了明确的要求，你们要切实把蒋总的要求贯彻落实到工作中去，把冀东油田发展好。

下面我提几点意见，供冀东的同志们参考：

一、要充分认识冀东油田科学发展的重要性，牢牢把握资源这个主题，加大勘探力度，多找优质储量，为油田发展打好坚实基础。

油田的发展说到底没有资源是不行的，冀东油田通过前期扎扎实实的精细勘探获得了一些成果，但是这些资源距离建设大油气田的目标要求还有较大差距，我们瞄准的是建设“科技、绿色、和谐的现代化大油田”这一目标，这需要我们可供开发的资源做维持，要始终把勘探摆在最突出的位置，而且要持续做好。从现在看潜山的勘探录井显示还是不错的，但南堡5号构造天然气勘探4口井、4个层不太理想，要深入分析，是个什么情况就是什么情况，那是客观存在的，要让我们的认识更加接近地下的实际，使我们的认识更有深度。要始终突出资源这个主导地位，不搞资源、不搞勘探，各项工作永远是被动的，掌握了油田勘探的主动权，就掌握了油田发展的主动权。

二、要充分认识渤海湾油气田的复

杂性，精雕细刻做好精细勘探、精细开发大文章。

必须充分认识渤海湾地区地下的复杂性，王涛部长曾经形容胜利油田是一个盘子摔在地上又踹了一脚，都是复杂小断块，冀东通过多年的实践也证明了渤海湾地区地下的复杂性。要充分认识到这一点，不能有任何的侥幸心理，通过精雕细刻，做好精细勘探、精细开发这篇大文章。

有了发现后，通过精细勘探每一点资料都不放过，把地下情况搞清楚，投入开发后也要立足于这个复杂性，研究工作要跟上。在精细勘探开发方面冀东是有好经验的，要继续把这项工作做好。冀东前期通过大面积三维地震资料采集和录取，取得了很好的效果，在东营组东一段也取得了很好的效果，但东营组就是复杂。支持胜利油田稳产在2600万吨以上的就是沙河街组作贡献，而东营组和明化镇组对稳产没有作太大贡献。因此要扎扎实实地做好每一点工作，不大而化之。

三、要依托重大科技专项，充分发挥科技主导作用，把冀东油田发展好

国家重大科技专项，大油气田煤层气开发是国家十六个重大科技专项之一，企业牵头的就是这一个项目，我是组长，我们承担了一个课题和一个示范工程，要把这个作为一个平台，通过这个平台，充分发挥科技的主导作用，针对复杂油气田形成配套的科学技术，要锻炼培养一批科技人才，把科技人才使用好，把科技资源发挥好，虽然成本紧张，但该出国学习的还要出去，该引进的技术还要引进，该借助其他科技力量的还要借助。做好科学技术的引进、消化和吸收，把我们自己的课题做好，把我们的人使用好，再立新功。

四、要持续地做好安全、环保、质量工作，为渤海湾地区油气田开发做好示范。

渤海湾地区大港油田岐口重大专项实施效果不错，有一些好的苗头。但渤海湾地区处于半封闭海域，水循环一次需要60年，因此绝对不能出安全环保质量事故，出就是大事。尤其是冀东油田名声在外，一旦出事，小事也是大事，必须持续的抓好安全、环保、质量工作，为整个渤海湾地区的滩海油气田开发做好示范。大家要有这个信心，有这个决心。

借此机会讲几点意见供大家参考。长时间没有来冀东了，见到大家感到很亲切，也想通过你们向冀东油田全体干部职工家属、向离退休的老同志问个好，祝冀东油田全体干部职工和老同志身体健康，工作顺利，家庭幸福！

廖永远副总经理在听取冀东油田公司工作汇报后的讲话

（2009 年 12 月 10 日）

（根据录音整理，未经本人审阅）

已经两年多没来冀东了，这次来确实不虚此行。刚才听了你们的工作汇报，很受教育，感到非常振奋。

在集团公司加强应急救援体系建设方面，冀东油田带了好头，做了很好的工作。海上应急救援中心是承担集团公司五大应急救援体系的单位之一，总部放在冀东是经过我们反复考虑，认为冀东油田最有这个条件，也最能承担这项艰巨的任务。2006 年 12 月 10 日，也就是三年前的今天，我们在冀东正式挂牌，宣告了海上应急救援中心的成立。中心在业务上由集团公司安全环保部指导，行政上由冀东油田进行管理，承担海上应急救援的任务。三年的时间证明你们做了很多很好的工作，其中至少有三件事是可圈可点的，一是去年奥运期间在青岛帆船比赛海域圆满完成了浒苔围控任务，得到山东省委省政府和奥组委的高度评价；二是去年组织了一次大规模的海上应急救援演练，非常成功，国家相关部门给予了高度评价；三是参与了前段时间海上紧急情况的处置，及时化解了重大事故隐患。这都充分说明了海上应急救援中心成立的三年来，边建设、边发展、边工作，发挥了很好很重要的作用。

为什么把海上应急救援中心放在冀东？一是考虑冀东是“油公司”管理体制，二是冀东油田海上业务的发展要比其他油田更快更大，三是冀东油田地处辽河油田和大港油田之间。所以当时提出“一个中心两个基本点”的建设思路，以冀东油田为中心，把大港和辽河设为应急救援的两个基本点。从目前来看，将应急救援中心设在冀东油田是一个正确的选择，你们工作做得非常好！让冀东油田单独承担这项任务对你们来讲是重了点，但从集团公司层面来讲，你们承担了这一光荣的使命和艰巨的责任，必须要完成好。要做好这项工作必须在费用上有一定的投入，但这项费用由冀东一家承担显然是不合适。如何解决？一是大港和辽河分摊一部分费用，二是总部帮助解决一部分费用。

建立这支队伍就是要养兵千日用在一朝，关键时刻要发挥作用，所以必须要把这支队伍建设好、训练好。以后要进一步加大应急演练力度，不断提高队伍的实战能力，提高人员素质，使这支队伍在关键时刻能够拿得出、打得赢、控制得住。非常感谢你们在海上应急救援中心成立的三年来做的大量工作。我们选定在中心成立三周年纪念日这天来冀东油田，一是感谢你们，二是看望这支队伍，三是听听大家有什么问题和困难，进一步帮助解决，共同把这一支特殊的队伍建设得更好更坚强，适应我们海上业务发展的需要，为海上勘探开发作出新的更大的贡献。

刚才三权同志把冀东油田近两年来的工作，特别是把今年学习实践科学发展观以来所做的工作做了一个全面详细的介绍，国旗同志作了三条补充，几位总部的同志也讲了自身的感受，发表了很好的意见。我这次来，感到冀东油田在过去的基础上又有了新的变化和发展，有了新的面貌，听了汇报以后确实很受启发，很振奋。冀东油田尽管在规模和发展历程上不算是个很大的油田，但从发展速度上看，完全具备了建设科技、绿色、和谐现代化大油田的物质基础、文化基础和工作基础。总体感到冀东油田这几年通过认真贯彻集团公司党组的要求，深入贯彻落实科学发展观，坚持又好又快发展，调动广大干部员工的积极性，深入研究冀东油田的发展方略，实事求是地做出了一些重大战略调整，强化管理，加强科技，正抓实干，各方面工作都取得了非常显著的进步。我们听了以后感到做得很好。集团公司党组，包括蒋洁敏总经理对冀东油田非常关心和重视，对于冀东油田的每项工作和每步发展都很关注。

尽管冀东油田可供勘探开发的领域不大，只有1500多平方千米，但是资源丰富，目前落实的资源量是14亿—22亿吨，累计三级地质储量已经达到了13.57亿吨，勘探程度很高，勘探效果很好，资源基础是比较牢靠的。产量增长也很快，冀东油田刚成立时规模很小，1996年的产量还是40万吨左右，到2004年超过100万吨，2007年超过200万吨，目前处在稳定调整打基础，夯实稳产上产基础的过程中。基数很小实现翻番很不容易，尽管外界感到冀东的发展慢了点，但是你们自身的工作是很努力的，上产的速度是很快的。如果没有冀东油田这几年产量的硬增长，中国石油整体原油产量每年增长0.5至1个百分点是非常困难的。近两年来冀东油田新一届班子在三权和国旗同志的带领下，坚决贯彻落实集团公司党组的要求，加强勘探工作，夯实资源基础，搞好油田开发，打牢稳产增产的基础工作，加快南堡油田开发试验，进一步提升勘探开发潜力，靠科技进步使油田又好又快发展，这些工作做得都非常好。

今年以来应该说油田勘探形势在不断发展，开发工作基础得到进一步加强，管理工作进一步夯实，在持续深化改革、加强制度建设方面迈出了重大步伐，队伍建设、作风建设和领导班子建设方面，见到了非常明显的成效。特别是今年通过开展学习实践科学发展观活动，进一步理清了科学发展的思路，提出了“114555”发展理念，确实很切合冀东油田实际，尤其“五个关系”和“五个战略”讲得非常到位。科学发展观指导冀东油田勘探开发实践的成果特别显著，在转变发展方式、优化业务结构、提升管理水平、改善勘探开发效益和效果等方面都非常突出，尤其在夯实老油田稳产基础、加强基础工作方面见到了很好的成效，综合递减得到遏制，自然递减开始明显下降，基础工作进一步夯实，为持续稳产上产打下了很好的基础。新区产能建设坚持实事求是、精打细算，很好地控制了投资规模，降低了成本，在金融危机严重的挑战面前，取得了巨大成绩。

同时，我们看到冀东的领导班子非常团结，相互支持，干部员工队伍非常执著，今年进行了这么大的改革与调整，但总部没有听到什么不利反应，大家思想非常一致，说明改革调整得很好，之前的舆论工作很到位，干部员工非常拥护、支持和顺应，为下一步更加深入的改革与发展奠定了基础。特别值得一提的是，这几年来冀东油田的安全环保工作是非常不错的，别看你们单位不大，但是安全环保风险确实不小。一是你们海上作业规模很大，既有安全风险又有环保风险；二是你们是“油公司”体制，要管理好这么多的乙方施工队伍，做到“有感领导、属地管理、直线责任”并非易事，但是几年来你们的安全环保形势保持得非常不错。今年还剩下 21 天时间，目前看来你们年初确定的工作目标都在望在握，有的甚至好于预期。173 万吨产量没有问题，天然气产量预计 4.7 亿立方米，为集团公司实现天然气产量两位数增长作出了贡献。经济效益扭转了年初亏损 8 个亿的指标，盈利 9 个多亿，里外里盈利接近 18 个亿，这个成绩是非常突出的，这与你们加强管理，严格控制操作成本，挖潜节支是分不开的，正是顺应了中央经济会议提出的“更加注重提高经济发展质量和效益”的要求。

今年 5 月 5 日蒋总到冀东油田考察调研，对你们今后的发展提出了要求。各位党组领导也多次到冀东调研，回去后多次在不同场合讲到你们埋头苦干、真抓实干的一些事例。我这次来也是很受教育，要向你们学习，也代表集团公司党组，代表蒋总来看望大家。新的一年即将到来，给大家拜个早年，祝冀东油田来年工作取得更好的成绩。

蒋总和党组对你们都提出了很多希望和要求，我认为你们要始终坚持做好“三个不”。一是坚持党组提出的“把冀东油田建设成为科技、绿色、和谐的现代化大油田”的目标不动摇。冀东油田区位优势非常突出，资源也很丰富，产能建设到位率很高，建设大油田的目标完全可以实现。二是狠抓勘探、老油田稳产和南堡油田开发试验这三大工作不懈怠。尽管我们已经取得了勘探上的重大进展和发现，但是这个地区很复杂，勘探工作对我们来说始终不能放松，要切实抓紧抓好，坚持精细勘探、深化勘探、优化勘探，进一步打牢建设大油田的物质基础。老油田稳产基础工作要继续做好，包括完善注采井网，保持地层能量，控水稳油技术攻关，提高最终采收率，控制含水二次上升，遏制综合递减和自然递减，要坐稳老区，再发展新区。南堡油田的开发试验不能懈怠。三是牢记蒋总提出的“三重三不”不放松，一如既往的往前走，真抓实干，扎扎实实将各项工作向前推进，冀东油田的未来前景会是非常好的。

关于下一步工作，我认为有五个方面：

一是集团公司马上要召开元月份的工作会了，会后要把会议精神和会上提出的一系列要求，结合冀东油田实际贯彻落实好，重点把蒋总提出的三项重要工作和建设科技绿色和谐现代化大油田的要求落实好，使通过学习实践科学发展观活动总结出的“114555”发展理念进一步在广大干部员工中达成共识，推动各项工作全面发展。

二是打好资源基础，坚持油气勘探不放松，尤其在精细勘探、深化勘探、优化勘探方面进一步做工作，把我们的专家队伍和工程技术力量充分发挥和调动起来，进一步夯实资源基础，落实更多优质储量，为今后的长期发展打下坚实基础。应该说渤海湾的开发是一件非常艰巨的工作，情况非常特殊，地下非常复杂，但资源又很丰富，需要我们做出艰苦细致的努力，除了要很好地总结我们自己的技术，还要向渤海湾地区其他油田学习，借鉴好的做法和技术，为我所用。另外要加强管理，持续深化改革，不断完善体制机制，把冀东油田真正建设成为既符合国际惯例，又具有中国石油特色的高水平油田，充分展现出强大的竞争力和体制优势。

三是要切实加强安全环保稳定工作。冀东的稳定压力相对较小，这就是“油公司”的优越性，但是你们的安全环保压力还是很大的，地处曹妃甸经济发达地区，对安全环保工作的要求更高，工作必须做好做扎实。现在已经是年尾岁末，各项施工作业存在着抢工期、赶指标的情况，给安全环保工作带来了更大压力，希望大家更好地落实安全环保责任制，落实安全环保各项措施，确保安全环保稳定发展的良好局面。冀东油田历来非常重视安全环保工作，在这方面的投入也是非常大的，做得都比较到位，希望进一步加强。

四是要认真总结回顾今年工作，为明年各项工作的顺利起步打好基础。明年是“十一五”的最后一年，很快就进入“十二五”，要把“十一五”期间我们的各项工作认真总结回顾，继续发扬好的做法和措施，同时要更好的立足新起点，着手“十二五”的各项工作目标。尤其是冀东油田，党组提出要建立一个科技、绿色、和谐的现代化大油田的目标要求，“十二五”就显得非常重要，是一个打基础的五年。渤海湾地区作为五大重要油气主力区之一，要确保3000万吨的原油产量，冀东油田在其中承担着很重要的责任，所以我们要好好谋划“十二五”发展规划，及早进行工作部署，特别是海上油气生产有很多不确定因素，各项工作一定要往前赶，要超前部署，加快启动。

五是加强领导班子建设、党风廉政建设和员工队伍建设。一方面在年末岁尾要减少应酬，集中精力和心思把年底的工作做好。同时要和各级领导干部打招呼，大力加强党风廉政建设，不要让干部犯错误出问题。中国石油现在影响力很大，做了好事别人不一定能看到，但是出了问题媒体就会大肆炒作，负面影响很大。

今天上午听了你们工作情况的汇报对我很受启发和教育，我们会把你们好的做法和经验带回去，一是要给党组汇报，二是要把这些好经验好做法进行推广，供其他单位借鉴学习，共同为集团公司的综合性国际能源公司建设作出贡献，共同为应对金融危机，实现又好又快发展献计出力。

再次感谢冀东油田所做的工作，感谢你们！

喻宝才副总经理在听取冀东油田公司工作汇报后的讲话

(2009 年 9 月 10 日)

(根据录音整理，未经本人审阅)

我赞同刚才几位部门领导讲的意见。刚才听了苟三权同志的介绍，对冀东油田有了一个初步的了解。总体感觉冀东油田今年的工作、采取的思路、形成的一些理念、具体的一些措施，是非常有效的，有利的，包括今后的发展思路和发展举措都非常好，符合冀东油田发展的实际。

应该说冀东油田也算是个老油田了，从 1964 年就开始搞勘探开发，到现在已经 45 年了。探明储量和产量到 2007 年以后明显发生变化，从 2002 年以后冀东油田得到了快速发展，尤其在南堡油田发现以后，冀东这个老油田又焕发了青春，对未来的信心更足了，原油产量从 2004 年的 100 万吨快速上升到 2007 年的 200 万吨。这些都是冀东油田经过几十年的积累，在最近几年厚积薄发的结果，特别是对于南堡油田的发现，国家领导人都给予了很高的评价。

蒋总对你们的工作有明确的批示，强调抓好油气勘探、老油田稳产以及东营组开发试验三项具体工作。今年 5 月份蒋总来的时候，对冀东的发展目标和思路已给予了充分的肯定，同时也提了新的要求，包括作风上提出了“三重三不”，包括进一步强调坚定信心，建设绿色、科技、和谐的现代化大油田的目标不能动摇，等等。蒋总的要求符合科学发展观，你们按照党组和蒋总的要求今年所做的工作，包括形成的新的理念、思路和做法，也都是符合科学发展观，体现出今年学习实践科学发展观活动的成效。我相信冀东油田会发展得越来越好。

一、国际国内经济形势对集团公司的影响

去年以来，全球性的金融危机对我国的影响越来越深远，对集团公司的发展影响也是越来越大。这场金融危机对集团公司乃至国家，是既有机遇又有挑战，机遇大于挑战，强调要千方百计化危为机，危中求进。我们国家是个人口大国，又处在快速发展阶段，从中国的基本面来讲，快速发展 20 至 30 年应该是没有问题。因此，我认为我们国家经济发展的主要瓶颈还是资源、环境、人口。全球性金融危机带来的最大机遇就是它导致了有效需求不足，造成了产能过剩，导致了全球性资源性产品价格下降，这对我们国家来讲是又迎来了新一轮低成本的发展机遇。

当然挑战也是巨大的，我国近些年的出口依赖程度是非常高的，我国的内需不足，所以金融危机导致我国的出口大幅下降。也就是说，我们国内产能过剩的问题已经凸现出来了，相对于我国的内部需求来讲，我国的产能是严重过剩的。这就逼迫我们要从外需导向的经济发展模式转变为内需导向的模式，但这种转变是一个长期的过程，短期内是不能从根本上解决问题的，这就造成我国的经济增长速度会出现明显的下滑。这个问题解决不好就会影响到就业，影响到队伍稳定等方方面面的事情，这恐怕是最大的挑战。但总的来讲，迎来新一轮低成本发展机遇对我们国家的意义是重大的。

对于集团公司这种以资源为主的能源企业，承担着保障国家能源安全的责任，也是一种挑战，内外需求不足导致我们在产品销售上的困难，所以出现了前所未有的油田关井、炼厂降量，直到现在我们仍然是高库存运行，销售压力非常大。但是，对于集团公司最大的机遇来讲，还是因为油气资源的价位下降对于我们加快实施国际化战略，使我们在海外能够低成本获取更大规模、更高质量的储量，带来了一个难得的机遇。

对于生产经营也是一件好事。过去我们对市场意识、成本意识、竞争意识、忧患意识不是太强，毕竟近些年我们石油员工在各地的收入水平不能说最好，起码也是处于中上水平。但是，这次金融危机确实给我们带来了很大的影响，利润收入明显下降，油田降产，炼厂降量，销售困难，给我们造成了很大压力。大家都切身感受到了市场对我们中石油的影响，从某种意义上讲，这场金融危机让我们增强了市场意识、竞争意识、成本意识、效益意识，相应也增强了我们的忧患意识和责任意识。这个变化对我们是非常有利的。

针对上游业务，蒋总和周总把它概括为要科学组织生产经营。这是个什么概念呢？过去我们讲油田各项工作都要箭头朝上，增储上产，尤其是“上产”非常重要，只要产量增长就皆大欢喜，产量任务完成了就万事大吉，生产的意识非常强。现在我们强调科学组织生产经营，从科学的角度讲箭头不一定非要朝上。同时强调了经营意识，过去我们也有经营意识，但是生产意识更重，现在经营的意识要逐渐重于生产的意识。我们不仅重视生产上的指标，更加重视经营上的指标。过去我们更多是用生产指标和其他兄弟企业比较，现在更多是用经营指标和其他企业进行比较。这个转变对于我们未来的影响，意义是非常大的。对于一个企业来讲，首先要有好的效益，利润和现金流是非常重要的，涉及经营是否能持续，如果我们的经营都不能持续下去，政治、社会等责任都无法实现。所以，以效益为中心，对于企业来讲是非常重要的。

企业的效益最大化、利润最大化的前提是把员工个人的价值和企业的利益、社会的效益协调一致，三者在绝大多数时候是一致的，但是在个别时候有不一致的现象，这就需要我们牺牲暂时的经济利益，而更好地承担政治和社会责任，这样政府和社会会更认同和支持我们企业，从某种意义上说更凸显了企业的价值。如果没有国家和社会的支持，没有国家政策的支持，我想要很好的立足是不可能的。我们的利益有来自于社会的，不能通过有效服务社会来增强扩大我们的影响力，让社会更加认同我们中石油，提升我们的形象，打造我们的品牌，那么企业存在的价值就会下降，更无法保障我们的利益。企业尊重员工的价值，做到以人为本，有意识地去培养开发员工的潜能，员工就会发展得很好，当然精神利益和物质利益都要兼顾。员工发展，素质提升，潜能充分发挥，企业就一定能发展，价值一定会提升，利益一定能扩大。同时，员工的发展是建立在企业发展的基础上的，企业发展了，员工就会有更多的发展机会、更大的发展空间、更好的发展环境，所以本质上是一致的。

这场金融危机对我们中石油来讲，工作的重点是先做出了一些调整。蒋总提出“建设综合性国际能源公司”的目标，另外我们总结近几十年发展的经验和教训，特别是1999年重组改制以来近十年的经验和教训，使得我们的发展思路是越来越清晰。在年初的工作会议上，蒋总和周总讲的包括建设国际性综合能源公司的核心目标等一系列发展思路和战略，都是符合科学发展观的，也符合中国石油的发展实际，对指导我们的发展意义重大。金融危机发生以后，蒋总带领党组，带领整个集团，以积极主动的心态来应对危机，并且进一步强调要坚持建设国际性综合能源公司的目标不动摇，坚持实施“三大战略”不动摇，坚持承担“三大责任”不动摇。今年以来所做的一切工作，都是围绕这个目标，准确地把握实施三大战略。所以我们投资的重点放在资源方面，放在国际化方面，放在市场方面。从某种程度上说，开发在现阶段已经不是我们的工作重点，所以投资主要是向勘探倾斜，要获取更多的资源，发现更多的储量，特别是规模储量和有价值的储量。国际化是重点，在海外获取资源，与国际大石油公司和大的资源国的合作力度都加大了，海外并购的步伐是明显加快。市场是重点，需求不足导致了销售的压力，主要体现在我们对市场影响的控制力不强，这是中石油的短板。要弥补这个短板，就是要发现并解决自己的不足。短板不补，长板再长也没有用，最薄弱的环节会把较强环节的价值削弱、利益吃掉。

从油田开发角度讲，国内开发已经不是重点，但国外的开发还要加大力度去做。我们和资源国签订的协议都是有年限的，要尽可能在有限的时间内，把属于我们的那份利益拿到手，否则就会使大量投资付之东流。不但要和资源国共建，还要和资源国共赢。因此，今年我们对各油田的产量进行了调节。最开始有些油田存在些意见，员工也会担心工作量下降会导致收入下降，甚至下岗。针对这些方面，总部采取了一系列的措施和政策，非常体谅各个油田企业，强调要保障基本收入。应该说目前广大干部员工的认识都提高了，没有因为产量的下降影响了基本的收入，大家都有活干、有饭吃。更重要的是各油田降产前的压力都是非常大的，产量调减后，各油田有时间对老油田开发的基础工作进行研究，降低了操作成本，夯实了未来上产基础，有了一个调整期，冀东的同志们应该是感触很深，压力确实是变小了，可以休养生息了。这对我们持续发展、健康发展意义重大。

最近，总部已经开始着手研究明年的工作，规划计划部、预算办、财务部等几个部门拿出了一个整体的工作框架，蒋总组织总经理办公会，对这个框架进行研究，基本上把明年的工作原则确定了，包括对明年国内外的经济形势进行了分析，对集团公司未来的情况也做了分析，进一步明确了建设综合性国际能源公司的总目标、三大战略等，明确了明年的重点项目。

对明年经济形势的判断不是很乐观，从整个国际情况来看，这次金融危机是从美国爆发的，除了金融系统过度创新、政府监管不力等因素之外，除了美国过度消费的理念因素之外，我认为就现有的这些产业而言，美国的竞争力是下降的，从而导致了美国现在消费模式是不可持续的。虽然美国现在的经济有起稳向好的趋势，但我认为要真正走出困境还要相当长的时间。应该说金融危机基本上已经到底了，但是经济危机还没有见底，还有很多不确定性的因素。美国政府已经采取了一系列干预经济的措施，从金融角度讲已经收到实效，比如，汽车产业采取的一些措施还是非常见成效的。美国提升竞争力是在他目前提出的绿色经济、集团经济里培育新的经济增长点，要领先于世界。从欧洲来讲，它毕竟已经是一个经济成熟体，所以发展潜力不大，经济发展的动力和活力都不如美国。对于日本经济，比欧洲的平均水平肯定高得多，但是也比不上美国。所以，从这个角度讲，主要发达国家乃至全球还是要看美国，而美国要靠他的新兴产业，而新兴产业的培育是一个过程，美国要想再度明显领先于其他国家必须依靠新兴产业。因此，我认为全球的经济恢复到正常的发展状态至少要用三年时间。

对于中国而言，投资、进出口、消费是经济增长的三驾马车。近些年，我国消费增长的比重是最小的，外贸的比重是最大的。今年保民生、保稳定、保增长，政府已经下了巨大的力气，投资对整个国民经济的拉动作用是非常明显的。但是在这里面存在一个问题：量的增长非常明显，但是质的提高不明显，甚至有些产业的结构变得更差了，例如钢铁行业。调整结构始终是我们国家的一个难题，本来这场金融危机是我们调整结构的一个机遇，但是保民生、保稳定的压力使我们无法有效地调整结构，这就意味着把年初的矛盾推到年底，把今年的矛盾推到明年乃至后年。所以我个人认为明年的经济会比今年更困难，因为今年政府已经把所有的能力用得差不多了，明年恐怕不一定有今年这么大的能力了，政府压力很大。中国相对于过去两位数增长时期相比，中国的经济增长是U+W型。中国正处在城市化、工业化加速时期，经济增长的动力是有的，一定能够快速发展，但是相对于过去经济两位数增长时期，经济增长速度恐怕要在U型的底部徘徊较长时期，再想回到两位数的增长速度恐怕要花上一段时间了，而且经济增长速度在U型趋势的同时可能出现W型趋势。

从这些角度分析，明年的市场需求可能不会比今年好，销售的压力将一直持续。在这种情况下，我们还是要坚持国家给我们提出的要求，坚持我们自己的一些观点。比如说，我们讲资源、市场、国际化的三大战略，在国内外经济形势不好的条件下，国际化和资源战略就成为我们最主要的战略，这就符合前面讲的国内外经济形势不好就意味着资源价值低，资源价值低就要求我们去优先获取资源。在国际经济形势不好的条件下，要优先获取和利用国外市场。明年的经济形势不会比今年好，这就意味着集团公司的工作重点仍然要放在资源和国际化上，放在优先获取和利用国外资源上。如果我们更加注重质的提升、结构调整，可能量的增长会慢一些，但是质的改善会快一些，经济大起大落的可能性就会缩小，经济发展就会更加健康，就不会引发国际市场资源型价格迅速上涨，我们就可以更多地享受低成本的发展机遇。所以，从某种程度上讲，增长得越快，就越不稳定，越可能大起大落，甚至可能二次、三次探底，这就是 W 型的概念。

对于明年，从天然气角度讲，国外天然气要进入国内。过去将近十年，我们天然气的采出量都是以两位数在增长，未来天然气也是我们最大的增长点，但是明年乃至今后几年，天然气业务想要实现过去那样的快速发展，是不太可能的。既然国内已经发现大量的天然气储量，另外还大规模从国外进口天然气，资源已经不是制约我们快速发展的一个主要矛盾，而市场则成为主要矛盾。所以天然气业务发展的快慢，主要取决于市场发展的快慢，而市场的培育与发展是取决于我们整个社会经济的发展水平，特别取决于每个地区社会经济发展的程度以及当地政府对环保的实际重视程度。在经济相对落后地区，对天然气的价格承受不了，市场肯定不会好，另外当地政府对环保的重视程度不高，不会下大力度关闭高耗能企业，天然气市场的发展也不会很理想。我们从国外进口天然气的价格相对比较高的，如果国内天然气销售价格不能确定在合理程度，那么天然气业务就没有效益，甚至是亏损。

中石油实行的资源导向型业务结构，相对于市场导向型业务结构存在三大风险。一是海外业务加快发展带来了政治、经济、文化等方面问题带来的风险；二是国内上游勘探开发投资回报率持续了下降带来的风险；三是对市场影响力控制力相对较差带来的生产经营风险。天然气业务对市场的依赖性非常强，所以天然气业务要优先发展市场，然后再解决资源问题。现在我国的天然气市场是依靠政府的政策加快培育，所以对天然气的定价就非常重要，价格定高了，市场发育就会慢；价格定低了，没有利益，业务发展也会受影响。

同样油也是这样，如果我们不能进一步提高成品油在市场上的占有率，扩大影响程度，那么只要市场需求不足，我们的生产就会受影响。我们价值的根源是资源，但收入的来源是市场。获取资源靠上游勘探开发，资源价值提升靠中游炼化，资源价值实现靠下游市场营销，所以上中下游合理业务结构，我们才能收到最好的效益，有效驾驭市场，避免受控于市场。

二、下一步工作要求

既然明年需求难以增长，而我们从国内国外获取的总资源量还要增长，在这种条件下，就要优先获取和利用国外资源。从投资角度讲，还是要向勘探倾斜，加强和能源国、大石油公司合作，获取更多国外资源。从国内角度讲，勘探也是一个重点，但勘探投资可能就不会像海外增幅那么大，应该是有限增加。国内不论是原油还是天然气，产能建设的步伐要放缓，要把未发现和已发现的储量作为战略储备。蒋总已经明确指出明年油田产量只是长庆油田增长，其他油田都不上涨，维持现有水平，冀东明年也不会上产，继续休养生息，继续按照蒋总的要求，把老油田开发基础工作做好，等将来中国经济再恢复到原来的发展速度，需求大规模增长，资源价值大幅度提升的时候，许多现在看来没有价值的储量又有价值了，又能够有效开发了，再进行大规模上产。所以，蒋总提出的“建设科技、绿色、和谐现代化大油田”的目标不能动摇，工作重点一定要放在勘探上，加强地质研究，提高科技水平，为将来更大规模的开发做准备。认真做好东营组试采工作，要通过试采发现问题，促使我们对储层构造认识的更全面、更深刻，要找到更有效的开发方法，追求更高的单井产量，追求低成本持续高效开发。要切实按照蒋总的指示要求，把工作做好。

荀三权同志刚才的工作介绍中，在物资采购、工程建设方面，特别是企业内部改革、控制投资、压减成本等方面工作做得都非常扎实，很有特色，力度很大，效果明显。希望冀东能在控制投资、压减成本方面继续做好，想更多办法。

在投资计划方面，我建议总部要根据储量的规模和质量合理确定产能建设规模，根据开发的难易程度合理确定产能建设标准，要给足投资。各地区公司要实事求是，能建多大产能就建多大产能，宁可保守一点也不要过激，有效、持续是重点，一定要根据开发的难易程度把单井投资要足。下一步，我认为还是要继续在基础工作方面下功夫，你们现在做的工作都是非常有必要的。我们内部有很多的有价值资源，但我们没有把他们整合好，没有优化配置好，资源的潜能没有有效发挥，包括人力资源也是一样，要按照集团公司党组的要求，切实贯彻落实好“三控制一规范”工作，压缩管理层级，精简管理人员，充实生产、科研一线。

总体来讲，冀东油田今年各个方面工作做得都非常好，希望冀东的同志们在今年工作的基础上，按照蒋总的指示要求，认真把明年的工作规划好，制定出切实有效的措施，使冀东油田的基础工作能够更加扎实、更上一层台阶。我相信经过若干年的努力，大油田的建设梦想一定能够实现。最后，我代表蒋总，代表党组，感谢冀东油田干部员工为集团公司发展作出的贡献！

赵政璋副总裁在听取冀东油田公司工作汇报后的讲话

（2009 年 5 月 7 日）

（根据录音整理，未经本人审阅）

蒋洁敏总经理对冀东工作非常重视，去年 5 月 5 日、7 月 18 日连续两次专门听取了冀东的汇报，对勘探上有关南堡 5 号构造天然气勘探、古潜山的勘探提出“要坚定信心，坚持以加强地质认识为重点，勘探仍然是各项工作的重中之重”等明确的要求，同时在开发上明确提出“要建立正常的开发秩序，做到东营组重大开发试验”。这些工作对指导冀东勘探开发工作具有非常重要的意义。

从去年底到今年初这段时间，按照蒋总的要求，勘探与生产板块和冀东油田公司一起，就勘探的部署、重点探井井位的安排、老油田的稳产、重大开发试验、产能建设区块的开发方案、控制投资和控制成本等工作，都进行了多次的研究，这在整个油气田公司没有第二家。由于两公司距离较近，而且这些问题又非常重大，因此最近在一起对各种方案审查也比较多。

这段时间，冀东油田按照蒋总要求在贯彻落实工作当中，态度非常坚决，措施非常到位，效果也非常好。油气勘探在南堡 1−80 井上出现了新情况，已经开始排液点火；东营组在去年 2 号构造中间段发现复杂情况以后，认识又进一步深化，而且经过了南堡 2−50 井的认证，往东与 4 号构造交界一块应该比较好；油田开发抓住今年限产的时机，积极开展油田“开发管理基础年”活动，陆上老油田的自然递减率开始明显的回落，措施有效率开始明显上升，水驱储量控制程度已经从 2007 年的 50.9% 上升到了 63%，对下步提高采收率非常重要；注水开发区块的地层压力也开始逐步恢复，与 2008 年相比动液面上升了 53 米；重大开发试验也按照 2007 年 10 月 29 日确定的最终方案正常推进，从进展情况看有些已经见到了初步效果，包括一些测井解释图版和地质上的认识已经开始指导其他几个区块的产能建设。

海上建产能从今年整体情况看，4 个区块已完钻 75 口井，平均钻遇油层厚度 41.8 米，其中 3 号岛平均钻遇油层厚度 71 米，投产 15 口井，近期平均日产 27 吨，对今年建产能的情况我感到非常欣慰，与去年相比整个开发情况有了很大的进步，包括对东营组储量的认识程度和地下情况逐步接近，我们采取的工艺措施和地面一些做法也逐步适应地下各种情况，这对东营组储量后面的继续评价、继续认识、继续建产能奠定了非常好的基础。到现在虽然没有大范围的试油，只投产了一部分井，但开发落空的井很少，总体上与我们预想的方案是一致的，特别是在控制投资和控制成本方面，按照总部的要求，从去年下半年以来，采取了一系列大力度的措施，确实像我们抓储量、抓产量、抓安全一样去抓，见到了非常好的效果，基本上适应了低油价对上游业务提出的挑战。

1—4 月份整个生产运行情况，生产总体运行平稳，在计划线上正常运行。1—4 月份，盈利 1.84 亿元，操作成本 4.4 美元 / 桶[1]，控制在总部要求的总体下降 5 个百分点以内。

讲两点具体意见：

一、从去年以来，冀东已从勘探发现为主转向勘探扩大成果、开发建设并重这样一个新的阶段

在进入这个阶段以后，也出现了一些新的情况，这些新的情况包括几个方面：

1. 东营组储量投入开发以后，一些认识需要在勘探基础上进一步深化，这比原来想象的要复杂。作为渤海湾盆地东营组这样一个特殊的储藏类型，不光是冀东一家，渤海湾盆地都是这样，所以这种情况放在渤海湾盆地是正常的，放在冀东南堡凹陷，勘探交完储量，开发规模建产之前需要深化认识是正常的。

2. 陆上老油田开发稳产的基础比较薄弱，主要的开发技术指标需要赶快进行调整，特别是产液量大幅度上升以后，包括综合含水、自然递减、综合递减、措施有效率这些关键指标情况不是太好，特别是去年下半年以来暴露的矛盾比较突出，这是出现的一些新情况。

3. 海上开发从当时开发概念设计提出的单井日产立足 100 吨，地面、地下的一系列做法都是围绕单井日产 100 吨来考虑、来安排、来部署的。

出现了这三个新的情况以后，决定了我们在前一段时期工作的基础上，要

[1] 1 桶 =0.15898806 立方米 ≈ 159 升。

有新的思路，有积极应对这种地下、地面情况的变化。实际上，蒋总在听取几次汇报后已经提出了明确的工作要求：

一是要坚定不移地将勘探放在建设大油田的首位。勘探已经探明4亿吨储量，控制和预测储量还有相当规模储量，要继续解放思想，精雕细刻，把原来的勘探成果继续扩大，为开发规模建产，尽快建成大油田做准备。这仍然是冀东油田各项工作的重中之重，而且蒋总也反复明确了这一点。

二是所有原来的做法都要从原来立足单井日产100吨转移到不是100吨这个轨道上来。从现在情况看，单井日产到底是多少为好，我想按照单井日产10—20吨考虑，从长远稳产情况看比较稳妥。即有利于当期在控制成本过程中有一个客观的估计和正确的判断，也有利于产量上去以后能在今后较长一段时期保持稳产，实现稳定发展，不至于大起大落，也有利于做整体的开发方案，对我们已经探明的和即将探明的中浅层进行规模有效开发，也符合蒋总提出的建设科技油田、绿色油田、和谐油田的要求。

三是应对出现的这种新的情况，要按照蒋总提出的坚定不移地走技术发展之路。物探上整个中石油二次三维地震大面积的连片采集、连片叠前偏移处理、精细勘探，这个经验应该说是从冀东走出来的。曾经提出“小油田可以做出大文章”、小凹陷叠前连片、二次开发，在这个基础上整体部署、精细勘探，在这个基础上重新认识已经开发的老油田，用三维地震资料反复目标处理、精细目标处理，与地质结合起来处理，在这个过程中因地制宜地采用水平井、大位移井、欠平衡钻井、保护油气层、用优质钻井液，这套做法在情况变化以后仍然要坚定不移。

四是在工作节奏上要与时俱进，不断认识，及时调整，不断完善，坚忍不拔地做好勘探工作，精雕细刻地做好开发工作，朝着建设大油田的既定目标坚定不移地往前走。

二、关于工作中要特别处理好的几个问题

1. 勘探工作方面。勘探总体上由于今年工作量不是很大，实施工作量也不是很大，核心的问题仍然是要继续解放思想，开阔视野，精雕细刻搞好精细勘探，坚定不移地扩大资源基础，蒋总去年几次讲到“要把勘探放在一切工作的首位”，这要作为勘探的第一要务坚持好。具体工作当中，蒋总提出了好多技术上的要求，都非常深刻，都是我们这些年走过来的深刻体会。我再补充几点：

一是在注重海上的同时对陆上仍然不能放松。这几年我们海上做的工作比较集中，成果也非常好。但对冀东这个小油田，这么大的工作量，这么快的工作节奏，确实有难度，现在东方地球物理公司、北京研究院等几家一同在做，但仍感到力不从心。在做好海上的同时，陆上要精雕细刻，精细勘探，很多地方仍有很大的潜力，前景就在复杂之中。

二是潜山勘探，既要重视现在提出来的1号构造与2号构造之间南边西南角一块，同时要注意4号构造。4号构造修的两个岛的目的是勘探开发一块用，这两个岛对降低勘探投资，加快工作节奏非常重要。由于受经济危机影响，4号构造建设受到一些影响，最后经过研究决定坚定不移地实施下去，目前虽然受到一些地方干扰，但总体仍在推进。在上次讨论的六七口古近系—新近系的井打完的同时，董总要组织尽快把潜山口做出来，要考虑这个地方的潜山，不管是中生界还是寒武系，大港就是在中生界出的油，要引起注意。还有就是陆上北边围绕边界断层的上下两侧柏各庄、西南庄部分都有潜力，局部都有富集块，当时三维地震资料连起来后就是考虑这一块，研究工作要跟上，要继续搜索，井不一定马上上，要先把研究工作做上去，井位准备好，实际成熟了马上就可以上去。

三要精细勘探，反复认识。渤海湾的情况，虽然我们做了三维连片地震，虽然工作程度比较高，但短期内把地下情况认识清楚不可能，也不现实。随着开发后期工作量的增加，井的密度增加，还有新的认识，这都是非常正常的情况。所以不能认为搞了这一轮工作量，勘探就差不多了，认识就差不多了，其实还差得很远，渤海湾的复杂情况决定了这一点，这都不是短期内能搞清楚的。

四是我们手里还有 6 亿吨的控制储量和预测储量。对这 6 亿吨储量如何逐步有计划、有步骤地在深化研究、深化评价基础上逐步升级，要作为当前工作的一个重点，要统筹考虑。在这个过程中，勘探与开发要有机结合起来，有些地方出现复杂情况是正常的，有的地方会变差，有的地方会变好，渤海湾就是这样。去年 2 号构造东头有三四口井落空，经过重新认识再往东去的南堡 2−50 井又变好了，这些情况都在变。因此不能因为一二口井出现复杂情况而紧张，也不能因为一二口井出现好的情况就盲目乐观，特别是开发上去以后，对这 6 亿吨储量有很多细化的认识，要加快对开发工作有指导作用的细化认识工作。4 号构造前段时间受到干扰，但争取七八月份能够建成，把这一轮井能够打下来，节奏要加快。有关 5 号构造几口试气井，从打下来情况看，天然气存在是肯定的，从南堡 5−4 井试采情况看，反映出的压力有所下降，稳产情况不是太好，要引起高度关注，但也不要害怕，把后面的 5 口井按照原来的方案认认真真地测试下来。从测试方案看，有的是先做常规测试然后压裂，80 天时间有点长，看能否加快一点，测试完后压裂不如一次上去进行压裂，也可以节省费用。6 口井 8 个层测试下来要 9000 多万元的费用有点高，下来要认真做好方案，能简化的程序简化掉，该压裂的必须压裂，按照蒋总要求的通过招标选择施工单位，让廊坊设计院认真把压裂方案做好，把这项工作做好对指导整个渤海湾天然气勘探具有重要的指导意义。天然气储量现在还说不清楚，当前首要的是把测试压裂工作做好。费用如果通过招标还是降不下来，总部还是要给予一些支持，增加试气的费用。

2. 开发工作方面。要结合今年开发动用的储量和重大开发试验的情况，集体认识东营组的储量，加快深化认识，准备规模开发。

从今年重大开发试验进展情况看，有一些情况认识的速度比我们年初讨论方案时认识的速度还是要快的。从 4 个块动用的情况看，有的复杂，有的相对简单，要对动用储量进行分门别类的排队，完善整体开发方案。如果按照投产的 15 口井情况单井稳产在 10−20 吨 / 日，情况还是不错。

开发试验区里已经明确解决的问题，比如如何实现规模效益开发、如何正确认识油层，要抓紧时间做，6 月份再集中会审一次。钻井时间要抓紧往前赶，井位该调整的要尽快调整，6 月份会审完后要有个初步的概念。

关于老油田稳产的问题，陆上开发

指标虽然有所好转，但占冀东一半的产量问题还十分突出，综合含水已经到93%，采出程度只有10%，综合递减25%，仍然较差，虽然今年产量调整后正积极地往回调，但从长远考虑，常学军副总经理要组织与北京研究院认真研究，做长远考虑。虽然采出程度10%可以往上调，但含水93%给后面带来很大矛盾。去年南堡陆地安排产量是142万吨，今年是103万吨，综合递减达到25%，给明年稳产100万吨提出了问题，如果无法稳住100万吨，那么冀东明年产量的压力将非常大。现在提出的细分层注水问题、浅层尽快转入注水开发问题、精细油藏描述这些事情要继续往前做。在当前低采出程度下如何提高采收率要有战略性的技术政策。

从人工岛现在的情况看，用大排的丛式井开发效果较好，钻井速度较快。在已完钻的井中选择1—2口试油，确保万无一失。

关于控制投资、控制成本。勘探与生产板块年初就提出要像抓储量、抓产量、抓安全一样下大工夫抓，冀东这一系列措施按照年初的安排落实非常到位，力度也非常大，方向非常明确，仅船舶费用比去年降低了百分之四十八到百分之七十几，这个力度是非常大的。这些措施要坚定不移地继续往前推进。今年在勘探开发正常开展的情况下，要把控制投资、控制成本作为适应低油价，实现持续效益发展的关键。安全工作不能掉以轻心，要警钟长鸣。

贾承造院士在听取冀东油田工作汇报后的讲话

（2009年5月7日）

（根据录音整理，未经本人审阅）

这次来冀东非常高兴，听到了很多新的情况，也学到了许多新的经验。下面简单谈几点体会，供蒋总参考。

一是冀东的勘探工作是中石油加强渤海湾地区勘探开发，保持国内原油产量持续稳定增长大战略的一个组成部分。它是从2004年开始启动的，是蒋总亲自决策的一个项目，我参与了整个具体过程。现在回过头来看，党组的一系列决策都是非常正确、非常及时的。冀东油田勘探工作大体可以分为两个阶段，第一个是以滩海勘探和南堡油田发现为主的阶段。现在已经进入到了第二个阶段，就是继续勘探，加强南堡油田和老油田的开发建设阶段。从2004年以来实施的效果看，我认为一是效果非常好；二是南堡油田总共上缴了4亿多吨的探明储量，使得整个冀东油田的探明储量由2亿多吨上升到6亿多吨；三是通过南堡油田的勘探，形成了一套渤海湾洼陷勘探经验，并且在其他地区，包括大港、辽河和一些西部油田得到推广，起到了非常大的作用。

最近几年，冀东油田领导班子进一步在集团公司党组的指导之下，加强开发的规划，加强了平台的建设，对冀东油田今后的发展起到了巨大作用。从目前的情况看，总体工作进展还是比较顺利的，很正常的。虽然出现了一些比较复杂的情况，但是我认为在渤海湾地区那是正常的。回顾冀东油田整个成长的过程，从年产几万吨到十几万吨，从交给北京勘探开发研究院管理，到后来又自己独立成为油田，随后又上产到 100 万吨、200 万吨，整个历史过程没有一个阶段是非常顺利的，充满了技术意见的分歧，甚至包括一些斗争。这里面有欣喜，也有失望，有不同意见，有不同技术方案，一直持续争论到现在。这一过程本身就是渤海湾特有的规律，是冀东油田成长的过程。在当前来说，党组需要进一步坚定信心，明确目标，规划下一步长期发展的战略计划，稳步推进。当前还要注意的一个问题就是要从正面适当进行一些关于南堡油田舆论方面的工作，自己不要把自己唱衰了。本来进展很顺利，出现问题也很正常，每个石油公司都会碰到的事情，但是我们自己没有正确的认识，造成了很多的误解，对我们的长期发展不利，对我们的士气也不利。

二是以苟总和张书记为首的领导班子最近这两年时间在工作上取得了很大的进展。目前正在进行的南堡油田开发工作做得很好，一方面继续了原来的工作，另一方面又有很多创新，包括运行新的技术提高产量，实事求是修改原来的方案，在降低成本方面还做了很多重大试验工作，效果都非常显著。正在进行的南堡油田东一段开发实验工作进展也是非常顺利，取得了重大进展，目前南堡油田的产量已经占到了油田总产量的 40%。在经营管理，特别是企业管理方面也做了大量的工作，结合当前的情况，结合冀东在前段时间快速发展过程中出现的问题，苟总进行了大量的改革，成效显著。

下一步发展过程中，冀东油田面临这样的一种地质条件，特别是今后滩海的勘探，可能是一个非常难以解决的问题。冀东是一个多断块的油藏，陆上目前主要是靠多打井来进行调整，在滩海地区由于地面条件的制约，多打井是行不通的，毕竟人工岛的空间是有限的。下步怎么办，如何进行下步开发？这其中肯定会面临很多问题。在这一情况下，一开始就从经营管理、降低成本等多个方面综合考虑，这种做法是非常好的。在老油田稳产方面，冀东也做了很多的工作，成绩也是相当不错。相信冀东油田领导班子一定能够完成集团公司党组交给的任务。

三是通过冀东油田的工作情况看，南堡油田的储量是基本落实的，并且是能够经济有效开发的。将来在含油面积、油层厚度、开发经济性等方面可能要有些调整，但是我认为这些调整还是在我们能够接受的范围内的。同时，我们还有很多新的勘探区，有很多控制储量和预测储量，通过做工作是可以弥补上的，所以南堡油田的储量是基本落实的。从目前南堡油田日产 2000 多吨的跟踪研究结果看，情况也是比较乐观的。馆陶组和东一段油藏基本上达到了设计产能，单井平均日产量在 30 吨左右。同时，对东一段油藏的认识也在进一步深化，东一段油藏不仅在纵向上，在横向上也有其复杂性，东一段油藏有差的，也有好的，所以在总结规律时不能用好的代替差的，也不能用差的代替好的，总结开发政策的时候也是有不同类型的。通过这段试采工作，对南堡油田储量认识应该是非常清楚、非常科学的，也使我们更加有信心，这也是下一步发展的基础。

四是对勘探工作提几点建议。苟总在上午的汇报中对冀东油田下步勘探工作的战略和方向已经讲得非常清楚了，我非常赞同。我认为这些方向都落实了蒋总的指示精神，也是在赵总的直接指导下制定的，都非常正确，应该进一步坚持。下一步，集团公司和股份公司还应该继续支持冀东的勘探工作。冀东目前已经找到了主力油田，但是不是已经把所有的主力油田都找到了呢？我认为不是这样的。南堡油田4号构造中浅层储层可能是相当好的油藏，同时，南堡油田潜山和5号构造天然气勘探都具有非常大的潜力，所以从当前的情况看，应该大力支持冀东发展的大好形势。

关于南堡油田4号构造勘探，原来的勘探工作很不充分，基本上是顾不上，同时这个区域用钻井船也很不好打井，所以当时定的战略就是尽快把人工岛建起来，利用人工岛实施勘探。我认为下步应该把4号构造中浅层勘探排在第一位，它的潜力是非常大的，所以当务之急是加快人工岛建设，依靠人工岛尽快把4号构造储量探明。要尽量用好以前的勘探经验，一是尽量用好三维地震资料，做好精细构造解释；二是进一步做好储层预测工作；三是进一步总结南堡1号、2号构造的勘探经验，并将其应用到4号构造的勘探工作中。

关于南堡油田5号构造天然气勘探。第一，我认为沙^{2}、沙^{3}层段深层天然气是一个巨大的资源。但这既是一个亮点也是一个难点，下一步需要积极探索新的技术，这个战略方向坚决不能放过。第二，从目前情况看，南堡5号构造天然气油藏的主要特点与大港油田存在共性，基本上是在埋藏比较深的低孔、低渗的沙^{2}沙^{3}层段沙泥岩护层里面的一套气藏。在沙泥岩护层中夹杂着较多的沙层，这些沙层中都有油气显示。这套天然气资源在东部地区来说，我认为是看得到的最大的一个天然气资源，迟早要开采出来。冀东深层天然气地层有个好的条件就是有一套火山岩，火山岩的孔隙本身并不好，它是裂缝发育，一旦挤压就出现裂缝，但是附着在沙泥岩地层上它就是一个很好的疏导层，可以储存大量的天然气。第三，这种气藏如何开采的问题。可以借鉴壳牌公司松鼠气田的做法，连续射开多个层段进行合采，单井产量可大幅提升。所以还是要依靠技术，如果能依靠技术提高单井产量，那这就是一个很大的气田。我认为南堡5号构造天然气就是这种气藏，从长远考虑关键问题就是如何提高单井产量的问题。

关于南堡潜山勘探。我认为冀东的潜山勘探有其有利条件，也有其不利条件。冀东的潜山是发育在洼陷中的，处在大潜山的下行部位。这类潜山的高点都是局部的高点，所以这种潜山勘探一定要找独立的潜山断块作为勘探目标区。另外，潜山的类型很多，可以在其他类型的潜山上做工作，积极探索。同时，我们可以充分利用现有的这些非常好的地震资料对潜山碳酸岩顶部进行储层预测。

五是对开发工作提几点建议。南堡油田开发面临的一个很大的难题就是属于复杂断块油田，又处在滩海的环境中。如何解决这个难题，我认为我们一定要有一些创新的想法，创立自己的一套开发方式。滩海地区开发，核心问题还是要利用各种办法提高单井产量，照搬其他油田的滩海开发模式肯定是行不通的，难度非常大。东一段油藏是南堡油田下步主要开发对象，要做重点研究，对于东一段油藏横向的不均一性要做非常仔细的分析，做到一块一策。对于老区稳产和提高采收率的问题，也需要进一步研究。目前，陆地油田采收率非常低，但是含水已经达到 90% 多了。老油田已经形成了这个局面，滩海新开发油田从一开始的开发政策上就要有前瞻性，把提高采收率这个问题解决好，这也要有一些更加创新的做法，否则还走陆上油田开发的老路肯定是行不通。滩海是新油田，开发起点要站得更高，从一开始就应该有一套新的开发方案，最终达到高效开发的目的。

认清形势　转变观念　坚定信心
努力开创油田科学发展的新局面

——苟三权在油田 2009 年工作会议暨三届三次职工代表大会上的工作报告

(2009 年 1 月 15 日)

各位代表、同志们：

这次会议的主要任务是，深入贯彻落实中央经济工作会议和集团公司工作会议精神，总结 2008 年各项工作，明确 2009 年及今后一个时期的任务目标、发展战略和工作部署，表彰劳模先进，动员全体干部员工进一步认清形势、转变观念、脚踏实地、埋头苦干，努力开创油田科学发展的新局面。

下面，根据公司讨论的意见，我向大会做报告，请与会代表审议。

一、2008 年主要工作

2008 年是冀东油田发展史上极不平凡的一年。一年来，油田上下团结一心、同舟共济，承受了巨大的压力，付出了艰辛的努力，在勘探开发、生产建设、经营管理和队伍建设等方面取得了比较圆满的结果。油气勘探获得重大发现，油田开发逐渐步入正常的开发秩序，重点建设工程有序进行，控制投资、压减成本成效显著，企业管理水平进一步提升，安全环保、队伍建设保持了稳定良好的势头。

2008 年主要生产经营指标完成情况是：生产原油 215.1166 万吨，上报产量 200.3016 万吨，销售原油 192.7110 万吨；生产天然气 3.06 亿立方米，销售天然气 2.0 亿立方米，全年实现销售收入 110.11 亿元，实现利润 25.37 亿元，上缴税费 16.22 亿元。

1. 油气勘探获得重大发现

在南堡油田潜山部署的南堡 280 井钻遇奥陶系潜山 289.5 米，测井解释储层 13 层 262.6 米，见到良好油气显示，潜山顶部中途测试获得高产工业气流。南堡 288 井在潜山面见到较好气测异常显示。这两口井的得手标志着南堡潜山勘探取得重大新发现，揭示了潜山良好的勘探前景。

此外，南堡 5 号构造深层天然气勘

探取得新成果，南堡 5–80 井欠平衡井段油气显示活跃，测井解释油层 19 层 65.4 米；南堡油田中浅层构造油藏、中深层构造—岩性油藏勘探取得进展，南堡 1 号构造中浅层构造油藏勘探扩大了含油范围；南堡 4 号构造东营组利用老井进行油藏再认识，在南北两区域、东一段东二段东三段 3 个层段均获得了工业油流；南堡陆地油藏评价与产能建设相结合，在高南—庙南断裂带、柳中等地区发现了新的含油断块，落实了一定的储量规模。

2. 原油产能建设及重点工程建设积极推进

180 万吨原油产能建设，全年完钻新井 394 口，完成年度计划的 153%，新增动用地质储量 2690 万吨，新井当年产油 67.1 万吨。一是针对产能建设过程中遇到的新情况、新问题，以提高油层解释符合率、钻井成功率和产能建设到位率为重点，加大地质综合研究力度，深化油藏精细描述，及时对产能建设区域、层位、井型作出重大调整，二季度调整，三季度见效，南堡陆地当月投产新井单井日产油量由 5 月份的 8.1 吨提高到 12 月的 15.7 吨，南堡油田新井单井日产油量由 5 月份的 17.8 吨提高到 12 月的 53.4 吨。二是按照“靠技术提速，靠管理提速，靠和谐提速；保证安全，保证质量”的提速原则，积极开展井身结构简化优化工作，推广 PDC 钻头加螺杆复合钻井技术，持续提高钻井速度，保证新井早日投产。三是海工及地面工程建设坚持“简化优化、适用配套”的原则，精心组织工程方案设计与优化，狠抓工程质量与进度，严格控制工程造价，为产能建设和原油上产提供了有力保障。抢建投产了 2–3 平台原油外输工程、1 号至 2 号人工岛的海底电缆及管线工程，既保证了原油顺利外输，又节省了大量的船舶运输费用；3 号人工岛吹填工程当年开工建设当年主体竣工，为 2009 年产能建设赢得了时间；当年开工建设的 4 号构造 1 号、2 号人工岛建设工程整体进展顺利；对建设中的 1 号陆岸终端、1 号人工岛地面工程、2–3 平台建设项目进行了优化和方案调整，控制建设节奏，减少资金投入，确保投资回报率和建成后的正常投运；南堡油田—唐山输气管线建设工程、天然气集输干线工程投入运行，实现了陆地和滩海天然气管道的连通；南—高—迁原油长输管道工程、老爷庙联合站工程顺利投产，采出水工程具备投产条件，提高了油田的油气水处理和原油外输能力；提前启动了 3 号人工岛和 1–29、1–5 导管架的海底电缆和海底管线建设，为 2009 年夺油上产和降低生产成本将起到十分重要的作用。四是继续开展南堡油田 1 号构造开发先导试验，对馆四段和东一段油藏的认识程度进一步加深。五是积极推进南堡油田东营组重大开发试验，成立了重大开发试验项目组，编制了试验方案，已完钻新井 4 口，完成取心 2 口。

3. 全力打好原油上产攻坚战

面对原油生产的被动状态，公司提出把降低自然递减率作为确保油田开发良性循环的基础，把落实开发技术政策、完善注水开发油田注采系统作为降低自然递减率的根本，把抓好增产措施作为老井稳产的现实潜力，把优质高效新建原油生产能力作为原油上产的主要措施，把强化生产组织管理、提高运行效率作为夺油上产的基本保证，动员和组织全体干部员工开展夺油上产攻坚战。经过公司上下、尤其是一线广大干部员工的共同努力和艰苦卓绝的奋斗，完成了全年 215 万吨原油生产任务，油田开发形势趋于好转。

一是在强化生产管理方面：组建了勘探开发工作协调领导小组，强化横向沟通与协调，实现勘探与开发、地质与工艺、地上与地下的紧密结合；实行油田领导分块承包原油生产单位产量，各部门派驻骨干力量靠前指导，聚集各路力量，督导、协调和帮助采油作业区抓上产工作；组建井下作业公司，提升油田生产保障能力；与外部科研院所、大专院校和兄弟油田广泛开展技术交流与合作；建立油田领导工作例会和生产协调例会制度，油田主要领导每周一上午主持领导工作例会，主管领导参加每天的生产协调会，重点井钻井与投产、重点工程建设与投运，由处级干部现场驻守、协调督导，大大提高了生产运行效率。

二是在强化技术措施方面：加强注采井网完善和注水工作，全年完成水井工作量 272 井次，是前三年实施工作量总和的 104.5%。陆地油田自然递减率由 2007 年的 34.4% 降低到 2008 年的 33.9%，递减下降趋势明显；针对陆地老井含油小层动用程度已高达 98%、综合含水高达 92.7%、措施研究与工艺难度大、风险大的实际，认真组织选井选层，努力改善措施效果，全年实施油井措施 754 井次，增油 22.7 万吨，有效率由 2007 年的 64.3% 提高到 2008 年的 67.0%；加强以提液、调参、恢复长停井、间开井为重点的各项油井日常管理工作，向管理要油，全年增油 4.7 万吨。

南堡作业区、高尚堡作业区、柳赞作业区、老爷庙作业区、北田公司面对产量和成本的双重压力，不等不靠、负重拼搏，认真落实油田各项决策部署，强化日常生产管理，加快工作运行节奏，均超额完成了调整计划，为全年原油生产任务的完成作出了重要贡献。南堡油田公司一手抓海上钻井运行，一手抓海上油井生产，加强协调，狠抓落实，为油田上产作出了贡献。研究院、钻采院紧紧围绕油田上产，精心组织方案研究，不断优化方案设计，及时跟踪、现场服务，为公司领导决策和原油生产提供了有力的技术支持。井下公司、开发技术公司、供电公司、供应处、机械公司、瑞丰公司、油建公司等单位以保油上产为己任，自我加压，靠前服务，为原油上产提供了可靠的保障。机关各部门坚持靠前指挥协调，把问题解决在生产一线，很好地发挥了机关职能作用。矿区服务事业部等单位在抓好日常管理的同时，油田生产建设拓展到哪里，后勤服务工作就跟进到哪里，为生产单位解决了后顾之忧。

4. 控制投资、压减成本成效显著

面对投资和成本的巨大缺口，公司号召和组织广大干部员工积极转变观念，树立“过紧日子”的思想，树立“今天的投资就是明天的成本”的观念，强力推进控制投资、压减成本的各项措施，打了一场降本增效攻坚战。

一是以确保安全、确保质量、确保单井产量为前提，以优化简化方案设计为主线，全方位控制投资。多次召开专题会议研究出台了《投资切块管理办法》和控制钻井工程、采油工程、海洋及地面工程投资的《三个暂行管理规定》，从制度、规格和标准层面确保投资控制；通过优化井身结构、国产套管代替进口套管、钻井液国产替代进口、LWD 替代旋转地质导向仪等措施，钻井综合成本全面下降，2008 年同比预探井下降 1153 元 / 米、评价井下降 3148 元 / 米、开发井下降 613 元 / 米；通过优化采油树、套管头、安全控制系统、举升方式、油管国产替代进口等措施，节约投资 2.54 亿元；通过优化布局、下调规模和简化功能，1 号钢质平台、3 号人工岛、4 号构造 1 号、2 号人工岛等工程，共节约投资 11.97 亿元；通过优化土地征用，在确保合理布点的前提下，减少征地 5840 亩❶，既节约征地投资 4.96 亿元，又节省了高额的井场地基处理费用；通过提前研究 2009 年钻机部署和需求分析，2009 年钻机使用数量由 87 部调减到 25 部，也消除了大马拉小车现象。

二是以确保安全环保、确保生产运行、确保员工收入及福利待遇为原则，开源节流、降本增效，全方位压减成本。凡是油田内部能独立承担的工作和项目，一律由内部组织完成，减少物业服务、物资采购、维修等外委项目支出，累计节约费用 3463 万元；压减管理性支出，杜绝预算外开支，会议费、业务招待费、办公费、差旅费、出国人员经费五项费用压减 2147 万元，压减幅度达到 28.5%；集中管理生产指挥车辆，辞退外雇车辆 149 台，全年节约运费 1800 万元；注重盘活存量资产，对新建、改扩建地面工程设备更新维护、油水井维护作业尽可能地做到修旧利废，全年挖潜节约资金 960 万元；优化生产装置、工艺流程的运行参数，降低能耗、物耗，机采、注水、输油、供电、加热五大系统效率均有所提高；鼓励和支持多元经济做精做专做强，11 个法人企业全年实现销售收入 19.7 亿元、利润 1.8 亿元，比年计划分别增加 5.4 亿元和 1.2 亿元；组建井下作业队伍，通过提高自身保障能力降成本，全年节约成本 1140 万元。

通过近一年来强力推行控制投资和压减成本的各项措施，广大干部员工的思想观念得到转变，成本意识和效益意识得到提高，控制投资、降低成本的信心和决心得到增强。

5. 安全环保保持良好态势

始终把安全环保工作摆在突出位置，牢固树立“安全第一、环保优先、以人为本”的理念，扎实开展“安全环保基础年”活动，认真落实《反违章禁令》，保持了安全环保的良好态势。一是全面落实安全环保责任。各级领导班子层层签订责任书，促进了安全责任的有效落实。二是大力夯实安全环保基础。广泛开展“安全环保基础年”、“安全生产月”等活动，全面提高安全意识；开展安全环保例行检查和专项检查，强化过程监督，加大考核力度，夯实安全基础；开展安全环保培训工作，举办和参加各类安全环保培训班 58 期，培训 5102 人次，全员安全环保素质进一步提高。三是强化 HSE 体系建设。修订完善 HSE 管理体系，发布 D 版 HSE 体系管理文件，开展 HSE 体系审核，推进 HSE 信息系统建设，促进了 HSE 管理水平的提高。四是全面贯彻《反违章禁令》。大力宣传《反违章禁令》，强化《反违章禁令》的执行与落实，按照“四不放过”的原则，对各类违章行为和各级违章人员进行处罚。五是加强隐患治理力度。全年开展了 16 次安全环保专项检查和 3 次全员隐患排查活动，投入资金 4301.04 万元，治理安全环保隐患共 53 项。六是突出重点，确保要害部位、关键装置生产作业安全。突出海上生产作业、井控、交通安全、施工现场、集输、危险化学品等关键点，强化过程监督，提升安全保障系数。七

❶ 1 亩 =（10000/15）平方米。

是强化环境保护和节能工作。编制《冀东绿色油田建设规划实施方案》，狠抓环保治理，实现了“零污染、零事故”的工作目标；大力实施节能工程改造，开展节能监测，各项能耗指标得到较好控制。

6. 企业管理水平进一步提高

一是强化投资管理。加大项目前期立项论证的力度，突出方案的优化和简化，减少低效和无效投入，降低投资风险。

二是强化财务管理。积极推行全面预算管理，加强成本动态分析，强化成本的过程控制，加强资金集中管理，资金运转效率进一步提高。

三是加强市场管理。严格资质审查和市场准入，强化对施工质量、工期、安全环保管理、作业现场等检查与考核，实行动态监管，市场管理更加规范。

四是加强法律事务、合同、内控、招投标管理。编制《公司法律风险防控体系手册》，制定防控措施 807 条；严格招投标管理，加大合同审查力度，完善网上运行流程，全年共审查各类经济合同 2748 份，涉及金额 169 亿元；内控工作顺利通过股份公司的管理层测试和外部审计测试，未发现例外事项。

五是强化审计和工程造价管理。全年基建工程造价审定金额 31 亿元，审减金额 6.7 亿元，审减率 21.6%；全年完成审计项目 22 个，审计资金 288 亿元，节约资金支出 1.82 亿元。

六是强化质量管理。持续开展地面工程质量、产品质量、钻井工程质量为主的质量检查活动，坚持产品质量通报制度，质量管理水平得到提高。

七是全面推行信息化管理。大力推广应用办公自动化系统，合同管理、生产信息、物资管理信息、设计审核审批、财务报销、人力资源管理系统等实现网上运行，大大提高了工作效率。

八是规范用工管理。按照集团公司人事工作会议要求，开展“五定”工作，清理不规范用工，清退了 452 人，转非全日制用工 854 人。

7. 科技创新获新成果

以优化部署、提高产量、降低成本、促进发展为目的，积极优选、引进与推广国内外已有的成熟适用技术，重点攻关制约油田发展的瓶颈技术，全年完成油田科技项目 18 项，1 项科技成果获集团公司特等奖，4 项获省部级三等奖。国家科技重大专项“大型油气田及煤气层开发”的子项目“滩海油气田高效开发技术”和“渤海湾盆地南堡凹陷勘探开发示范工程”的各项前期研究工作有序展开。预探目标优选与勘探技术、欠平衡钻井配套技术、优化钻井设计、常温输油、优化完井方式、举升工艺完善配套等项目的研究和应用，在增储上产、降本增效、提高经济效益过程中发挥了积极作用。制定了《中国石油冀东油田公司科技项目管理办法》，明确了项目负责单位和项目负责人的职责，理顺了管理程序，进一步规范了科技项目管理；修订了《中国石油冀东油田公司科技奖励办法》，扩大奖励范围，奖项由单一的科技进步奖扩展为科技进步奖、专利奖、论文论著奖和标准制定修订奖四个奖项，这对鼓励公司广大员工积极开展科研攻关、自主创新，提升公司科技创新能力将起到积极的促进作用。

8. 党的建设、班子建设、队伍建设和基层建设得到进一步加强

各级党组织坚持“围绕中心、服务大局、突出重点、讲求实效”的工作方针，切实加强和改进党建思想政治工作，营造了有利于科学发展、和谐发展的环境。以“四好”为目标，加强领导班子和干部队伍作风建设。认真开展“四好”领导班子创建活动，强化政治学习和民主集中制建设，各级领导班子的整体功能和领导管理能力进一步提升。开展了“牢记两个务必、加强作风建设”教育活动，促进了领导干部和机关作风的转变。以创新党建工作为动力，加强和改进基层党组织建设。全面推行党建工作质量管理体系，推动了党建工作上水平。以“六个一”为目标，大力加强基层党支部建设。深入开展“四创”活动，加强党员教育管理，发挥了党支部的战斗堡垒作用和党员的先锋模范作用。涌现出了3个集团公司思想政治工作先进集体、10个公司先进党支部。以主题教育活动为载体，凝聚建设大油田的智慧和力量。围绕油田内外发展形势，深入开展“形势、目标、任务、责任”主题教育活动，加强舆论宣传工作，有效统一了队伍思想。加强企业文化建设，大力弘扬延安精神、大庆精神等石油工业的优良传统，员工的思想道德素质明显提高。开展向汶川地震灾区捐款活动，累计捐款297.46万元。以“两创一达标”活动为主线，强化基层建设。认真落实集团公司《基层建设纲要》和公司《关于发扬大庆精神，进一步加强基层建设的意见》，扎实推进“标准基层队”、“五型”班组创建和“星级”员工达标活动，基层建设逐步迈上了规范化轨道。注重典型培养选树工作，涌现出了7个“铁人基层队”、“十大劳动模范”和“十大杰出青年”，以及一大批先进集体和个人。以推进惩防体系建设为抓手，不断深化党风廉政建设。制订实施了《建立健全惩治和预防腐败体系2008—2012年实施计划》，严格落实廉洁自律各项规定，加强反腐倡廉宣传教育，推进廉洁文化建设，认真查办信访举报案件，开展了3个项目的效能监察工作，进一步规范了企业经营管理。以创造和谐为宗旨，扎实推进和谐油田建设。坚持思想同向、目标同源、组织同建、工作同抓，扎实开展“和谐油区”共建活动，涌现出了和谐共建“十面红旗”。扎实开展“和谐企业（单位）”创建工作，实现了内部和谐。高度重视信访稳定工作，认真做好奥运期间的维稳工作，妥善处理各类不稳定因素，做好深入细致的思想工作，保持了队伍总体稳定。以工团组织为纽带，调动员工群众的积极性。围绕生产建设中心任务，开展了“夺油上产、降本增效”劳动竞赛活动，调动了广大员工群众的积极性。不断深化厂务公开、民主管理工作，加强劳动保护监督检查，维护了员工的合法权益。公司工会荣获全国“模范职工之家”等荣誉。各级共青团组织坚持服务油田发展、服务青年成长、服务和谐油区建设，引导广大青年岗位成才，开展了“节约我先行”、“五小”科技攻关等主题实践活动，以及丰富多彩的文化活动，充分发挥了生力军和突击队作用。

9. 人力资源管理进一步规范

将人才培养和使用作为一项重要的战略任务来抓，在企业发展的同时，高度关注和努力实现全体员工的共同发展。建设高素质领导干部队伍。严格执行干部管理的各项制度，在此基础上，年初对部分领导班子进行了调整和加强；为部分生产单位配备了副总师，加强了技术管理力量；注重专业技术人员的选拔和培养，2008年度共选拔评审了42名高级专业技术人员，4名同志被评为集团公司高级技术专家和高级管理专家。继续加大全员培训工作力度。选派 38 名局处级领导干部和 158 名管理骨干参加集团公司的各类培训，开展管理岗位培训项目 28 个，培训 1972 人次。选派专业技术骨干参加集团公司培训班 46 期 156 人次，举办油井举升、油藏动态监测、采油工程方案编制等 5 个专业技术培训班，培训 369 人次。举办采油工培训班 7 期、轮训 300 人，开展 10 个工种特种作业人员培训班 42 期、培训 3957 人次，开展“五型”班组长培训班 4 期、培训 200 人次，开展入厂教育 5 期、培训 568 人。举办采、注、输工种技能竞赛，1759 名员工参赛，14 名选手脱颖而出。通过培训，三支队伍的技术素质全部提升。同时，为适应油田发展需要，从华北油田、大庆油田、吉林油田、辽河油田等单位引进专业技术人员 142 人，充实和加强了油田地质及石油工程类科研和生产技术等岗位的专业技术力量。

10. 美好家园建设取得新进展

公司提出了建设“美好家园”的人本理念，并且努力推进付诸实施，真心实意地将发展成果惠及广大员工家属，同时与社会共建和谐。一是加快经济适用住房建设，566 户员工入住石油馨苑。二是加大矿区建设投入，持续改善生产生活条件，唐海基地文体活动中心、唐山勘探开发研究中心等重点矿建项目按计划顺利进行。三是在生产经营面临巨大压力下，千方百计提高员工收入，2008 年比 2007 年人均收入提高了 14%。四是对符合就业条件并志愿到油田工作的油田职工子女 241 人全部接收。五是实施“送温暖”、“金秋助学”工程，局处两级慰问困难员工家庭共 130 余户次，资助困难大学生 25 名。六是做好退休人员调整待遇工作，提高养老金水平，对 1294 名退休人员养老金进行调整。七是研究出台了物业服务、水电暖费用由“暗补”变“明补”的相关政策，为 2009 年全面推行“一卡通”奠定了基础。八是做好员工疗养工作，全年共安排 10 批 265 名员工疗养；继续开展好职业病防治工作，组织从事有毒有害作业员工共 473 名进行健康体检。九是加大对基础教育的支持力度，向石油中学捐助 215 万元，确保油田子女得到高质量的教育。十是认真履行社会责任，主动向地方党委、政府汇报工作，支持和带动地方经济发展，树立良好的企业形象。油田天然气在市区入户工程被纳入唐山市建设“幸福之都”的重要工程，不仅惠及广大市民，也为唐山市改善能源结构、节能降耗、保护环境作出了积极贡献。

各位代表、同志们，2008 年各项工作的成绩来之不易，是集团公司、股份公司正确领导和支持关爱的结果，是地方各级党委、政府大力支持的结果，是各兄弟单位协作和帮助的结果，是广大离退休老同志热情关心帮助的结果，更是公司广大干部员工上下团结一致、同心同德，迎难而上、拼搏进取的结果。在此，我代表公司向长期关心、支持油田发展的地方各级党委政府、向参与油田建设的各兄弟单位，表示诚挚的谢意！向油田广大员工家属、离退休老同志表示亲切的慰问和衷心的感谢！

二、面临的形势

科学分析和准确判断内外部形势、理清工作思路，是科学决策的前提和基础。受国际金融危机影响、国内经济增速减缓、出口型企业大量停产等因素影响，成品油市场需求严重萎缩，使油田、管道和炼厂企业原油库存处于高位，部分油田和区域被迫限产、关井。原油、成品油和化工产品价格低迷导致集团公司收入与利润大幅下滑。2009年原油实现价格按40美元/桶预算，集团公司实现营业收入和利润总额将同比下降20%和60%以上，实现利润预计仅有500亿元左右，而投资额度高达2961亿元，现金流将严重入不敷出。受大环境、大政策的变化，以及油田固有的问题和矛盾的影响，2009年油田生产经营形势异常严峻，面临诸多困难和挑战。

1. 国际国内大的经济环境对油田发展造成很大的影响

为应对当前严峻的形势，集团公司投资方向和投资重点向战略项目、“瓶颈”项目和“短板”项目倾斜。对上游部分项目的详探和评价、对投资高、低产低效产能建设项目和部分老油田调整改造项目实施控制和压缩。油价的持续下降必将促使集团公司进一步加大对原油操作成本的调控力度，优化原油生产结构，进一步控制非生产性支出。这些都将对油田的勘探开发、生产建设以及矿区建设带来较大的影响。

2. 投资、成本存在巨大的缺口

按原定计划，2009年集团公司下达冀东油田第一批投资计划只有40亿元，比2008年125亿元减少85亿元。而在2007—2008年间，已经多完成了约30亿元的投资工作量，其中预探评价13亿元，开发投资实施17亿元。2009年勘探投资原定6.88亿元，仅为目前勘探投资缺口的一半左右，这就意味着2009年将不应实施新的勘探工作量。90万吨产能建设原定30.8亿元，其中陆地油田10万吨产能的2.4亿元投资全部核销后，一口井不打，还有14.6亿元的缺口。这还是股份公司未压减投资前的初步计划，油价持续走低后，还有可能进一步压减投资。

2008年原油操作费用原来预计需要16.1亿元，经实施多项压减成本的措施，实际为15.1亿元。2009年原油操作费用初定10亿元，与2008年相比，有近5亿元的差距。不管投资还是成本，缺口巨大，形势严峻。

3. 油田开发形势较差

陆地油田综合含水近93%，占陆地产量2/3的浅层综合含水近95%；自然递减率居高不下，2007年34.4%，2008年依然33.9%；南堡油田2008年自然递减率高达51%，油层动用程度高达98%，措施余地越来越小，难度越来越大，且可用于措施的成本费用至少减少二分之一；油田以特高采液速度开采，南堡陆地采液速度13.9%，南堡陆地浅层采液速度22.6%，是股份公司平均水平的4倍，给后期稳产带来了巨大的挑战；南堡油田从发现到投入开发，时间较短，前期研究、油藏评价、先导性试验等工作投入不足，对油藏的规律性认识不够，还需要进一步深入的研究、试验和探索。

4. 面临一系列技术难题的挑战

在地震资料的处理与解释方面，对玄武岩与砂岩的识别不准；在测井资料解释方面，对复杂油气水层的识别不清；在油田开发方面，钻井成功率、产建到位率及措施有效率都比较低；钻井工程复杂及事故较多。这些问题充分说明我们对储层的地质认识、对水驱规律的研究、对适应性的工艺技术等方面都存在技术上的难题与挑战，存在着研究工作和技术监督与管理工作的薄弱环节。

5.“三支人才”队伍素质还不能完全适应油田发展的需要

去年以来，在集团公司和兄弟油田

的大力支持下，我们从东部几个油田和单位引进了142名技术干部和基层管理干部，招聘大学生及子女工220多人，从队伍总量上看，我们的“三支人才”队伍数量上基本满足生产管理和技术研究工作的需要，但队伍的整体素质还不高，与建设大油田的要求相比还存在较大差距，年轻员工较多，学科带头人、优秀技术管理人才、高级技能人才不足，队伍结构性矛盾依然存在，石油工程、造价预算、海洋工程类技术管理人才比较缺乏。队伍自主工作、自主管理能力还相对较弱，另一方面，油田用工总量增长较快，显性、隐性富余人员较多。

6. 面临安全清洁生产的挑战

新增员工多，不论是安全环保意识，还是安全环保所要求的技能仍有差距；新站点、新装置的投运，安全生产风险源增多；随着南堡油田勘探开发工作的深入，海上安全监管、施工作业、生产运行等领域，我们经验不足，仍有很多具体问题需要解决；产量与安全生产的冲突和矛盾突出，3号人工岛交叉作业，工程紧、海况差，协调和管理的难度大。

7. 管理体制、机制与油田发展形势不相适应

主要表现在：机构重复设置，管理职能分散；管运不分、监管不分，管理弱化、职责不清；经营管理缺乏激励机制，收入分配上“吃大锅饭”，整个队伍活力不足，动力不足；财务管理实行高度集中核算，核算与经营主体脱节、与管理过程脱节，核算不能有效指导管理；项目建设单位多元化，建设责任不明确，监管不到位；机关后勤以及有些二级单位冗员过多，人浮于事，公司社会化劳务用工总量偏大。这些问题在很大程度上影响和制约油田开发管理水平、经营管理水平的提高，甚至影响和制约现代化大油田建设的进程和效果。

8. 一些干部员工的思想观念跟不上新形势下建设现代化大油田的要求

表现在：对当前面临的困难和挑战的严峻性认识不足，缺乏危机意识，思想上、行动上依然如故；对建设现代化大油田信心不足，存在畏难情绪，影响了工作的积极性和创造性；缺乏过紧日子的思想，只顾蒙头干活，不计成本效益，花钱大手大脚，铺张浪费严重，有些人根本没有成本意识，缺乏忧患意识；工作中事业心、责任心不强，在一些工程的招投标、预算造价管理、工程结算等方面，存在着极端不负责任的现象，缺乏责任意识。

当前，油田的生产经营确实面临着严峻形势和巨大的挑战，事实上这场经济危机远比想象的要严峻得多。但同时我们也要看到，党中央、国务院已经采取了一系列扩大内需促进经济增长的重大措施，宏观环境正在不断改善；集团公司也已经研究制定了积极有效应对金融危机冲击和影响、保持可持续发展的工作部署和具体措施；冀东油田有集团公司、股份公司和总部机关的正确领导、关心关爱与理解支持；有延安精神、大庆精神、铁人精神和石油工业优良传统的精神法宝；有20年来油田各级领导班子带领冀东石油人建设冀东、发展冀东创造的经验、积淀的成果指导和支持；有一支敢打硬仗、能打胜仗、值得信赖的员工队伍；有油田离退休老同志、全体干部员工家属的理解、参与和支持；有南堡油田11.8亿吨的储量基础，我们一定能够化“危机”为“契机”，变“压力”为“动力”，勇敢面对挑战，奋力攻坚克难，开创冀东油田科学发展的新局面。

三、2009年重点工作部署

2009年工作指导思想：以科学发展观为统领，认真贯彻落实中央经济工作会议和集团公司工作会议精神，坚持“建设科技、绿色、和谐的现代化大油田”的目标不动摇，围绕“倾力建设现代化大油田，倾情建设冀东石油人的美好家园”这一工作主线，大力实施资源优先、科技创新、人才强企、持续发展和低成本五大战略，认清形势、转变观念、坚定信心，努力开创冀东油田科学发展的新局面。

2009年主要工作目标：生产原油190万吨，其中：高尚堡油田61万吨，柳赞油田34.5万吨，老爷庙油田12.0万吨，南堡油田81.6万吨；生产天然气3亿立方米；原油单位操作成本控制在10.36美元/桶以内；按照国际油价40美元/桶测算，预计实现销售收入40.36亿元、利润−8.1亿元；安全环保实现“六个杜绝”；精神文明建设走在河北省国有企业前列。

1. 认真学习贯彻中央经济会议和集团公司2009年工作会议精神，进一步理清发展思路

在去年12月份召开的务虚会上，已经进一步明确了公司今后一个时期的发展目标、工作主线、发展战略以及业务发展思路，归纳起来就是：

一是坚持一个发展总目标：建设科技、绿色、和谐的现代化大油田。

二是明确一条工作主线：倾力建设现代化大油田，倾情建设冀东石油人的美好家园。

三是牢固树立四种意识：坚定的政治意识、强烈的发展意识、高度的责任意识、厚重的人本意识。

四是正确处理五种关系：处理好发展的速度和质量、效益之间的关系，实现油田持续有效发展；处理好发展的规模和基础之间的关系，注重夯实发展基础；处理好发展和安全、环保、稳定之间的关系，确保安全发展、清洁发展、和谐发展；处理好国家利益、企业利益和员工个人利益之间的关系，做到三者利益之间统筹兼顾；处理好企业发展与员工个人发展的关系，做到企业价值观与员工个人价值观的有机统一。

五是强力实施五大战略：资源优先战略、科技创新战略、人才强企战略、持续发展战略、低成本战略。

六是理清五条业务发展思路：突出发展油气勘探业务，实现油气储量的持续增长；努力实现油田开发的正常秩序，确保油田开发与生产的良性循环；做专做强工程技术及生产服务业务，进一步提升对生产建设的保障能力；做实做优矿区服务业务，建设冀东石油人的美好家园；积极支持多元经济企业生存与发展，使其做精做专做强。

上述理念体系，是对油田20年来战略思想的继承和发展，体现了“为国家奉献能源、为社会营造和谐、为企业创造价值、为员工谋求幸福”的企业核心价值观，体现了科学发展观要求的精髓和内涵，体现了油田全体员工家属的基本利益和共同心愿。

2. 持续打好两个“攻坚战”，坚决完成全年生产经营任务

2009年，投资成本和原油生产的矛盾依然十分突出，经营生产形势仍然异常严峻，这就迫切要求我们进一步提高责任意识，增强忧患意识，坚决打好“降本增效”和“夺油上产”两个攻坚战。

一是打好“降本增效”攻坚战。

持续转变观念。贯彻“低成本战

略”，特别是在国际油价持续走低的情况下，只有大幅度降低成本才能求得企业的生存与发展。必须立足于较长时期的低油价，进一步牢固树立“过紧日子”思想，增强节俭意识；牢固树立“今天的投资就是明天的成本”思想，增强效益意识和成本意识；必须坚持眼睛向内、苦练内功、挖潜增效，增强责任意识；必须坚持变粗放管理为精细管理、科学管理，走“低成本开发”的路子。

坚持开源与节流并重。开源，对主营业务来说，就是要多生产原油、多生产天然气，做好天然气推价工作，千方百计回收利用放空天然气，增加销售收入；对工程技术服务、生产服务单位以及多元经济企业来说，就是提高服务保障能力，力所能及地开辟新的业务，如油管的修复、电泵电缆的检测与维修、码头及船舶运输管理、天然气发电、油井测试、水井调配、涉海工程建设、计量标定、钻井液固化处理等，力所能及地研发生产新产品，如采油树、新型节能抽油机、钻井化工类产品、井口穿越器等产品。在保障油田主营业务发展的同时，做专做强自身业务，实现自身的不断发展、效益发展。节流，就是要在保证正常生产建设的前提下，强化方案的优化、设计的优化、运行的优化，最大程度地控制投资、降低成本，实现效益最大化。

推进技术与管理创新，实施思路与方式转变。

(1) 由“超功能、超规模、超标准”向“满足功能、适度规模、正常标准”转变。在场站（平台）征地、钻前工程、人工岛建设等方面，按照“适度、适用”的原则，不断优化设计，努力降低建设投资。(2) 变海洋钻井船钻井为人工岛陆地钻井。最大程度地减少钻井船打井，尽可能多地采用陆地钻机钻井，大幅降低钻井费用。(3) 国产设备材料替代进口设备材料。油井油管、套管、钻采过程中仪器设备材料原则上都必须国产替代进口。(4) 由人工岛钻井模式“模块钻机 + 井口槽”变为“普通陆地钻机 + 井丛排”，彻底取消井口槽方式，杜绝新上模块钻机，减少现有模块钻机。(5) 钻机由“大马拉小车”变为适用井型钻机。70 钻机只用 7 部，用于实施深井、潜山井和海上钻井，其他井全部使用 50 钻机。(6) 由追求单项技术的高精尖向先进配套适用技术转变。继续推进 LWD 替代旋转地质导向仪、钻井液国产替代进口等一些好的做法。(7) 由委托运作向自我运作转变。减少外委修理服务，矿区物业服务、码头和船舶管理等业务在 2009 年要完全实现自我运作，科研项目等业务要实现“以我为主，外协为辅”的转变。(8) 变油轮海运为管道输油。加快建设 3 号人工岛—1 人工号岛、1–5 导管架—3 人工号岛、1–29 导管架—2 人工号岛海底管线和海底电缆，海底管线要在今年 6 月底前建成投用。(9) 将远距离海运变为近距离海运，大大降低运行成本。(10) 变人情运作为严格市场运作。在重点工程建设、重要物资采购管理上，要减少和杜绝中间环节，提高招标率，增加招标选商数量，降低招标成本和采购成本，降低工程建设成本。(11) 生产组织由生产型向生产效益型转变。措施成本、低产井以及导管架生产成本要作为核算的重点，在生产组织中优化运行，降低费用。(12) 由只注重内部市场向开拓外部市场转变。在满足油田内部市场的前提下，鼓励、支持机械加工、化工原料、油气产品供应等业务“走出去”，积极开拓外部市场，增加收入，提高经济效益。

这些创新与变革不是“别出心裁”，不是“标新立异”，也不是为变革而变革，而是控制投资、压减成本的需要，是为完成业绩指标、确保员工家属基本利益的需要，是履行领导职责、建设现代化大油田、实现科学发展、和谐发展的需要。

大力推进节能降耗。油田高含水、高采液强度的开发现状必然导致高能耗，陆地油田吨油耗电163.9千瓦·时，吨油电费81.95元，占单位操作成本的1/5左右。为此，今年要把节能降耗工作放到突出位置抓紧抓好。重点围绕实施控水稳油措施、优化举升方式、优化工作制度、推广应用节能工艺技术、仪器设备等综合性措施，全面推行单井核算制度；强力推进机械采油节电工程、注水系统节能改造工程、新能源利用工程、天然气综合利用等九大工程项目的实施，明确目标，落实责任，大幅度降低能耗指标。

深入开展群众性节约挖潜活动。大力发扬延安精神、大庆精神、铁人精神，从点滴做起，从小事做起，倡导节俭、厉行节约，努力形成勤俭办企业的良好风尚。以节油、节气、节水、节电为重点，采取劳动竞赛、合理化建议、修旧利废等形式，广泛开展群众性节约挖潜活动。

通过上述措施，建设工程造价要有较大幅度下降；原油操作成本在去年的基础上压减5.0亿元，其中：陆地油田压减3.0亿元，主要是压减措施费用、注调剖调驱剂费用以及降低动力费；海上要压减2.0亿元，主要是优化产量结构、优化运油输油方式、降低船舶费用；辅助生产单位、多元经济企业要在保障生产的同时，全面完成利润指标；亏损单位要实现扭亏为盈；费用单位和部门要把全年费用控制在计划指标之内，并力求节约。

二是打好“夺油上产”攻坚战。

2009年股份公司下达给冀东油田的原油生产计划为180万吨，伴生气产量3亿立方米。公司内部按190万吨组织生产，力争200万吨，保持“2字头”。这是冀东油田稳定发展的需要，也是履行企业经济责任、政治责任和社会责任的需要。2009年原油生产仍然是一场艰苦的攻坚战。

强化生产组织与协调，确保油气均衡生产。一季度，原油产量扣除排液注水井转注、南堡油田放大压差生产井的压差控制减少产量以及海上导管架生产井冬季关井的因素外，其余油井要基本维持目前的生产水平，也就是日产水平维持在5800吨左右运行。南堡陆地2009年没有新井，一季度必须高于全年平均水平线运行，确保开好局、起好步。

生产组织要按照“平稳、均衡、效率、受控、协调”的方针，增强生产组织的预见性和超前性，生产建设及作业所需物资要提前安排、提前组织，减少停等时间，提高工作效率，降低采购成本。要进一步加大工作协调力度，尤其要开好每日、每周两个生产协调会，及时解决生产中存在的问题。机关及工程技术生产服务单位要切实发挥服务保障作用，为生产的正常运行保驾护航。

优选优化措施井层与方案，努力提高措施有效率。2009年油水井措施费用在2008年的基础上减少一半，所以加强油水井产状分析，优选措施井层，优化措施方案，提高措施有效率、确保措施增产量，既是原油生产的需要，也是降低成本的需要，在今年的开发生产管理中务必引起高度重视。总的原则是措施费用由各作业区自主管理使用，开发管理部门、研究部门以及作业区三位一体，共同确保措施效果，共同承担责任，保证今年油井措施有效率在 80% 以上，措施增油量达到配产要求。

加强井筒管理，提高举升系统效率。长期以来，油井免修期尤其是电泵井免修期很短，维修频繁，影响产量，增加费用。对这一问题，公司已明确由陈仁保副总工程师任项目组长，组织专门小组进行攻关研究，切实合理工作制度，提高电泵井的免修期。对采用有杆泵、螺杆泵生产的油井也都要进一步研究延长免修期的预防措施，切实提高举升系统的管理水平和效率。对海上自喷生产井要研究防止蜡堵的预防性工艺措施。对高液量低产低效井要积极探索控水稳油的相关措施，采取间开、控制压差、封堵高含水层等措施，实现油井生产的效益开发。

加快产能建设步伐，确保新井当年产油贡献率。2009 年在陆地没有新井投产的条件下，海上新井配产 33 万吨，任务较重。必须加快建设步伐，尤其要协调好 3 号人工岛 44 万吨产能建设工作，加快海底管线及新建导管架生产平台的建设，确保在 6 月底之前全部投产。此外，对于已明确部署的潜山探井、评价井以及开发井必须作为重点，加快组织实施，实现上产增储，这是力争 200 万吨目标产量的关键。

在夺油上产攻坚战中，尤其要注意生产观念由以原油产量为中心向以效益产量为中心转变；生产组织由按部就班向超前谋划转变；老区稳产由主要靠大规模措施增产向降低自然递减率转变；油田开发由自然能量开发向注水开发转变；注水时机由滞后注水向注采同步转变；生产秩序由强开强采、强注强采向控制合理生产压差、多点温和注水转变；井筒管理由笼统提液向控水稳油转变。

3. 以推进“五大重点工程”为抓手，夯实油田持续发展的基础

根据集团公司关于加快推进综合性国际能源公司建设的战略方向，结合公司发展目标和工作部署，2009 年我们要强力推进“五大重点工程”。

一是潜山油气勘探工程。

遵循“资源优先战略”，积极推进集团公司“储量增长高峰期工程”，按照“突出发展油气勘探业务，实现油气储量的持续增长”发展思路和“勘探开发一体化、上产增储一体化”的勘探原则，通过对南堡凹陷勘探目标区带的初步分析，结合去年南堡 280 井在潜山的重大突破，确定今年把勘探目标由主要针对古近系—新近系调整为主要针对奥陶系潜山，把奥陶系潜山作为今年油气勘探的主攻方向、唯一目标，突出潜山的勘探，立足奥陶系、兼探古近系—新近系，做到勘探深浅层兼顾、勘探与开发兼顾、储量与产量兼顾、产能与效益兼顾，切实树立“勘探也要讲经济效益的观念”。集中精力、集中力量、集中资金，加大技术攻关力度，力求在潜山有大的突破、大的发现和大的场面。这是当前应对经济形势的需要，是上产增储的需要，是控制投资降低成本的需要。

按照“整体研究、整体部署、分步实施、动态调整”的工作思路，组织召开南堡滩海潜山带勘探技术座谈会，编制潜山整体勘探部署方案和钻探工程方案，集油田内外部全部智慧和力量，做到勘探部署优化、井身结构优化、工程技术优化。

按照“先肥后瘦、由浅到深、先陆岛后海域”的原则，实施潜山勘探分三步进行：第一步5000米以内埋深；第二步5000—6000米埋深；第三步埋深大于6000米。对风险较大的深层探井，要争取股份公司风险勘探的资金支持。

在具体工作中，要进一步解放思想、创新理论，既要关注潜山风化壳，也要关注潜山内幕；要充分认识到潜山勘探突破对油田发展的重大意义，进一步增强使命感和紧迫感，对认准的事要一抓到底，抓出成效、快出成果；要增强效益意识，把“一口井当做一个工程”来对待，努力提高探井成功率和勘探效益；要高度重视，精心组织，加快实施，对部署在南堡1-7井区、老堡南1井区、南堡280断块等区域的第一批5口潜山探井，力争早日开钻，早日获得突破。

二是南堡油田东营组重大开发试验工程。

南堡油田三级石油储量规模为10.8亿吨，其中东营组为7.89亿吨，占到了南堡油田总储量的73%。可以讲，开发好东营组油藏就意味着开发好了南堡油田。针对前期开发先导试验和产能建设中暴露出来的一些问题，为科学编制开发总体方案和实现高效开发，股份公司已下拨5亿元专款，用于南堡油田东营组重大开发试验。该项目是中国石油10个重大试验之首，意义非常重大，不仅关系到油田自身的长远发展，也关系到中国石油“东部硬稳定”目标甚至集团公司整体发展战略。公司成立了以常学军副总经理任组长、陈仁保副总工程师任常务副组长，选派精兵强将组成的项目组。项目组及两院要进一步增强责任感和使命感，全心投入，把标准调高，把状态调佳，把干劲调足，集中精力组织好10口试验井的钻探实施，取全取准各种资料，集中力量搞好油藏评价，深化油气成藏规律与主控因素的认识，开展关键技术攻关，在此基础上编制完成南堡油田总体开发方案，有效指导南堡油田的开发建设。

三是老油田综合治理及二次开发试验工程。

南堡陆地高含水、低采出程度的现状一方面说明陆地油田开发效果较差，另一方面说明陆地油田还有数量可观的剩余油，老油田综合治理挖掘潜力较大。贯彻“持续发展战略”，按照“努力实现油田开发的正常秩序，确保油田开发与生产的良性循环”发展思路，2009年老油田综合治理要把工作重点放在以油砂体为单元的剩余油分布及规律研究上，要重新认识地下，重新制订开发调整方案，调整开发技术对策和主体措施，提高储量控制程度和动用程度，保持老区相对稳产。

按照股份公司整体部署，确定在高浅北区、柳北开展二次开发试验，通过试验重构地下认识体系、重建井网结构、重组地面工艺流程，探索适合南堡陆地精细油藏描述、剩余油研究的主要方法，提高水驱控制程度和水驱储量动用程度，改善油藏开发效果。目前，二次开发试验正在按计划有序运行，下步要重点做好以下工作：搞好二次开发方案的编制完善、高浅北区单砂体及剩余油分布研究、柳北开发井网的优化重组和柳北已实施井的开发分析和效果评价，确保二次开发试验达到预期目标和效果。

结合为期三年的“注水基础年”活动，切实抓好注采系统完善。以“注好水、注够水、精细注水、有效注水”为目标，按照“完善井网、多点少注、平衡温和”的注水原则，加强对注水工作的领导，认真做好注水工作的规划，夯实老油田稳产基础。对还在排液生产的注水井，在井网重新论证后，对确定的注水井要在一季度全部转注；对原已确定调剖调驱注入井，在进行井网论证的基础上，今年由注调剖调驱剂转为注水，将陆地浅层油藏由自然能量开发转为注水开发；在小层对比的基础上，以油砂体为单元，研究开发动用状况，进行井网层系重组，对需要转入注水的井、层，及时实施转注补孔措施；对注入剖面需要调整，所进行的分注、增注、大修等水井措施，要重点安排、优先实施；对产能建设新区，按照注采同步的原则，及早投转注水井。通过上述措施，力争大幅度降低自然递减，逐步夯实油田的稳产基础。

四是南堡油田 80 万吨产能建设工程。

2009 年，股份公司初步给油田下达产能建设任务 90 万吨，其中南堡油田 80 万吨，南堡陆上 10 万吨。陆上 10 万吨产能，已提前实施，也就是说：南堡陆地今年将不再实施新的开发井，要利用这 1—2 年的空当，认真做好陆地以油砂体为单元的油藏精细描述及剩余油研究工作，为今后调整做好技术准备。南堡油田 80 万吨产能建设必须坚持“整体部署、滚动建产、先肥后瘦、效益优先”的原则，以油藏、砂体、断块为单元，深化油气藏规律性认识，优化井位部署，加强随钻分析与调整，提高钻井成功率，提高单井产量，提高产建到位率。对其中 3 号人工岛 44 万吨产能建设工作，要按照“经济、规范、美观、简洁”的要求，采用“井丛排”的钻井布局以及“气举采油”的举升工艺，实施标准化设计，模块化建设。要科学部署、精心组织、有序建设，将 3 号人工岛建成中国石油海上油田的“精品工程”、“示范工程”。1 号陆岸终端油库工程要在今年 4 月中旬建成投运；南堡 1 号钢制平台、1−5 区、1−29 区导管架以及海管等配套工程要加快可研方案的审批，抓紧工程建设，确保今年 6 月份投产；原油商业储备库要抓紧开工建设，力争 2009 年底前建成，2010 年 4 月投运。

五是美好家园建设工程。

“建设美好家园”是企业核心价值观的具体体现，是以人为本的必然要求，必须作为一项重要的系统工程来对待、来建设。2009 年“美好家园建设工程”要重点抓好 11 项工作：一是做好在唐山凤凰新城新建小区的征地及规划筹建等工作。目前油田已和唐山市达成了初步意向，在凤凰新城征地 300 亩，用于新建油田居民小区，实现员工从“有其居”到“优其居”的转变。二是抓住时机，用好政策，利用唐海基地存量土地做好重新规划建设 2000 套新建住房的报批工作，确保今后相当长的时间内在唐海地区工作的新员工成家有房住。三是加快新购置驻京办事处的装修，尽快投用，为油田员工家属进京出差、办事提供食宿便利。四是保障员工的基本收入。五是做好油田子女就业工作，确保符合条件且有意向在油田工作的子女就业。六是持续加大投入，进一步改善一线生产生活条件。七是关心离退休职工，维护好他们的政治待遇和生活待遇。八是按照有关政策要求，落实家属待遇。九是继续赞助支持冀东石油中学教学设施的进一步改善，为油田子女上学提供良好的学习环境。十是加大医疗仪器设备投入，高度关注员工家属的健康，变两年一次体检为一年一次体检。十一是帮困扶贫，救助弱势群体，不让一个员工子女上不起学，不让一名员工家属看不起病。

以上五项重点工程，有三项是蒋总指示中要求做好的工作，涉及油田今后一个时期的重大发展问题，涉及油区广大员工家属的切身利益，组织好这五项重点工程的建设，对推进油田科学发展、和谐发展具有十分重要的现实意义和重大的战略意义，务必抓紧抓实抓好。

4. 开展好两项基础年活动，全面提升企业管理水平

一是扎实开展“安全环保基础年”活动，确保油田安全发展、清洁发展。

2009 年，我们要继续深入开展“安全环保基础年”活动，进一步树立“安全第一、环保优先、以人为本”和“生命和健康高于一切”的安全环保理念，深入贯彻落实国家、集团公司和河北省关于安全环保工作的一系列指示精神，以规范推进 HSE 管理体系建设为主线，以严格执行反违章禁令为重点，狠抓各项措施的落实，稳步推进安全环保长效机制的建立，努力实现企业安全发展、清洁发展。

要按照“严、细、实”的工作要求，全面落实安全环保责任制，加大对安全环保工作的考核力度，加强对承包商安全环保的管理，加大责任追究力度，彻底解决“严格不起来，落实不下去”的问题。

要把优良传统作风与科学管理结合起来，按照“统一、规范、可操作”的要求，进一步推动“两书一表一卡”管理的制度化、规范化，通过强化 HSE 管理体系的执行，使 HSE 管理体系成为全体员工自觉遵守的行为准则。

要突出重点领域和关键环节的安全环保管理，尤其是海洋石油作业、井控、交通和关键装置的安全环保工作，严格执行国家有关法律法规及集团公司安全环保管理规定，全面强化生产受控管理，落实各项安全环保措施，切实提高事故防范能力。

要强化安全环保的源头治理，注重关口前移，从项目立项、方案论证和设计审查、物资采办、施工建设等环节抓起，严格落实“三同时”制度，严格准入制度，严格质量检验制度，严格落实隐患治理责任制，从源头实现本质安全。

要以应急管理平台建设为契机，全面加强应急管理工作，强化油田应急预案体系建设，进一步提高预防和处置突发事件的能力。

要认真落实安全培训教育制度，严格落实资格认证和持证上岗制度，下大力气抓好员工的安全培训，进一步提高全员安全素质；持续推进安全文化建设，积极构建安全文化建设的长效机制。

要以建设循环经济示范区为契机，按照减量化、资源化、再利用的原则，把污染控制和资源综合利用纳入生产管理全过程，加强关键技术攻关，加快重点工程实施，狠抓环境敏感区生产作业、危险废物的环境监管，控制“三废”总量，建设环境友好型企业。

二是深入开展“改革管理基础年”活动，提高企业科学管理水平。

改革是企业不竭的动力，管理是企业永恒的主题。保持生机与活力，是企业生存与发展的根本。2009 年油田面临前所未有的严峻形势，可以说到了跨越“生死线”、闯过“存亡关”的关键时期。而我们企业内部体制不顺、机制不活、动力不足、管理粗放，无法适应新形势的要求，迫切需要我们主动应变，深化改革，强化管理，理顺体制，健全机制，实现科学管理、规范管理、精细管理。为此，2009 年公司决定在内部深入开展“改革管理基础年”活动。

整合管理与监督职能。针对有些管理机构重复设置、管理职能分散、管运不分、监管不分、管理弱化、职责不清的问题，在“油公司”管理体制的总框架内，将勘探、开发、工程技术及基建（海工）等业务分散的管理职能整合、机构合并，将管理职能与生产建设的具体运作相分离，分清管运职责，强化管理职能。将监督职能与生产建设的具体运作相分离，分清监督与运行职责，同时整合监督与监理业务，强化工程项目的监督与监理。

全面推行项目管理。2009 年油气勘探、产能建设、地面工程、海洋工程都要按系统工程统一组织实施，全面推行项目管理，按项目组织运作。按照“管运分开、责权统一”的原则，组建专门的勘探开发项目部，代表公司作为建设单位负责项目的实施，对工程项目的工期、投资、质量、安全、效益负完全责任。勘探、开发、工程技术、基建及海洋工程等管理部门按业务实施管理职能，监督中心负责工程项目的监督与监理，研究院、钻采院、设计院提供技术服务与支撑。要不断健全规范市场管理制度和运行机制，严格市场准入和资质审查，加强定额管理，强化市场监管。审计处和造价公司要严把结算关，计划财务部门要认真组织好工程项目的结算工作和后评估工作，监察部门要积极做好效能监察工作，堵塞管理漏洞。

健全“三个机制”。按照“规范制度、责权清晰、运行顺畅”的原则，根据职能整合、机构调整的结果，重新梳理和规范业务流程，修订完善管理制度，完善各项工作的运行机制；按照“岗位靠竞争、收入凭贡献”的原则，突出产量、效益和安全环保与薪酬挂钩比例，加大考核力度，拉大收入分配差距，建立有利于调动广大干部员工的工作积极性和创造性的激励机制；以内控体系建设及相关制度体系建设为核心，进一步完善监督约束机制。

加强用工管理。按照“三控制一规范”（控制机构编制、控制用工总量、控制人工成本，规范薪酬分配）的工作要求，全面推进“五定”工作，核定用工总量和工资总额，减人不减资、增人不增资。在“五定”基础上，实现人力资源的合理流动和优化利用，使二、三线人员向一线流动，使冗员单位向缺员单位流动，控制机关后勤人员，原则上机关只出不进，要创新生产组织方式和运作模式，充分利用自动化、信息化建设资源，优化配置人力资源；实现用工总量的严格有效控制，有效减少外雇用工，确保子女就业岗位，确保在岗员工、离退休职工及家属的根本利益和企业经济效益。

加强招投标管理。一要加强招投标工作的组织领导，各相关部门要在油田招投标管理领导小组的统一领导和协调下开展工作，各招投标项目要全部纳入公司统一的招投标管理体系，对招投标管理过程中选商、招标方式、标底确定等重大问题要进行集体决策，坚决杜绝各行其是、自作主张的行为。二要全面扩大招投标覆盖面，进一步扩大招标选商范围和数量，吸引和扩大具有较高资质的商家和队伍参与投标，形成充分的竞争机制，全面实施市场化运作，进一步提高招投标率。三要加强对招投标的管理与监督，招投标管理部门要严格按照相关规定和制度要求，严格招标程序，强化招投标全过程管理，杜绝人情运作和假招标、假投标现象；造价、审计、纪检监察等部门要加强对招投标的过程监管，确保企业利益不受损失。四要加强资质管理，严格投标单位的资质准入，建立诚信档案，形成优胜劣汰的竞争机制，对信誉不良的企业要坚决清出油田市场。

加强员工教育培训工作。积极实施人才强企战略，把加强员工的教育培训作为推动油田科学发展、和谐发展的根本动力。要引导员工树立正确的成才观，以培养“三支队伍”为重点，大力倡导和鼓励广大干部员工“立足岗位成才，立足自学成才”；要通过分层次、多渠道的教育培训方式，着力提高全体干部员工的综合素质；要进一步完善和强化田庄培训基地的功能和作用，将培训工作提高到一个新的水平；要积极探索培训效果考核机制，将员工教育培训效果与业绩考核相挂钩，提高员工学习积极性，增强培训效果。

理顺财务管理体制。针对财务核算与经营主体脱节、与管理过程脱节的问题，在利用财务管理信息系统集中核算的前提下，将核算单元前移，在生产单位组建财务机构，使核算与生产经营主体、与经营管理过程融为一体，使财务人员靠前服务，为经营管理及时提供核算依据，提高经营管理的针对性、有效性、科学性，降低生产运行成本，提高经济效益。

全面加强质量管理。要把加强质量管理作为今年的重点工作之一，按照“全员参与、全面覆盖、完善体系、过程控制、异体监督、责任追溯”的总要求，健全质量管理体系，完善质量技术标准和规范，突出工程建设、工程技术服务和物资采购等关键控制点的质量管理和监督，广泛开展全员、全过程的质量管理活动，不断提高工程质量、产品质量和服务质量。

积极推进依法治企。进一步加强公司法制建设，强化法律监督与约束机制，提高依法经营管理的能力和水平，切实做到依法经营，依法管理，在保障和推动公司不断发展的同时，保护职工的根本利益。

推进信息化建设。积极推进以ERP为核心的信息化建设，加强已上线系统推广应用，促进工作效率和管理水平的提高。同时，进一步加强档案、计量、标准化、统计等基础性工作，夯实企业管理基础。

5. 切实抓好三项重点工作，进一步提升油田整体综合素质

一是加快推进科技创新工作，增强企业科技创新能力。

增强自主创新能力是企业发展的战略核心，是科学发展的中心环节，必须大力推进科技创新，使其成为企业又好又快发展的加速器、助推器。

完善科技创新体系。必须建立和完善以一线生产单位研究队伍为支点，以油田研究院、钻采院、设计院为骨干，以各级职能管理部门为补充的“产、研、管”三结合的科技创新体系。

配备科研仪器设备。目前，油田所拥有的科研仪器设备极其有限，不具备提高自主创新能力所具有的软硬件手段，很大程度上制约和影响了自主创新能力的提高。2009年及以后的几年里，公司将每年拿出 2000 万元为三院配备必要的测试、分析、试验仪器与设备，快速提高装备水平。

建立专家技术队伍。要研究制定技术专家管理的相关规定，建立局处两级技术专家和技术骨干队伍，切实发挥他们“科技领衔、技术把关、决策咨询、学术带头”的作用。

建立科技创新激励机制。要制定科技人员创新奖励办法，设立技术专家津贴，适度提高科技骨干待遇，建立人才队伍的传帮带机制，建立有利于人才培养、成才的运行机制和平台。

二是大力推进班子建设、队伍建设和基层建设，为油田科学发展、和谐发展提供有力保障。

推进企业科学发展、和谐发展，各级领导班子是关键，高素质的员工队伍是根本，高水平的基层建设是保证。为此，各单位务必在加强班子建设、队伍建设和基层建设上下功夫，切实抓紧抓好，抓出成效。

以开展“四好”领导班子创建活动为主线，大力加强领导班子建设。

加强思想建设。最根本的就是要抓好理论武装工作，坚持用马克思主义中国化最新成果武装头脑、指导实践、推动工作。今后一个时期要把深入学习实践科学发展观作为一项重要工作，着力转变不适应、不符合科学发展要求的思想观念，增强贯彻落实科学发展观的自觉性和坚定性；着力解决发展思路不清、发展信心不足、发展质量不高和发展后劲不足等问题。

加强领导管理能力建设。加强领导班子的领导管理能力建设是提升油田管理水平，加快推进现代化大油田建设的关键。我们必须坚持把提高领导管理能力作为各级班子建设的核心内容抓紧抓好，着力提高各级班子引领企业发展、维护安全稳定、科学民主决策、培育先进企业文化和增强拒腐防变的能力。

加强作风建设。始终牢记“两个务必”，继承和弘扬延安精神、大庆精神、铁人精神，在领导干部中开展“转变作风、提升素质”主题活动，大兴求真务实之风，反对形式主义、官僚主义；大力倡导艰苦奋斗、勤俭节约，反对铺张浪费；大力倡导雷厉风行的作风，坚决克服办事拖拉、我行我素、有令不行、有禁不止的现象，全面提升各级领导干部的整体素质。

加强廉政建设。要认真贯彻落实集团公司和公司《建立健全惩治和预防腐败体系 2008—2012 年实施计划》，加强党员领导干部警示教育，强化对领导干部正确行使权力的监督，进一步规范“四项权力”，严格规范“三重一大”决策程序，实行科学、民主、依法决策。深入开展效能监察，扎实开展廉洁文化建设，形成反腐倡廉长效机制，确保领导干部政治生命安全，确保企业经济运行安全。

以推进“三支人才”队伍建设为重点，打造高素质的员工队伍。

贯彻“人才强企战略”，必须树立“人才资源是第一资源”的观念，倡导“人才就在身边”的人才观，把人才的培养和使用作为一项重要的战略任务抓紧、抓好。建立完善人才培养和使用的激励机制，建立有利于人才成长的平台、氛围和环境，坚持正确的用人导向，坚持德才兼备、以德为先，任人唯贤，唯才是举，让想干事的人有机会，让能干事的人有舞台，让干成事的人有地位。加强年轻干部的培养，推动后备干部建设，实现干部接替的良性循环。注重培养油田的技师、高级技师，带动操作技能人才队伍提高整体素质。

以深入开展“五型”班组创建活动为载体，全面提升基层建设水平。

要继续加强以基层建设为核心的“三基”工作。深入开展“标准基层队”和“五型”班组创建、“星级”员工达标活动，明确活动基本途径、载体和举措，确保创建活动扎实有效。要大力选树先进典型，带动基层队伍战斗力和凝聚力的不断增强。按照集团公司统一部署，当前及今后一个时期，加强基层建设要把重点放在班组建设上，强化对“五型”班组创建活动的组织领导，细化创建的目标、内容和具体措施。有关部门要结合油田实际，制定出“五型”班组评选标准和考核细则，选树一批学习型、安全型、清洁型、节约型、和谐型示范班组，以点带面，提升基层整体管理水平。加强现场标准化管理。在总结以往6S管理方法经验的基础上，结合当前实际，不断改进6S管理方法，提升6S管理水平，促进基层队站、施工现场、作业现场等标准化管理水平的提高。

三是加强党建与思想政治工作，为企业改革发展稳定提供强大的政治思想保障。

各级党组织要立足油田生产经营实际，坚持在融合中发挥优势，在参与中履行职能，在创新中增强实效，在实践中提升水平，进一步加强企业的党建和思想政治工作。

以开展深入学习实践科学发展观活动为契机，大力加强党的建设。按照集团公司党组部署，我们将作为第二批单位于今年3月份起开展学习实践活动。各级党组织要充分认识开展这一活动的重大意义，加强领导，精心组织，务求实效，真正做到党员干部受教育、科学发展上水平、员工群众得实惠。要紧密结合油田内外部形势，找准发展定位，破解发展难题，使“科技、绿色、和谐现代化大油田”建设思路及各项措施更加科学可行。要坚持以人为本，把科学发展的成果惠及广大员工，不断增强广大干部员工贯彻落实科学发展观的坚定性和自觉性。要注重统筹兼顾，把开展学习实践活动同推进各方面的工作紧密结合起来，切实做到两手抓、两不误、两促进。各级领导干部和机关部门要发挥好示范带头作用，带动各单位积极投身学习实践活动。要把开展学习实践活动与加强企业党建工作结合起来，认真落实党建工作责任制，着力加强党的先进性建设，持续开展党支部“六个一”创建活动，深入开展“四创”活动，以“党员责任区”活动为载体，充分发挥基层党组织的战斗堡垒作用和党员的先锋模范作用，进一步增强党组织的凝聚力和战斗力，使党建工作再上新水平。

要以深入开展大庆精神、铁人精神再学习再教育为契机，全面加强宣传和思想政治工作。要按照集团公司党组关于开展大庆精神、铁人精神再学习再教育的有关要求，积极开展“形势、目标、任务、责任”教育活动，引导广大干部员工认清形势、明确任务、增强责任感和紧迫感，切实把弘扬大庆精神、铁人精神及“三老四严”等石油工业优良传统作风，体现到立足岗位、敬业奉献，降本增效、增收节支的具体行动中去，特别是各级领导干部和两级机关要带头艰苦奋斗，发挥表率作用。

要大力加强员工队伍思想教育，积极倡导社会公德、职业道德和家庭美德，提高广大员工群众的思想道德素质。要坚持开展员工思想状况调研活动，准确把握群众关心的热点问题，有针对性地提出对策和建议。要加强企业文化建设，总结和弘扬油田20多年来的优良传统，不断提升企业软实力。

要站在战略和全局高度，持续开展“和谐油区”共建、“和谐企业（单位）”创建活动。围绕构建维护稳定工作的长效机制，强化各级领导干部维护稳定工作责任，严格落实稳定工作责任制，及时掌握员工思想动态，准确把握不同群体的利益诉求，加强政策宣传和教育疏导，妥善化解矛盾，确保油田矿区稳定。

各级工会组织要贯彻全心全意依靠员工群众办企业的方针，认真抓好职代会建设，充分发挥员工代表在维权方面的积极作用；不断深化厂务公开、民主管理工作，保障员工的知情权和监督权；加强劳动争议调解、劳动保护监督检查、劳动法律监督工作，维护员工的权益；抓好劳动竞赛、合理化建议等群众性生产工作，发挥业余文化组织的作用，开展群众文体活动，最大限度地调动和发挥员工的积极性、创造性，团结和动员广大员工为公司的改革发展建功立业。

各级共青团组织要紧密围绕公司改革、发展和稳定大局，加强青年思想道德建设，切实发挥引导青年、组织青年、服务青年的作用，积极推动工作思路创新、工作方式创新、自身建设创新，把共青团组织建设成“青年之家”，充分发挥广大团员青年生力军和突击队作用。

关于公司三届二次职代会提案落实和三届三次提案征集情况的报告，已发给了大家。需要向大家说明的是：对10件立案的提案，在公司领导班子会议上已一一安排公司领导负责处理和落实，相信对提案的处理会有一个圆满的结果。

各位代表、同志们，面临新的形势和任务，公司和公司党委号召全体干部员工进一步认清形势、转变观念、坚定信心，继续发扬延安精神、大庆精神和铁人精神，脚踏实地、埋头苦干、同舟共济、攻坚克难，努力开创油田科学发展的新局面，为集团公司建设综合性国际能源公司作出新贡献，以实际行动迎接共和国60华诞！

最后预祝大家新春快乐、阖家幸福、牛年大吉！

苟三权在南堡油田潜山勘探技术座谈会召开时的讲话

（2009年2月25日）

各位领导、各位专家、同志们：

现在正值早春二月，乍暖还寒，但是在我们的会议室里却春意盎然、暖意浓浓。今天召开的这个会议，中心目的是要研究如何加快和全面推进南堡潜山的勘探工作。为了开好这个会，我们邀请油田内外老领导、各位专家和同志们一起进行研讨和座谈。尤其是我们尊敬的老领导，原华北油田公司于英太总经理，不顾路途遥远也特意赶来参会，还有公司徐中清和朱水安两位老领导，长期以来一直离岗不离责，十分关心油田的发展，今天也亲自参加此会。今天，参加会议的还有东方公司、辽河油田、大港油田、华北油田等兄弟单位，他们不仅派出了专家，还准备了充分的资料在会上进行专题发言，给我们传经送宝。借此机会我代表冀东油田公司、公司党委向来参加会议的各位领导和专家表示热烈的欢迎和衷心的感谢。

在会议正式开始前，我想强调三个方面问题：

一、为什么要开南堡油田潜山勘探技术座谈会

关于召开南堡油田潜山勘探技术座谈会，是我在参加了股份公司勘探年会之后有的想法。股份公司勘探年会上听了各兄弟单位的报告，让我有很大压力，也产生了如何加快油田勘探开发工作的想法，因此决定召开南堡油田潜山勘探技术座谈会，此次会议研究的问题是勘探问题，对象目标是南堡油田。

第一个原因，油气勘探是战略问题，我们必须认真对待和高度重视。

从集团公司的层面来看，集团公司制定的三大战略“资源、市场、国际化”中把资源战略摆在了首位。同时，集团公司提出要持续实施储量增长的高峰期工程，也是把储量和资源问题放在重中之重的位置去考虑。集团公司对于冀东的油气勘探在投资计划管理上单独列支，可见冀东南堡滩海的勘探在集团公司油气勘探中的位置。蒋总在今年年初看到冀东油田公司的工作汇报后，除了对冀东各方面的生产经营管理工作给予充分的肯定之外，对以后的工作也提出了要求，要求要做好勘探、东营组的重大开发试验以及老油田稳产三项工作，这三项工作中仍然把勘探工作放在了第一的位置，由此可以看出勘探工作的地位和重要性。

从冀东油田公司的层面来看，我们也根据集团公司的战略和冀东油田公司的勘探开发形势提出了“资源优先、科技创新、人才强企、持续发展、低成本”五大战略，其中第一战略就是“资源优先”战略，提出坚持“建设科技、绿色、和谐的现代化大油田”的发展总目标，同时也提出2009年到今后一个时期我们要坚持的工作主线，那就是“倾力建设现代化大油田、倾情建设冀东油田人的美好家园”，都反映出资源是第一位。在今年确定的五项重点工程中，南堡潜山油气勘探工程也位居第一位的工程，其他四项分别是南堡油田东营组重大开发试验工程、老油田综合治理及二次开发试验工程、南堡油田80万吨产能建设工程、美好家园建设工程。在公司确定的今后5条业务发展思路中，第一条就是突出发展油气勘探业务，实现油气储量的持续增长。由此可以看出无论是集团公司还是冀东油田公司，都把油气勘探放在优先发展、突出发展的位置去考虑，把油气勘探工作作为战略问题来对待和谋划。因为油气资源决定油田企业的生存和发展，资源是基础，储量是根本。

同时，针对南堡潜山的勘探是一次重大的战略调整，必须全面启动和加速推进。这是因为以东营组为主的古近系—新近系勘探目前正在进行评价和重大开发试验，有必要将以古近系—新近系作为勘探重点目标调整到以前古近系—新近系的潜山地层为重点勘探目标。南堡油田2007年上报三级地质储量11.8亿吨，这是一个重大的、伟大的发现。目前，对这11.8亿吨中的优质储量已经投入产能建设，对以东营组为主的大部分储量现在正在进行评价和重大开发试验阶段，大概要经过两到三年的时间，对于复杂的东营组储层经过评价、经过优选配套开发技术、配套工程技术之后，通过编制整体开发方案才能够投入开发。在这个阶段有必要针对古近系—新近系下部前古近系—新近系地层、奥陶系，针对潜山全面启动对潜山地层的勘探。

第二个原因，前古近系—新近系潜山油气特征决定现阶段潜山成为我们重点勘探目标，也就是说，潜山地层具有良好的勘探前景。

这一点通过前期的工作，初步的认识，在冀东油田干部、员工，尤其是勘探系统成为广泛的共识。南堡潜山的特点：具有规模大、分布范围广、埋藏相对较浅、成藏条件优越、油气资源丰富、单井产量高、勘探程度低等一系列特点。

当前的生产经营形势迫使我们对工作的原则、思路、方向等方面进行调整。金融危机给我们带来了严峻考验，无论是集团公司，冀东油田公司还是各兄弟单位都面临着严峻形势，我们必须要树立过紧日子思想，坚决控制投资、压减成本。在这种情况下，无论是勘探还是开发都必须讲究经济效益，勘探上必须要树立效益第一的思想，树立今天的投资就是明天的成本的观念，勘探不光是要找到储量，还要尽快拿到产量，尽快见到效益。在这个时候，把我们的勘探目标从古近系—新近系调整到前古近系—新近系的潜山无疑是正确的。因为古近系—新近系潜山有它的特点：埋藏不太深，勘探程度相对较低、单井产量高，这也促使我们下决心从勘探上进行大的调整，必须要实施勘探开发一体化、增储上产一体化。

基于以上几个方面的考虑，今年以及今后我们的勘探工作要实现三个转变：勘探思路要从单一的勘探向探勘开发一体化转变、勘探目的要从单独追求储量向上产增储一体化转变、勘探目标由向以古近系—新近系地层为重点向以潜山为主兼探古近系—新近系转变。

所以这次会议除了进行潜山勘探技术层面的座谈交流，同时这次会议也是一个转变观念的会议，调整思路方向的会议，更是一个统一思想和行动的会议。

二、召开南堡油田潜山勘探技术座谈会的目标和任务

通过这次南堡油田潜山勘探技术座谈会，我们预期实现的目标和完成的任务包括四个方面：

（1）充分认识南堡潜山。

一是明确潜山顶面的构造情况。包括高低的变化、大小的分布以及相互关系。

二是了解潜山上覆地层的时代。包括厚度的变化、分布的范围、接触的关系。

三是掌握控制潜山断层段距的大小、延伸的长度，以及潜山储层裂缝总体发育控制的问题，对于断层要研究透彻。

四是搞清楚潜山的地层时代。也包括厚度的变化，分布的规律。

五是认识潜山油藏类型，预测潜山的油气水关系。

（2）优化完善勘探部署。

之前，公司总地质师董月霞已经按照公司确定的“整体召开、整体部署、分步实施、动态调整”和“勘探开发一体化”的思路，组织勘探部、研究院相关技术人员根据现有认识拿出了一个初步的潜山勘探总体部署方案。同时也按照“勘探开发一体化”的思路进行部署，这个部署有探井、评价井，甚至有开发井。在这次会议上，对这样一个部署我们要接受各位专家的审查和检阅，通过大家的共同研究，使勘探评价部署方案更加符合南堡潜山的客观现状，减少勘探评价中盲目性，减少损失，提高效率。

(3) 优选重点探井井位。

对于实施，我们遵循“分步实施、动态调整”的原则，具体地说是按照“先肥后瘦、先浅后深、先陆岛后海域”的工作原则组织实施，要充分认识到其中总体和实施的关系，总体部署和重点推进的关系。

(4) 研讨勘探的关键、重大工程技术。

三、如何开好南堡油田潜山勘探技术座谈会

此次会议油田内外多有老领导、老专家的参加，必将进一步推进又好又快的开展，通过专题发言和座谈相结合的方式，为我们的南堡油田潜山勘探工作把脉、分析。希望各位与会专家和领导充分发挥意见，进一步解放思想。因为可能您的一句话、一个思路、一个井位的调整都会对南堡油田潜山勘探够工作带来一片光明。要明确重点，加快推进南堡油田潜山勘探工作，争取在较短时间内见成效，打开增储上产的新局面。

最后预祝会议取得圆满的成功!

深入贯彻落实蒋洁敏总经理讲话精神 全力推进科技绿色和谐的现代化大油田建设

——苟三权在油田领导干部大会上的讲话

(2009 年 5 月 18 日)

同志们：

在公司上下深入开展学习实践科学发展观活动、全力推进增储上产各项工作的关键时刻，蒋总一行来油田进行工作调研，带来了集团公司党组的亲切关怀和殷切期望。蒋总在调研过程中，充分肯定了我们最近的各项工作，进一步指明了冀东油田未来的发展目标和奋斗方向，明确提出了各项工作要求。这不仅是对我们极大的鼓舞和鞭策，而且对推动油田科学发展、和谐发展具有十分重要的现实意义和深远的历史意义。今天，公司召开领导干部大会，主要任务就是学习贯彻蒋总到油田调研时的重要讲话精神，动员引导广大干部员工进一步认清形势，明确任务，坚定信心，埋头苦干，切实把思想和行动统一到集团公司党组的要求上来，坚定不移地按照油田既定的发展战略部署，持续增储上产，全力推进现代化大油田建设，不辜负集团公司党组对我们的殷切期望。

下面，就如何贯彻蒋总重要讲话精神，我讲三个方面意见。

一、深刻领会和准确把握蒋洁敏总经理重要讲话精神，进一步坚定建设现代化大油田的信心和决心

5 月 6 日至 7 日，集团公司蒋总来油田进行工作调研。股份公司原副总裁、中国科学院院士、中国石油学会理事长贾承造，股份公司副总裁兼勘探与生产分公司总经理赵政璋、集团公司规划计划部主任吴枚、预算管理办公室主任贾忆民、科技管理部主任袁士义、勘探开发研究院常务副院长、党委副书记周海民、政策研究室副主任张华林、财务部副总经理马晓峰等领导陪同调研。蒋总一行深入南堡油田1号岛、3号岛生产现场，考察南堡油田东营组重大开发试验和南堡油田产能建设实施情况，对一线干部员工进行慰问；现场听取了油田关于南堡油田东营组重大开发试验部署与实施进展、南堡油田勘探形势、3号岛产能建设与海工地面配套工程建设等情况的汇报。调研期间，蒋总还与公司老领导进行了亲切座谈，会见了河北省委常委、唐山市委书记赵勇，常务副市长周仲明，曹妃甸新区管委会主任姚自敏等唐山市委、市政府领导，就深化企地合作交换了意见。

蒋总一行全面听取了冀东油田关于勘探工作、开发工作和整体工作的汇报。在听取汇报后，蒋总发表了重要讲话。前面，国旗书记全文传达了蒋总的重要讲话。蒋总的讲话高屋建瓴、情真意切、语重心长，是统一思想、提高认识和指导今后一个时期油田各项工作的纲领性文件。公司上下要从以下五个方面来把握、来领会、来落实，切实领会和把握蒋总重要讲话的精神实质，进一步坚定建设现代化大油田的信心和决心。

1. 充分认识南堡油田发现的重要意义，继续坚持南堡油气勘探好的技术思路、好的经验和好的做法

唯物辩证法告诉我们，任何事物的发展都要经历曲折前进和螺旋式上升的过程。南堡油田发现后的两年多经历，也充分证明了这一点。如何认识南堡油田发现的意义？怎样对待南堡油田发现的经验？蒋总站在全局的高度、战略的高度，深刻阐明了南堡油田的意义：“发现南堡油田的贡献是历史性的，意义重大，它不光是一个储量增长问题，而且形成了以精细三维工业化生产和应用为代表的一系列技术思路，推动和带动了渤海湾新一轮勘探开发的高潮；不光是我们局部一个点的问题，正是由于南堡油田的发现，推进了大港油田的整体勘探开发，现在大港的岐口和埕海已经有5亿吨的储量到手了；除中石油矿权之外，中石化、中海油也在不断深化对渤海湾油气藏的认识，勘探工作力度都在加大。中海油一季度的油气当量同比增长15%，主要贡献点就在渤海湾。这套技术思路、做法对于类似的复杂断块油藏是非常适用的，成效是显著的，它的贡献不亚于南堡油田储量的提交。”蒋总的讲话，同时也充分肯定了南堡油田发现过程中的技术思路、好的经验和成功的做法。对此，我们必须进一步坚持，并在实际应用中不断深化、完善和提高，使其在油田快速发展的过程中发挥更大的作用。

2. 以党组的鼓励和鞭策为动力，按照蒋洁敏总经理重要指示和要求，按照“114555”发展思路，加快推进各项工作

蒋总对冀东油田的工作给予了充分肯定，指出：“这次来冀东油田，我的感受是，这两年冀东油田在勘探上有了新认识、新发现、新成果，开发的基础正在得到进一步加强，以投资、成本、安全、制度等为主要内容的管理工作初见成效，效率得到了提高，主要经济技术指标得到了改善，建立了正常的生产经营秩序，调整完善了与油田开发建设需要相适应的管理体制，党的建设、队伍建设都有力地保证和支持了勘探开发的需要。应该说，冀东油田现在进一步巩固了发展的基础，取得了工作的主动权。油田班子和队伍是好的，思想解放、思路清晰，措施实在、执行到位，集团公司党组对你们的工作是满意的。”蒋总的讲话既是鼓励，更是鞭策。我们一定要把党组的鼓励化作前进的动力，按照蒋总重要指示和要求，按照“114555”发展思路，坚定不移地按照既定的工作思路、工作方向和重大举措，把勘探开发、生产建设、经营管理和队伍建设各项工作推向一个更高的水平。我们相信，广大干部员工一定会以此为动力，继续发扬大庆精神、铁人精神，艰苦奋斗，以良好的精神状态和扎实有效的工作，把各项任务落到实处，推动油田加快发展。

3. 三要坚持“三个没有变、一个不能变”的科学判断，坚定建设现代化大油田的信心和决心

蒋总指出：“从 2007 年‘五一’到现在，两年的实践进一步证明，南堡资源富集，储量落实，这个基本的判断没有变；渤海湾复杂的地质特点，在冀东同样存在，这个基本的规律和认识没有变；冀东进入了大发展的时期，实现可持续科学发展的形势没有变；建成千万吨油气当量大油田的目标不能变。”“三个没有变、一个不能变”的科学判断，深刻地阐明了南堡油田还处在深化勘探和开发建设的初期，出现一些新情况新问题，有一些新变化，是正常的变化，是对客观存在的再认识、再深化。我们相信，有集团公司党组的正确领导，有社会各界、各兄弟单位的鼎力支持，只要我们坚定信心，科学实施，执行到位，建设科技、绿色、和谐的现代化大油田目标一定能够实现。

4. 以感恩之心去理解集团公司党组对冀东油田的关心、关爱和支持

蒋总在听取工作汇报后，对公司的发展和今后工作提出的总体要求是：坚持战略部署不变，持续增储上产，勘探计划单列。这充分体现了党组对我们工作的肯定，体现了党组对我们的关心、关爱、理解和支持，尤其是勘探计划单列，给了我们十分宽松的政策，意味着我们勘探上可以放开手脚来干。如果党组不给我们政策，勘探上前几年留下的 13 个亿的欠账，即使今年一口探井不打（投资 6.7 亿），也只能弥补一半。我们给股份公司汇报情况后，股份公司副总裁赵政璋同意我们，勘探上今年给多少投资就用多少投资，欠账的事先留着。还有在开发上，党组也是给予我们关照和爱护，我们是唯一一家 “产量下调，产能不变，投资不变”的油田。所有这些都充分体现了集团公司党组、集团公司（股份公司）领导对我们的理解和支持。对此，我们应该有充分的认识，把党组的关怀传达到广大干部员工中去，以我们的实际行动，怀着一颗感恩之心做好工作，以百倍的努力、以更大的成绩来报答党组对我们的厚爱和关心。

5. 牢牢把握“四条经验”，认真落实“五项要求”，脚踏实地、埋头苦干，扎扎实实抓好各项工作

蒋总指出：海油陆采是有效开发和建设模式；油藏的压力是灵魂，生产的压差要控制，实现油田的稳产是一个关键性课题；市场化管理、标准化建设、低成本开发是重要抓手；解放思想，实事求是，一切从实际出发，是勘探开发的根本法宝。这“四条经验”是指导我们工作的重要法宝，必须持之以恒地坚持和发扬。与此同时，我们还要全面落实蒋总的“五项要求”，切实做好今后各项工作：一要继续把勘探放在首位，加快南堡潜山、4 号构造古近系—新近系和 5 号构造天然气的勘探，增强建设大油田的资源基础。二要合理利用当前有利时机，大力开展“油田开发基础年”各项工作，夯实老油田稳产基础。三要持续创新，建立高效开发大油田的体制机制。继续按照“两新两高”的发展体制，对于多种经营单位要坚持做专、做精、做强的发展思路，不再增加人员和大型设备，不再扩充生产能力；对于公司用工总量，要严格控制在5000人以内，压缩两级机关人员总量。四要必须坚持实事求是的思想路线和一切注重实效的理念，进一步突出科技创新、市场化推进、标准化建设和项目管理，全面提升企业管理水平和经济效益。五要始终坚持做到“重实践、不争论，重实干、不浮躁，重实绩、不张扬”，进一步加强党的建设和职工队伍作风建设。同时，要按照蒋总提出的“要教育和引导广大职工在忠诚事业、奉献石油的同时，孝敬父母，教育子女，关心家庭，建立和谐的生活环境”的要求，推进和谐油区、和谐家庭建设。

二、切实抓好各项重点工作，全力推进现代化大油田建设

应该说，冀东油田的发展始终得到了集团公司党组的亲切关怀和大力支持。今年年初，蒋总对冀东油田的工作提出了“抓好三件事”的要求，即“要把勘探、老油田稳产基础、南堡油田开发试验三件事认真做好，努力实现新的发展和科学发展”。这次蒋总来油田现场调研，又提出了“三个没有变、一个不能变”的科学判断、“四条经验”、“五项要求”。这些指示和要求，不仅是我们工作的重点，而且也是我们工作的重要抓手。我们一定要全力以赴地抓好贯彻落实，并结合当前公司正在深入开展的学习实践科学发展观活动，通过扎扎实实的工作，全力推进现代化大油田的建设进程。

1. 坚持把勘探放在首位，进一步加大勘探工作力度，夯实建设大油田的资源基础

事实上，不管是以前，还是我接手冀东工作以来，我们一直把勘探放在各项工作的首位，放在重中之重来抓。因为我们大家都清楚，油田是资源性企业，资源是基础，储量是根本，没有资源，谈发展是无源之水、无本之木。为此，我们提出实施“资源优先战略”，确定“勘探为先、储量为本、油气并举”的工作思路；提出“突出发展油气勘探业务，实现油气储量的持续增长”发展思路，确定“勘探开发一体化、上产增储一体化”的勘探原则和“整体研究、整体部署；突出重点、分步实施；跟踪研究、动态调整”的工作原则，等等。为加强潜山勘探，公司邀请专家、老领导来，专题召开潜山勘探技术座谈会。从实施情况来看，继南堡280井获得高产油气流后，今年南堡288井、南堡1-80井试油已见油气，展示了南堡潜山勘探潜力和前景，进一步坚定了我们把南堡潜山作为勘探重要区域和重要目标的信心和决心。关于下步勘探工作，就是要认真贯彻落实蒋总提出的“集中力量抓南堡凹陷的勘探，大力推广欠平衡钻井等新技术新工艺，坚持不懈，持之以恒，绝不轻言放弃”的要求，进一步解放思想，开拓创新，精细勘探。具体实施中，认真抓好三件事：一是抓好南堡5号构造深层天然气的试气和系统试井工作，按照“整体组织、先易后难、市场化运作，严格控制投资”的要求，尽快摸清和控制5号构造天然气规模；二是抓好南堡潜山勘探部署的细化，强化现场组织实施和跟踪分析，力争大场面、大突破、大发现；三是加大南堡4号构造的井位论证力度，加快4–1、4–2人工岛的建设进度，力求早日上钻。同时，要高度重视勘探理论的创新和勘探技术的进步与应用，切实抓好地质与工程的结合、现场实施与室内研究的结合、井位部署与随钻分析的结合。精细论证每一口井，精细分析每一口井。既要敢于甩开钻探，又要确保成功率和确保勘探效益。

2. 着力转变开发思路，深入开展“油田开发基础年”活动，夯实老油田稳产基础

去年以来，我们组织开展了精细油藏描述与剩余油分布研究，通过转换浅层油藏开发方式，实施调剖、调驱和深层油藏注采系统完善、注采调控、优化措施结构等工作，水驱储量控制程度、动用程度分别由2007年底的50.9%、45.0%提高到目前的63.1%、49.3%，分别提高了12.2、4.3个百分点；注水开发区块地层压力逐步恢复，与2008年比平均动液面上升53米；自然递减率呈现下降趋势，1—4月份自然递减率同比下降了4.1个百分点；措施有效率显著提高，与2008年初相比，有效率由63.9%提高到目前的80%，提高了16.1个百分点。下一步稳产工作总的要求是：继续坚持以往好的做法，进一步总结经验，围绕“注好水、注够水、精细注水、有效注水”做文章，扎实开展好“油田开发基础年”各项活动；继续认真组织好高浅北区、柳北二次开发方案的研究，重点搞好柳北二次开发方案的实施。加快实施71口转注井工作量，为老油田稳产奠定更加坚实的基础。

3. 强力推进南堡油田东营组重大开发试验各项工作，确保达到试验效果，为高效开发南堡油田做好各项技术上的准备

通过前一阶段项目组成员的努力工作，南堡油田东营组重大开发试验取得了阶段性成果和认识，主要包括：开展了三维地震资料目标高分辨处理，目的层资料品质得到改善；应用真三维成像解释技术，井震结合，提高了目的层构造解释精度；试验并形成了不同储层、不同堵塞类型酸化解堵技术；研究确定了定向井、大跨距、大斜度井分注工艺；形成系列油层保护技术、优快钻井技术等10项成果和认识。下一步，要按照股份公司要求，进一步加快工作节奏，确保东营组重大开发试验今年底前全部完成。为此，要重点抓好以下四项工作：一要认真组织和加快实施试验方案要求的现场工作量，搞好实施跟踪分析。按照NP1–1区注采方案和油藏动态监测计划，尽快实现1–1区整体试注、试采工作。二要深化试验区地质研究工作，5月底完成南堡1–1区、1–3区东营组的地质综合研究，开展地质建模，搞清油气富集规律和主控因素。三要深入开展油水交互区的测井解释图版研究工作，建立和完善分油组的测井解释图版。四要继续深入研究钻采工艺与油层保护配套技术。

4. 精心组织，精心实施，高效完成南堡油田60万吨产能建设任务

今年以来，产能建设工作按照“整体部署、滚动建产、先肥后瘦、效益优先”的原则，在南堡油田部署开发井75口，计划建产能60万吨。到目前，已完钻35口，投产15口，水井投注3口、排液5口；正钻井8口，待钻井32口。定向井平均钻遇油层厚度41.8米，水平井平均钻遇油层厚度144.8米；新井单井投产初期平均日产52.7吨，目前平均日产27.2吨。下步产能建设工作总的要求就是，按照蒋总提出的“以效益为中心，以提高单井产量为抓手，把握工作节奏，成熟一块、建设一块，生产一块、稳定一块”和“进行整体规划部署，配套建成生产能力”的工作要求，进一步细化产能建设部署方案，加强随钻分析与调整，优化井位部署，深化油气藏规律性认识，切实提高钻井成功率，提高单井产量，提高产建到位率。一要认真抓好随钻研究，深化地质认识，持续优化部署，优化井身结构，优化实施方案；二要持续推进优快钻井工作，保质保量完成钻井任务；三要在确保安全、质量的前提下，加快海工与地面工程建设。3 号岛岛体工程 6 月份要竣工，海管海缆工程 6 月底前要竣工，岛上地面工程 9 月底前竣工投产；南堡 1-5 导管架及输油工程 6 月底要竣工；南堡 1-29 导管架及输油工程 7 月底要竣工，为原油生产任务的顺利完成奠定基础、争取主动。

5. 持续打好“夺油上产”攻坚战，坚决完成全年原油生产任务

目前，油田原油生产基本按照全年产量计划曲线运行，生产态势总体平稳。但是，要清醒地认识到，今年陆上油田没有新的开发井投入，面对高含水、高自然递减率的不利现状，以及海上组织生产影响因素多、不确定因素多等实际，要顺利完成全年产量指标，仍然需要打一场艰苦的攻坚战。为此，要继续强化生产组织与协调，增强生产组织的预见性和超前性，继续加大工作协调力度，及时解决生产中存在的各种问题，确保油气平稳均衡生产。同时强化油水井的精细化管理，继续推行“一块一策”、“一井一法”的管理模式，全面提高油水井管理水平。

6. 继续打好“降本增效”攻坚战，坚决完成全年各项经营指标

今年以来，面对严峻的经济形势和今年持续低迷的油价，我们认真贯彻落实集团公司、股份公司关于艰苦奋斗、厉行节约的一系列重要指示和工作部署，牢固树立“过紧日子”的思想，不断加大降本增效的工作力度，取得了显著效果。

1—4 月，油田实现销售收入 15.64 亿元，发生操作成本 3.92 亿元，单位成本 527.97 元 / 吨（10.4 美元 / 桶），上缴税费 1.94 亿元，实现利润 1.84 亿元。

下一步工作中，我们要继续严格执行关于降低钻井工程、采油工程、海洋及地面工程投资成本的《三个暂行规定》，全面落实压减成本的各项措施，大力推进市场化管理、标准化设计和模块化建设，持续控制投资、降低成本。

同时，要继续做好天然气的生产、销售和推价工作，千方百计增加收入；服务企业要扩大内部服务领域，努力开辟新业务，积极开拓外部市场，实现规模效益发展。

7. 持续推进管理创新，建立高效开发大油田的体制机制

为理顺体制，健全机制，增强油田快速发展的组织保证和内动力，今年公司提出并开展实施了“改革管理基础年”活动，实施了一系列改革调整措施。一是进一步整合与加强机关管理职能。二是全面推行项目管理。三是理顺财务管理体制。

下一步，要按照建立“油公司”管理体制要求，按照蒋总提出的“建成 1000 万吨油气当量产量，用工总量控制在 5000 人”的目标要求和“三控制一规范”工作要求，严格控制用工总量。在前一阶段开展“五定”工作的基础上，进一步核减机关人员，减少外雇用工。一要按照“规范制度、责权清晰、运行顺畅”的原则，根据职能整合、机构调整的结果，进一步梳理和规范业务流程，修订完善管理制度，完善各项工作的运行机制，提高工作效率和工作水平。二要规范多种经营的发展。要坚持“有进有退、有所为有所不为”的方针，大力扶持多种经营企业，使其做精、做专、做强，而不是做大，在现有基础上，不增加大型设备、不增加人员、不再扩充生产能力。三要继续完善激励机制。按照“岗位靠竞争、收入凭贡献”的原则，建立健全调动广大干部员工工作积极性和创造性的激励机制，严格执行新的绩效考核和奖金发放管理办法，加大月度奖金考核兑现力度；制定《局处两级技术专家和技术骨干队伍创新奖励办法》，设立技术专家津贴，适度提高科技骨干待遇；制定《操作岗位技能人才的考核奖励办法》，调动广大技术人员和操作岗位人员的积极性和创造性。

8. 深入推进“安全环保基础年”活动，保持安全生产、清洁生产的良好态势

今年以来，我们始终把安全环保工作摆在突出位置，扎实开展“安全环保基础年”活动，认真落实《反违章禁令》，突出HSE管理体系建设，突出重点领域安全监管和隐患治理，加强实战应急演练，认真抓好节能减排工作，确保了安全环保工作的良好态势。

安全环保，永远是政治、是大局、是责任，也是效益，任何时候都不能放松、不能懈怠，为此，我们必须牢固树立“环保优先、安全第一、质量至上、以人为本”和“生命和健康高于一切”的安全环保理念，深入推进“安全环保基础年”活动，严格执行《反违章禁令》，狠抓各项措施的落实，狠抓全员、全过程的责任落实，进一步夯实安全环保工作基础，努力实现企业安全发展、清洁发展。

现在就要进入夏季了，雨水越来越多，天气越来越热，要根据季节特点，提前上手，未雨绸缪，认真做好雨季生产的各项准备工作，做好防洪排涝和防暑降温工作。近期要通过扎实地开展“安全生产月”活动，促进安全环保工作再上新台阶，继续保持安全生产、清洁生产的良好态势。

三、严格按照“三重三不”的工作要求，切实加强领导班子作风建设

认真贯彻落实蒋总讲话精神，全力推动现代化大油田建设，油田各级班子是关键，而班子建设的关键是作风建设。总的讲，公司各级领导班子的作风是好的，有凝聚力，有战斗力，能够团结协作，能够求真务实，为油田各项事业的发展提供了重要保障。但是，我们也必须清醒地看到，对照蒋总“三重三不”的工作要求，我们还有不少差距，一些领导干部在思想作风、学风、工作作风等方面还存在这样和那样的问题。为此，必须按照蒋总的要求，切实加强作风建设，形成建设现代化大油田的强大合力。

1. 加强学习、提升素质

形势逼人，不进则退；任务逼人，不学则退。每一名领导干部都要更加勤于学习，善于学习，把学习作为增长才干的重要途径，作为做好领导工作的重要方法，特别要深化对科学发展要求的认识和理解，把科学发展观转化为科学的思维方式，转化为对当前形势的正确把握，转化为指导工作的思路和方法，转化为狠抓落实、创造佳绩的决心和能力。各级党政组织都要围绕蒋总的重要讲话精神，进一步强化“形势、目标、任务、责任”主题教育，营造良好的学习氛围，引导广大干部员工认清油田当前所面临的发展形势和未来的发展趋势，进一步增强建设现代化大油田的责任感和使命感，形成共谋发展的强大合力。要加大思想宣传教育力度，把党组的关心、关爱和支持传递到千家万户，做到家喻户晓，并成为工作动力，推动油田科学发展。

2. 转变作风、率先垂范

各级班子要坚持实事求是的思想路线和一切注重实效的理念，尊重科学，按客观规律办事。要大力弘扬大庆精神、铁人精神，带头保持发扬艰苦奋斗的优良作风，自觉保持在思想上艰苦、作风上艰苦和工作中艰苦，提倡多讲奉献、多比贡献、多讲责任。要大兴求真务实之风，崇尚埋头苦干，重实践、不争论，重实干、不浮躁，重实绩、不张扬。要切实转变机关作风，把着力点放在关心基层、服务基层、建设基层上，切实帮助基层解决实际问题。要加强自身修养，增强自律意识，带头遵守廉洁自律的有关规定，在思想上保持高度警惕，在行动中自觉防微杜渐，时时处处以自己的模范行为带动广大员工。

3. 脚踏实地、埋头苦干

要以深入学习实践科学发展观活动为契机，牢固树立政治意识、责任意识、大局意识和发展意识，对工作要充满热情，对事业要富有感情，自我加压，忘我工作。要大力倡导雷厉风行的工作作风，始终保持开拓创新、奋发有为的精神状态，把全部精力、心思和本领用在解决油田发展过程中遇到的困难和挑战上，全力推进油田又好又快发展。

同志们，集团公司党组对油田发展充满信心和希望，建设现代化大油田，使命光荣，责任重大，任务艰巨。我们一定要以蒋总讲话精神为动力，以科学发展观为指针，振奋精神、坚定信心、脚踏实地、埋头苦干，倾力建设现代化大油田，倾情建设冀东石油人的美好家园，努力开创油田科学发展新局面，为集团公司建设国际性综合能源公司作出新的更大的贡献！

认真贯彻落实集团公司领导干部会议精神
加快转变发展方式　推进油田科学发展

——苟三权在学习贯彻集团公司领导干部会议精神视频会上的讲话

（2009 年 7 月 23 日）

同志们：

今天，我们召开公司领导干部视频会议，主要是学习和传达贯彻集团公司 2009 年领导干部会议精神，进一步动员广大干部员工坚定信心、乘势而上、埋头苦干、狠抓落实，努力转变发展方式，推动油田科学发展再上新水平，倾力推进科技、绿色、和谐的现代化大油田建设。

近日来，大家通过网络、报纸、电

视等媒体，对集团公司领导干部会议精神进行了初步学习；在7月20日周一领导工作例会上，油田领导班子已对集团公司领导干部会议基本情况和会议精神进行了传达和学习，特别是系统学习了蒋总的工作报告；刚才，国旗书记传达了集团公司领导干部会议基本情况和主要精神，谈了对蒋总报告的体会和认识，使大家对集团公司当前及今后一个时期的工作部署和工作要求有了更进一步的了解和认识。下面，利用这个机会，简要总结一下今年以来的主要工作，并结合油田实际就贯彻落实本次集团公司领导干部会议精神讲几点意见。

一、团结拼搏、迎难而上，勘探开发、生产经营工作实现了时间过半完成任务过半

今年以来，面对国际金融危机带来的不利影响，油田广大干部员工坚持以科学发展观为统领，以党组的鼓励和鞭策为动力，按照“114555”理念体系，调整工作思路，转变发展方式，科学谋划、周密部署、团结拼搏，迎难而上，各项工作取得了新进展和新成果，主要生产经营指标实现了“时间过半，完成任务超过半”。上半年，生产原油94.73万吨，完成年度计划173万吨的54.75%；生产天然气2.12亿立方米，完成年度计划2.8亿立方米的75%，完成油气当量111.6224万吨；油田注水269.14万立方米，完成年度计划的51.75%。实现销售收入24.46亿元，上缴税费2.1亿元；原油操作成本控制在计划以内，实现利润4.12亿元。

1. 油气勘探取得重要勘探成果

油气勘探在南堡油田和南堡陆地均取得重要勘探成果和地质认识。NP280、NP288和NP1−80等井试油获得工业油气流，展示了南堡潜山勘探的良好前景，进一步提高了我们搞好潜山勘探的信心和决心；南堡5号构造深层天然气压裂试气工作全面启动，NP5−82、NP5−85、NP5−81三口井的试气工作进展顺利；南堡陆地前期地质研究进一步加强，结合南堡陆地的勘探现状、勘探成果及产能建设的需求，开展了评价目标优选工作，优选出了有利的钻探目标。

2. 产能建设积极推进

今年南堡油田计划新钻井75口，新建原油生产能力60万吨，截至目前已完钻新井56口，投产15口，初期平均单井日产油51.1吨，新井累计产油9.8万吨。同时，为争取原油生产主动权，2010年的产能建设各项准备工作已全面启动。

产能建设配套工程按计划有序推进。3号岛岛体工程及海管海缆工程已竣工，岛上地面工程计划9月底完工投产；南堡1−5导管架及输油工程已投入运行；南堡1−29导管架及输油工程计划近期完工。

3. 油田开发形势明显好转

通过调整开发开采方式，老油田开发效果出现了明显的好转，上半年陆地自然递减率为19.8%，同比下降4.8个百分点；海上自然递减率为26.9%，同比下降17.7个百分点；上半年陆地综合递减率为16.5%，同比上升1.1个百分点（主要是因为今年大幅度减少了油水井措施工作量，上半年同比减少53%）；海上综合递减率为20.2%，同比下降21.7个百分点；上半年措施有效率达到81.7%，同比提高20个百分点。通过这组数据，告诉我们油田的开发形势在向好的方向发展，稳产基础得到夯实，开发工作正步入正常轨道；这也给了我们启示，那就是只要下功夫，想办法，目前的开发工

作还大有潜力可挖。

南堡油田东营组重大开发试验各项工作稳步推进。上半年已累计完钻新井5口，完成钻井进尺1.5万米，完成试油10口，取得了阶段性认识和成果，特别是对油层的解释和识别工作取得了突破性进展，得到了股份公司的充分肯定。

油水井精细化管理工作见到实效。上半年全油田油井开井率71%、采油时率96%、抽油机综合泵效59%、机采系统效率25%，均高于股份公司平均指标。上半年生产综合能耗4.5万吨标煤，同比下降了33.3%；通过推广天然气发电、减少污水回灌、调整生产模式、推广“削峰填谷”等措施，上半年节约动力费4600多万元。

4. 管理体制机制取得新突破

为理顺体制，健全机制，增强油田快速发展的组织保证和内动力。针对油田内部机构重复设置、管理职能分散，管运不分、管建不分、监建不分，管理弱化、职责不明确，投资控制主体多元化、总投资控制责任主体缺失、财务管理体制不顺等问题，公司大力推进体制机制创新。

一是整合加强机关管理职能。将勘探、开发、工程技术及基建（海工）等业务分散的管理职能整合，合并相关机构；将管理职能与具体运作职能分离，强化管理职能；将监督职能与组织运行分离，明确责任主体。

二是按照“管运分开、责权统一”的原则，对油气勘探、油田开发及产能建设、地面工程、海洋工程建设全面推行项目管理体制，按项目进行组织运作。撤销5个涉海项目经理部以及原勘探部、开发部等6个具有管理监督职能的部门所从事的勘探开发项目建设业务全部划归勘探开发建设项目部。通过此次机构调整，减少了3个机关直属部门、2个二级单位，撤销了5个海洋工程项目经理部，合并了2个地面建设项目经理部，精简了1个机关附属部门，人员减少118人，实现了机构精简、人员精干、管理与监督职能强化、投资集中控制等预期目标。

三是理顺财务管理体制。在利用财务管理信息系统集中核算的前提下，将核算单元前移，在各生产单位、科研单位设立财务机构，有79名财务人员从结算中心调整到一线生产单位及其他二级单位，使核算与生产经营主体、与经营管理过程融为一体，使财务人员靠前服务，为经营管理及时提供核算依据，提高经营管理的针对性、有效性、科学性，确保控制投资、压减成本目标的完成。

四是按照“规范制度、责权清晰、运行顺畅”的原则，根据职能整合、机构调整的结果，重新梳理和规范业务流程，修订完善各类管理制度近60项，确保各项工作有章可循。

五是突出产量、效益和安全环保与薪酬挂钩的比例，实行每月考核，调动广大干部员工的工作积极性和创造性，促进了生产经营任务的完成。

从几个月的运行情况来看，可以说，这次机构的调整和机制的完善是正确的、成功的。主要体现在：实现了管运分开、管建分开、监建分离，职责更加清晰，责任更加明确，运行更加顺畅，管理更加规范；人力资源得到优化，精干了二线队伍，充实了研究部门力量和一线技术管理力量，三院的技术支撑作用越来越突出；工作水平、工作质量和工作效率进一步提高；随着研究工作的深入、协调工作的加强、监管力度的加大和责任心的增强，今年以来，我们主要生产技术指标和经营指标趋于好转，探井成功率、开发井成功率、钻井质量、钻井速度等指标均有较大幅度的提高。建设投资、生产成本、管理费用等指标得到较好的控制，各项工作逐步步入制度化、规范化、精细化轨道。

5. 控制投资、压减成本效果进一步巩固

面对投资成本的巨大压力，我们强力推进了控制投资、压减成本的一系列措施，并取得了显著成效，油田经营形势已逐步好转，在股份公司2008年业绩考核中，我们实现的税前利润为37.9亿元，比考核指标高出2600多万元，在13个油气田中位列第7；投资资本回报率为16.61%，比计划多0.12个百分点，在13个油气田中位列第8；操作成本比计划节约0.09美元/桶，在13个油气田中位列第2。

今年上半年，原油单位操作成本在去年基础上下调三分之一后运行平稳，均在预算线下并呈下降趋势，运行态势良好。4个作业区原油操作成本均控制在计划以下。费用单位成本指标也控制在计划以内。通过一年多的“降本增效”各项措施的强力推进，可以说，成本意识、效益意识、节约意识已逐渐深入人心，“从我做起、从身边做起、从点滴做起”已逐渐转化为自觉行动。油田经营管理工作基本步入正轨。

6. 安全清洁生产继续保持良好态势

油田上下牢固树立“环保优先、安全第一、质量至上、以人为本”和“生命和健康高于一切”的安全环保理念，以“安全环保基础年”活动为主线，以规范推进HSE管理体系建设为重点，以严格执行《反违章禁令》为突破口，突出海上安全环保生产作业监督，突出重点领域和关键环节的安全环保管理，突出交通与设备安全的管理，突出施工现场安全环保管理，突出承包商的安全环保管理，不断强化安全环保大检查，安全环保责任进一步落实，安全环保管理制度更加完善，安全环保基础进一步夯实，确保了安全环保工作的良好态势。

7. 党建与思想政治工作不断加强

认真抓好油田两级领导班子思想建设、作风建设，进一步健全和完善了议事决策机制。认真组织开展深入学习实践科学发展观活动，取得积极成效，被评为集团公司学习实践活动典范。进一步完善惩治和预防腐败体系建设，为油田发展奠定了良好基础。持续开展“形势、目标、任务、责任”主题教育，职工队伍团结稳定。

8.“美好家园”工程建设取得新进展

一是唐山凤凰新城新建小区——石油家园征地工作取得实质性进展，公司领导班子两次审查了初步规划方案。

二是驻京办事处的装修进展顺利，计划10月份竣工投入使用。

三是积极做好油田子女上岗培训工作，经过培训的94名子女已安排上岗就业。

四是投入500多万元，购置医疗仪器设备，职工医院的设备条件进一步改善；投入400多万元，为9155名职工家属进行体检。

五是投入300多万元建设冀东石油中学电教室，使学校教学设施进一步改善，下半年还将支持学校70—80台电脑。

六是唐海基地健身活动中心投入使用，丰富了职工的业余文化生活，为进一步提升健身活动中心的功能，下半年还将进行功能改造。

上半年，公司各项工作顺利推进，油田生产经营形势向好，成绩的取得是集团公司党组和股份公司亲切关怀、正确领导的结果，是地方各级党委、政府大力支持的结果，是各兄弟单位协作和帮助的结果，是广大离退休老同志热情关心帮助的结果，更是公司全体干部员工精诚团结、迎难而上、同心同德、不懈奋斗的结果，在此，我代表公司和公司党委对大家的辛勤付出表示衷心的感谢！

二、认真学习、深刻领会，切实抓好会议精神的贯彻落实

集团公司在吉林市召开的领导干部会议不仅总结了集团公司上半年工作，安排部署了下半年工作，而且对集团公司开展深入学习实践科学发展观活动的基本情况和取得的初步成效进行了系统全面的总结，对巩固扩大学习实践成果，加快转变发展方式，作出了全面部署，提出了明确要求，对于今后集团公司科学发展上水平具有里程碑意义。蒋总的报告立意高远、思想深刻、内容丰富，是指导我们深入贯彻落实科学发展观，推动又好又快发展的纲领性文件。要着重从以下三个方面入手，切实抓好会议精神的学习贯彻和落实。

1. 认真学习和领会蒋洁敏总经理报告的精神实质和科学内涵

集团公司高度重视此次会议，蒋总报告的形成，经历了集团公司领导分路调研、与基层和部门的反复结合，七易其稿而成，是党组集体智慧的结晶。蒋总的报告具有很强的思想性，体现了科学发展的思路，体现了辩证思维的方法，体现了敢为人先的精神；报告中作出的思路调整、战略部署的调整、业务结构的调整，包括海外业务的拓展、战略通道的建设等，这些调整集中体现了为国分忧的境界，总揽全局的韬略，以人为本的情怀。蒋总的报告汇集了集团公司党组对于科学发展上水平最新的认识、最新的思路、最新的经验和最新的举措，是集团公司推动科学发展上水平的纲领性文件，其作用和地位非常突出，当前及今后一个时期，我们一定要牢牢把握好、学习好、贯彻好此次会议精神和蒋总的报告，以此推动我们油田又好又快发展。

2. 继续加强对科学发展观理论的学习，进一步提高思想认识

科学发展观继承了马克思主义的科学理论，这一理论体系紧密结合中国当代的实际。当前，尽管学习实践活动告一段落，但公司上下尤其是党员领导干部，要继续加强对科学发展观理论的学习，进一步提升引领科学发展的能力。科学发展观的基本要求是全面协调可持续，作为油田企业，科学发展的核心就是可持续性和有效性，就是要坚持发展速度与结构质量效益相统一，就是要确保有效益，而不是单纯追求产量的上升和规模的扩大。去年以来，我们确立的“114555”的发展思路和理念体系，就是对油田发展实践的科学总结，我们必须坚定不移地执行好这一总体战略部署。只要我们上下同心，咬定目标不放松，坚持不达目的不罢休的精神，就一定能够实现油田可持续、有效益的发展。

3. 认真贯彻落实这次会议精神，切实转变发展方式，持续推进油田科学发展上水平

蒋总报告的主题就是加快转变发展方式，明确提出“要把转变发展方式作为学习实践活动整改落实的重大课题，作为推进综合性国际能源公司建设的战略任务，切实抓紧抓好，务求见到成效。”对我们油田来讲，转变发展方式的问题就是科学发展上水平的核心问题。在油气勘探、开发生产、科技创新、安全生产、企业管理等各项工作中，都要切实转变发展方式，牢固树立科学发展的理念，推动各个领域的工作取得新发展和新突破。

三、锐意进取、真抓实干，努力推动油田科学发展上水平

今年年初，蒋总批示冀东油田要“把勘探、老油田稳产基础、南堡油田开发试验三件事认真做好，努力实现新的发展和科学发展”。5月6日，蒋总到冀东现场调研时又提出了“三个没有变、一个不能变”的科学判断（南堡资源富集，储量落实，这个基本的判断没有变；渤海湾复杂的地质特点，在冀东同样存在，这个基本的规律和认识没有变；冀东进入了大发展的时期，实现可持续科学发展的形势没有变；建成千万吨油气当量大油田的目标不能变），提出“三重三不”的工作要求（重实践、不争论，重实干、不浮躁，重实绩、不张扬）。这次蒋总的报告中对冀东油田提出“稳定作业工作量，持续扩大勘探开发成果”要求，我们一定要按照蒋总的指示，结合这次工作会议的统一部署，全力以赴抓好贯彻落实，把学习实践科学发展观活动作为一项长期任务，促进发展方式的转变，提高科学发展水平，全力推进现代化大油田建设。

1. 积极寻找可持续发展的接替领域，巩固和扩大勘探成果

推动科学发展上水平，具体到油气勘探上，就是要坚持把油气勘探放在首位，把油气勘探作为各项工作的重中之重，进一步解放思想，创新思维，既要创新地质理论，又要推进勘探技术进步，更需要有“超越权威、超越前人、超越自我”的气魄。就是要按照“勘探为先、储量为本、油气并举、海陆并重”的工作思路，实现“三个转变”，即：由初期单一勘探向勘探开发一体化转变；由单纯找储量向上产增储一体化转变；由主探古近系—新近系向主探潜山、兼顾古近系—新近系转变。就是要坚持“整体研究、整体部署，突出重点、分步实施，跟踪研究、动态调整”的工作原则，加大预探和评价工作力度，突出加快潜山勘探、5号构造深层天然气勘探和4号构造勘探，兼顾南堡陆地勘探工作，争取大突破，大发现，大场面，为油田可持续发展，提供更多优质高效可开发的油气资源。近期要认真组织好南堡油田控制储量和预测储量升级的各项工作。

2. 坚持以效益为中心，科学组织油气开发与生产

推动科学发展上水平，具体到油气开发与生产上，就是要按照“平稳、均衡、效率、受控、协调”的方针，围绕“提高已开发油气田采收率和新区规模高效开发”两大任务，通过开发生产方式的转变，提高产建到位率、提高单井产量、提高措施有效率，实现开发生产的良性循环。就是要紧紧抓住稳定并提高单井日产量的“牛鼻子”，把提高单井日产量作为一个系统工程，地质研究上做到精益求精，方案设计上做到简化优化，钻井工程上做到不污染油层，日常管理上做到精细化，努力提高整体经济效益。

要继续推进开发生产方式的转变。坚持生产观念由以原油产量为中心向以效益产量为中心转变；生产组织由按部就班向超前谋划转变；老区稳产由主要靠大规模措施增产向降低自然递减率转变；油田开发由自然能量开发向注水开发转变；注水时机由滞后注水向注采同步转变；生产秩序由强开强采、强注强采向控制合理生产压差、多点温和注水转变；井筒管理由笼统提液向控水稳油转变。

具体抓好六项工作：一是关于今年的原油产量。股份公司下达的计划指标为 173 万吨，我们必须斤两不欠地完成，南堡油田作业区要加快上产组织力度，尽快踏上完成全年生产任务的步子，陆上三个作业区必须确保稳产，坚决完成全年生产任务。二是要以“油田开发基础年”活动为契机，以持续降低自然递减率、建立正常的开发秩序、实现油田开发良性循环为目标，开展油藏精细描述，转变开发方式，完善注采井网，加大老区注水，改善开发效果，确保南堡陆地油田稳产 100 万吨目标的实现。高尚堡深层和柳赞油田作为股份公司 8 个重点治理区块之一，要认真组织好，抓好各项措施的实施，确保上产稳产。三是要精心组织好南堡油田东营组重大开发试验。严格按照股份公司的要求，精心组织现场实施工作，取全取准各项试验资料，实时做好试验的分析与总结，指导南堡油田实现高效开发。四是要切实组织好南堡油田的产能建设工作，深化地质研究，优化方案部署，进一步加大生产组织协调力度，确保钻井成功率、单井产量和产建到位率，确保全面完成产量任务。五是有关单位要积极上手，做好 2010 年产能建设各项准备工作，尤其是南堡 1–7 井区、老堡南 1 井区和南堡陆地的井位论证和地面建设方案论证等工作，为明年的生产建设争取主动权。六是近期要认真组织好 3 号岛的产能建设各项工作，组织好南堡 1–29 井组的投产工作和南堡 4 号构造的海工建设工作。

3. 大力推进技术进步，充分发挥科技支撑作用

胡锦涛总书记在视察大庆油田时指出，大庆油田以往的辉煌离不开自主创新，今后的可持续发展同样离不开自主创新，要以“超越权威、超越前人、超越自我”的气魄，树立更高目标，攻克更多的技术难关。蒋总在报告中指出：“技术创新是转变发展方式的主要驱动力，是解决发展难题、推动科学发展的重要手段”、“要以增强自主创新能力为中心环节，促进发展方式的转变”。科技创新对冀东油田的科学发展显得尤为重要，为此，一年来，我们一是强化科技创新体系建设，初步建立了以研究院、钻采院、设计院为骨干，以各级职能管理部门为补充的“产、研、管”三结合的科技创新体系。二是加强科研仪器设备的配备，今年拿出了 8808.8 万元为研究院、钻采院和设计院配备必要的研究设备与软件，快速提高装备水平。三是加强专家技术队伍的建立，研究制定了《冀东油田公司技术专家、技术骨干队伍管理办法（试行）》，设立技术专家津贴，适度提高科技骨干待遇，建立人才队伍的传帮带机制，切实发挥他们“科技领衔、技术把关、决策咨询、学术带头”的作用。

最近，由油田承担的国家科技重大专项——《渤海湾盆地南堡凹陷勘探开发示范工程》任务合同书顺利通过国家科技重大专项实施管理办公室的最终审核。当前，要认真组织好“滩海油气田高效开发技术”和“渤海湾盆地南堡凹陷勘探开发示范工程”，和“冀东陆地高含水复杂断块油田改善开发效果主体技术”的研究工作，为南堡陆地原油稳产100万吨，为南堡油田的高效开发提供技术支撑。

同时，要加大先进成熟适用技术的推广力度，促进科技成果加快转化为现实生产力。要加快科技人才的培养力度，尤其是科技领军人才的培养，这是提高自主创新能力的核心，必须切实抓紧抓好。科研项目要立足自己研发为主，外委项目要以项目为纽带，我们的技术人员要积极参与到合作单位，与他们共同研究，共同提高，通过项目研究促进人才的成长。

4. 进一步理顺管理体制机制，全面提升企业管理水平

一是要继续抓好“降本增效”工作。上半年，公司通过加大对成本控制的奖惩力度，各单位、各部门控制成本的意识和自觉性得到有效加强，执行下来的结果也不错。下来，各单位要认真总结经验，坚持推广好的做法。同时，要继续引导广大干部员工牢固树立长期“过紧日子”的思想，坚持“走低成本开发的路子”，坚持市场化方向、标准化设计和模块化建设，持续控制投资、降低成本。

二是要按照集团公司“三控制一规范”（控制机构编制、控制用工总量、控制人工成本，规范薪酬分配）的工作要求，认真落实集团公司人事工作会议精神和蒋总提出的冀东油田用工总量控制在5000人以内的要求，加大用工管理力度，积极推进“五定”工作，优化配置人力资源，减少市场化用工、劳务用工，严格控制用工总量；要按照集团公司关于机构设置的统一要求，进一步压缩机关机构，精简人员。同时，按照“规范制度、责权清晰、运行顺畅”的原则，重新梳理和规范业务流程，修订完善管理制度，完善各项工作的运行机制，提高工作效率和工作水平。

三是要按照集团公司统一部署，从明年开始启动包括质量、计量和标准化管理，以及流程管理、制度建设等为主要内容的基础建设工程，下半年要做好各项准备工作。

5. 推进安全环保、节能减排工作，为油田科学发展提供保障

安全发展是科学发展的前提，缺失安全就丧失了科学发展的平台。蒋总在报告中“把安全环保、节能减排作为转变发展方式的切入点和突破口”，这对地处经济快速发展而海洋环境相对脆弱的冀东油田来说，尤为重要。为此，必须始终牢记安全环保责任重于泰山，安全环保是硬指标、是第一要求，持之以恒地把“环保优先、安全第一、质量至上、以人为本”和“开发石油、保护海洋”的安全环保理念贯穿到生产建设全过程，进一步把握安全生产规律，夯实工作基础，持续完善和推进HSE管理体系建设，努力构建安全生产、节能减排长效机制，确保油田安全发展、清洁发展、节约发展。

要认真贯彻落实7月15日公司召开的三季度安全环保监督例会会议精神，以深入贯彻落实HSE管理九项原则和反违章六条禁令为抓手，以落实有感领导、落实直线责任、落实属地管理为切入点，加强动态风险管理，加强隐患排查与整改，加强承包商的监管，加强应急管理，加强安全文化建设，加强职业健康管理。同时，要坚持开发与节约并重、节约优先的方针，加强资源综合利用，强化生态环境保护，大力发展循环经济，建设资源节约型、环境友好型企业。

当前，要突出抓好以下六项工作：一是要认真抓好以“防触电、防雷击、防中毒中暑”等“十防”为重点的安全环保工作，加强员工健康管理，严格夏季食物安全管理，防止中毒中暑事故的发生。二是要加大海上生产的管理力度，尤其要高度关注近期投产的南堡 1–5 井组和即将投产的南堡 1–29 井组的安全环保监管工作，组织制定安全管理防范措施，确保安全清洁生产。三是扎实做好防洪汛工作，各单位要牢固树立防大洪、抗大汛的观念，加强防洪汛应急预案的编制和演练，做好抗洪排涝的物质准备，坚决杜绝各类事故的发生。四是加强雨季安全清洁生产的监督管理，重点要加强土油池、管线、电力系统的管理力度。五是要强化 E 版 HSE 管理体系文件的宣贯工作，提高体系文件的执行力。六是要认真组织好安全环保隐患治理项目和节能减排工程的实施工作，早投产、早见效。

6. 加强干部员工队伍建设，为油田科学发展提供人才保障

贯彻落实科学发展观，转变发展方式，提高科学发展水平，关键在各级领导班子和领导干部。要以深入开展“四好”班子创建活动为载体，按照蒋总提出的“三重三不”的工作要求，不断加强领导班子建设，提高各级班子引领科学发展、和谐发展的水平和能力。要大力加强反腐倡廉建设，认真贯彻落实《国有企业领导人员廉洁从业若干规定》，开展现身说法警示教育，组织公司副处级以上领导干部及家属到南堡监狱进行现身说法，接受现场警示教育，不断增强领导干部拒腐防变能力。要以建国 60 周年和大庆油田发现 50 周年为契机，深入开展爱国主义、集体主义教育，开展大庆精神、铁人精神的再学习再教育，引导干部员工在油田科学发展中建功立业。

要始终树立“人才资源是第一资源”的观念，坚持正确的用人导向，进一步完善人才培养和使用的激励机制，建立有利于人才成长的平台、氛围和环境，加强对年轻干部的培养，建设后备干部队伍。要加强培训工作，全面提高员工素质，使个人价值的实现和企业的发展相同步、相一致。

各级组织要高度重视和切实抓好维护稳定工作，要加强源头治理，做好矛盾排查和稳定风险评估，及早发现影响稳定的苗头和倾向，加强教育疏导，畅通信访渠道，主动了解掌握员工思想动态，及时解疑释惑、理顺情绪，完善落实有关政策措施，把各种不稳定因素消除在萌芽状态，确保油区稳定。

科学发展观的核心是以人为本，建设现代化大油田、建设冀东石油人的美好家园是我们的工作主线。在企业发展的同时，让广大职工家属充分享受到企业改革发展的成果，是以人为本的具体体现，也是贯彻落实科学发展观的根本要求。

同志们，科学发展观是我国经济社会发展的重要指导方针和重大战略思想，我们一定要深入贯彻此次集团公司领导干部会议精神，切实把深入学习实践科学发展观作为一项长期的战略任务抓紧抓好，不断解放思想，开拓创新，转变发展方式创造新优势，把握历史机遇实现新发展，为建设科技、绿色、和谐的现代化大油田而努力奋斗！

荀三权在精细管理现场经验交流座谈会上的发言

（2009 年 11 月 10 日）

各位领导、同志们：

大家好！

听了华北油田的经验介绍并参观了生产现场，感触很深，收获很大。华北油田精细管理取得的成果来之不易，他们在精细管理中的新思路、好做法，对冀东油田今后的工作具有很强的指导意义。

近两年来，冀东油田的勘探开发遇到了诸多困难和挑战：一是陆地油田自然递减较大，2007 年陆地油田自然递减率高达 34.4%，预计今年仍高达 29.6%；二是陆地油田已进入特高含水开发阶段，目前含水已达 94.7%；三是陆地油田缺乏接替稳产的后备资源；四是油藏面积小、构造幅度低、边底水活跃，纵向上油水间互、横向上断层分割；五是滩海油田地质情况复杂，勘探开发建设投入大、生产成本高。

面对诸多困难和巨大压力，去年以来，我们确立了油藏经营管理的管理理念，强力推进一系列降本增效措施，今年油田主要生产技术和经营指标趋于好转，钻井成功率、钻井速度、新井产量以及措施有效率等均有较大幅度的提高，建设投资、生产成本、管理费用得到较好控制，油田勘探开发、经营管理工作建立了正常的工作秩序，基本步入了良性循环的轨道。

目前，冀东油田在勘探开发、经营管理方面依然面临很大的压力和挑战，通过学习华北油田的经验，聆听了周总的重要讲话和兄弟单位的发言，使我们学习了经验、开阔了视野、明确了方向、增强了信心。回去以后，我们将认真贯彻落实这次会议精神，按周总重要讲话的要求，坚持以科学发展观为指导，教育引导全体干部员工认清形势、转变观念、树立信心，以经济效益为中心，坚持生产与经营融合、管理与技术并重、开源与节流并举，以全面系统管理、精细管理、规范管理为抓手，突出稳定和提高单井产量这个“牛鼻子”，全面、全方位、全过程实施降本增效，努力实现油田的有效发展、可持续发展和全面协调发展。

今后冀东油田精细规范管理的主要工作和基本想法是：

一、继续教育引导全体干部员工认清形势、转变观念

通过“形势、目标、责任”主题教育活动的持续开展，让油田全体干部员工尤其是党员领导干部，树立坚定的政治意识、强烈的发展意识和高度的责任意识，生产经营管理上牢固树立节俭意识、成本意识和效益意识，树立“过紧日子”的思想，树立“今天的投资就是明天的成本”的观念，走“低成本开发”的路子，让全体干部员工认清形势、转变观念，从而得到他们的理解、认同、支持和参与，把思想统一到集团公司的指示精神上来，把行为规范到油田的精细管理上来。

二、油气勘探的方向和目标持续向“上产增储一体化”转变

冀东油田建设现代化大油田，必须始终把油气勘探放在首位，必须寻找更多可供开发的高品位优质储量，必须实现储量向产量的快速转化。现在及今后一个时期，冀东油田在勘探上要实现“三个转变”，即：由单一勘探向“勘探开发一体化”转变，由单纯找储量向“上产增储一体化”转变，由主探古近系—新近系向“主探潜山、兼探古近系—新近系”转变。在部署上坚持“整体研究、整体部署、优化实施、动态调整”的原则，在实施上坚持“先肥后瘦、先易后难、先浅后深、先陆岛后海域”的方针。2010 年的主要勘探目标：首先是南堡 1 号、2 号构造的下古潜山，其次是以南堡 4 号构造为主体的古近系—新近系中浅层。

三、油田开发紧紧抓住稳定和提高单井产量这个“牛鼻子”，大力降低自然递减

去年以来，在新一轮精细油藏描述的基础上，我们在稳定和提高单井产量、降低自然递减方面主要采取了两项对策：一是对陆地进入特高含水阶段的浅层油藏由自然能量开发有步骤地转入注水开发，转换开发方式、调整液流方向，提高水驱波及体积，实现控水稳油；二是对陆地中深层、深层油藏重构井网系统、完善注采井网，提高水驱控制与动用程度，恢复地层能量。共投转注水井 143 口，水井分注、增注、调剖 192 井次，油井调剖调驱 95 井次，去年水井一年的工作量超过了前 3 年的总和。通过实施调整措施，今年 1—9 月份老井自然递减率同比下降 5.9%，水驱储量控制程度、动用程度分别提高 12.9% 和 5.1%。今后还将认真开展以注水基础管理为核心的“开发基础年”活动，持续开展老油田综合治理和二次开发工作，稳定和提高单井产量，大力降低自然递减。

油田产能建设以油砂体为单元，在精细油藏描述、深化油气藏规律性认识的基础上，遵循“评价先行、优化部署、滚动建产、先肥后瘦、效益优先”的原则，着力提高钻井成功率、提高单井产量、提高产能建设到位率。今年滩海 60 万吨产能建设钻井成功率 100%，初期平均单井日产油 46.5 吨。今后仍将坚持这一有效的做法，持续提高产建投资效益。同时，还要继续搞好南堡油田东营组重大开发试验，为东营组油藏的全面效益开发提供技术支持。

四、创新管理体制与机制，进一步提高企业管理水平

今年以来，我们进行了整合机关管理职能、全面推行项目管理、理顺财务核算体系以及进一步健全完善“三个机制”等方面的改革与管理工作。

按照“管建分离、管运分离、监建分离、整合职能、强化监管”的原则，撤销了 4 个具有管理职能的事业部，将勘探、开发、基建及海工等分散的管理职能整合，并将管理监督职能与建设业务、生产运行业务分离。

按照“归类整合、明确责任、权责一致”的原则和一体化系统建设的思路，将同一区域、同一类型的油气勘探、产能建设、地面工程、海洋工程业务全部整合集中到新组建的勘探开发建设项目部，撤销原 6 个建设项目单位，同时将原 6 个具有管理监督职能的部门所承揽的建设业务全部划转到项目部，项目部代表油田作为项目建设单位，对工程项目的工期、投资、质量、安全、效益负全责。

按照“核算平台一致、核算单元前移”的思路，在二级单位设立财务核算机构，改变结算中心集中核算的体制，将79名财务人员从结算中心调整充实到一线生产科研单位，使财务核算业务与生产科研经营主体和经营管理过程融为一体。

按照“规范制度、责权清晰、运行顺畅”的原则，重新梳理业务流程，修订管理制度，完善工作运行机制；按照“岗位靠竞争、收入凭贡献”的原则，突出产量、效益和安全环保“三要素”，加大其与薪酬挂钩比例，拉大收入分配差距，建立有效的竞争激励机制；以内控体系建设及相关制度体系建设为核心，进一步完善监督约束机制。

管理体制与机制的创新，从体制上保证了管理与监督职能的强化，明确了投资和成本控制的责任主体，提高了经营管理的针对性、时效性、科学性，各项工作更加顺畅、规范、有效，实现了机构人员精简，管理人员减少118人，财务人员前移79人。

今后我们仍将继续创新管理体制与机制，按照集团公司部署，启动以质量、计量和标准化管理以及流程管理、制度建设等为主要内容的基础建设工程，夯实油田的管理基础。

五、全方位控制投资降低工程造价

冀东油田近年来勘探开发的重点在滩海，海上作业安全环保风险大、工程造价高，所以确保安全环保、控制建设投资就显得尤为重要和迫切。必须像抓原油产量、抓安全生产一样下大力气抓好投资控制。

基本想法是：以不牺牲安全、不影响质量、不降低产量为前提，以科学的开发建设技术路线为根本，以优化简化方案设计为主线，以工艺技术进步为手段，以精细规范管理为保证，全面控制建设投资，降低工程造价。

一是依靠科学的开发建设技术路线控制投资。滩海油田开发坚持“海油陆采”这一最优、最经济的技术路线；地面海工坚持以“人工岛为主、钢制平台为辅、海底管线电缆相串接”的建设模式；人工岛钻井模式引入陆地钻井的思路，将原“模块钻机＋井口槽”模式变为“普通钻机＋井丛排”模式，一口3500米深的井单井节约综合钻井费用1232万元。

二是依靠优化简化方案部署和设计控制投资。去年修建南堡1−3人工岛时，根据集团公司规划计划部和勘探与生产分公司的要求，我们将南堡1−3号人工岛在原设计位置向南移1.2千米，尽管水深增加了，但通过优化建设模式和地面布局，减小岛体面积，缩短码头引桥，节约投资865万元。更主要的是，通过岛体南移，将南部原计划建设钢制平台用钻井船所钻的40口井全部放在3号岛用普通陆地钻机实施钻井，停建了已经开工建造的设计概算为14.7亿元的1号钢质平台，节约平台建设及钻井投资20亿元以上。另外，将业已开工建设的南堡联合站工程、南堡1−1人工号岛地面集输工程由一次整体建设调整为分期建设，也节约了大量投资；通过优化集约用地，减少征地5719亩，节约投资4.86亿元。

三是依靠工艺技术进步控制投资。近年来，冀东油田已经成功应用了大面积三维地震连片处理和精细解释技术、大位移定向井钻井工艺技术、人工岛密集钻井绕障防碰技术、油层钻完井保护技术以及整体气举采油工艺技术，今后还将推广应用三维 VSP 井地联合地震勘探技术、超大位移井钻井工艺技术、高温高压潜山水平井钻井工艺技术，以求进一步提高钻井成功率，提高钻井速度，提高单井产量，简化工艺流程，降低工程造价。

四是依靠精细规范管理控制投资。全面推行项目管理，明确了项目建设及投资控制的责任主体，强化了机关管理职能和工程监督，理顺了项目建设及成本控制的大的管理体制。在项目建设具体过程中，还必须实施精细管理、规范管理，从前期研究、工程发包、物资采供、施工组织、设计变更、现场签证、结算付款、项目后评估等环节都必须实施全过程的投资控制，建设精品工程、样板工程、阳光工程、效益工程。

六、全员、全方位、全过程压减成本费用

冀东陆地油田已进入含水 94% 的特高含水开发阶段，并且仍以 12% 左右的高采液速度生产，海上油田修井作业及运行成本远高于陆地。去年冀东油田实际发生的操作成本为 15.1 亿元，今年股份公司下达预算操作成本指标 9.9 亿元，相差三分之一还多，油田面临巨大的成本压力，并且成本的压力也必将长期存在，所以一般性地成本控制远远不够，必须做到全员、全方位、全过程、大幅度的压减成本。

基本想法是：以确保安全环保、确保油气生产、确保员工基本收入为前提，优化生产运行，超前组织建设，大力推进节能降耗，积极推行市场化运作，全面实施成本预算管理，全方位落实成本控制责任，全过程实施压减成本。

去年以来，通过优化生产运行，在 1 号岛新建临时卸油码头，将海上船运卸油点由运距较远的秦皇岛改为运距很近的南堡 1 号岛，年节约运费上亿元，年节约大罐及码头租用费 2400 万元，减少用工 8 人；通过优化配置资源，减少船只使用，推行市场化运作，使今年所用船舶总量与租赁费较去年双双下降 60% 以上；通过超前组织建设海底管线、海底电缆，将部分油区船运原油提前改为管输原油，大大降低了运行成本；通过压减管理性支出，生产指挥车辆实行集中统一管理后，辞退外雇车辆 185 台，年节约费用超过 2000 万元；通过修旧利废，最大限度地盘活存量资产；通过大力推进节能降耗，推广应用天然气发电、间开井“削峰填谷”、采出水处理工程、改造更新节能型的设备及仪器、合理开展油井捞油作业等措施，今年 1—9 月份节约费用 2800 余万元。

上述各项综合措施的实施已见到明显成效，目前成本费用基本控制在预算之内。今后将认真学习借鉴华北油田和各兄弟单位的经验，继续坚持和推进一些行之有效的做法，更加积极地探索压减成本的新路子、新方法、新途径。

七、强化用工管理，严格控制和减少用工

目前油田用工总量达 9100 多人，其中：合同化员工 4800 多人。与蒋总“1000 万吨用工 5000 人”的要求比，还存在很大差距。我们将进一步转变传统观念，优化劳动组织，盘活人力资源，在新的“五定”基础上，分解指标，落实责任，严考硬兑，大力控制和减少用工总量。去年底以来辞退外聘技术人员 300 多人，年节约外聘费用 8000 多万元，同时也锻炼和培养了自己的技术骨干队伍。在采油现场，按照“井场围合、视频监控、自动计量、机动巡护”的思路，配备仪器设备，改造工艺流程，优化配置资源，减少劳务用工。到今年底，减少用工827人，明年底再减少用工532人，在现有基础上用工减少15%。

荀三权在油田2009年度务虚会上的讲话

（2009年12月18日）

同志们：

在公司上下全面贯彻落实中央十七届四中全会和公司第一次党代会精神之际，在2009年生产建设收尾和为明年工作的启动做全面准备的关键时刻，公司专门组织召开这次务虚会，目的就是通过对公司当前发展所面临的形势和任务以及存在的问题、挑战进行充分的沟通与交流，集思广益，发挥集体的智慧和力量，共同研究解决问题的办法和途径，确定明年及今后一个时期的工作目标和发展思路，不断推进油田的科学发展、和谐发展。同时，督促大家对各路的工作进行认真的梳理和思考，各系统之间相互借鉴、学习、提高、补充和完善。通过这一天半时间的会议，我认为这样的目的达到了，我本人也是深受启发。由此看来，每年一次的务虚会确实有必要，古人言“预则立，不预则废”，“预”就是未雨绸缪，预先谋划今后的工作，这样工作才能做到心中有数，才能够把握科学发展的大方向。

会上，各位领导和同志们解放思想、深入思考，紧紧围绕此次务虚会的主题，建言献策，深入剖析了当前工作中存在的问题和不足，对明年各项工作做了比较细致的安排和部署，对公司今后一个时期的科学发展、和谐发展提出了许多非常好的意见和建议。尤其张书记的讲话，对公司一年来的工作进行了概要总结，总结了六大亮点，对于党建工作做了八个方面的安排，给广大干部提出了四个方面的要求。班子其他同志也就分管工作进行了认真的准备和很好的交流，各位助理、副总师、安全副总监和各部门的同志们也做了很好的发言。听了以后我是很受启发，也很感动，大家确实是在为公司的发展尽职尽责，谋划未来。

这次会议非常重要，总经理办公室要认真整理和总结会议成果，各个系统也要进行认真梳理，把有关思路和工作安排到明年的工作中去落实。对于已经很清楚、很有必要的意见，要抓紧研究立即落实；对于某些涉及比较深、比较大的问题，公司将分层次专门研究解决。（有两个问题我认为确实要认真调查研究，一是在造价方面，目前公司造价工作采用一级管理模式，各作业区和勘探开发建设项目部没有造价人员，业务都集中在造价公司。目前存在的问题是造价审核周期长，造价人员对工程建设工程不是很清楚。会后，要认真研究论证是目前的一级管理模式好，还是分两级管理好？二是在监督监理方面，要论证究竟是集中管理好，还是分散管理好？）会后，要将各位领导和同志们的发言材料收集汇总，装订成册，下发给大家相互借鉴。要切实把这一集体智慧的结晶用到今后的工作中，用于企业的发展中，使其转化为生产力，推动企业的科学发展、健康发展。

下面，根据会议发言和讨论的意见，结合我本人的思考和认识，着重讲以下两个方面问题。

一、当前公司面临的形势

1. 存在的问题和挑战

一是陆地可动用后备储量不足，稳产 100 万吨难度较大。资源问题是最重要的问题，为什么要把“资源优先”放到第一大战略，把勘探放在首要位置？就是因为资源决定着我们的发展，资源是基础。但是，南堡陆地的资源状况是否具备稳产 100 万吨的条件？南堡陆地探明石油地质储量 2.3 亿吨，实际动用储量 12055.08 万吨，未动用储量 4373.1 万吨；另有近 7500 万吨石油地质储量有待评价落实。

在 4373.1 万吨未动用石油地质储量中，深层、中深层储量 4307.01 万吨，占 98.5%，主要分布在高尚堡深层、老爷庙中深层等。总体特点是油层薄、储量丰度低，埋藏深、物性差，天然能力弱、单井产能低，储层平面相变快、油砂体小、难以形成完善的注采系统，开发难度大且投资成本高，百万吨产能建设投入至少在 70 亿元以上，远远高出股份公司百万吨产能建设 24.4 亿元的投资规模。总体看，目前南堡陆地可供开发的石油储量储备严重不足，储采严重失衡，而且陆地剩余可采储量 751 万吨，储采比仅 7.1，去年储采平衡系数 0.3，今年是 0.49，剩余可采储量采油速度却高达 14.1%，难以支撑老油田稳产。

对于海上油田，通过深化地质认识、调整建设思路、优化方案部署，取得了非常好的开发效果，产能建设到位率 100%，钻井成功率 100%。产量明年预计达到 90 万吨，后年达到 100 万吨，这对于渤海湾这样一个整装油田是非常了不起的成绩。但是，实际上海上油田可供开发建产能的区域按每年新建 40 万吨的建设规模大概也只能再支撑 2 年的时间，绝大部分储层还有待继续评价与研究。如果再没有新的可供开发的规模储量发现，海上也将面临可供开发的现实储量不足的问题。

以上就是我们油田的资源现状，从目前看，资源问题已经成为影响冀东油田稳定发展的头号问题。对此我们一定要有高度的优患意识和危机意识，要把资源问题作为一个重点问题来对待和认识，进一步重视勘探工作，支持勘探工作，把勘探放到重中之重的位置。

二是管理工作还比较粗放，距离精细规范管理还有一定差距。

如果说去年从务虚会到职代会，我们的大政方针是“调整”两个字，那么今年乃至今后确定的大政方针就是“提高”二字。所谓“调整”是一个大方向的调整，所谓“提高”是在大方向已经确定，大的思路已经明确的前提下，提高公司的管理水平，按照科学管理、精细管理、规范管理的要求做好各项工作。在这些方面还存在着不小的差距。

在生产建设、经营管理方面，还不同程度存在一些跑、冒、滴、漏的现象，还有很多潜力可挖。比如：在天然气计量管理方面，存在着不小的漏洞，粗略估算每年损失气量在 3000 万立方米以上；在船舶租赁方面，已经在船舶的用量和价格上下降了一大块，但船只不论出海与否日费照付；在用电方面，依然存在一些管理漏洞；在措施方面，有些措施的效果依然是不明显，投入和产出不匹配；对于部分油井高含水井，如果不继续探讨新的生产方式，不实施有效的控水稳油措施，投入产出比依然是比较差的，入不敷出；366 口水平井中有近三分之一的井水淹关井，形成了大量的无效资产；在现场标准化管理方面，我们与其他兄弟油田比，还是存在一定差距的。如果对这些问题进行深入论证分析，加强管理，还是有很大潜力可挖的。

三是一些干部的思想作风建设和素质建设还有待提高。

前面讲的第二个问题，问题是出在下面，但是深入分析其根源，固然有惯性的问题，但是机关在管理、监督、指导的职能发挥上还不是很到位，各级领导干部在扑下身子、脚踏实地抓落实、谋发展方面还做得不够。总的看，我们的干部队伍是一支工作认真负责、执行力较强、能打大仗打硬仗打胜仗的干部队伍。如果不是这样一支队伍，公司去年进行的比较大的思路上的调整也不会调整这么快，不会取得这样有效的效果。但是工作要一步一个脚印的往前走，今天取得的成绩就是新的起点，要清醒地看到，我们的干部队伍不是整齐划一的，在有些干部身上，还存在这样那样的一些问题。

（1）有的干部不负责任，例如在询价、制订方案时不敢决策，不敢承担责任，遇到问题不是主动能动地想办法、出主意，而是把矛盾和问题上交，绕着走。

（2）有的干部干工作前瞻性、预见性不强，有些工作节奏太慢，有些工程进度一拖再拖，严重滞后，有些问题发生后才去研究，导致工作衔接不好；有的机关部门工作协调不及时，突出表现在建设项目的建设单位与使用单位的沟通交流不够，使用单位应早期介入。

（3）有的人缺乏作为领导干部的基本素质，思想政治素质不高，大局意识不强，执行力不够，更谈不上打硬仗；有的人把个人利益看得很重，甚至不顾企业利益和集体利益谋求一己私利。

这些问题尽管是个别人的个别现象，都必须要引起我们的高度重视。

四是企业用工总量偏大，薪酬计划与实际需求差距较大。目前油田用工总量达 9900 多人，其中合同化员工 4900 多人，与蒋总提出“1000 万吨用工 5000 人”的要求比，还存在很大差距。油田现有劳务用工 2800 多人，而集团公司下达指标仅有 620 人，严重超指标，今年人工成本按去年发放水平、收入不增，实际需求和下达指标相差 6000 万元之多。所以，下步要严格用工总量控制，各单位要有大局观念，不能只打各自的小算盘。

五是安全环保质量等基础管理工作依然存在薄弱环节，安全隐患依然存在，质量事故时有发生：近两年南堡滩海人工岛、导管架、海管海缆、船舶、码头等相继建成投产，安全管理风险点源增多，管理经验不足，安全风险控制难度加大；干部员工队伍的安全意识没有完全到位，“环保优先、安全第一、质量至上”的理念还没有完全深入人心，操作岗位员工的安全技能和素质还没有满足安全生产的要求，还没有完全贯彻到工作的方方面面；我们临近科学发展示范区曹妃甸，对安全环保工作的要求很高，国家和地方政府的监管力度更大了；我们安全事故、环保事故、质量事故时有发生。发生了一起 1 号岛“8·13”在建污水罐闪爆承包商安全事故，发生了“6·19”高尚堡采油作业区高29转掺水管线穿孔污染和“7·19”柳赞采油作业区柳25转掺水管线穿孔污染等两起污染事故，发生了1–5井套管钻穿事故和柳150X2新井套管错位事故，发生了油建公司8月2日交通事故。

六是投资总量进一步缩减，成本的压力将长期存在。

（1）2010年的产能建设指标从今年的90万吨下调到50万吨，产建投资由今年的31亿元（陆地3亿元，海上28亿元，未含海工投资）压减到明年的17亿元，勘探投资也由今年的8.8亿元降低到明年的6.6亿元，2010年下达第一批投资仅24.6亿元，这将直接影响到我们油田的发展建设。历史欠账还未完全消除，尽管开发上17亿元的缺口已经填补，但是勘探上仍然缺口11.8亿元（原来是13.8亿元）。

（2）原油操作成本从2008年实际发生的15.08亿元缩减到2009年的9.9亿元，相差三分之一还多，2010年下达成本预算指标也基本维持这一较低水平，而冀东陆地油田平均含水已高达94%以上，进入特高含水开发阶段，且目前仍以12%左右的高采液速度生产，动力费和水处理费居高不下，运行成本大大增加。海上油田修井作业及运行成本远高于陆地。油田面临的巨大成本压力将长期存在。

七是关键技术有待突破，自主创新能力仍然不足。有几项关键技术可以说是至关重要，突破了一点就是一片蓝天，但是突不破可能就是束手无策。

（1）剩余油精细描述和定量刻画。陆地油田采出程度低，地下存在着大量的剩余油，但是究竟在哪？搞不清楚。搞不清楚怎么去挖潜？陆地是这样，海上也不轻松。

（2）潜山裂缝预测。这是勘探上的一个重大问题，把潜山作为勘探重要目标区的方向是对的，通过打得一些井看，仅仅是有好的显示，但产量有高有低。目前对于潜山裂缝的预测还是没有一个好的办法，潜山裂缝预测技术是一项“卡脖子”的关键技术。

（3）深斜井多级分层注水技术。注水水平的高低体现着开发水平的高低，一套井网多层开发必然要考虑分层注水，这项技术需要工程技术部门深入攻关，只要把水注好了，开发水平就上来了。

（4）浅层油藏低成本调剖调驱。调剖调驱的效果非常显著，从2008年到现在累计增油10万吨，但是投入也非常大。低成本调剖调驱剂如果不能尽快研发出来，将给下步浅层油藏挖潜带来较大影响。

（5）水平井控水稳油技术。目前油田有100多口水平井水淹关井，运行的水平井85%处于高含水生产，水平井控水稳油技术攻关迫在眉睫。

（6）深层中深层提高单井产量技术。要提高开发效益，控制投资是一方面，提高单井产量是另一方面，但是在提高单井产量方面我们还没有找到一个好的办法。

2. 具备的优势

从外部看，随着国际国内经济的回暖，油价持续攀升，集团公司和油田实现利润均好于预期，油田发展的外部环境较好。集团公司对我们油田给予了充分的理解和关怀，党组领导多次来油田指导工作，作出重要指示。蒋总今年5月份来油田时提出了“三重三不”的工作要求和“坚持战略部署不变，持续增储上产，勘探计划单列”的具体要求，为油田科学发展提供了支持与帮助。从社会环境看，得到了地方各级政府和领导的大力支持，地方关系稳定，为公司的发展创造了很好的环境和条件。

从内部看，通过去年以来的思路调整和油田上下的共同努力，油田各项工作步入了科学发展的轨道，为今后油田的又好又快发展创造了条件，奠定了基础。创立形成了“114555”理念体系，指导油田走上了科学发展的正确方向，科学发展的观念和思路深入人心。创新和健全了体制机制，企业改革与管理工作迈上了新台阶。以潜山为重点的油气勘探稳步推进，展示了良好的勘探前景；油田开发建立了正常的开发秩序，井下作业工作量由2008年的2700井次下降到1500井次，基本步入了良性循环的轨道；自主研发能力显著提高，科技创新支撑作用显著增强；“降本增效”成效显著，经营管理取得长足进步；安全环保、节能减排形势稳定，各项管理基础得到进一步夯实；工程技术及生产服务水平不断提高，生产保障能力进一步增强；队伍建设迈上新台阶，全员素质普遍提升；党建与思想政治工作稳步推进，保驾护航作用得到有效发挥；美好家园建设工程积极推进，企业发展成果惠及广大职工家属。“114555”科学发展理念体系的建立、总体工作思路的调整与转变、管理体制与机制的创新、各项管理工作的规范，必将为今后油田的持续有效稳定协调发展奠定良好的思想基础和管理基础。

当前，公司存在一些问题，但总体发展形势向好。我们一定要振奋精神、坚定信心，脚踏实地、埋头苦干，坚定发展思路和发展目标不变，全力推进现代化大油田建设。

二、2010年工作思路及重点工作

1. 继续坚持“114555”发展思路，牢牢把握油田科学发展的大方向

“114555”发展理念深入人心，已经成为指导我们各项工作的方针，成为激励我们不断前进的动力源泉。实践证明，这一发展理念符合科学发展观的要求，符合集团公司的总体部署，符合冀东油田的实际情况，符合油区广大干部职工的意愿，是我们今后一个时期必须坚持科学的发展思路。

我们要求全体干部员工，尤其是领导干部必须坚持“114555”发展思路，即：要坚持建设科技、绿色、和谐的现代化大油田这个发展总目标；落实倾力建设现代化大油田，倾情建设冀东石油人的美好家园这一工作主线；树立坚定的政治意识、强烈的发展意识、高度的责任意识、厚重的人本意识这四种意识；正确处理好发展的速度与质量、效益之间的关系，发展的规模与基础之间的关系，发展与安全、环保、稳定之间的关系，国家利益、企业利益与员工个人利益之间的关系，企业发展与员工个人发展的关系这五种关系；强力实施资源优先战略、科技创新战略、人才强企战略、持续发展战略、低成本战略五大战略；坚持油气勘探、油田开发、技术及生产服务、矿区服务、多元业务五条业务发展思路，使油田的发展真正做到持续、有效、稳定和全面协调发展，始终把握好油田科学发展的大方向，不走偏、不浮躁、不懈怠、不折腾，俯下身子，静下心来，认认真真做好工作。

2. 突出重点，全面推进，力求油气勘探有新发现大突破

贯彻“资源优先”战略，必须始终

把勘探放在各项工作的首位，作为各项工作的重中之重。

勘探工作的方针目标，“重点突出古潜山、积极评价古近系—新近系（包括南堡控制、预测储量的评价升级）、精细详查高柳庙”。

重点突出古潜山：古潜山勘探是我们充满期待的新领域，必须把古潜山勘探作为前瞻性的战略目标、重点目标，作为冀东今后增储上产的重点领域，“南堡潜山勘探正处于规模储量发现的前夜”，在今年潜山勘探的基础上，进一步扩大战果，寻找优质高效的规模储量，快速形成生产能力，当然也要充分认识其复杂性。对南堡四号构造的潜山风险探井（堡古 1 井）也要抓紧组织，精心实施，力求有新的大的发现。

积极评价古近系—新近系：坚持“勘探开发一体化、上产增储一体化、产量效益相统一”的评价原则；坚持“整体部署，整体评价，优化实施”的工作方针，坚持勘探向开发延伸，开发向勘探渗透，先浅后深、先肥后瘦、先陆岛后海域；2010 年依托已经建成的人工岛和陆岸平台，积极开展对古近系—新近系控制、预测储量的评价升级工作，重点区域是 4 号构造中浅层，其次是 1 号、2 号及 3 号构造控制预测储量的评价升级。

精细详查高柳庙：针对高柳庙等陆地老油田可供开发的后备储量资源严重不足的问题，必须在南堡陆地认真开展精细勘探和全面详查工作，在老资料重新精细处理的基础上，坚持解放思想，坚持勘探开发一体化，开展多专业联合协作，尤其要注重发挥采油作业区地质人员“找储量”的作用和积极性，充分发挥他们在油水井历史资料和地质信息方面的优势，切实抓好地质与工程的结合、现场实施与室内研究的结合、井位部署与随钻分析的结合。精细论证每一口井，精细分析每一口井。同时要大胆采用新技术，争取“老区能有新成果、小块能有大发现”。

要高度重视勘探理论的创新和勘探技术的进步与应用，大胆采用新理论、新技术，搞好地震、地质的结合，通过优化钻井工艺技术、简化钻具和井身结构、细化施工和井控措施、强化生产组织，大力压缩探井钻完井周期，减少无效进尺，减少无效试油井次。地震资料认识处理是勘探的一个重要性工作，今年公司投入 2 个 1000 万元，搞三维 VSP 井地联合地震，选取新的目标区搞三维资料精细处理解释，目的就是强力推进勘探工作，力争有新的大的发现。

3. 超前谋划、精心组织，高效高质地完成产能建设任务

一是坚持“整体部署、优化实施、滚动建产、效益优先”的原则，精细地质研究，优化产建部署，强化随钻分析，适时滚动调整，着重在提高钻井成功率，提高产能建设到位率和提高单井产量上下功夫。

二是突出重点、超前组织、加快速度，提高产建井当年的产量贡献率，2010 年 173 万吨原油产量和 27 万吨新井产量任务都很艰巨，要以南堡油田 1–5 井区为重点，依托 1–3 岛和 3–2 平台，超前谋划，精心组织，加快建设进度，早建设、早投产、早产油，当前要加快督促 3–2 平台的吹填及钻井前期工作，对 1–3 岛及陆地产能建设要充分利用现有钻机，全面加快钻进，注意提高非钻井工程时效，在 1–3 岛尤其要注意千方百计提高大位移、长周期井的钻井速度。

三是强化质量管理，提高工程质量，

针对1–3岛井口密集，且大多为超大位移井的现状，必须加强钻井各项质量指标，尤其是钻井轨迹的管理，把好防碰绕障的技术质量关，杜绝像今年南堡1–5井套管被钻穿、柳150X2井套管错位等现象的发生。同时还要注意把好油层保护、固井完井等关键工序的工程质量关。

4. 精雕细刻、精细管理，进一步夯实油田开发基础

通过一年多的努力，我们已经实现了油田开发的正常秩序，基本实现了油田开发与生产的良性循环。今后要以“油田开发基础年”活动为载体，结合二次开发工作的推进，以稳定和提高单井产量为抓手，努力做到“五个精细”，即：精细油藏描述、精细注采系统完善、精细注采调控管理、精细增产措施挖潜、精细生产组织管理，扎扎实实地打好油田开发基础，降低自然递减率，提高油田采收率，努力实现油田的科学开发、效益开发。

一是精细油藏描述。2010年要完成南堡陆地高浅南区、高深南区、南堡油田已开发区（NP1–29区块、NP1–5区块、NP2–3区块）精细油藏描述、南堡2号潜山储层描述和柳北动态数字化油藏建设。进一步注重油藏动态监测资料的录取，要按照《油田开发管理纲要规定》和油藏认识需求，加强两个剖面和压力、流体监测，开展机采井、水平井生产测试配套技术研究与应用，为油藏精细描述提供直接的动态资料信息。

二是精细注采系统完善。要在两年来注采系统调整的基础上，继续坚持前期有效的调整方向和思路，一是对陆地进入特高含水阶段的浅层油藏继续有计划、有步骤地由自然能量开发转入注水开发，转换开发方式、调整液流方向，提高水驱波及体积，实现控水稳油；二是对陆地中深层、深层油藏结合二次开发工程的实施和推进，重构井网系统、完善注采井网，提高水驱控制与动用程度，恢复地层能量。

三是精细注采调控管理。在注采系统完善的基础上，加大细分层注水的力度，积极开展分注调配、分层增注、周期注水等措施，推广应用注水井带压作业和井下多级增注分注等成熟适用技术；针对高含水井比例高，含水高的现状，必须牢牢树立“控水稳油、降本增效”的开发技术思路；积极开展深度调剖、定向井堵水封窜、长井段水平井化学堵水等新技术研究与应用，尤其要开展低成本调剖调驱剂的筛选与工艺实验，通过实施精细注采调控，达到控水稳油、降低自然递减的目的，同时要优化举升工艺，全面大幅度提高举升系统效率，大幅度延长油井免修期。

四是精细增产措施挖潜。油田目前高含水井、水淹井多、停躺井多，这既是问题又是潜力，特高含水期依然是油田开发的重要阶段，大有潜力可挖。在搞清剩余油分布的基础上，本着“先易后难、先肥后瘦”的原则，首先对水淹井，尤其是水淹水平井按照“一口井一个工程”的要求，以侧钻为主要的挖潜工艺方向，开展攻关技术研究，侧钻工艺本身要攻克侧钻小井眼的固井质量关，在实验的基础上全面推开，这可能是今后挖潜的一个主要技术方向，必须高度重视、精细研究、稳扎稳打，务求见到实效。此外，其他常规的挖潜增产措施要按照“优化措施结构，提高措施效率”的原则，在选井选层上狠下功夫，优选适合的增产工艺技术，做好经济效益评价，注重提高措施有效率，注重降低措施费用，注重提高措施增油量；同时对套损井的大修和治理也要优选方案，有计划、分年度实施治理。

五是精细生产组织管理。2010 年要完成 173 万吨原油生产任务确实存在一定难度，必须通过精细生产组织管理，按照“平稳、均衡、效率、受控、协调”的工作方针，要进一步强化生产组织与协调，优化生产运行方式，增强生产组织的预见性和超前性，尤其要认真做好应对南堡油田海上生产受天气影响的各种预案，及时解决生产中存在的各类问题，确保油气平稳均衡生产和全面完成。

实施精细管理，必须坚持和落实“一块一策”、“一井一法”的管理模式；必须严格执行开发技术政策，保证合理的生产压差、采液强度；必须加强油井举升系统的分析与优化调整，尤其要抓好 1–3 岛气举采油新工艺的管理，延长油水井免修期，提高举升系统效率；必须加强对长关井的管理，在保证基本效益的基础上，因地制宜、因陋就简，确定采油方式和生产制度，为完成产量增砖添瓦。

通过“五个精细”，要使陆地油藏自然递减率降低 23%，海上降到 30% 以内。

5. 做精做专、内涵发展，持续增强生产服务保障能力

工程技术及生产服务单位要牢固树立“勘探开发的需要就是命令”的意识，以“保证生产建设为己任”，立足油田内部勘探开发和生产建设，想生产之所想，急生产之所急，为公司油气业务的健康发展保驾护航。

按照“油公司”管理模式，井下作业、油田建设、机械加工、物资供应、供电通信、交通运输、化工产品等工程建设及生产服务单位，要立足现有规模，在做精、做专、做强上下功夫，走内涵式发展之路。在业务的发展及产品的定位上，要注意“保重点、占高端、抓关键、放一般”。

保重点：就是要围绕油田生产建设的需要，开展重点井的试油、投产、修井以及油田所需大宗化工材料、有关三抽设备的加工制造维修、重点工程建设、重点业务保障等工作，要依托现有资源，保障重点生产，支撑重点业务，研发重点产品，在油田生产建设中起到骨干保障作用。

占高端：就是要占领内部高端市场，通过开展市场调研，推进技术进步和管理创新，提高产品的附加值和科技含量，开展和占领利润空间较大的工程技术及生产服务业务，说得通俗点，就是“什么赚钱干什么”、“肥水不流外人田”，在全面占领油田内部高端市场的同时，有些高端产品还可向外部市场拓展。

抓关键：对在油田生产建设中要注意提高自主研发能力，形成具有自主知识产权的、适合冀东油田地质情况及生产特点的关键技术、核心技术和拳头产品，在保障油田生产建设的同时，做精做专做强自身业务，形成自我积累，促进自我发展。

放一般：就是坚持“有所为，有所不为”的原则，总量规模不再扩大，人员不再增加，设备不再新购，有些业务比如：一般性的交通运输业务要形成“自然递减”，对那些社会市场发达、技术利润低端的业务与产品，要依托社会资源，坚持市场化运作，补充油田需求，进一步降低成本。

对多元经济企业，要进一步突出市场意识、效益观念，要在开发核心技术、拳头产品上下功夫，提高赢利能力与水平，在全面占领内部高端市场，同时适度实施外部市场开拓，千方百计创收增效，油田将继续在政策、市场、资金、技术、人才等方面给予大力支持，确保多元经济企业持续健康发展。

6. 持续改革、管理创新，全面提升油田改革与管理工作上水平上台阶

一是持续推进公司机关管理职能的整合与机构人员的调整与精简。按照集团公司下发的《油气田企业组织机构设置规范标准》，冀东油田属于D类单位，按照D类单位机关编制的过渡方案，将进一步整合机关管理职能，合并业务相近的机关处室，精简机关编制，减少机关人员。这里有合有增，有些业务管理职能要加强，如：设备管理、信访稳定、信息化建设、综合保卫等。

二是转换矿区服务系统经营管理机制。2010年对矿区服务系统经营管理机制进行调整和改革，要从以前的“公司切块下拨费用”转变为“靠优质服务向被服务方取得收入”；原来费用是“拨”，现在收入靠“挣”；原来是“不管服务质量如何、服务水平高低，被服务方满意与否，费用都是旱涝保收”，现在要“服务好收入才能有保障，服务差工资必然受影响”。要通过这种机制的转换，调动矿区服务系统干部员工工作的积极性、自觉性和能动性，变“被动服务”为“主动服务”，变“要我服务”为“我要服务”，提高服务质量和服务水平，保障职工家属的生产生活。

三是实施调整基层单位的组织架构与管理体系，本着“方便管理、盘活资源、精简机构”的原则，公司将实施对有的基层单位进行组织体系的重新调整，稳步推进公司改革，全面理顺油田自上而下的组织架构体系。

四是强化基础管理。按照集团公司统一部署，从明年开始启动包括质量、计量（天然气计量工作要全面提高）和标准化管理，以及流程管理、制度建设等为主要内容的基础建设工程。以“6S”管理为重点，全面推进现场规格化管理。加强质量管理工作，树立质量至上的理念，全员全过程质量控制；加强质量监督，全面提升工程质量、产品质量、服务质量。加强节能工作，坚持今年一些好的做法，形成固化的制度、规定和标准，注重采用新技术、新材料、新设备，达到节能降耗的目的。

五是持续推进降本增效、压减成本的一系列好的思路、好的做法，要发挥业务部门的主体作用，造价、审计部门要把好最后的关口。对海运船舶管理要研究租赁付费的方式，以更好地保障生产、降低费用，调动乙方积极性；对资产管理，要用好增量，盘活存量，加大闲置资产的调剂使用力度，各业务部门要对油田的闲置资产深入调研，做到心中有数。

六是加强设备管理工作，健全设备管理队伍，确保设备的正常平稳运行。

七是全面加快信息化建设。要理顺机构，充实力量，加快建设ERP信息系统，实现资源共享，管理规范，决策高效。

八是全面落实“三控制一规范”要求，优化人力资源配置，强力推进劳动组织方式转变，采油生产一线实施“场站合围、视频监控、自动计量、机动巡护”的生产组织方式，其他行业也要探索新的生产组织模式，充分利用市场配置资源，减少用工总量和人工成本，确保职工子女就业，确保职工收入持续稳定增长，用工总量、人工成本总量不增，充分发挥薪酬的激励作用。

九是加强法律业务，加强招投标管理，依法依规，公开透明，维护权益。

十是加强审计工作和造价管理。

十一是土地管理要进一步加强。

已征用土地要通过“井场围合、视频监控”，保护好，做到“守土有责”；坚持“节约用地、集约用地”。21 宗 10364.48 亩未建土地要研究如何置换使用。对未取得土地证的要加紧办理，做好“确权取证”工作，使之合法化。

十二是机关各部门要进一步要求强化管理职能作用，要站在公司的高度，强化主人翁意识，本着高度负责的精神，能动地开展工作。要认真履行职责；加强相互的沟通；需要多部门协调时，主要负责部门要主动牵头，其他部门要积极配合；要注意一种倾向，不能从上到下要求专业对口，设置专门的、独立的、基层对口部门，这是不行的。必须要一人多岗，精简机关，要通过督促协调来做好工作。

7. 健全体系、落实责任，确保油田安全、清洁发展

安全环保工作要牢固树立“环保优先、安全第一、质量至上、以人为本”、“生命和健康高于一切”的理念，贯彻落实集团公司 HSE 九大管理原则和反违章六条禁令，狠抓各项措施的落实，推进安全环保长效机制的建立，努力实现安全发展、清洁发展。具体工作昨天修总、王总及铁刚处长几个同志都讲得很多了，我不再多讲，大的方面要注意持续做好如下工作：

一是持续培育油田安全文化，让安全理念深入人心，让安全意识指导行为。

二是持续推进 HSE 体系建设，全面落实安全责任。

三是加强制度建设，使一切生产建设活动纳入受控管理状态。

四是突出关键环节和薄弱环节的安全管理。重点抓好井控、油气集输、地面建设、危化品、矿区等关键领域的安全工作，尤其是要加强海上生产作业施工、交通运输、承包商管理等薄弱环节的安全管理。

五是加强风险管理和隐患治理，彻底消除物的不安全状态和人的不安全行为。

六是持续做好员工的培训工作，着力提高员工的安全素质。

需要特别指出的是 2010 年要特别注重应急抢险管理，加快应急救援中心建设，在孤立的人工岛建设井控应急物资库。另外需要认真探讨的是，我们重视安全，但切记不搞超规格建设，不做无效保护，实事求是，真正对油田做到认真负责。

8. 聚合众志、攻坚啃硬，全面提升科技自主创新能力

一是继续完善科研技术平台建设。总体规划投入 11958 万元将三院所需的仪器设备与软件全部购置配备完成，2009 年已投入 8808 万元，2010 年再投入 3150 万元，两年时间一次性配备完成。

二是以国家重大专项为抓手，以课题项目为纽带，加强科研项目管理，提高自主研发、自主创新能力。自己能编的方案、设计和课题都要自己完成，物探上对地震资料的处理要逐渐加大自主处理的比例；外协的课题项目必须“以我为主”，通过联合攻关，培养自己的专家人才队伍；建立项目成果统一平台，课题项目的安排要认真论证，用足用够以前的成果资料，避免重复安排项目。

三是加大关键技术的攻关研究和引进推广的力度和步伐。

（1）南堡潜山碳酸盐岩裂缝性储层预测技术。方法：地震与地质结合；关键技术难点：首先是裂缝预测，其次是含油气性判识。

（2）南堡潜山深层高温地层水平井钻井工艺技术，明年开发上必须应用水平井，勘探上也要研究应用水平井，努力突破“深层”和“高温”两大难点。

（3）水平位移超3千米的大位移井的钻完井工艺技术和防碰绕障技术。

（4）钻井井身结构的持续优化及优快钻井技术。

（5）低成本调剖调驱剂的筛选及注入工艺技术研究。

（6）油藏精细描述及剩余油分布规律研究。

（7）水淹井侧钻工艺技术研究。

（8）水平井水淹井段的选择性堵水技术。

（9）东二、东三段储层改造工艺技术攻关。

（10）深斜井细分层多级注水工艺技术攻关。

科技信息处要和各业务部门共同列好科研课题，保证资金，组织力量，加强攻关，引进推广。

9. 建立机制、转变作风，打造一支素质优良、技术过硬的员工队伍

一是加强培训。2010年计划开展勘探开发项目培训、基本建设项目培训、应急管理培训、钻井新技术培训、气举采油培训、高低压电气基础知识培训、子女岗前培训等60余项，计划培训6000人次，特殊工种必须确保全部持证上岗。

二是建立机制，调动岗位员工学技术、学业务的积极性和内动力。公司出台了《员工聘用和退出激励管理暂行办法》，对那些爱学习、技术高、业绩好，为油田争得荣誉的员工依照规定可以由劳务工转化为市场化员工，也可以由市场化员工转化为合同化员工；将学技术、业务、比武考试等成绩与奖金挂钩，加大挂钩比例，实施经济激励；油田还将完善高级技师、技师评定办法，认真开展技能鉴定工作，落实相关待遇，促进职工学技术、学业务的积极性，建立技师骨干队伍，带动一线操作岗位队伍整体素质的提高。

三是加速培养专业技术人才队伍。通过建立技术专家、技术骨干队伍，通过每年一度的技术干部技术职称的评定晋级，落实待遇，极大地调动技术干部的工作积极性和内动力。今后还将有计划地送外培训，加速培养技术专家队伍；从明年起给他们压担子，项目负责人要公开竞聘，不管什么人以后每人每年承担的研究课题原则上不能超过一个，让更多的人有机会参与重大课题研究工作。为鼓励在最前沿直接从事勘探开发方案部署和技术管理的工程技术人员的积极性，公司将研究制定出台政策，将实际取得的勘探开发成果不经过编写研究报告、不经过成果评审，只需填一张申报表待核实批准后，即可直接转化为科研成果，鼓励技术人员扑下身子、专心致志，从事一线技术工作，为油田的勘探开发作贡献。

四是进一步加强管理干部队伍建设。按照“以德为先、德才兼备、量才使用”的原则，2010年油田将建立处级后备干部队伍，举办后备干部培训班，加速培养优秀年轻干部，加大干部培养使用和调整交流的力度，建立科学合理的干部梯次结构，让整个干部队伍活起来，增强他们的内动力。同时，还将研究出台《干部末位淘汰制度》，对不合格的、责任心不强的干部进行淘汰，建立起干部能上能下的用人机制。

五是加强干部队伍思想建设、作风建设和廉政建设。通过教育引导，让全体干部用科学的理论武装头脑，用科学的理念指导行动，树立正确的人生观、价值观、权力观、名誉观和地位观，要切实提高干部队伍的学习能力、创新能力、服务能力和自律能力，树立终身学习的思想理念，具备科学的思想方法和辩证的思维能力，提高分析问题、解决问题的能力；培养干部对事业执著追求的精神，始终保持与时俱进的工作状态，面对困难，勇往直前，有胆有识，敢想敢为，不计个人得失；培养干部始终坚持调查研究服务基层的思想，积极能动的开展工作，提高工作水平和办事效率；培养干部具备高度的组织纪律观念，始终保持严于律已，廉洁从业的作风，在任何情况下都能经受住考验。

六是加强机关队伍建设，转变作风，认真履行职能，建设学习型机关，服务型机关。

10. 倾力倾情、以人为本，持续推进和谐油田建设

一是冀东石油家园要在年初开建，用 2 年的时间建成投用，保证油田已婚职工家属每户一套住房，实现由“有其居”向“优其居”的转变。

二是招录符合计划生育政策的全部职工子女（2009 年 102 人，2010 年 126 人）就业，培训合格后上岗，对不符合计划生育政策的职工子女，经核实确认后按劳务工用工性质，积极帮助联系就业。

三是加快建设投用新科研办公楼，筹资维修旧办公楼，调整办公布局，改善办公条件。

四是积极解决职工家属锻炼身体场所缺乏的问题，在唐海建室内游泳场所，在唐山建小型室内游泳及室内羽毛球、乒乓球运动场所。经常性开展文体活动，从根本上改善职工的健康状况。

五是解决唐山上班员工就近就餐问题。通过改造宾馆西配楼，建 1100 人同时就餐场所，解决早餐和午餐，上班职工就近就餐问题。

六是继续支持托儿所和冀东石油中学改善办学条件。继续适时金秋助学工程。

七是落实离退休干部及全体退休职工的各项待遇。按照有关政策要求，落实家属待遇。

八是改善医疗条件，增加医疗设备，提高医护质量和水平。做好一年一次的身体检查工作，建立职工健康档案。认真落实职工疗休养工作。

九是帮困扶贫，救助弱势群体，不让一个员工子女上不起学，不让一名员工家属看不起病。

十是研究论证，适时开展唐海生活基地及唐山 51 甲区天然气入户工程建设。

十一是持续改善一线员工生产生活条件，配备巡井车辆，实时维修改善生产生活设施。

十二是全面提升矿区物业服务水平，通过转变经营机制，增强服务意识，提高服务质量和水平，让职工家属满意，提高油区居民的幸福指数。

关于党群一路的工作，张书记、金书记以及党群部门的同志，前面已做了很好的发言，明确了思路，梳理了工作，指出了重点，我完全同意，行政各部门要和党群部门一道，相互支持、密切配合、共同促进，你中有我、我中有你、同舟共济，把公司各项工作推进到一个新的水平。

同志们，通过这次务虚会，我们进一步统一了思想、坚定了信心，鼓舞了士气。对于明年的工作，思路已经理清，目标已经明确，措施已经制定，让我们以改革创新的精神和必胜的信念，汇聚公司全体干部员工的智慧和力量，积极投身到建设现代化大油田的伟大征程中，努力推进油田科学发展、和谐发展、可持续发展。

荀三权在2009年公司质量工作视频会议上的讲话

（2009年12月28日）

同志们：

今天这个会议是公司重组以来召开的一次以质量为主题，规格最高、规模最大、内容最丰富的专题会议。选在2009年生产建设收尾和为明年工作的启动做全面准备的关键时刻召开，充分说明了质量管理工作的重要性，说明了召开这次会议的必要性，也表明了公司抓好和促进质量管理工作的决心。这次会议既是质量管理工作的总结会，又是强化质量管理的工作部署会，同时也是全面推进基础建设工程实施、质量管理体系建设、对标管理三项工作的动员会，对进一步提高公司各项管理水平，促进公司科学发展、和谐发展、可持续发展有着非常重要而深远的意义。

前面几位同志对相关工作做了全面细致的总结和安排，修总对公司下步质量工作也提出了非常好的意见，我完全同意。下面，结合我本人对质量工作的思考和认识，着重讲以下两个意见。

一、进一步提高对质量工作重要性的认识，增强做好质量工作的责任感与紧迫感

认识程度决定着工作力度，只有充分认识到质量工作的重要性和紧迫性，引起全员的高度重视，才能切实提高工作执行力度，将各项部署和措施落到实处，取得成效。毫不夸张地讲，质量是一个国家、一个企业综合实力的象征和整体素质的体现，质量问题关系国家形象，关系企业生存与发展，更关系到人民群众的切身利益。

从国家层面看，党中央、国务院历来高度重视质量工作。在去年震惊国内外的“三鹿奶粉”事件曝光后，国内质量工作形势显得异常特殊而严峻，胡锦涛、温家宝等中央领导就质量工作作出多次重要指示和批示。去年11月11日，胡锦涛总书记在中国质量协会《关于加强质量工作的几点建议》上批示：“在当前经济形势下，提高产品质量，增强竞争力，对扩大市场需求具有重要意义，望加强领导，认真落实有关法律法规，科学实施，常抓不懈，把我国产品质量提高到新水平。”去年12月中央经济工作会议上，胡锦涛总书记强调，“增长质量和产品质量关系发展可持续性，关系人民群众切身利益，关系国家形象”，“如果增长粗放和产品质量不高的问题不能得到全面有效地解决，总有一天会引发系统性风险，甚至会引发信用危机和社会动荡，反过来会影响发展进程。我们必须警醒，痛下决心加快解决我国经济发展质量不高的问题”。今年7月4日，胡锦涛总书记在国务院《关于加强我国工业产品质量工作情况和下一步工作意见的报告》上批示：“重在落实，重在持之以恒，重在严格管理。”温家宝总理在中央经济工作会议上就质量工作进行了重点强调，要求各地“要牢固树立安全发展的理念，把人的生命安全放在至高无上的地位；要始终坚持质量第一意识，全面提高产品质量；要严格实行行政问责制度，促进各级领导干部和管理人员认真履行职责”，温总理在《政府工作报告》中强调，“要在全国开展整顿和规范市场秩序专项行动以及质量和安全年活动，各行各业都要加强全员、全过程、全方位质量和安全管理”。中央领导高屋建瓴、审时度势，把质量工作提升到关系国计民生和经济发展的重大问题来看待。我们作为国有能源企业，肩负着政治、经济、社会三大责任，必须把思想统一到党中央、国务院的要求上来，深刻理解“百年大计，质量第一”的深刻意义。

从集团公司层面看，集团公司党组提出“环保优先、安全第一、质量至上、以人为本”的发展理念，将“质量至上”作为集团公司实现科学发展的重要理念之一，把抓好质量工作作为促进企业发展的一项必要性工作来对待。蒋洁敏总经理曾形象地提出“质量是企业的形象，是企业的信誉，是企业的财富，是企业的资本。没有质量的东西，充其量是数字的表述、物资的堆积、隐患的扩大。”在年初领导干部工作会上，蒋总指出：“要把全面加强质量管理、标准化和计量等工作作为基础性工程常抓不懈，按照全员参与、全面覆盖、完善体制、过程控制、异体监督、责任追溯的总要求，严格执行集团公司质量管理办法，健全管理体系，完善技术标准和规范，突出关键控制点的管理和监督，广泛开展全员全过程的质量管理活动，不断提高工程质量、产品质量和服务质量，夯实企业管理基础。”在7月15日领导干部工作会上，蒋总又做出重要指示：“从明年开始启动包括质量、计量和标准化管理，以及流程管理、制度建设等为主要内容的基础建设工程，下半年做好各项准备工作，用3—5年时间完成。各单位要根据集团公司的统一部署，制定基础建设工程的具体工作方案，认真组织实施。”8月27—28日，集团公司专门召开质量工作座谈会，王宜林副总经理在讲话中强调“集团公司建设综合性国际能源公司，实施‘资源、市场、国际化’三大战略，实现可持续发展，必须坚持以质取胜，走质量效益型发展道路。”同时，集团公司不断加强质量管理组织结构建设和制度体系建设，先后制定出台了《质量管理办法》、《标准化管理办法》等8项管理制度，形成了较为健全的质量标准化计量工作制度体系，建立了统一的企业标准化工作体系。所有这些，都充分说明了集团公司对质量工作的高度重视，作为中石油的一个地区公司，抓好质量工作更是我们义不容辞的责任。

对于冀东油田来讲，目前正是倾力建设现代化大油田，倾情建设冀东石油美好家园的关键时期，是为建设现代化大油田、建设美好家园打基础的重要阶段。要实现公司的科学发展、清洁发展、安全发展、和谐发展，质量是关键，包括产品质量、工程质量、工作质量、服务质量等各项质量水平的高低，直接影响着公司的长远发展。但是，回顾一下我们近几年的质量工作，形势不容乐观，质量事故时有发生。比如说：去年的“2·2 事故”，压缩机防爆控制柜因为产品质量问题发生爆裂，导致我们的一名员工死亡；今年 7 月份的套管钻穿事故，由于工程质量问题导致 NP1–5 井工程报废，全年累计损失 1.5 万吨原油产量；由于工作质量不高，“低、老、坏”问题持续存在，低级错误重复发生，“三违”现象屡禁不止；由于服务质量问题，老百姓对个别方面的满意度不高，一定程度影响了职工群众的生活幸福指数。这些质量事故和问题，给我们带来的是惨痛的教训，是国家利益的巨大损失，迫切要求我们必须牢固树立“质量至上”的发展理念，正确处理好发展的速度与质量、效益之间的关系，强力提升质量工作水平，不断保护和增强发展的可持续性。

二、加强质量工作的几点要求

质量工作是一项系统工程，具有长期性、艰巨性和复杂性。全面提高公司质量工作水平，既是一项当前紧迫的重要工作，又是一项长期艰巨的重大任务，各单位、各部门务必高度重视，明确工作目标，理清工作思路，落实工作责任，共同推动公司整体质量工作水平跨上新的台阶。

1. 狠抓责任落实，提高质量管理水平

要不断完善质量管理制度体系。所属单位是质量工作的责任主体，所属单位主要负责人是质量管理的第一责任人，各单位要认真梳理设计、采购、生产、施工、服务等质量形成全过程的质量职责，把质量责任落实到各级领导和全体员工，落实到生产和经营的全过程。要强化责任追究，对发生质量事故的单位和个人，该诫勉的要诫勉，该处罚的要处罚。尤其对那些责任意识不强，对员工生命安全不负责的干部决不姑息。部门与部门之间、单位与单位之间互相推卸责任是不负责任的做法，是不讲政治的表现，要齐抓共管，认真负责，多层覆盖，确保质量工作疏而不漏。

要加强各级质量管理组织机构建设，理顺工作关系，明确质量管理部门，合理配备质量管理人员，建立统一协调、责任落实、共同参与、综合归口的质量工作机制，确保质量工作有人抓、抓得实、抓出成效。

要广泛开展群众性质量活动。坚持把开展 QC 小组活动作为群众性质量活动的重要载体，通过组织 QC 成果发布、评比和奖励，实施卓越绩效管理模式，开展用户满意工程活动，鼓励员工参与企业质量管理，有效地调动广大职工参与质量改进活动的积极性和创造性。

2. 狠抓体系建设，从源头提高质量

抓好质量管理体系建设是提升质量工作水平的关键，质量管理体系健全了，质量工作基础就坚实了。各单位、各部门要严格按照“统一、规范、可操作”的原则和公司《质量管理体系推进方案》的要求，以 ISO 9000 国际标准为主线，结合本单位实际，梳理规范质量管理工作流程，认真编制质量管理体系建设方案，扎实推进整体质量管理体系建设。大力推广其他兄弟油田和单位质量管理的成功做法和经验，广泛开展经验交流与分享活动。大规模开展质量知识培训工作，努力提高全员质量知识水平，不断提高对质量工作认清阶段性、把握规律性、提高预见性、增强主动性和实现

科学性的能力。增强质量法制教育，牢固树立质量法制观念，强化自觉履行法定质量义务的意识和专业能力，为质量管理体系的有效运行奠定基础。

深入抓好标准化建设工作，标准是企业核心竞争力的重要体现，没有标准的话语权就没有市场竞争的主动权。无论是工程质量、产品质量还是服务质量，都离不开标准的基础作用，必须把标准化创建作为质量管理体系建设的基础性工程，从完善质量标准体系着手，着力提高标准化水平。

3. 狠抓质量监管，全面推进质量工作

监督检查是推动质量工作的有效方式，是落实质量责任的有力保障。要进一步建立健全质量监督机制，严格市场准入和退出制度，增强质量工作的基础保障和把关能力。不断强化质量监督措施，加大质量工作的日常监管力度，通过开展工程、产品、工作和服务质量的专项整治，不断提高质量监督管理工作成效。

进一步建立健全质量业绩考核指标体系，把质量主体的发展和质量绩效紧密挂钩，将质量考核指标层层分解，最终要落实到每一个岗位和员工，使质量工作业绩成为各级领导干部和全体员工业绩考核的重要内容，促进人人关心质量，人人重视质量，人人追求质量良好氛围的形成。

同时，要加强对质量工作的舆论宣传，建立完善质量监督信息发布制度，加大对重大质量安全事故的曝光力度，切实发挥好舆论的监督作用，形成鲜明的舆论导向。

4. 切实讲求工作实效，转变工作作风

有效提升质量工作水平，需要上上下下齐抓共管、讲求实效、转变作风。从目前发生的几起质量事故看，核心的问题是责任问题。下步公司要建立质量管理体系，实施对标管理，进一步完善质量管理的标准、规范和制度，关键还是要按照标准、规范和制度去落实、去实施，切实将工程质量、产品质量、工作质量和服务质量的管理工作抓出实效，落到实处。今天的会议，我看到有些单位的领导没来参会，这是不是一个工作质量问题，是不是一个工作作风问题？领导干部过硬的工作作风是提高质量管理工作的重要前提和保证，我曾多次在会议上提出公司当前存在的一些问题，其中的作风问题需要我们从上到下有一个清醒的认识，必须彻底转变工作作风，树立忧患意识，落实责任，提高责任心，务求工作实效。

同志们，加强质量工作是兴企之道、富企之本、强企之策，做好质量工作任务艰巨、责任重大、使命光荣。我们一定要全面贯彻落实党中央、国务院和集团公司党组关于质量工作的一系列重要指示和部署，以此次公司质量工作会议为契机，振奋精神、恪尽职守，始终绷紧质量安全这根弦，坚决完成各项质量工作任务，努力提高质量管理水平，为公司科学发展、清洁发展、可持续发展营造良好环境。

苟三权在落实“三控制一规范”领导干部会议上的讲话

（2009 年 12 月 30 日）

同志们：

今天油田在这里召开落实“三控一规范”领导干部会议，主要是因为，最近我们在贯彻落实集团公司“三控制一规范”工作中，当前面临着比较严峻的形势。大家知道我们用工总量是严重超编的，尤其是劳务用工。到今年年底，一部分劳务用工的劳动合同就到期了，下一步怎么办？在这个问题上，集团公司有明确的要求，但是从现在基层单位执行的情况来看，各单位包括机关部门的一些领导，认识模糊，执行不力，工作上有畏难情绪。所以临时决定，今天召开各二级单位党政主要领导、机关各有关处室和部门主要负责同志以及公司在家领导班子成员、副总师参加的会议。会议的主题就是：严格执行集团公司“三控制一规范”的工作要求，认清形势，提高认识，严肃纪律，严格控制油田用工总量和工资总额。

今天会议主要有两项议程：一是公司领导讲话；二是各单位党政主要领导做简单的表态发言。

下面，我首先讲四点意见。

一、油田当前的用工及人工成本现状

蒋总在今年 5 月来油田视察调研工作时，就用工问题有明确的指示：“冀东油田年产达到 1000 万吨，用工总量 5000 人”，可是我们现在实际的用工总量是 9900 多人，而且是一个不完全统计的数字。原因是劳务用工数量经常在变。按照集团公司人事部给我们用工指标的批复，劳务用工计划是 620 人，我们实际超过 3000 人，差距很大。

人工成本方面，现在集团公司既严格控制用工总量，又严格控制人工成本。2009 年冀东油田人工成本的总需求和下达计划控制指标之间相差 6000 多万元，2010 年的差距更大，光是劳务用工这一块的差距是 8500 万元，上面不会再给的，要再不采取措施，那么就会挤占合同化用工、社会化用工的指标，共同分切“蛋糕”，必然影响这两者的收入，挤占运行成本，必然是这个情况。所以用人指标超了以后，人工成本面临着严峻的形势。

人工成本包括两部分，一部分是工资奖金，另一部分就是工资附加。工资附加的项目包括养老保险、住房公积金、福利费、教育经费、工会经费、补充养老保险（也就是企业年金）、补充医疗保险、失业保险、生育保险，等等，占整个人工成本的 64%。因此人工成本的工资奖金部分增长后，64% 的工资附加部分也要跟着涨，也就是如果给每名职工多发 1 万元钱（含税），还要再增加 6400 元的工资附加。

从各单位的情况来看，这几年的用人上涨幅度太快，例如，高尚堡作业区

2006 年的用工总量是 445 人，2009 年的用工总量是 843 人（这是在实施控制指标以后的数量），几乎翻一番；柳赞作业区 2006 年的用工总量是 284 人，2009 年 496 人；老爷庙作业区 2006 年的用工总量是 229 人，2009 年是 442 人；油气集输公司 2006 年的用工总量是 502 人，2008 年 671 人，2009 年适度控制后是 645 人。这几个陆上作业区 2006 年到 2009 年人数几乎都翻了一番，其他单位也都有不同程度的增长，而我们的管理幅度、管理工作量是否也是成倍增长？如果不是，那我们的用工劳动组织、用工效率、劳动生产率怎么体现？这里面潜力究竟有多大，各作业区应该很清楚，大家也都清楚。前几年的用工，尤其是劳务工几乎是处于失控状态，这样下去怎么得了。这里面有几个数据，教培中心外雇工 40 人，能源公司外雇工 23 人，北田公司外雇工 35 人，巡防大队 52 人，造价公司外雇工 11 人，中油监理公司 15 人，供应处 24 人，志达公司 100 人，勘探开发研究院 15 人，设计公司 34 人，社区管理中心 38 人，老爷庙作业区 149 人，柳赞作业区 124 人，高尚堡作业区 193 人，机械公司 313 人，物业公司 400 人，开发技术公司 98 人，井下公司 547 人，供电公司 147 人，南堡作业区 25 人，油气集输公司 120 人，油建公司 118 人，石油宾馆 219 人，瑞丰化工公司 81 人，应急中心 65 人，等等，按照这个数加下来超过 3000 人。这样庞大的一支劳务用工队伍与上级给我们的用工指标、人工成本计划指标与职工群众不断上涨的利益诉求有着巨大的矛盾。现在冀东油田面临的最核心、最主要的问题，在务虚会上我说过是资源问题，这是头等大事、头号问题，那么第二大问题就是我们的用工严重超编，问题很严重，如不抓住这次机会，严格执行控制，一方面将继续违反上级用工政策、对“三控制一规范”执行不力，另外职工的基本利益将无法保证。

二、在控制用工方面集团公司的有关政策精神及要求

从 2008 年到现在，集团公司领导先后在七次会议上对人事工作、“三控制一规范”提出了明确要求，进行了工作部署和安排：

2008 年初，集团公司党组提出了“进一步优化人力资源，坚持岗位靠竞争，收入凭贡献，充分调动广大员工的积极性，实现集团公司的规范管理和又好又快发展”的人事工作阶段性目标。首提的就是优化人力资源。

2008 年 5 月份，集团公司在廊坊专门组织召开了人事工作会议，王福成副总经理提出了人事工作三条工作目标：第一，坚持精简效能和规范管理，从严从紧控制机构、编制和职数。明确要求总部机关和企事业单位机关人员编制要在三年内分别减少 10% 和 20%，其中 10% 是集团公司的指标，20% 是地区公司的指标，包括冀东油田在内；第二，加大总量调控和清理清退力度，切实将持续攀高的用工规模压下来；第三，积极推进薪酬福利体系建设，有效控制人工成本过快增长。我们 3000 多人的劳务用工规模，人工成本如何控制？就如我前面所说，2009 年的缺口是 6000 万元，2010 年光劳务用工的缺口就是 8500 万元，这 8500 万完全要挤占运行成本。

2008 年 10 月在人事处长培训班上，人事部总经理单昆基对集团公司安排重点推进的“三控制一规范”工作提出了“人事工作一方面要继续深化改革，进一步健全完善各项人事管理机制，继续强化基础管理和精细管理，进一步提高科学管理水平，切实保证集团公司专业化、集约化、一体化管理优势得到充分发挥；另一方面，就是要咬定“三控制一规范”工作不放松，坚持常抓不懈，长期抓，反复抓，抓反复”的具体要求。

在2009年初召开的集团公司工作会议上，蒋总在工作报告中对加紧落实“三控制一规范”工作作了重点强调，提出了明确要求。

在2009年3月6日集团公司深入学习实践科学发展观活动动员大会上，蒋总把坚持深化改革，加强科学管理，健全激励约束机制，落实“三控制一规范”，持续提升管控能力，作为集团公司在学习实践活动中重点解决的问题之一。

2009年3月12日，蒋总主持召开集团公司党组会议，专题听取2008年度企业领导班子履职测评情况和2009年工资总额与薪酬管理有关问题汇报。会议明确要求，在当前生产经营困难形势下，要坚定不移推进“三控制一规范”工作落实，要严格控制机构编制，压缩管理层级，减少干部和管理人员数量；严格规范用工管理，控制用工总量；严格规范薪酬管理，坚持工效挂钩，按照国资委“两个不高于”的原则，确定企业工资总额。做到“企业不裁员，员工基本收入有保障”，工资分配要重点向一线艰苦岗位员工倾斜。

2009年3月集团公司在北京召开了2009年度人事工作会议，王福成副总经理指出：“三控制一规范”工作今年只是开了个头，成绩不能估计过高，有的单位认识仍不到位，主动性不强，仍有等靠思想，工作力度不大；有的领导同志片面强调稳定，有畏难情绪，顾虑较多，行动迟缓。这说明“三控制一规范”的落实，仍然十分艰巨，是今年人事工作的重中之重，也是涉及集团公司全局的一项工作重点。要求各单位要认真贯彻落实集团公司党组的决策和工作要求，充分认识深入开展“三控制一规范”工作的重要性、必要性和紧迫性，进一步统一思想，坚定信心，毫不动摇地抓好落实，抓出成效。

2009年10月在北京召开的推进油田、炼化、管道企业“三控制一规范”推进会议。集团公司人事部总经理单昆基提出了“进一步理顺管理体制，精简机构设置，压缩管理层次，提高机构运行效率；加快自动化、数字化与信息化建设，积极推进业务结构调整和用工方式改革；继续做好用工规模的控制工作；进一步加大人工成本控制力度，规范薪酬分配秩序；加强管理基础工作和机制研究，推进信息系统应用，促进“三控制一规范”工作上水平”等五条具体要求。

从2009年开始，集团公司不仅控制地区公司的合同化员工、市场化员工、劳务性用工的人员总量指标，分别下达相应的工资总额控制指标，还进一步下达和控制地区公司的人工成本总量，将工资外的社会统筹资金、企业年金、员工的住房公积金以及职工的培训经费等与人员相关的费用，都分别下达指标予以考核和控制。

2010年还将人工成本列入了地区公司总经理、党委书记的业绩合同进行考核，这在以前是没有的。

集团公司先后七次，还不包括在不同的场合，对用工问题进行明确的要求，提出严格控制的规范意见。这就是上级在用工方面的精神和要求。

三、对控制劳务用工的基本态度和意见

按照上级“三控制一规范”的要求和具体的指标控制要求，原来签订的劳务化用工，2009年底绝大部分劳动合同到期，这些合同将不再续签。具体的原则是“严格控制、严肃政策；先减后转、不留尾巴；全力推进，加速实施”。

所谓“严格控制，严肃政策”，就是要按照集团公司的要求，把各类用工总量减下来，尤其是劳务用工，必须严格控制下来，要严格、严肃执行集团公司有关要求，把思想和行动统一到集团公司的要求上来。

所谓“先减后转，不留尾巴”，就是凡是2009年合同到期的，全部不再续签合同，首先把总的用工人数减下来。

这个“减”由人事处核定，把实际使用人数大大往下减。原则上对一些特殊技术工种，如修井、机加工、电工、厨师等确属需要的、短缺的，可以考虑适当保留；对职工家属要保留；对个别站点在农庄，已与村组织签订协议委托管理的，一旦不续签合同会对生产造成影响的个别站点，工作确有难度，可以本着实事求是的原则，可以例外；对个别管线巡护承包给地方的，可以适当考虑，但总人数要减，人均费用也得减，对上述几种情况恐怕无法“一刀切”，可以酌情考虑。但对于以前本应由操作岗位员工从事而实际由劳务工干的脏活、苦活、累活，对职工不愿意驻守的边远井站岗位，对这些情况，雇佣的劳务用工必须坚决地减掉，一个不留。把握以上的原则，其中大部分劳务用工都能够减下来。

所谓“转”，就是通过减人后，对于当前还必须保留的特殊工种的人员及家属以及个别边远井站的劳务外包人员，要转换用工合同签约方式，以前有的是跟油田公司直接签约，作为公司的劳务用工；有的是通过劳务派遣公司签约，与劳务派遣公司签约，我们对外支付的依然是人工成本。对这两种情况要具体区分，分别对待。对于国有控股的四家法人企业，油建公司、能源公司、设计公司、造价公司以及主营业务单位，都必须由劳务外包方式转变为业务外包方式。各家要根据实际情况，党政主要领导牵头负责，人事处核查，将目前的劳务外包方式转换为业务外包方式，这样既规避了法律风险，又能够减少人工成本。因为目前，集团公司对国有控股法人企业也视同主营业务单位管理，财务上合并账目，人工成本统一下达；对于集体控股的法人企业，包括机械公司、瑞丰化工公司、北田公司、石油宾馆、志达公司、投资公司以及监理公司7家企业，因不受集团公司用工成本总额的限制，可以考虑按照劳务派遣的形式签约，但企业不能直接与个人签约，以规避法律风险。这就是“转”的基本操作范围和方法。

所谓“不留尾巴”，就是凡是今年合同到期的劳务用工，一律不再按原合同续签合同，不能搞任何特例和变通，绝不留一个“尾巴”，明年也要照此操作。

“全力推进、加速实施”，是因为这项工作是当前的一项大事、难事，也因为现在是从根本上解决这一问题的最佳机会，为什么要在今天才开这个会，也是考虑到不能影响油田的正常生产和安全生产。所以必须抓住这个机会，上下同心、齐心协力，加大力度、加速实施，尽快推行到位，就要在这几天彻底解决。该走的必须走，留下的要转换方式签约。这就是“全力推进、加速实施”的要求。

现在看来，几个作业区劳务用工总量最大，应该说我们现在推进此项工作的时机成熟了：一是合同期满了，不续签很正常；二是集团公司三令五申，有这样的政策要求，我们要借这个“东风”解决我们企业的问题；三是公司对采油单位从今年早期开始已经做了相应的准备工作，在现场井站的管理上，推进“井场围合、视频监控、自动计量、机动巡护”，目前已基本到位，相关人员培训也基本完毕，具备了推进实施的条件。

四、几点工作要求

1. 要进一步提高思想认识，增强做好工作的责任感和使命感

如此众多的劳务用工，如果再不下决心控制和清退。一是用工总量超计划，这个不符合“三控制一规范”的要求，违反上面的政策要求；二是挤占人工成本，与其他合同化员工、社会化员工“抢饭吃”，同时挤占运行成本；三是败坏队伍的风气，养成一帮懒人，作风懒散，不愿吃苦受累；四是败坏干部队伍形象，因为没有关系的人很难到油田来当劳务工，老百姓如何看待这个问题？五是长期下去有用工上的法律风险，作为企业，我们必须确保企业的经济效益，其次才能履行社会和政治责任；六是挤占子女工就业指标。如此种种，我们必须狠下决心，坚决清退和控制劳务用工。

因为这项工作是贯彻集团公司指示精神、确保企业依法经营、消除用工法律风险、确保企业长远利益、确保子女工就业岗位、确保职工家属基本利益的一项重大举措。“减”、“转”是企业改革管理的一项重大举措，用工总量之大、涉及面之广、情况之复杂，前所未有，而且意义重大深远，时间也异常紧张，任务非常艰巨繁重。这就要求我们全体干部，尤其是主要领导干部，要高度认识这项工作的重要性、重大意义，要特别强调的是坚定的政治意识和高度的责任意识，高度的政治意识就是下级服从上级，局部服从全局，坚定不移地执行上级的决策、决议、政策和精神。搞好这项工作是我们油田各级领导的责任。

要强调全局性、统一性和一致性，不能搞上有政策，下有对策。有的同志可能认为，自己单位成本宽松，多雇几个人没什么。实际上，你单位操作成本比较宽松，这里有公司从确保一线生产，给你充分政策关照和支持的因素。实事求是地说，今年我们油田操作成本异常紧张，但对于四个作业区及其他生产单位的运行成本基本上没有减少，我们减少了措施费用，但同时也把措施产油量减少了；其次我们减少了调剖调驱费用；三是通过提前实施海底管线、建设1号岛临时卸油码头等海工项目，优化海上生产组织等，减少了海上运输成本。通过上述工作才确保了采油作业区的基本运行费用。在这个问题上，认识必须要一致，观点必须要统一，要把我们的认识和行动，统一到集团公司“三控制一规范”的要求上来，统一到公司工作部署和安排上来，决不允许“各自为政，各行其是，上有政策，下有对策”。

2. 加强组织领导，层层落实责任

公司决定成立领导小组，组长由我和张书记担任，副组长由班子其他成员担任，领导小组下设办公室，办公室主任由刘占军助理担任，办公室副主任由靳明三（常务副主任）、王纪昌、张宏宝、刘相民、吕博舜、李宝夫、金桂娟、卢增龙等担任，办公室设在人事处，二级单位党政主要领导负责本单位的这项工作，并且是工作推进的第一责任人。

如果要细化分工，各单位行政一把手具体负责此项工作的总体推进，党委、党总支一把手负责推进过程中的稳定工作。党政主要领导要密切合作，加强沟通，共同研究，坚决平稳彻底地做好工作。

3. 注意方式方法，分散快速遣返不再续签、转签合同人员

各单位要按照今天会议的要求及时上报清退人员名单，人事处要认真审查各单位上报人员。各单位要做好一人一事的思想工作，动之以情，晓之以理，对于确实有困难的人员，可适当发放返乡路费。要做好工作，不能让遣返人员相互串联，相互聚集，不要集中遣返，要以各二级单位甚至是基层队为单元分散快速遣返。

4. 工作要认真仔细，情况要摸清吃准

对于每个人的情况，每个单位要落实到具体人头，对口做好工作，对每个人家在何处，谁介绍来油田的，什么时候离开油区，谁来负责，都必须落实到位。这么多的劳务用工来油田，我想没有一定的关系是来不了的，所以我希望各单位把具体关系摸清楚，一旦出现问题，要追究相关关系人的责任。对一些动态信息要掌握清楚，随时解决处理异常情况，及时上报。

5. 注意信息收集、及时处置异常苗头

领导小组办公室要24小时值班收集情况，注意动态，及时收集，上报信息及情况，无异常情况8小时上报一次，有异常要加密上报，对出现的问题和异常情况，单位党政要亲自上手解决，及时妥善处置，公司总体策略是外松内紧，搞好信息收集和异常情况处置。

6. 严明组织纪律，严肃责任追究

对在这项工作中，情况不清楚、工作飘浮、处置失当出现偏差、造成不良影响和后果的要追究领导责任。对通风报信、求情说情、违规变通、煽动闹事的要严肃查处，绝不姑息。在此要特别强调：油田用工是一级管理，用工管理权在公司，必须彻底杜绝私自用工、违反规定用工的现象。要彻底杜绝有令不行，有禁不止的现象。下一步对于转签合同的人员，人事处要严格核查，未经核查，不得签约；财务处要严格控制对外付款，没有公司的核准，各二级单位不得对外支付有关费用。这项工作的好与坏要作为今年干部考核内容，作为下步调整交流、提拔和使用干部的重要参考。

7. 盘活人力资源，优化调整生产运行方式

油田目前生产条件和自然条件非常优越，我们前线一些操作岗位员工从一定程度上讲是养尊处优，一些累活、脏活都是由劳务工来干，一线员工也当“白领”，再加上原来固有的生产运行方式，所以用工总量较大，从人力资源的管理上讲，“吃闲饭”的人太多，工作量不饱满的太多，必须把油田整体人力资源都盘活，大家都必须行动起来，“靠干活吃饭”。今年油田千方百计甚至是违反规定给干部员工提高待遇，多拿钱必须得多干活，这是天经地义的，没有说不干活要多拿钱的道理，“没有免费的午餐”。所以必须盘活现有人力资源，只要有能力的，能干什么工作就安排干什么工作，有些确实因为身体原因，可以做一些服务工作，但绝不养人。

要优化调整生产运行方式，一是对作业区采油井站要按照“井场围合、视频监控、自动计量、机动巡护”的方式组织生产；二是对于边远的井站，可以尝试在职工内部进行模拟招标的方式，将井站承包给职工，提高奖金幅度；三是进行业务外包，在严格核定人数后，以业务外包的方式外包工作量；四是依托市场和社会资源，将附加值较低的技术含量不高的业务，可以签订业务合作伙伴，以对方负责加工，我方购进的方式将业务外包出去，包括管线巡护、油建、物业服务等业务，以减少我们对外支付的人工成本。井下公司作为外雇工较多的单位，当前和今后一个时期将补充一部分子女工，凡是补充子女工的总量规模不再增加，包括作业能力和设备也不再增加，在此基础上补充多少子女工要退掉多少劳务工，对其他劳务用工可探索一个办法，尝试将劳务工调整到几个队，与合作伙伴商谈划归对方管理，设备租给乙方，人事合同与乙方签，我们与乙方仅是业务关系，给他们工作量，尤其对划转过去的作业队工作量与我们自己的作业队工作量要同等对待安排，保证效益，通过此种方式减少用工总量和人工成本。总之，要在有效规避法律风险，符合上级精神，减少我们的直接用工，减少人工成本的前提下，各单位要在优化生产组织方式和经营方式上广开思路，开动脑筋，必须充分盘活我们现有的人力资源。

同志们，今天的会议十分重要，即是工作部署会，又是工作动员会，形势、任务、要求都给大家交了底，公司对此下了死决心、这次会上下了死命令，会后务必要提高认识，认真执行。这是公司又一项重大改革管理举措，意义重大而深远，希望大家同心协力，同舟共济，努力工作，圆满完成这一重大而艰巨光荣的任务，为油田今后的用工管理奠定一个良好的基础，为油田的稳定发展奠定一个良好的基础！

苟三权在北京办事处揭牌仪式上的讲话

（2009 年 12 月 31 日）

尊敬的各位领导、各位来宾、同志们：

在这年末岁尾、辞旧迎新的美好时刻，我们在这里隆重举行中国石油冀东油田公司北京办事处新址投用揭牌仪式。首先，请允许我代表冀东油田公司向在百忙中莅临揭牌仪式的各位领导、各位来宾表示热烈的欢迎！

冀东油田北京办事处新楼于去年底购得产权，新楼装修改造工程于今年 5 月 28 日开工建设，历经 7 个月时间完成，今天正式揭牌投用。在此期间，北京市朝阳区和平街街道办事处、派出所、居委会等政府机关部门，对油田办事处建设给予了大力的帮助和支持，今天，街道办事处傅义军书记、李连科主任、派出所王荣山所长、洪建华政委、居委会书记兼主任范春莉同志、工商银行北三环支行王欣一行长助理等领导又在百忙中亲自参加油田办事处投用揭牌仪式，在此我谨代表冀东油田公司致以崇高的敬意和衷心的感谢！油田老领导徐局长、李书记、郑主席也专程赶来参加揭牌仪式，项目组及办事处全体人员前期付出了辛勤的劳动，在此代表公司一并表达诚挚的谢意！

冀东油田北京办事处新楼的投用、

办事处机构人员的充实与加强，必将为油田员工家属进京出差、办事、旅游、就医等提供更加优质便捷的服务，也搭建了油田与集团公司总部机关、驻京单位和办事处周边市区政府部门沟通交流的平台与桥梁。

希望油田北京办事处在今后的工作中，紧紧围绕“提供优质服务、搭建友谊桥梁”这一工作目标，强化服务意识，严格内部管理，提升服务质量，加强沟通交流，认真履行和拓展北京办事处的服务联络职能。

一是搞好优质服务。要牢固树立“以人为本、服务至上”的理念，强化服务意识，靠服务赢市场，靠服务创效益，靠服务树品牌，靠服务交朋友，向“五星级”服务标准看齐，用真心、热心、细心和耐心，提供优质、周到、满意的服务，打造“冀东北办”品牌，把办事处建设成为冀东石油人在北京的“美好家园”。

二是严格内部管理。要积极开展队伍培训、岗位练兵、技术比武等活动，全面提高员工的服务技能，打造一支业务过硬、素质优良的员工队伍；要切实提高效益意识，严把原材料的采购关，严控各种物料消耗，切实做到降本增效；要积极开展节能降耗、保护环境、保护资源活动，最大限度地节约用电、节约用水、减少碳排放量；要高度重视食品安全和公共安全，全面分解落实责任，严格执行相关的法律制度与规定，建立健全各类突发事件应急预案，开展经常性的全员安全风险辨识活动，确保食品安全与公共安全万无一失。

三是加强沟通交流。要特别注意加强与总部机关和驻京石油单位的沟通与联系，建立顺畅多向的沟通渠道；要特别注意加强与北京市朝阳区和平街街道办事处、派出所、居委会等政府机关的沟通与联系，主动请示汇报工作，主动与办事处周边四邻友好相处，建立良好和谐的企地关系。

我相信，随着北京办事处新楼的投用和办事处机构人员的充实与加强，办事处全体员工一定能够继承发扬大庆精神、铁人精神和中国石油的优良传统与作风，高标准要求、高水平起步、高效率运作，把中国石油冀东油田良好的形象展示给首都北京，为首都北京“两个文明建设”增光添彩！

金牛辞旧千仓满，玉虎迎新百业兴。明天就是元旦佳节，在此，祝各位领导、各位来宾及全体同志新年吉祥、万事如意、幸福安康！

祝油田新北京办事处揭牌投用大吉、顺利扬帆起航！

统一思想　迎难而上
坚定不移地推进现代化大油田建设进程

——张国旗在油田2009年工作会议暨三届三次职代会结束时的讲话

(2009年1月16日)

各位代表、同志们：

公司2009年工作会议暨三届三次职代会，在全体代表和与会同志的共同努力下，历时两天，圆满完成了各项议程，就要闭幕了。会议期间，我们传达学习了集团公司2009年工作会议精神，审议并通过了三权总经理代表公司所作的工作报告和其他专项报告，对公司领导班子及班子成员进行了民主测评，观看了《踏浪远航》电视专题片，表彰了劳动竞赛先进单位、8个"铁人基层队"、10名劳动模范以及一大批先进集体、先进班组和先进个人。

这次会议开得很成功，是一次发扬民主、团结鼓劲、催人奋进的大会，更是一次求真务实、凝聚力量、谋划发展的大会。两天来，大家紧紧围绕会议主题，畅所欲言，建言献策，交流体会，沟通思想，以高度负责的精神对公司工作提出了许多好的意见和建议，充分发挥了民主监督、民主决策和民主管理的作用，体现了职工群众参与企业管理的愿望，反映了全体员工对公司领导班子的信任和支持，展示了大家对公司实现科学发展、和谐发展的信心和决心。与会同志普遍感到，会议安排紧凑，主题突出，内容丰富，收获很大，概括起来主要有以下三个方面：一是提高了认识，认清了形势，统一思想谋划新发展。会议期间，各位代表牢牢把握"倾力建设大油田、倾情建设冀东石油人的美好家园"这一主线，认真学习集团公司2009年工作会议精神，分析研究制约公司科学发展、和谐发展的一些重大问题，在思想上进一步明确了公司当前及今后一个时期的总体工作部署。通过这次大会，大家最深刻的体会是：要全面实现"建设科技、绿色、和谐现代化大油田"的奋斗目标，就必须深入贯彻落实科学发展观，坚持奉献能源、创造和谐的企业宗旨，紧紧抓住难得的发展机遇，解放思想、更新观念，正确面对前进中的差距和不足，积极解决发展中的困难和矛盾，以昂扬的斗志和创业的激情，不畏困难、真抓实干、锐意进取、奋勇拼搏，为实现公司2009年各项工作目标而不懈努力。二是振奋了精神，鼓舞了士气，信心百倍迎接新挑战。2008年，是冀东油田发展史上非同寻常的一年。我们经历了油气勘探、开发、投资和成本严峻形势的挑战，遇上了20世纪经济大萧条以来最严重的全球经济危机，经受了各方面工作的考验，生产经营形势一度比较被动、困难重重。在这样的形势下，我们仍然取得了较好的成绩：勘探开发思路得到有效调整，圆满完成了215万吨原油产量任务；安全环保保持良好态势，安全环保基础工作进一步夯实；精细管理成效显著，全年实现经营收入110.11亿元、利润25.37亿元；职工队伍士气高涨，油区大局和谐稳定；党组织作用得到充分发挥，党的建设、领导班子建设、干部队伍作风建设、基层建设和思想政治工作全面加强。成绩振奋人心，局面来之不易。这些都充分证明了我们的各项措施是科学的、正确的。同时，也更加有力地说明了一个事实，那就是只要我们树立必胜的信心，始终锁定一个目标，坚持不懈、百折不回、扎扎实实地做好每一项工作，就一定能够夺取新的更大的胜利。三是明确了目标，部署了任务，凝心聚力开创新局面。这次大会确定的公司2009年总体工作思路，符合集团公司工作会议精神，集中体现了公司领导班子和全体干部员工同舟共济、直面挑战，战胜困难、推进发展的勇气与决心。特别是三权总经理的工作报告，思路清晰，重点突出，客观总结了公司2008年的主要工作和实践经验，鲜明指出了当前存在的问题和不足，认真分析了面临的严峻形势，提出了今年的具体工作目标和保障措施。这充分表明，公司对未来发展的思考更加理性，认识更加深刻，思路更加清晰，目标更加明确，凝聚了公司上下的智慧和力量，必将引领和激励广大干部员工奋勇前进。

下面，根据党委意见，我就学习贯彻集团公司2009年工作会议精神，落实公司作出的各项部署，讲四个问题。

一、准确把握当前形势，切实增强责任感和紧迫感

把握发展形势、吃透会议精神，是贯彻落实好会议精神的前提。这次职代会内容丰富，安排的工作很多，也很重要，这就要求大家回去后，认真组织学习，深刻领会精神实质，切实把广大干部员工的思想统一到集团公司工作会议精神上来，把行动落实到公司党委和公司的决策部署上来，把力量凝聚到促进油田科学发展、和谐发展上来，坚定建设现代化大油田的信心不动摇。

1. 要全面领会会议精神

要深刻领会集团公司工作会议精神。集团公司上周在廊坊召开了2009年工作会议。三权总经理昨天传达了会议基本情况和主要精神。集团公司这次工作会议精神，可以概括为：围绕“一个中心”，贯彻“两种思想”，做好“三篇文章”。围绕“一个中心”，就是要围绕建设综合性国际能源公司奋斗目标，深入贯彻落实科学发展观，努力实现集团公司的科学发展、和谐发展。贯彻“两种思想”，一要贯彻艰苦创业的思想，发扬延安精神、大庆精神、铁人精神，大力弘扬解放思想、开拓创新的优良作风，大力弘扬艰苦奋斗、求真务实的优良作风，大力弘扬深入调查研究、密切联系群众的优良作风。二要贯彻过紧日子的思想，蒋总指出，我们的工作思路要立足于较长时间的低油价，预算安排、生产计划、建设方案必须体现低油价，搞每一项活动、办每一件事、花每一笔钱必须服从低油价，真正过几年紧日子，眼睛向内，苦练内功，采取更大力度的措施控制投资、降低成本、节约费用，最大限度地拓展盈利空间。做好“三篇文章”，就是要统筹做好改革、发展、稳定三篇文章。蒋总指出，发展是解决一切问题的总钥匙，改革是发展的动力，稳定是改革发展的前提。结合国内外形势，蒋总强调

了改革发展的重大意义，提出了保持集团公司科学发展、和谐发展的重点工作，部署了加强党的建设、队伍建设及和谐矿区建设的具体措施。在蒋总的报告中，无论是总结石油企业30年来的发展经验，还是部署今后的工作，都集中体现了“围绕一个中心，贯彻两种思想，做好三篇文章”这条主线。我们一定要认真学习、全面领会。

要全面领会公司职代会精神。苟三权总经理代表公司所作的工作报告，始终贯穿了全面落实科学发展观这条主线，总结工作客观实际，分析形势深入透彻，部署任务措施有力，符合集团公司2009年工作会议精神，符合公司实际和职工群众的根本利益。这是公司领导班子在认真落实集团公司建设综合性国际能源公司的战略部署，认真总结近年来油田改革发展实践，科学分析面临挑战和机遇的基础上，研究确定的发展思路和工作部署。各单位、各部门要学习领会报告的主要内容和精神实质，做到全面把握、整体坚持、系统贯彻，切实把报告提出的部署和要求落到实处。

2. 要准确把握当前形势

从宏观经济形势来看，世界经济环境中存在的不稳定因素和突发性风险前所未有，国际金融危机对实体经济的影响进一步加深，世界经济可能经历一段低迷和调整期。蒋总指出，集团公司生产经营直接受到金融危机的冲击和影响，如果国际油价按45美元/桶测算，就有3个油气田全面亏损。按40美元/桶测算，2009年集团公司预计实现营业收入1万亿元以上、利润总额500亿元左右，同比分别下降20%和60%以上。集团公司面临的这种严峻形势，也同样需要公司去直面应对。蒋总强调，近段时间来，党中央、国务院作出了一系列扩大内需、深化改革、促进经济平稳较快发展的重大决策，对企业改革发展也提出了新的更高要求。受金融危机影响，国内石油石化市场需求萎缩，油品、化工品销量和价格大幅下降、库存激增，导致炼化企业关闭部分装置、低负荷运行，部分油田关井限产，产运销衔接和资源平衡矛盾突出。经过多年的改革发展，集团公司内一些深层次矛盾尚未根本解决，主营业务发展不平衡；重组整合基本完成后，一些单位管理层次多、运行效率不高等问题仍然存在；投资与回报、成本与效益的矛盾进一步凸显，低成本发展尚未形成有效的激励约束机制，“要钱机制”的问题没有根本解决，市场机制的作用尚未得到有效发挥；用工总量过大，队伍结构不尽合理，薪酬标准和福利待遇不够统一，人工成本增长过快，等等。从冀东油田现实来看，集团公司存在的这些问题，我们也程度不同地存在。公司在发展方式、管理水平、创新能力、体制机制等方面都还有一定的差距，需要付出更多的努力，不断去加以解决。这些问题，三权总经理在工作报告中已经作了详细阐述。所以说，公司今年生产经营形势的严峻程度绝不会亚于2008年，这就要求我们必须要做好充分的思想准备，切实统一思想、提高认识。有了思想认识上的高度统一，才能形成统一的意志、统一的步调、统一的行动。我们要始终居安思危，增强忧患意识，积极应对挑战，坚定必胜信心，抢抓发展机遇，赢得更为广阔的发展空间，向既定目标迈进。

3. 要切实增强责任感和紧迫感

蒋总指出，当前经济全球化的趋势没有改变，我国经济发展的基本态势没有改变，集团公司持续发展的基本面没有改变，我们遇到的困难是发展中的困难、存在的问题是前进中的问题。对我们冀东油田来讲，也是如此。尽管我们面临着诸多困难和挑战，但我们也要看到油田发展的有利条件：一是各项工作走上正轨。通过一年来的摸爬滚打，我们的认识更加理性、更加科学，并根据实际情况，及时调整工作思路，大力加强精细管理，在夺油上产、压减成本方面取得了明显成效，各项工作已经基本步入了正轨。二是积累了发展的经验。油田成立至今，从最初的十几万吨产量发展到现在的200万吨规模，经济实力、配套技术、管理水平等各方面都取得了长足进步，我们在实践中获得了许多有益启示。尤其是最近几年的实践，经验与教训并存，形成了宝贵的财富。三是赢得了各方的理解和支持。集团公司党组高度重视冀东油田的发展，在政策措施等方面给予大力支持；我们同地方政府、兄弟单位的关系不断加深，各方面工作得到了充分理解和鼎力相助，油田外部发展环境总体较好。四是油田内部团结一心。公司各级领导班子解放思想、勇于开拓，党员干部潜心凝神、奋发有为，职工队伍群情振奋、朝气蓬勃，队伍素质不断增强。这是我们推进发展最有力的保证。信心就是力量，坚定信心比什么都重要。特别是在当前外部环境十分复杂、公司生产经营形势异常严峻的情况下，更要统一思想，团结一心，全面辩证看形势，透过现象看本质，把握发展大局，创造发展优势，坚定战胜困难、推进发展的信心和决心，以对党、对国家、对油田高度负责的态度，战胜困难，迎接挑战。为此，要切实做到四个“毫不动摇”。

坚持科学发展的思想毫不动摇。困难面前，是怨天尤人、萎靡不振、无所事事，还是振奋精神、奋发进取、迎难而上，结果截然不同。回顾油田20年的发展历程，我们经历了各种困难的挑战。油田成立之初，计划利用三年时间实现年产100万吨的目标。三年过去了，产量只达到35万吨。当时处境十分艰难。历经困难和挫折，我们矢志不移，不懈奋斗，终于在2004年实现了年产100万吨的目标，圆了几代冀东石油人的梦想。1998年，国际油价跌到了9.8美元/桶，油田生产建设举步维艰。为了维持油田生产，公司上下咬紧牙关，压缩成本，广大党员干部和职工群众不等不靠，团结一心，迎难而上，踊跃建言献策，积极想办法、出主意、定措施，油田终于走出了困境。油田的发展历程告诉我们，只要思想不滑坡，办法总比困难多。困难不可怕，可怕的是缺乏战胜困难、迎接挑战的信心和勇气。铁人王进喜讲过，一个国家要有名气，一个队伍要有士气，一个人要有志气。公司广大干部员工一定要坚定发展信心，坚持建设现代化大油田的发展总目标不动摇，坚持五条业务发展思路不动摇，保持积极向上的精神状态，以高度负责的态度、不畏困难的勇气、坚定必胜的信念、勇于进取的精神，去面对繁重的生产经营任务和投资成本的压力，克服困难，推进发展。要进一步强化机遇意识，努力在发展中抢占先机，在逆境中赢得主动；进一步强化责任意识，以“拼一把”的精神状态切实履行好自己的职责；进一步强化效率意识，以争分夺秒、雷厉风行的工作作风和精神状态，努力创造更加卓越的工作业绩，做到不愧对历史、不愧对组织、不愧对群众。要把困难当做锤炼意志的战场，把挑战当做施展才华的舞台，把压力当做推进发展的动力。要加强教育引导，切实把大家的思想统一到战胜目前的困难上来，勇于直面现实，敢于迎接挑战，为夺油上产、降本增效做出应有的贡献。

坚持寻找储量的信心毫不动摇。实现油田科学发展、和谐发展，储量资源是基础。周永康同志曾讲过："科学地搞好勘探，精细地搞好开发。"我们要按照科学发展观的要求，解放思想，开拓创新，努力寻找建设大油田的优质储量。毛泽东同志在《愚公移山》一文中，用愚公移山的典故教育全党同志要坚持不懈、勤奋工作，坚决挖掉帝国主义和封建主义这两座大山。长庆油田在发展过程中也经历了许多坎坷，产量在几百万吨徘徊了许多年。但是长庆石油人凭着对祖国石油工业的满腔赤城，坚定信心，解放思想，大胆实践，不断深化地层认识，最终解决了低渗透问题，从"磨刀石"上拿到了产量。如今的长庆油田，年产油气当量突破了2000万吨，并计划到2015年实现油气当量5000万吨，成为名符其实的大油田。公司广大干部职工也要发扬愚公移山的精神，锲而不舍，越挫越奋，为寻找建设大油田的优质储量而不懈努力。要坚持精细和实事求是的原则，从客观实际出发，使主观愿望符合客观规律，坚决反对好高骛远和各种短期行为，实事求是、脚踏实地、对症下药，制定科学合理的措施，研究制约油田发展的瓶颈问题，解决生产中遇到的现实问题，为建设现代化大油田打下坚实的基础。

坚持降低成本的方针毫不动摇。蒋总指出，实施低成本发展是企业提高盈利能力和竞争能力的必然选择，特别是在国际油价持续走低的情况下，只有大幅度降低成本，才能求得企业的生存与发展。油田经过20多年的发展，虽然我们今天创业的环境变了、条件改善了，但继承大庆艰苦创业的精神、弘扬艰苦奋斗的作风不能变，更不能丢。要把我们赖以生存的企业经营好，使大家都能过上好日子，首先必须牢固树立"过紧日子"的思想，发扬艰苦奋斗的精神，树立勤俭节约的作风，全力以赴打好"降本增效"攻坚战。发扬艰苦奋斗的精神，落实在行动上，就是要不讲条件，不怕困难，不计个人得失，千方百计想办法，集思广益促发展；就是要脏活面前冲在前，重活面前抢在先，险活面前不畏惧，难活面前不退缩，全力以赴为发展。树立勤俭节约的作风，体现在工作中，就是要从自身做起，从现在做起，从本岗位做起；要在全公司范围内大讲勤俭节约有理、勤俭节约有利、勤俭节约有功、勤俭节约光荣的良好舆论，使勤俭节约的思想意识根植于每一名员工的头脑中，力求使每一名员工在工作中时时不忘节约、处处讲求节俭，从而使全体员工养成厉行节约、反对浪费的良好习惯和作风。

坚持互相团结的大局观念毫不动摇。团结出凝聚力、出战斗力、出智慧。做好生产经营各项工作、实现新的发展目标，任务异常繁重艰巨，必须发挥整体优势，形成推动工作的合力。当前，公司处在一个暂时的困难时期，团结一致、相互理解、彼此支持比任何都要重要。各单位、各部门要各司其职、统筹考虑、周密安排，充分调动各方面的积极性，全力推动油田整体协调发展。要牢固树立"一盘棋"思想，一切从大局出发，局部服从整体，按照公司党委和公司统一部署，认真执行工作计划、运行方案、调控措施，做到政令畅通、令行禁止、步调一致。我们相信，只要公司上下心往一处想、劲往一处使，同频共振、齐心协力，就没有克服不了的困难。

二、切实采取有力措施，全力抓好会议精神的贯彻落实

战胜困难、走出困境，关键是要抓好既定部署的落实。2009 年的目标和部署已经明确，摆在我们面前的首要任务就是聚精会神谋发展、一门心思抓落实。公司上下要结合实际，切实采取有力措施，全力抓好会议精神的贯彻落实。

1. 要围绕会议精神，掀起宣传热潮

结合不同时期、不同阶段的发展目标和工作重点，有针对性地在队伍中开展形势任务教育，是我们统一思想、凝聚力量的重要手段。各单位要原原本本地传达集团公司工作会议和公司工作会议暨职代会精神，围绕集团公司建设综合性国际能源公司的目标和公司“倾力建设现代化大油田、倾情建设冀东石油人的美好家园”这条主线，高唱同心曲，广泛开展“形势、目标、任务、责任”主题教育活动，切实提高对建设现代化大油田这个发展总目标的认识，引导广大干部员工进一步将思想和行动统一到集团公司工作会议和公司工作会议暨职代会精神上来，理清思路，明确任务，振奋精神，坚定信心，为全面完成各项业绩指标奠定坚实的思想基础、营造良好的发展氛围。各级领导干部要深入群众和生产一线，带头宣讲会议精神，面对面地向广大员工讲形势、讲任务、讲工作思路和措施；不仅要讲前进中的困难和问题，更要讲发展中的有利条件和潜在希望，以及今后的发展目标和美好前景，以实际行动宣传贯彻会议精神。要丰富宣传形式和载体，充分利用电视、报纸、网络等宣传媒介，分专题、分系统地进行大力宣传，掀起学习贯彻会议精神的热潮，使当前形势、集团公司总体部署、公司今年的指导思想、工作目标和重要任务家喻户晓、人人皆知，把广大员工的积极性、创造性凝聚到公司改革和发展目标上来。

2. 二要结合会议内容，分解目标任务

公司 2009 年的生产经营任务繁重而艰巨，需要上下的共同努力才能完成，整体目标也需要分解到各单位、各部门才能落实。各单位、各部门要结合实际，认真研究讨论贯彻落实这次会议精神的具体措施和办法。要按照责任和权力相统一的原则，建立一级对一级负责的目标责任制，对三权总经理工作报告中提出的主要工作目标和任务，层层进行分解、层层落实责任，逐级分解任务、逐级传递压力，切实把压力一级一级传递到基层，把领导的责任转化为每名员工的责任，把领导的信心转化为每名员工的信心，把领导的压力转化为每名员工的压力，真正形成“千斤重担众人挑、人人肩上有指标”的局面。各级领导干部要结合本单位、本部门的实际，认真搞好各项任务指标的分析工作，拿出实实在在的措施，以开拓创新的勇气和信心，找准工作的薄弱点，明确工作的着力点，抓住生产经营的关键点，抓好每一天的安全平稳生产，抓好生产、经营和管理的每一个细节；广大员工要立足岗位，精心操作，继承石油工业的光荣传统，发扬敢于吃苦、勇于开拓、乐于奉献的实干精神，用智慧和汗水确保安全平稳生产，确保全年各项任务的顺利完成。

3. 三要突出重点工作，全力抓好落实

把握全局、抓住重点，是一条重要的工作原则，是一种重要的思想方法和工作方法，也是各级领导干部的基本功。各单位、各部门要按照三权总经理工作报告中提出的要求，理清“油气勘探、油田开发、生产服务、矿区服务、多元经济”5条业务发展思路，坚决打好“夺油上产”和“降本增效”两个攻坚战，强力推进“潜山油气勘探、南堡油田东营组重大开发试验、老油田综合治理及二次开发试验、百万吨产能建设、美好家园建设”等五大重点工程，扎实开展好“安全环保”和“改革管理”两项基础年活动，着力推进科技创新。要按照会议确定的这些重点工作，找出与本单位、本部门实际的结合点，把结合点作为自己的工作重点，进一步细化工作措施，力争有所突破，努力实现科学发展、和谐发展。

三、加强改进党建与思想政治工作，为完成全年生产经营任务提供服务和保证

蒋总在总结30年来获得的启示时指出，党的坚强领导始终是我们搞好企业的最大优势和根本保证。要充分发挥党组织的政治核心作用和党员的先锋模范作用，切实加强各级领导班子建设，保证党的路线方针政策得到全面贯彻落实；坚持全心全意依靠工人阶级办企业的方针，发挥工会、共青团及职代会的作用，使广大员工始终成为中国石油建设的主人；大力弘扬大庆精神、铁人精神和石油工业的优良传统作风，推动思想政治工作和企业文化全面进步。蒋总的讲话进一步明确了当前形势下党建与思想政治工作的总体思路和工作重点。各级党组织一定要认真贯彻落实蒋总的要求，坚持围绕中心、服务大局，加强改进、持续创新，进一步提高服务保证的水平，确保全年各项任务顺利完成，以实际行动向建国60周年献礼。

1. 加强班子建设，提供组织保证

认真贯彻落实《中央组织部关于进一步加强和改进领导班子思想政治建设的意见》，深入开展“四好”班子创建活动，努力把各级领导班子建设成为坚定贯彻党的路线方针政策、善于引领科学发展的坚强领导集体。要按照集团公司党组的要求，扎实开展政治纪律教育，进一步加强思想政治建设，着力增强各级干部的党性观念、政治意识、大局意识和责任意识，切实把公司关于推进科学发展的各项决策部署落到实处。要认真落实《党委中心组学习制度》，切实抓好党委中心组学习，坚持用正确的思想和理论来统一班子成员的思想，做到求大同存小异；要结合本单位业务实际丰富学习内容，不断提高领导班子成员的政治素质、理论素养。要深入学习贯彻《集团公司关于贯彻落实“三重一大”决策制度的实施办法》，加强对各级领导班子和领导干部的民主集中制教育，提高对执行“三重一大”决策制度重要性的认识，全面掌握决策制度的基本内容、决策程序和规则，不断提高依法、科学、民主决策的能力。要加强班子团结，牢固树立“一荣俱荣、一损俱损”的意识，切实做到“大事讲原则、小事讲风格”，要坚持在工作上互相支持，生活上互相照顾，思想上互相帮助，形成齐心协力干事创业的良好局面。

2. 开展实践活动，助力科学发展

按照党中央的统一部署，集团公司及所属企业将作为第二批从今年3月份起开展学习实践科学发展观活动，公司党委将根据集团公司党组的部署，作出具体安排。各级党组织要充分认识开展这项活动的重大意义，紧紧围绕党员干部受教育、科学发展上水平、人民群众得实惠的总要求，牢牢把握坚持解放思想、突出实践特色、贯彻群众路线、正面教育为主的原则，根据当前形势，把积极应对挑战、破解发展难题作为学习实践活动的重要内容，结合实际，认真制订实施方案，明确工作步骤和具体措施。全体党员特别是各级干部要积极投入到这项活动中，认真学习党中央和集团公司党组的有关文件，结合自身实际查找存在的问题，深入分析原因，开展批评与自我批评，总结经验教训，进一步明确努力方向。要通过学习实践活动，实现提高思想认识、解决突出问题、创新体制机制、促进科学发展的目标，切实把科学发展观的要求转化为谋划科学发展的正确思路、领导科学发展的实际能力和促进科学发展的政策措施，推动公司又好又快发展。

3. 加强党建工作，发挥政治优势

各级党组织要找准服务生产经营的结合点、着力点，增强工作的实效性，形成与生产经营互融互渗、相互促进的良好局面。要把党委工作的主要精力放在抓重点、议大事上，积极参与重大问题决策，把保证和促进加强科学管理、推动深化改革、提高经济效益、确保稳定发展作为检验党建工作成效的重要标准，切实发挥保证作用。要坚持持续改进，全面推进、有效实施党建工作质量管理体系。要加强培训指导，做好日常监督管理，及时总结经验，不断提升党建工作水平。要持续开展党支部“六个一”创建活动，充分发挥基层党支部的战斗堡垒作用和党员的先锋模范作用，进一步增强党组织的凝聚力和战斗力。要深入开展“四创”活动，以“党员责任区”活动为载体，引导基层党支部和广大党员围绕生产经营中的“急、难、险、重”任务，开展主题活动，切实使广大党员成为完成各项生产经营任务的带头人。要持续开展好“夺油上产、降本增效”劳动竞赛，扎实开展“勤俭节约、挖潜增效”、合理化建议征集、技术比武等活动，把职工群众的积极性充分调动起来。

4. 强化基层建设，夯实发展基础

认真贯彻落实集团公司《基层建设纲要》和公司《关于发扬大庆精神，进一步加强基层建设的意见》，突出基层队(站)、班组和岗位三个重点，扎实开展以“标准基层队创建、五型班组创建和星级员工达标”为主要内容的“两创一达标”活动，不断完善基层建设体系。要切实加强领导，发现不足，不断改进，修订“两创一达标”奖惩考核办法，将“两创一达标”考核细则进一步融合到本单位的业绩考核体系之中。要针对基层队、班组、员工的实际情况，修订考核细则，细化、量化岗位评比标准，科学划分各考核项所占比例与权重，合理确定考核奖惩频次与力度，使基层管理向精细化、规范化和科学化迈进。同时，要加强先进典型的培养、选树和宣传，以点带面，在基层队、班组、员工三个层面确定培养对象，制订培养计划，加大培养力度，指导各单位选树和培养具有代表性的先进典型，推进基层建设工作整体上水平。

5. 狠抓廉政建设，营造良好氛围

按照蒋总在专题听取集团公司党风建设和纪检监察工作汇报时强调的“实现三个保证”、“把握三个着力点”的要求，大力加强党风廉政建设。各单位党委（总支）是反腐倡廉建设的责任主体，党政主要领导是反腐倡廉建设的第一责任人。各单位党政主要领导要进一步增强反腐倡廉建设的领导意识和责任感，切实履行第一责任人的政治责任。要认真贯彻落实集团公司和公司《建立健全惩治和预防腐败体系2008—2012年实施计划》以及年度推进计划，加强组织协调和检查指导，把规范权力运行、健全经营管理制度与强化监管、严惩违纪违规行为结合起来，着力推进重点领域和关键岗位的制度建设、规范管理。进一步严肃党的政治纪律、经济工作纪律和组织工作纪律，加强对公司重大部署执行情况的监督检查，加大对违纪违规行为的查处力度，坚决纠正有令不行、有禁不止的现象，确保政令畅通。要按照集团公司党组的要求，加强对“三重一大”决策制度执行情况的监督检查，坚决纠正违规行为。要加强党员干部的示范教育、警示教育和岗位廉洁教育，大力推进廉洁文化建设，深入学习宣传《集团公司管理人员违纪违规处分规定》，进一步增强党员干部拒腐防变的意识和能力。

6. 继承优良传统，转变工作作风

持续深入开展延安精神、大庆精神教育，用延安精神、大庆精神育人铸魂，把延安精神、大庆精神作为科学发展、建设大油田的强大精神动力，进一步传承和发扬党的优良传统，不断改进各级党组织、广大党员干部的作风和形象。要树立解放思想、实事求是的作风，打破陈旧思维方式的束缚，创造性地开展工作；树立深入基层、联系群众的作风，倾听基层和群众呼声，全力为员工解难事、办好事；树立艰苦奋斗、勤俭节约的作风，牢记“两个务必”，反对铺张浪费；树立脚踏实地、埋头苦干的作风，力戒心浮气躁、急功近利，一步一个脚印地把油田的事业推向前进。

7. 落实措施责任，维护大局稳定

面对今年严峻的生产经营形势，不稳定不确定因素很多，各种问题和矛盾时有显现，稳定形势依然严峻。各级组织要牢固树立“稳定是硬任务、是第一责任”的思想，始终保持高度的政治责任感和强烈的大局意识，把信访稳定工作作为一项重要任务来抓，纳入领导班子的议事日程，切实做到“三讲一提高”。要严格落实稳定工作责任制，各单位党委（总支）书记是维护稳定工作的第一责任人，党政领导要密切配合、协调一致，切实把维护稳定的各项措施和目标落到实处。要密切关注稳定工作中的新情况、新问题，及时掌握信息，敏锐发现和把握各种倾向性、苗头性问题，采取积极措施，及时消除不稳定苗头，有效化解不稳定因素，妥善处理不同群体间的利益关系，深入开展有针对性的思想政治工作，坚持正确的舆论导向，把维护稳定工作进一步做深、做细、做实，坚决杜绝因工作不当引发新的不稳定问题，确保大局稳定。

8. 坚持以人为本，构建和谐油区

在推进改革发展的同时，将成果惠及广大员工、家属。持续优化美化矿区环境，完善基础设施，不断提高职工群众的生活质量。坚持以人为本，认真落实员工各项福利待遇。热情关心退休职工、有偿解除劳动合同人员，落实有关政治待遇和生活待遇。切实关注困难群体，积极开展“送温暖”、“金秋助学”等暖心工程。要认真落实《关于创建和谐企业（单位）的安排意见》，推动和谐企业创建活动的深入开展，实现内部和谐。要站在战略和全局高度，持续开展“和谐油区”共建活动，发挥共建委员会的作用，不断深化共建内容，巩固共建成果，构筑和谐共建的长效机制。要加强与地方政府之间的联系，搞好协调，争取支持，建立和谐密切的企地关系，营造和谐的外部发展环境。

四、大力弘扬劳动模范精神，努力营造赶超先进的良好氛围

实现既定目标，离不开广大干部员工的共同努力，必须最大限度地调动广大干部员工的积极性和创造性。为此，我们要大力弘扬劳动模范精神，充分发挥广大劳动模范、先进集体和先进个人的示范带动作用，努力营造比学赶帮超的良好氛围。

一方面，要大力弘扬和学习劳动模范精神。劳动模范是职工群众的杰出代表，是大庆精神、铁人精神的继承者和发扬者。今天受到表彰的“铁人基层队”、劳动模范等先进集体和个人，就是油田先进群体的代表。这些劳动模范、先进集体和个人是全体干部员工学习的榜样。他们的共同特点就是，把推进企业发展作为自己的神圣使命，爱岗敬业，忘我工作，在各自岗位上无私奉献；积极参与改革、投身于改革，正确对待改革中的利益关系调整，自觉维护稳定工作大局；勤奋学习，刻苦钻研，努力掌握各种新知识、新技术；严于律己，廉洁奉公，注重自我改造，热情服务群众；他们具有坚定的理想信念，胸怀全局，志存高远，是保持先进性的典范。我们隆重表彰他们的先进事迹，就是要弘扬他们的精神，号召全体干部员工向先进典型学习。要学习和弘扬劳动模范热爱石油、忠诚企业、无私奉献的主人翁精神，教育和引导广大员工正确认识改革发展中出现的各种新情况和新问题，正确处理个人得失，把个人的前途融入油田改革发展的事业之中。要学习和弘扬劳动模范不畏艰难、迎难而上、顽强拼搏的艰苦奋斗精神，始终保持艰苦奋斗的优良作风。要学习和弘扬劳动模范勤奋学习、刻苦钻研、不断创新的勇于进取精神，培养主动学习、善于学习的良好习惯，不断提高自身素质，增长新本领，提升职业技能和实践才干，不断增强创造能力。要学习和弘扬劳动模范立足本职、求真务实、埋头苦干的爱岗敬业精神，不断追求一流的技术水平，创造一流的工作效率，干出一流的工作成绩。要学习和弘扬劳动模范互帮互学、团结协作、创造和谐的团队精神，以大局为重、以团结为重，争做团结的模范；树立“一盘棋”的思想，同心同德干事情，群策群力干事业；相互支持、密切配合，在不同的岗位上各司其职、各尽所能，在合作共事中做到思想上同志、目标上同向、行动上同步，形成战胜困难、谋求发展的强大合力。

另一方面，要高度重视和关心各类先进典型。先进典型是油田宝贵的精神财富。各级组织要广泛深入地宣传各类先进典型的突出事迹，努力营造学习先进、崇尚先进、争当先进的良好风尚。要在政治思想上和工作生活上关心爱护先进典型，积极帮助他们解决工作、学习和生活中遇到的实际困难，为他们创造有利于发挥作用和成长进步的环境。要进一步加强先进模范的培养选树工作，及时发现典型、总结典型、表彰典型，不断将那些能够反映时代风貌、事迹和贡献突出、具有导向作用的先进个人和集体充实到先进典型队伍中来。要做好经常性的先进典型事迹的发现、总结和推广工作，将其作为企业文化建设的一项重要内容，不断丰富企业文化的内涵。

伟大的事业铸就伟大的精神，伟大

的精神推进伟大的事业。希望受表彰的劳动模范和先进集体，要倍加珍惜自己的荣誉，谦虚谨慎，戒骄戒躁，再接再厉，永葆光荣本色，在油田的改革发展中创造更好的成绩，不断作出新的贡献。

各位代表、同志们，未来征程任重道远，宏伟大业催人奋进。困难是暂时的，前途是光明的。公司党委和公司希望，广大干部员工要更加紧密地团结起来，牢固树立和落实科学发展观，同心同德，迎难而上，积极进取，共克时艰，坚定不移地推进现代化大油田建设进程!

发挥政治优势 凝聚发展力量
为建设科技、绿色、和谐的现代化大油田而奋斗

——张国旗在中共中国石油冀东油田公司第一次代表大会上的报告

(2009 年 10 月 29 日)

同志们：

现在，我代表公司党委向大会作工作报告，请予审议。

自 1999 年 11 月重组改制以来，公司已经走过十年的发展历程。公司党委认真贯彻落实集团公司党组和河北省国资委党委的决策部署，在新世纪的曙光里探索前行，在管理体制的深刻变革中开拓进取，在可持续发展的道路上不懈追求，胜利步入了油田大建设大发展的历史新阶段，为中共中国石油冀东油田公司第一次代表大会的召开，奠定了坚实的基础。这次会议的主题是：以邓小平理论和“三个代表”重要思想为指导，深入贯彻党的十七大及十七届四中全会精神，落实科学发展观，紧紧围绕“114555”的总体思路，发挥政治优势，凝聚发展力量，动员各级党组织、全体党员和广大员工，同心同德，倾力倾情，为建设科技、绿色、和谐的现代化大油田而奋斗。

一、过去十年工作回顾

过去的十年，是公司发展史上具有里程碑意义的十年。我们克服了诸多困难，经受住了各种考验，始终牢牢把握发展这一主题，坚持解放思想、与时俱进、开拓创新、真抓实干，开创了改革发展稳定的新局面，取得了丰硕成果，公司面貌发生了全新的变化。

发展势头快速有力，经济实力显著提升。油气勘探、开发主营业务取得了重大突破，南堡油田的发现展示了良好的发展前景。原油产量连续换字头，累计生产原油 1151 万吨。经济效益大幅提升，累计实现经营收入 456.99 亿元、利润 155.69 亿元，上缴税费 66.64 亿元；公司 2008 年实现经营收入 110.11 亿元、利润 25.81 亿元，上缴税费 15.86 亿元，较 1999 年分别增长了 12.5 倍、7.7 倍、29.4 倍。

改革调整稳步推进，管理体制逐步理顺。改制分离、重组整合顺利进行，

发展思路基本明确。持续推进结构调整和资源优化配置，不断深化劳动、人事、分配三项制度改革。工程技术服务市场全面开放，运行机制逐步完善，“油公司”管理体制基本形成。

科技兴油作用突出，创新能力不断增强。坚持实施科技兴油战略，加大科技攻关和新技术推广应用力度，加快成果转化，集成创新能力大幅提升。累计取得科研成果195项，其中省部级以上奖励34项。

党的建设全面加强，政治优势充分发挥。积极推行党建工作质量管理体系，扎实推进“四好”领导班子建设，深入开展“四创”和基层党支部“六个一”活动，大力加强党员队伍建设，累计发展党员594名。公司党委先后获得河北省“先进基层党组织”、“思想政治工作优秀企业”和省国资委“十佳先进基层党组织”等荣誉称号，党的政治优势得到有效发挥。

基层建设持续推进，基础工作全面夯实。全面贯彻落实集团公司《基层建设纲要》，积极推行“6S”现场管理，深入开展“两创一达标”活动，基层基础工作进一步夯实，涌现出了以集团公司“百面红旗”单位为代表的一批基层建设典型。

队伍建设成效明显，员工素质明显提高。广泛开展形势任务教育，大力弘扬优良传统，深入践行社会主义荣辱观，扎实做好一人一事的思想工作，有效地促进了员工职业道德素养的提高，涌现出了一大批国家、省、市级先进模范人物，为公司广大员工树立了榜样。

文化建设特色鲜明，企业精神深入人心。建成了南27发现井、南堡展厅、青少年宫三个企业精神教育基地，“爱国、创业、求实、奉献”的企业精神深入人心。公司先后荣获全国“企业文化建设工作先进单位”、“模范职工之家”等称号。

矿区面貌日新月异，职工生活持续改善。累计投资9亿元，用于基础设施建设、环境治理，矿区面貌发生了根本性变化，公司被授予“全国绿化模范单位”荣誉称号，51号甲区被唐山市评为“最具幸福感小区”。员工收入保持较快增长，人均收入较1999年提高4倍。

和谐共建扎实开展，战略合作关系融洽。积极探索实践“油公司”管理模式，广泛开展“和谐油区”共建活动，与15个战略合作单位共同成立了共建委员会，建立了双赢互利、共同发展的新型合作关系，营造了团结协作、和谐发展的良好环境。

巨大成绩的背后，凝聚着无数的智慧和辛勤的工作。十年来，各级党组织始终保持奋发有为的昂扬斗志、开拓创新的进取精神和与时俱进的工作态度，紧紧围绕公司中心工作，自觉在加强中改进，于继承中创新，积极探索党建工作的新路子、新方法和新举措，为改革发展稳定提供了强大的精神动力、智力支持和组织保证。

1. 发挥核心作用，推进科学发展

一方面，积极参与重大问题决策。围绕发展战略、经营方针、工作规划以及大额投资等重大问题，始终坚持做到决策前深入实际、调查研究，决策中发挥党委成员的作用，把上级精神和党委意见贯彻体现到决策事项当中，确保决策上把关定向、实施上保证监督、工作上合力推动。特别是在生产经营、改革发展和队伍稳定遇到困难时，坚持党政齐抓，努力当好行政领导的坚强后盾。

每年职代会前，公司都要召开党委扩大会议，审议通过全年工作规划等重大事项。针对队伍稳定中出现的敏感问题，及时研究措施，确保了油区的和谐稳定。2006年油田重组整合初期，公司党委全面分析发展形势，进一步明确了“建设科技、绿色、和谐的现代化大油田”奋斗目标，及时提出了“四个统一”的指导思想，有效推进了重组整合的步伐。今年上半年，面对金融经济危机带来的挑战，公司以学习实践活动为契机，理清思路，应对挑战，有力地推动和规范了公司的科学发展。

另一方面，全力确保生产经营任务的完成。围绕科技攻关、成本控制、安全生产等工作，坚持从理念创新做起，形成了“今天的投资就是明天的成本”的共识，培育了“零不”安全文化理念。以“创先争优”为载体，广泛发动各级党组织和广大党员带头推进生产经营各项工作部署的落实，组织开展了“四创”、“党员先锋岗”等系列主题活动，充分发挥了党支部的战斗堡垒作用和党员的先锋模范作用。同时，根据不同时期的生产经营特点，先后组织职工群众开展了“夺油上产、降本增效”劳动竞赛、“巾帼建功”等活动，促进了管理水平和经济效益的提高，确保了生产经营任务的顺利完成。

2. 狠抓班子建设，强化组织保证

以“四好”为目标，大力加强两级领导班子建设。坚持理论武装，提高班子政治素质。认真抓好中心组学习制度的落实，强化领导干部系统理论教育；坚持开展专题学习培训，累计举办处级干部培训班40期，培训2066人次，领导班子及其成员整体素质得到提升。注重团结协作，发挥班子整体功能。始终坚持“集体领导、民主集中、个别酝酿、会议决定”的原则，不断健全完善议事规则和决策机制，规范工作程序，认真落实党委会、党政联席会等制度，确保了决策的科学民主。加强干部管理，改善班子成员结构。完善出台了领导班子管理和业绩考核制度，加大了处级领导干部公开选拔力度，干部培养、任免、管理和奖惩工作日趋规范化、科学化；注重优化处级领导人员结构，加强干部的培养交流。狠抓作风建设，树立班子良好形象。先后开展了“三讲”、先进性教育、“两个务必”作风建设、科学发展观学习实践等系列活动，认真落实民主生活会制度，深入开展批评与自我批评，狠反官僚主义、形式主义、教条主义、自由主义“四股歪风”，促进了各级领导班子和干部作风的转变。2006年，公司领导班子被集团公司评为“四好”班子。2008年，公司处以上领导干部的群众信任率达到了98%以上。

3. 加强自身建设，提升党建水平

突出局处两级党组织建设，在继承创新的基础上，建立了以《质量手册》、《程序文件》和《支持性文件》为基本框架的党建工作质量管理体系，党建工作进一步科学化、制度化和规范化。定期对各二级单位党委（总支）进行全面考核，促进了基层党建水平的提高。共有16个基层党组织受到集团公司党组和直属党委表彰，8个基层党组织受到河北省委和省国资委党委表彰。以“六个一”为目标，大力加强基层党支部建设。修订出台了《党支部工作条例》，建立了系统规范的考核标准；按照“三同时”原则，及时组建调整基层党支部，理顺了组织关系；注重提高基层党支部书记素质，举办了26期培训班，累计培训1158

人次；先后有 32 个基层党支部被公司党委授予“红旗党支部”荣誉称号。按照先进性的要求，加强党员队伍建设。强化党员的思想教育，加强党的基本理论和基本知识的学习，努力提高广大党员的思想政治素质；以党员责任区为载体，针对不同时期改革、发展、稳定等方面的重点，及时组织开展各种主题活动，充分调动广大党员的积极性，促进先锋模范作用的发挥；坚持民主评议党员活动，定期全面考察党员的思想、工作、学习、生活等情况，党员的素质得到了全面提高。“平时言行能看出来，困难时刻能站出来，利益面前能让出来”，已成为广大党员发挥先锋模范作用的真实写照。十年来，共有 772 名党员受到局级以上表彰；公司表彰的“双文明”先进个人中，党员占 82.4%。

4. 强化基层建设，夯实发展基础

结合实际，制定实施了《关于发扬大庆精神，进一步加强基层建设的意见》，明确了“两创一达标”基层建设工作目标和总体思路。各基层单位扎实推进“标准基层队”、“五型”班组创建和“星级”员工达标活动的深入开展，基层建设迈上了规范化的轨道。强化基层硬件建设，先后投入资金 3.2 亿元，改善基层一线基础设施和工作环境。全面推进 6S 管理模式，成立了 6S 管理模式推广项目组，召开了 6S 管理现场会暨推广动员会，发布了《公司 6S 现场管理推行方案》，从加强生产受控管理入手，狠抓制度、流程、职责的规范管理，突出班组、岗位和现场的标准化管理，实现了生产运行平稳高效。充分借助信息化、网络化技术手段，扩大信息网络在基层的覆盖面，提高了基层生产经营管理的现代化水平。严格落实持证上岗制度，广泛开展教育培训、岗位练兵和技术比武，累计举办各类培训班 1172 期、轮训 34650 人次，基层队伍的业务能力显著增强。

5. 完善监督机制，加强党风建设

新建完善各类管理制度 451 项，监督管理的制度体系更加完善。加强了对投资立项、资金运作、用人选聘等事关企业重大政策和员工切身利益事项的监督，提高了防范能力。深入开展反腐形势、党规党纪、典型案例教育，严格落实廉洁自律规章制度，组织商业贿赂治理和“小金库”专项清查，推行“四廉”活动，建立领导干部廉政档案，确保了领导干部廉洁自律意识的进一步增强。围绕物资采购、工程项目招投标等重点领域，开展了 37 个效能监察项目，避免和挽回经济损失 424.4 万元。严肃查处违法违纪案件，受理群众举报 69 件，查处违法违纪案件 33 起，挽回经济损失 445 万元；处理违纪党员 24 人，行政处分 26 人，查处科以上干部 25 人。

6. 发挥宣传优势，凝聚队伍合力

深入开展“形势、目标、任务、责任”主题教育活动，引导干部员工解放思想、转变观念、振奋精神、开拓进取，为加快发展奠定了坚实的思想基础。注重人文关怀和心理疏导，深入细致地做好改革调整中一人一事的思想工作。紧密结合不同时期的工作任务，充分利用《冀东石油》、电视站、局域网络、内部刊物等各种媒体，确定专题，广泛宣传，营造了开拓进取、争创一流的良好氛围。认真贯彻落实《集团公司企业文化建设纲要》，制订了《“十一五”企业文化建设发展规划》，扎实推进企业文化建设，组织编印了《安全文化手册》、《安全警语》和《安全漫画》等，创作了《冀东油田之歌》，形成了内容丰富、覆盖面广的文化体系格局。建成了三个企业精神教育基地，干部员工参观学习达到8500多人次。以庆祝新中国成立60周年、大庆油田发现50周年为契机，组织开展了爱国爱企教育“十个一”活动。广泛开展了以“八荣八耻”为主要内容的社会主义荣辱观学习实践活动，加强“三德”教育，认真贯彻落实《集团公司员工职业道德规范》，大力弘扬大庆精神、铁人精神等石油工业的优良传统，员工的思想道德素质有了明显提高。先后组织了73次向地方援建及各类捐款活动，累计金额6387.49万元。

7. 构筑共建平台，打造和谐油区

开展了《和谐油田建设理论与措施研究》，提出了和谐油田建设8项评价指数和40多项评价标准，明确了今后一个时期和谐油田建设方向、工作目标和具体措施。制定实施了《关于创建和谐企业（单位）的安排意见》及其考核细则，明确了创建和谐企业的4项原则和10项标准。坚持每两年组织开展一次考核评比，促进了各单位两个文明建设同步发展。同时，扎实开展和谐油区共建活动。成立了由大庆、辽河、大港、华北等15个战略合作单位组成的“和谐油区”共建委员会，坚持思想同向、目标同源、组织同建、工作同抓，不断拓展共建领域，积极探索共建模式，涌现出了和谐共建“十面红旗”，促进了共建各方的共同发展。举办了“渤钻杯”篮球邀请赛，活跃了参战员工的业余文化生活，加深了共建各单位之间的沟通交流，展示了队伍的精神风貌，孕育了丰富的和谐文化，推动了“和谐油区”共建工作蓬勃开展。

8. 坚持以人为本，关心员工生活

在推进企业发展的同时，千方百计为职工群众办实事，切实将改革发展的成果惠及广大员工家属。安置了1172名有偿解除劳动合同人员再就业，安排了1126名油田子女就业并建立了住房公积金；建立企业年金制度，进一步提高了职工退休养老保障水平；员工基本保险、补充保险和商业保险先后建立，公司社会保险制度日趋完善，员工社会保障水平不断提高；兴建了1014套经济适用住房，解决了员工住房困难；积极改善员工住房条件，唐山凤凰新城新建小区的征地及规划筹建工作取得实质性进展，努力实现从“有其居”到“优其居”转变；建成了唐山和唐海职工文体活动中心，极大地改善了员工的健身条件；开展了退岗家属生活补贴发放工作，624人享受了生活补贴；实施了“送温暖”、“金秋助学”工程，并加大了对困难家庭的慰问和帮扶力度；认真落实员工疗养制度，累计组织2080人外出疗养。通过这些实实在在的工作，确保了队伍团结稳定。十年来，没有发生集体越级进京上访事件。

9. 贯彻群众路线，发挥工团作用

各级党组织注重发挥联系群众的优势，支持工团组织围绕党的中心任务，按照各自章程创造性地开展工作。各级工会认真履行职责，积极推进职代会建设和厂务公开等工作，广泛组织开展“夺油上产、降本增效”等群众性劳动竞赛、合理化建议征集活动，促进了企业的民主管理、民主监督和科学发展。持续组织开展多种形式的关爱员工、扶贫帮困、活跃文化生活等工作，在推进文化繁荣、促进矿区和谐中发挥了重要作用。公司被评为河北省“职代会星级企业”、“劳动关系和谐企业”，公司工会获得了全国“模范职工之家”荣誉称号。共青团组织持续开展理想信念教育，坚持服务油田发展、服务青年成长、服务和谐油区建设，大力实施青年建功、青年素质、青年文化“三项工程”，全面加强团的自身建设，发挥了生力军和突击队作用，打造出全国“青年文明号”1 个、河北省国资委“青年文明号”4 个，67 个基层团组织受到局级以上表彰。

抚今追昔，饮水思源。回顾过去的十年，可以说是公司成立以来发展最快、变化最大的十年，同时也是职工家属得到实惠最多的十年。这一来之不易的大好局面，得益于集团公司党组和省国资委党委的正确领导，得益于唐山市等地方党委、政府的大力支持，得益于公司党委和公司的集体领导，得益于参与油田开发建设的各兄弟单位的鼎力相助，得益于公司历届党政领导班子团结带领广大党员、干部和职工群众艰苦奋斗、无私奉献。在此，我代表公司党委，向一直给予我们关怀和指导的上级党组织、上级领导表示崇高的敬意！向关心支持公司党建工作的兄弟单位、老领导、老同志，以及所有为公司党建工作作出贡献的组织和个人表示衷心的感谢！

实践证明，几年来公司党委和公司围绕改革和发展所作的决策是正确的，符合科学发展观的总体要求，符合职工群众的根本利益。经过十年的工作实践，加深了我们对怎样做好企业“改革、发展和稳定”三篇大文章，如何搞好企业党组织建设的认识，积累了十分宝贵的经验，这就是：必须站在推进企业科学发展的高度，准确把握、定位党委的工作思路和主线，切实发挥职能作用，为企业改革发展稳定提供坚强保证；必须坚持“继承、融合、创新”的原则，不断探索完善新形势下加强和改进党建与思想政治工作的新方式、新方法，找准与生产经营工作的契合点，增强党建与思想政治工作的生命力；必须深入贯彻党的群众路线，坚持以人为本，切实解决职工群众最关心、最直接、最现实的利益问题，把发展成果惠及广大职工群众，努力构建和谐企业；必须坚定不移地抓好干部队伍建设，不断提高各级领导班子及其成员的整体素质和能力，努力建设一支能够担当重任、经得起风浪考验的高素质干部队伍。只要我们坚持继承好的经验，巩固取得的成果，创造性地开展工作，我们就一定能够在新的征程上，再创新的业绩。

二、公司面临的形势和任务

当前，公司正处于发展的关键时期，面临着诸多压力与挑战，任务十分繁重，责任非常重大。

从外部环境看，加快发展的压力巨大。具体讲，主要来自三个方面：

来自宏观经济形势。受金融经济危机影响，国际经济环境不确定因素和潜在风险增多，国民经济运行面临复杂局面，企业发展受到影响；经济效益下滑、降本增效难度增大，提高盈利能力和投资回报的压力加大。尤其是上游业务资源品位变差，单井产量逐年降低，投资回报呈下降趋势，成为集团公司及所属企业面临的突出矛盾。在这种情况下，公司受规模小、抗风险能力差等自身因素的影响，将面临更大压力。

来自集团公司战略布局的调整。今后一个时期，集团公司将继续加大结构优化力度，不断调整投资方向和投资重点，进一步控制和压缩上游部分项目的预探、评价和投资高、低产低效产能建设项目以及部分老油田调整改造项目；进一步加大对原油操作成本的调控力度，优化原油生产结构，严格控制非生产性支出。这些都对公司勘探开发、生产建设以及矿区建设带来较大的影响。

来自地方和兄弟单位的加快发展。公司地处环渤海经济圈，随着“大北京”战略的实施和曹妃甸的开发建设，区域经济将得到迅猛发展。公司置身其中，不进则退。同时，围绕集团公司加快推进具有国际竞争力跨国企业集团建设，各兄弟油田也都相继加快了发展步伐，并陆续取得了进展。所以说，面对加快发展的大势，公司面临着“逆水行舟、不进则退”的压力。

从内部现实看，生产经营的挑战严峻。主要表现在五个方面：

勘探形势复杂。集团公司领导在听取油田工作汇报后，明确指出了冀东油田的复杂性：“实践充分表明，认识是一个过程，工作更需要时间来考验。冀东南堡油田在深化勘探和开发建设的初期，出现一些新情况新问题，有一些新变化，这也是正常的变化，是对客观存在的再认识、再深化，是一种科学的探索，这是我们必须要付出的代价。渤海湾复杂的地质特点，在冀东同样存在，这个基本的规律和认识没有变。”我们必须充分认识到，进一步摸清南堡凹陷的规律性需要一个过程，还需要做大量艰苦细致的工作。

开发难度大。老油田高含水、低采出矛盾比较突出，如何有效提高采收率面临着巨大挑战。南堡油田地质条件复杂、开发规律认识不够、环境特殊，也面临着技术和成本的严峻挑战。

投资成本紧张。尽管集团公司给予了大力支持，但是投资和成本缺口的压力依然十分巨大。面对投资、成本与勘探开发形势出现的巨大反差，如何彻底改善经营状况，成为我们管理工作中的严峻挑战。

队伍素质存在差距。队伍的整体素质与建设大油田的要求相比，还存在一定差距。学科带头人、优秀技术管理人才、高级技能人才不足，结构性矛盾较为突出。

安全清洁生产面临挑战。员工安全环保意识需要进一步加强；新站点、新装置的投运，安全生产风险源增多；随着南堡油田勘探开发工作的深入，海上安全监管、施工作业、生产运行等领域经验不足，仍有很多具体问题需要解决。与此同时，企业管理水平有待进一步提高，理顺管理体制机制还有大量工作要做；一些影响油田和谐稳定的苗头还存在，维护稳定工作的任务仍然艰巨；一些党政组织和领导干部对科学发展观的理解不够深刻、把握不够全面，引领企业科学发展的本领有待提高，领导班子自身建设有待加强；党建思想政治工作服务中心任务的针对性和实效性需要进一步增强，党风廉政建设存在薄弱环节，等等。这些问题都需要我们去直面应对。

大庆经验中有一条叫做“两分法”前进，告诫我们要用辩证唯物主义的思想、立场、观点和方法，去分析解决公司发展中遇到的困难，形势好时想到不足，增强忧患意识；形势严峻时看到希望，增强发展信心。当前，公司面临的这些压力和挑战，是发展中的问题，是前进中的困难，是建设大油田过程中不可回避的矛盾，完全能够通过改革和发展加以解决和克服。只要思想不滑坡，办法总比困难多。所以，我们一定要统一思想、坚定信心。这种信心，来源于对客观形势的正确判断，来源于对科学发展观的正确理解，来源于广大干部员工的不懈努力。要清醒地认识到，虽然公司前进道路上面临诸多压力和挑战，但同时也具备加快发展的有利条件：

机遇好。世界局势总体稳定，我国经济将长期处于健康增长期，能源安全和能源发展战略备受重视，国家对石油企业发展的支持力度加大；集团公司党组高度重视冀东油田的发展，在政策措施等方面给予大力支持，为公司的发展提供了难得的历史机遇。

基础好。公司经过 20 多年的发展，经济实力、配套技术、管理水平等各方面都取得了长足进步，为今后的发展积累了丰富的经验，打下了坚实的基础。特别是近两年来，经过不断调整，油气勘探、开发等工作逐步理顺，步入了良性发展的轨道。

环境好。这些年，公司同地方政府的关系不断加深，各方面工作得到了充分理解和大力支持；与兄弟单位之间的关系和谐融洽，专门成立了和谐共建委员会，战略合作单位全力以赴支持冀东油田的发展，携手共建科技、绿色、和谐的现代化大油田局面业已形成。

士气好。在现代化大油田目标的指引下，公司各级领导班子解放思想、勇于开拓，党员干部潜心凝神、奋发有为，职工队伍群情振奋、朝气蓬勃，这是我们加快发展最有力的保证。

总结过去，是为了更好地规划未来；分析形势，是为了更清醒地面对现实；正视差距，是为了尽快缩小差距。可以说，公司当前既面临着难得的发展机遇，也面临着严峻的挑战。在这种形势下，我们必须统一思想、坚定信心，以对国家、对企业、对员工、对历史高度负责的精神，脚踏实地、埋头苦干，变压力为动力，化挑战为机遇，毫不动摇地朝着既定的发展目标奋勇前进。

今后一个时期，公司党委工作的指导思想是：坚持服务经济建设这一中心，以党的十七大及十七届四中全会精神为指导，紧紧围绕“114555”发展思路，全面贯彻落实科学发展观，大力加强党组织自身建设，充分发挥政治优势，动员和带领广大职工群众，解放思想，转变观念，同心同德，倾力倾情，为现代化大油田和美好家园建设提供组织保证、智力支持和精神动力。

奋斗目标是：建设科技、绿色、和谐的现代化大油田。

发展能力全面增强。强力实施五大战略，坚持五条业务发展思路，油气勘探开发形成良性循环，资源基础进一步夯实，原油产量稳步增长，科技含量和贡献率大幅度提高，企业综合实力和抗风险能力不断增强。

企业管理全面规范。正确处理五种关系，形成高效的经营管理体制和运行机制，实现管理的规范化、精细化、信息化和科学化，“油公司”管理体制的优势得到充分体现，HSE 管理达到集团公司先进水平，经济发展方式切实转变，循环经济示范区基本建成。

党的建设全面加强。党建工作质量管理体系有效落实，党委的政治核心作用、党支部的战斗堡垒作用和党员的先锋模范作用充分发挥，班子建设全部达到“四好”标准，“一类”党委（总支）和党支部达到 90% 以上。

企业文化全面繁荣。大庆精神、铁人精神得以继承发扬，公司发展战略、企业经营理念、核心价值观得到广大员工的普遍认同，安全文化、廉洁文化、和谐文化独具特色，融入管理，成为公司发展的助推力。

队伍素质全面提升。牢固树立四种意识，员工队伍整体思想素养较高，业务技能过硬，典型作用突出，团结协作较好，呈现出新的创造力、凝聚力和战斗力。

和谐油田全面推进。坚持把广大职工群众的利益放在首位，在生产建设不断发展的前提下，切实将改革发展的成果惠及广大员工家属，保持员工收入持续增长，人际关系更加和谐，内外环境更加融洽，倾情建设冀东石油人的美好家园。

三、今后一个时期党委工作的基本思路

刚刚闭幕的党的十七届四中全会，充分肯定了党的十七届三中全会以来中央政治局的工作，全面分析了当前形势和任务，对做好党和国家工作提出了新的要求，并研究了加强和改进新形势下党的建设问题，通过了指导当前和今后一个时期党的建设的纲领性文件——《中共中央关于加强和改进新形势下党的建设若干重大问题的决定》，对全面推进党的建设新的伟大工程作出了战略部署。这次会议，对于加强和改进新形势下党的建设，加快推进全面建设小康社会进程，坚持和发展中国特色社会主义，具有重大而深远的意义。

传达学习好、贯彻落实好四中全会精神是公司党委当前和今后一个时期的重大政治任务。今后一个时期，各级党组织一定要按照党的十七届四中全会的部署，紧密结合公司生产经营实际，认真学习、全面领会、深入贯彻党的十七届四中全会精神，切实把思想和行动统一到中央决策部署上来，全面落实好党的建设的各项任务。要紧紧围绕公司奋斗目标，以“倾力建设现代化大油田，倾情建设冀东石油人的美好家园”为主线，坚持在融合中发挥优势，在参与中履行职能，在创新中增强实效，在实践中提升水平，进一步加强和改进党的建设，为公司改革发展稳定提供坚强有力的政治保障。

1. 以推动油田科学发展为中心，发挥政治优势，为建设现代化大油田提供坚强保证

要进一步巩固学习实践活动成果，切实发挥党的政治优势、组织优势和密切联系群众优势，找准服务生产经营的结合点、着力点，增强工作的实效性，形成与生产经营互融互渗、相互促进的良好局面，构筑公司科学发展的长效机制。要把党委工作的主要精力放在抓重点、议大事上，积极参与重大问题决策，把保证和促进加强科学管理、推动深化改革、提高经济效益、确保稳定发展作为检验党建工作成效的重要标准，发挥保证作用。要注重发挥基层党支部和党员在公司生产经营主战场上的重要作用，深入开展“四创”活动，以“党员责任区”活动为载体，引导基层党支部和广大党员围绕生产经营中的“急、难、险、重”任务，开展主题活动，切实使广大党员成为完成各项生产经营任务的带头人。要以“夺油上产、降本增效”为主题，广泛开展劳动竞赛，为干部员工施展才华提供广阔舞台。要积极探索新形势下职工群众劳动竞赛的新方法，继续搞好“勤俭节约、挖潜增效”、合理化建议征集、技术比武等活动，把职工群众的积极性充分调动起来。

2. 以强化理论武装为重点，加强思想政治建设，为建设现代化大油田提供科学指导

要按照十七届四中全会提出的“科

学理论武装、具有世界眼光、善于把握规律、富有创新精神”的要求，建设学习型党组织。要高度重视理论武装，坚持用中国特色社会主义理论体系武装头脑、指导实践、推动工作。坚持党委中心组学习和考核制度，创新学习方式方法，把加强对建设现代化大油田有关问题的理性思考作为理论学习的切入点，切实在学用结合、学以致用上下功夫。要在学习中认真研究思考建设现代化大油田的政策环境与实践方法问题，主营业务的宏观布局与发展策略问题，和谐企业的要义要素与实现途径问题，解放思想的内在动力与突破方向问题。要大力加强职工队伍思想教育，发扬大庆精神、铁人精神，积极倡导社会公德、职业道德和家庭美德，提高广大职工群众的思想道德素质。要持续开展“形势、目标、任务、责任”主题教育，引导干部员工认清形势，统一思想，坚定信心，凝聚力量，把大油田建设事业不断推向前进。要坚持开展员工思想状况调研活动，准确把握群众关心的热点问题，有针对性地做好教育引导工作。要加强企业文化建设，围绕“以观念更新推动理念创新，以文化发展推动管理升级”的思路，总结和弘扬公司20多年来的优良传统，不断提升企业软实力，为公司又好又快发展注入持久的文化动力。

3. 以提升“五种能力”为目标，建设“四好”班子，为建设现代化大油田筑牢组织基础

要按照提升引领企业发展、维护安全稳定、科学民主决策、培育先进文化和增强拒腐防变“五种能力”的要求，把公司各级领导班子建设成为符合“四好”要求的班子。要进一步量化“四好”班子考核标准，公开“四好”班子考核结果，细化并推进“四好”班子建设保证措施。要突出领导班子的思想政治建设，着重在强化政治意识、大局意识、责任意识和群众观念上下功夫，自觉学习实践科学发展观，把科学发展观的要求转化为谋划发展的正确思路、促进发展的政策措施、领导发展的实际能力。要加强民主集中制建设，严格落实“三重一大”决策制度，加强决策行为管理，规范议事决策程序，发挥领导班子的整体功能，不断提高决策的科学化、民主化、制度化。要建立科学的干部考核评价体系和选人用人机制，大力推行公开选拔、竞争上岗等措施，给肯干事的人以机会，给能干事的人以舞台，给干成事的人以激励。要加大干部培养、交流力度，丰富领导干部工作经验，优化领导班子结构。要抓好领导干部教育培训工作，力争每年对处以上领导干部轮训一次，提高领导干部的综合素质和领导能力。

4. 以基层党组织建设为核心，加强基层建设，构筑建设现代化大油田的坚强堡垒

党的基层组织是党全部工作和战斗力的基础，是落实党的路线方针政策和各项工作任务的战斗堡垒。要坚持围绕中心、服务大局、拓宽领域、强化功能，认真落实党建工作质量管理体系，促进党建工作与生产经营的有机结合，进一步形成做好基层工作的合力，着力提升基层党建工作服务发展的水平。要实施公司《关于发扬大庆精神，进一步加强基层建设的意见》，扎实推进基层党支部“六个一”创建工作，力争通过2—3年努力，使一类党委（总支）和党支部均达到90%以上，彻底消灭三类党支部，把基层建设成为推动发展、服务群众、凝聚人心、促进和谐的坚强集体。要以强化基层班组建设为重点，以提高员工综合素质为核心，以培养技能型人才为目标，深入开展“标准基层队”和“五型”班组创建、“星级”员工达标活动，明确活动基本途径、载体和举措，建立健全创建活动长效机制，确保创建活动扎实有效。要大力选树先进典型，带动战斗力和凝聚力的不断增强，促进基层建设水平的全面提高。力争到“十一五”末，标准基层队达标率在90%以上，“五型”班组达标率在80%以上。

5. 以永葆先进性为主题，加强党员队伍建设，培育建设现代化大油田的先锋模范

要认真贯彻落实党中央《关于加强党员经常性教育的意见》等四个保持共产党员先进性长效机制文件，积极探索创新党员教育管理的新模式，真正建立起党员“长期受教育、永葆先进性”的工作机制。要紧紧围绕本单位的中心工作，搭建党员服务公司改革发展稳定大局的平台，引导党员立足岗位、尽职尽责，坚持解放思想，实事求是，争做开拓创新的模范；坚持党的宗旨，牢记使命，争做服务群众的模范；坚持维护党的形象，自警自励，争做遵纪守法的模范；坚持勤俭节约，奋发向上，争做艰苦奋斗的模范，时时处处展现旗帜的风采，以自身的先锋模范作用影响和带动群众，齐心协力建设现代化大油田。要尊重党员主体地位，营造党内民主环境，保障党员的知情权、参与权、选举权和监督权。要继续按照“坚持标准、保证质量、改善结构、慎重发展”的方针，科学制订发展党员工作计划，重点在生产、科研和施工作业一线发展党员，使基层党员队伍始终保持蓬勃生机。

6. 以弘扬大庆精神、铁人精神为主线，加强作风建设，努力形成适应建设现代化大油田需要的良好风气

要深入学习贯彻习近平同志在大庆油田发现50周年庆祝大会上的讲话和周永康同志署名文章精神，大力开展大庆精神、铁人精神教育，用大庆精神、铁人精神育人铸魂，把大庆精神、铁人精神作为科学发展、建设大油田的强大精神动力，进一步传承和发扬党的优良传统，不断改进各级党组织、广大党员的作风和形象。要严格按照集团公司领导提出的“三重三不”工作要求，切实加强队伍作风建设。树立解放思想、实事求是的作风，打破陈旧思维方式的束缚，创造性地开展工作；树立深入基层、联系群众的作风，倾听基层和群众呼声，全力为员工解难事、办好事；树立艰苦奋斗、勤俭节约的作风，牢记“两个务必”，反对铺张浪费；树立脚踏实地、埋头苦干的作风，力戒心浮气躁、急功近利，一步一个脚印地把公司的事业推向前进。要扎实推进党风廉政建设，严格落实《国有企业领导人员廉洁从业若干规定》，认真贯彻集团公司和公司《建立健全惩治和预防腐败体系2008—2012年实施计划》，加强党员领导干部警示教育，大力推进廉洁文化建设，健全完善自律机制，筑牢拒腐防变的思想防线；健全完善防范机制，规范管理，堵塞漏洞，筑牢拒腐防变的制度防线；健全完善监督机制，深入开展效能监察工作，筑牢拒腐防变的监控防线；健全完善惩处机制，加大违法违纪案件的查处力度，筑牢拒腐防变的法纪防线。要加强员工的法制教育，引导员工增强主人翁意识和归属感，珍惜工作岗位，恪守职业道德，自觉抵御不良思想的侵蚀和利益诱惑，远离违法犯罪活动，主动维护公司利益。

7. 以创造和谐为宗旨，扎实推进和谐油田建设，为建设现代化大油田营造良好环境

要始终坚持以创造和谐为宗旨，做到在和谐稳定中推进发展，在加快发展中推进和谐稳定。要努力构建和谐矿区，让广大员工共享公司改革发展成果。要加快企业发展，确保员工收入的稳步增长。持续优化美化矿区环境，完善基础设施，不断提高职工群众的生活质量。坚持以人为本，认真落实员工各项福利待遇。热情关心退休职工、有偿解除劳动合同人员，落实有关政治待遇和生活待遇。切实关注困难群体，积极开展“送温暖”、“金秋助学”等暖心工程。认真落实《关于创建和谐企业（单位）的安排意见》，推动和谐企业创建活动的深入开展，实现内部和谐。要站在战略和全局高度，持续开展“和谐油区”共建活动，发挥共建委员会的作用，不断深化共建内容，巩固共建成果，构筑共建长效机制。要加强与地方政府之间的联系，搞好协调，争取支持，建立和谐密切的企地关系，创造发展环境。要切实维护大局稳定，严格落实维稳工作责任制，及时掌握员工思想动态，准确把握不同群体的利益诉求，加强政策宣传和教育疏导，妥善化解矛盾，坚决杜绝群体性事件发生。

8. 以工团组织为纽带，调动职工群众，为建设现代化大油田凝聚力量

要进一步加强对工团组织的领导，支持他们按照各自的章程，独立自主地开展工作。各级工会组织要认真抓好职代会建设，充分发挥职工代表在维权方面的积极作用；不断深化厂务公开、民主管理工作，保障员工的知情权和监督权；加强劳动争议调解、劳动保护监督检查、劳动法律监督工作，维护员工的权益；发挥业余文化组织的作用，开展群众文体活动，最大限度地调动和发挥员工的积极性、创造性，团结和动员广大员工为公司的改革发展建功立业。各级共青团组织要紧密围绕公司改革、发展和稳定大局，加强青年思想道德建设，切实发挥引导青年、组织青年、服务青年的作用，积极推动工作思路创新、工作方式创新、自身建设创新，把共青团组织建设成“青年之家”，吸引和凝聚广大团员青年扎根油田、岗位成才。

同志们，未来征程任重道远，宏伟大业催人奋进。让我们更加紧密地团结起来，高举中国特色社会主义伟大旗帜，深入贯彻落实科学发展观，充分发挥各级党组织的政治优势，团结带领全体党员和广大员工，以更加坚定的信念，更加高昂的斗志，更加务实的作风，为建设科技、绿色、和谐的现代化大油田而努力奋斗！

张国旗在油田深入学习实践科学发展观活动总结暨“创先争优”表彰大会上的讲话

（2009 年 6 月 25 日）

同志们：

这次大会是公司党委认真研究并征得集团公司第五指导检查组同意后召开的。会议的主要任务是回顾总结学习实践活动成果，庆祝建党 88 周年，表彰先进基层党组织和先进个人，动员各级党政组织和广大党员干部切实增强科学发展意识，进一步凝心聚力、开拓进取，在建设现代化大油田的道路上阔步前进，不断开创油田科学发展的新局面。三个多月来，集团公司第五指导检查组以高度负责的精神，多次亲临冀东油田指导工作，提出了许多指导性的意见和建议，为我们搞好学习调研、分析检查和整改落实工作指明了方向，有力地保证了学习实践活动的深入扎实开展。在此，让我们以热烈的掌声向冯书记一行表示衷心的感谢！

下面，我代表公司党委讲四个问题。

一、学习实践活动取得明显成效，推动了油田科学发展进程

公司学习实践活动自 3 月 17 日正式启动后，严格按照集团公司党组的安排部署和规定的方法步骤扎实推进，认真落实第五指导检查组的要求，做好各阶段各环节的重点工作，确保高标准、严要求，取得实效。回顾公司学习实践活动情况，主要有以下特点。

1．思想高度重视，加强组织领导

公司党委对开展学习实践活动高度重视，党政主要领导亲自上手，把开展好这项活动作为进一步促进管理上水平，推动油田科学发展、和谐发展的重要途径，始终抓紧抓实，确保学习实践活动顺利开展。一是充分做好准备工作。公司党委专门召开会议，学习领会集团公司党组的有关要求，研究部署学习实践活动，讨论通过了实施方案，为组织开展好这次活动打下良好基础。二是建立工作责任机制。公司专门成立了学习实践活动领导小组和办公室，建立了周工作安排制度，明确了每周重点事项，落实了责任部门和责任人。派出了 5 个指导检查组，负责组织协调，及时对各单位的活动进行指导。按照公司党委的要求，各单位党组织都成立了领导机构和工作机构，建立了有效的工作机制，形成了一级抓一级、层层抓落实的工作格局。三是深入进行动员发动。3 月 17 日，公司组织召开动员大会，对开展深入学习实践活动进行安排部署。各单位也通过党员大会等形式，及时进行再动员、再部署，全面启动学习实践活动。四是创新学习实践活动载体。紧紧围绕集团公司党组确定的主题和实践载体，结合油田实际，突出“倾力建设现代化大油田，倾情建设冀东石油人的美好家园”实践特色，做到了“科学发展当先锋”主题实践活动与“四创”活动结合，与“夺油上产、降本增效”劳动竞赛结合，与大庆精神、铁人精神再学习再教育结合，与永葆党员先进性、加强和改进党的建设结合。五是加强宣传工作力度。研究出台了《公司深入学习实践科学发展观活动宣传工作方案》，建立了公司学习实践活动专题网页，在《冀东石油》报、电视台上开辟了“科学发展当先锋”、“学习实践活动大家谈”“话说科学发展观”等专栏，及时反映公司及各单位学习实践活动动态。截至6月20日，学习实践活动办公室编发简报28期；《冀东石油》刊出学习实践活动新闻报道135篇，配发评论员文章11篇；油田电视台播发学习实践活动新闻113条，营造了良好氛围，推动了学习实践活动的深入开展。

2. 抓好学习培训，提高认识水平

公司党委把抓好学习培训作为整个活动的基础工作来抓，着眼于提高各级领导班子和党员干部推动科学发展的能力素质，指导活动的深入开展。一是丰富学习培训载体。制定了《公司领导参加学习实践科学发展观活动工作安排表》和《公司党委中心组深入学习实践科学发展观学习安排》，排出了公司党委中心组深入学习实践科学发展观学习运行表，将学习活动细化到了每一天。举办了四期领导干部培训班，170多名处以上领导干部接受了延安精神、大庆精神、铁人精神再教育；读好“三本书”，共发放必读书籍2723套；组织了三场“劳动模范”事迹宣讲报告会，2000名员工现场聆听了报告会；邀请中央党校教授作了专题辅导报告，370名党员干部参加了辅导学习。各单位积极创新学习方式，采取集中学习、党小组学习、答题竞赛、演讲赛、自学等方式进行深入学习，做到了学习时间、人员、内容、效果“四落实”。二是深入开展调查研究。两级领导班子和领导干部围绕制约油田和本单位科学发展的突出问题，深入基层开展调查研究，认真查找突出问题，形成了调研报告113篇，进一步摸清了基层实情，找准了工作切入点，为应对矛盾和挑战、做好工作打下了基础。三是广泛开展解放思想讨论。各单位通过中心组学习、思想交流会、上党课、参加座谈会、党支部会、演讲赛等多种形式，就如何促进油田科学发展进行讨论，探索推动油田科学发展的新思路、新举措。在此基础上，充分运用学习调研的成果，确定讨论主题和内容，组织开展了学习讨论成果交流会，两级领导干部共撰写心得体会文章147篇，增强了党员干部运用科学发展观指导实践的自觉性。

3. 深入分析检查，解决突出问题

公司党委把深入搞好分析检查，作为学习实践活动的重点，认真抓好召开班子专题民主生活会、形成领导班子分析检查报告、组织群众评议三个环节，突出找准问题、理清思路、明确措施三个重点，着力解决影响科学发展的突出问题。一是广泛征求意见。3月底，公司党委分系统组织11个单位的党委（总支）书记、14个基层党支部书记召开学习实践科学发展观活动座谈会，广泛听取基层的建议和意见，深入查找在贯彻落实科学发展观方面存在的问题。4月份，公司召开“和谐油区”共建座谈会，向17个战略合作单位征求科学发展、和谐发展的意见和建议。二是召开专题民主生活会和组织生活会。会前，学习实践活动办公室下发通知，广泛征求基层干部员工对公司领导班子及班子成员的意见和建议，共征集到生产经营、人才培养、作风建设、职工福利、后勤管理等5个方面、35条意见和建议。在广泛征求意见、开展谈心活动的基础上，召开了领导班子专题民主生活会。班子成员精心准备发言材料，紧密联系个人思想和工作实际，认真开展批评与自我批评，深入查找班子和个人在贯彻落实科学发展观以及党性党风党纪方面存在的突出问题，从主客观两方面剖析原因，提出了改进措施。各单位领导班子和基层党支部也按照科学发展观的要求，分析查找自身差距和不足，开展批评与自我批评，明确了今后的努力方向，形成了民主、团结、务实、创新的氛围。三是形成高质量的分析检查报告。充分运用学习调研和专题民主生活会的成果，认真总结十六大以来发展的经验和不足，查找国际金融危机带来的新矛盾、新问题，剖析产生问题的根源，进一步明确了落实科学发展观的主要思路、工作目标，提出了解决突出问题、保证科学发展的具体措施。报告初稿形成后，公司领导班子成员结合分管工作对报告进行认真讨论、反复修改，先后九易其稿，最终形成了征求意见稿。6月5日，组织公司副总师、安全副总监、总经理助理，机关及直属机构主要负责人，二级单位学习实践活动领导小组组长、办公室主任，职工代表，退休及退居二线领导干部代表等88人对分析检查报告组织进行了评议。6月8日，公司召开党委会，根据群众评议结果，广泛吸纳所提意见和建议，对领导班子分析检查报告进一步进行了修改完善，确保了分析检查报告的高质量。

4. 着力抓好整改，确保取得实效

在整个学习实践活动中，我们把“突出实践特色”的要求贯穿始终，坚持边学边改、边查边改，紧紧围绕“提高思想认识、解决突出问题、创新体制机制、促进科学发展”的要求来进行。一是研究确定整改重点。去年以来，国际金融危机对中国石油形成了强烈冲击，冀东油田也面临着严峻考验。公司党委和公司认真落实集团公司党组的要求，积极贯彻集团公司工作会议精神，把应对金融危机、推动油田科学发展作为首要任务，紧紧围绕这一首要任务抓好整改落实，解决发展中的重大问题。二是制订整改方案。针对生产经营、和谐稳定、班子建设、党建思想政治工作等4个方面存在的突出问题，公司党委和公司反复研究，找准薄弱环节，理清整改思路，制定了加强油气勘探、坚持科学开发、加大投资和成本控制力度、抓好“三支人才”队伍建设、维护职工切身利益等12项、54条具体整改措施。三是建立整改落实责任制。明确了公司党政主要领导为整改落实方案的第一责任人，分管领导为具体责任人。同时，对整改方案细化量化，将整改任务分解落实到了相关责任单位和责任部门，明确时限要求、工作标准，确保整改工作落到实处。

5. 加强沟通协调，做到上下联动

三个多月来，公司学习实践活动领导小组办公室坚持对上及时报告活动进展情况，对下加强指导协调，确保了学习实践活动各阶段各环节工作顺利运行。建立工作机构。专门成立了综合组、材料组、宣传组、培训组、指导检查组织组五个小组，负责活动各阶段各环节的组织协调工作。加强指导检查。多次召开协调会，传达集团公司学习实践活动办公室的部署，落实第五指导检查组的要求，掌握各指导检查组的工作进展情况，协调解决问题。及时了解各单位活动进展，加强指导检查，为各单位学习实践活动顺利开展提供了保障。及时沟通协调。坚持每天向集团公司第五指导检查组报送工作动态，加强与集团公司学习实践活动领导小组办公室和第五指导检查组的沟通联络，做到了及时上传下达。

这次学习实践活动历时三个多月，意义重大、影响深远。整个学习实践活动达到了“党员干部受教育、科学发展上水平、职工群众得实惠”的目标要求，实现了“两手抓、两不误、两促进”。

一是思想认识更加全面深刻。在学习实践活动中，我们把理论武装作为首要任务，组织广大党员干部联系实际学习理论，解放思想更新观念，使广大党员干部普遍接受了一次马克思主义理论教育，在思想上形成了高度共识：进一步加深了科学发展观的认识，增强了用科学发展观统一思想、指导工作的自觉性和坚定性；进一步认识了冀东油田与其他单位的差距，增强了解放思想、更新观念、创新发展的紧迫感；进一步明确了我们肩负的责任和使命，增强了倾力建设现代化大油田、倾情建设冀东石油人美好家园的责任感；进一步认清了当前的严峻形势，树立了攻坚克难的勇气，增强了取得更大成绩的信心。

二是发展战略体系更加完善。在科学发展观的指导下，集中广大干部员工的智慧，我们进一步明确了冀东油田今后的发展思路，形成了“114555”理念体系。即，坚持“建设科技、绿色、和谐的现代化大油田”一个发展总目标；明确“倾力建设现代化大油田，倾情建设冀东石油人的美好家园”一条工作主线；牢固树立坚定的政治意识、强烈的发展意识、高度的责任意识、厚重的人本意识；正确处理好发展的速度与质量、效益之间的关系，规模与基础之间的关系，发展与安全、环保、稳定之间的关系，国家利益、企业利益与职工个人利益之间的关系，企业发展与员工个人发展的关系；强力实施资源优先战略、科技创新战略、人才强企战略、持续发展战略、低成本战略；理清油气勘探、油田开发、生产服务、矿区服务、多元经济五条业务发展思路。

三是主营业务取得积极进展。在学习实践活动的推动下，勘探开发主营业务取得积极进展。勘探上，明确了“整体研究、整体部署，突出重点、分步实施，跟踪研究、动态调整”的工作原则，确定了油气勘探“三个转变”勘探思路，即，由勘探向勘探开发一体化转变、由找储量向上产增储一体化转变、由主探古近系—新近系向主探潜山和兼顾古近系—新近系转变，最终在南堡油田潜山、南堡4号构造中浅层、南堡5号构造天然气试气等方面继续突破。开发上，实施了“三个优化”、实现了“三个降低”，即：实施措施结构优化，努力降低高风险投入；实施举升方式优化，努力降低能耗；实施油井产量结构优化，努力降低无效和低效井。按照新的开发思路，油气生产保持了良好态势。1—5月份，油田累计生产原油80.3万吨、天然气17676万立方米，分别完成年计划的45.1%和63.1%。

四是企业管理体制不断完善。牢固树立“安全第一、环保优先、以人为本”的理念，扎实开展“安全环保基础年”活动，认真落实《反违章禁令》，保持了安全环保的良好态势。加大了改革调整力度，共减少了3个机关直属部门、2个二级单位，撤销了5个海洋工程项目经理部，合并了2个地面建设项目经理部，精简了1个机关附属部门，人员减少118人，实现了机构精简、人员精干、管理与监督职能强化、投资集中控制等预期目标。逐步理顺财务管理体制，使核算与生产经营主体、与经营管理过程融为一体。创新业绩考核办法，形成了“岗位靠竞争、收入凭贡献”的激励机制。加强市场管理，严格资质审查和市场准入。加强法律事务、合同、内控、招投标管理，内控体系运行规范。全面推行信息化管理，大大提高了工作效率。

五是和谐油田建设成效明显。紧扣“职工群众得实惠”这一目的，千方百计为职工群众办实事，切实将改革发展成果惠及广大员工家属。积极改善员工住房条件，努力实现从“有其居”到“优其居”转变。实施了物业管理“一卡通”，将物业补贴变暗补为明补，使全体员工家属都能享受到油田的物业补贴政策。高度关注油田职工家属健康，变两年一次体检为一年一次体检。唐海基地文体活动中心已投入使用，占地面积15.63亩，使用面积6957平方米，设置球类、健身、娱乐场馆12个，丰富了职工家属的业余文化生活。深入开展“送温暖”慰问活动，年初公司组织慰问一线生产人员、公司级标兵、病困职工、退休职工、有偿解除劳动合同人员和职工遗属共计300多人。全年计划安排职工健康疗养500多人。

六是班子能力建设得到加强。科学发展，关键在人，关键在领导干部，打造一支忠实践行科学发展观、有能力推动发展的干部队伍至关重要。在学习实践活动中，各级领导班子以科学发展观为指导，根据实际情况，不断加强领导班子的能力建设，教育引导党员干部坚定科学发展的信念，把思想和行动统一到科学发展观上来，促进了干部作风的转变。通过组织副处级以上领导干部赴长庆油田、延安学习考察，接受大庆精神、铁人精神再教育，提高了干部的理论素养，拓宽了工作思路，树立起了科学发展新的参照系，增强了工作本领。通过开展调研活动，各级干部运用科学发展观的思维力、决策力、创新力、执行力不断增强。

二、学习实践活动留给我们一些有益启示，为建设现代化大油田奠定了坚实基础

通过开展学习实践活动，不仅使广大党员干部对贯彻落实科学发展观的认识更加深化、实践更加深入、行动更加自觉，取得了一批思想成果、实践成果，有力地推动了油田生产建设，而且从中得到了一些有益启示。

1. 必须坚持以科学发展观指导各项工作

科学发展观是我们党对社会主义现代化建设指导思想的新发展，是指导我们抓住机遇、推进经济社会又好又快发展的世界观和方法论。只有以科学发展观为指导推动各项工作，我们的事业才能沿着正确的轨道加速前进。学习实践活动以来，公司的各项决策部署之所以得到职工群众的衷心拥护，归根结底是我们的决策符合科学发展观的要求。由此，我们更加深切地感到，任何时候作任何决策，都要以科学发展观作为根本指针，必须从客观实际出发，使主观愿望符合客观规律。反之，就会造成失误。我们坚信，只要坚决贯彻落实党中央、集团公司党组的决策部署，深入推进学习实践活动，就一定能够在推动油田科学发展、和谐发展的道路上迈出更大步伐。

2. 必须把学习贯穿始终

学习实践活动首要的是学习。深化对科学发展观的认识，必须坚持不懈地抓好学习，在提高科学发展的理论水平、掌握科学发展的思想方法上下功夫。各级领导班子坚持把学习贯穿于活动的始终，紧密结合活动各阶段的重点，不断拓展学习内容，扩大学习效果。坚持理论联系实际，注意充分运用学习成果推动活动开展。结合学习收获，各级领导班子深入开展调查研究和解放思想讨论，形成了一批高质量的调研报告，澄清了一些不符合科学发展观要求的模糊认识和旧观念；运用学习效果，深入查找班子和个人存在的突出问题，深刻剖析原因，明确提出了进一步贯彻落实科学发展观的思路和举措；以科学发展观为指导，制订了针对性和操作性较强的整改落实方案，下大力气解决突出问题。实践证明，只有不断深入学习，运用学习成果指导实践，对科学发展观的把握才能更清晰、更全面、更深刻，才能使科学发展理念真正入心入脑，切实增强贯彻落实科学发展观、走科学发展道路的自觉性和坚定性。

3. 必须深化解放思想

解放思想是推动科学发展的先导。在学习实践活动中，广大党员干部坚持以科学发展观为指导，深化解放思想讨论，在深化学习中提高认识，在解放思想中统一思想，创新发展理念，推动各项工作科学发展。我们提出转变思想观念，就是要使发展理念、发展方式、发展举措更加符合发展变化的客观实际要求，把科学发展观的要求转化为推动科学发展的坚强意志、谋划科学发展的正确思路、领导科学发展的实际能力、促进科学发展的政策措施。实践证明，只有不断推进思想解放，切实转变不适应不符合科学发展观要求的思想观念，才能在新的思想高度上形成新共识、打开新思路、拿出新办法、开拓新境界。

4. 必须突出实践特色

学习实践活动重在实践。科学发展观作为马克思主义中国化最新成果，最本质的特征就是实践性。在学习实践活动中，我们坚持把突出实践特色体现到活动的方方面面，做到了活动主题根据实践确定、查找问题对照实践进行、制定措施以实践为依据、解决问题在实践中完成。在活动主题上，明确提出倾力建设现代化大油田，倾情建设冀东石油人的美好家园，突出了科学发展的鲜明导向；在查找差距上，既坚持纵向分析，实事求是地总结近年来的工作，审视存在问题，又注意横向比较，对照其他油田的实践发现我们的差距，努力把问题找准摸透；在制定措施时，紧密结合集团公司党组的决策部署和油田实际，突出重点、统筹谋划、科学决策，切实理清思路，进一步增强工作的预见性、系统性、创造性；在解决问题上，对需要解决的突出问题逐一明确整改项目、目标、措施、责任和时限，逐项分解落实，在实践中一个一个地具体解决，力求取得扎实成效。实践证明，学习实践活动只有切实解决问题，推动科学发展才能变为现实、才能取信于民；只有突出实践特色，在实践中历练干部队伍，才能不断提高干部推动科学发展、促进和谐的能力。

5. 必须坚持群众路线

职工群众是油田科学发展的实践者和推进者，群众参与的程度决定学习实践活动的深度。在学习实践活动中，我们坚持一以贯之地发动群众、依靠群众、相信群众，倾听民声、了解民意、集中民智，真正把群众路线落到实处。围绕找准影响和制约科学发展的突出问题，形成高质量的分析检查报告和整改落实方案，采取多种方式，广泛征求干部群众的意见和建议，认真组织对分析检查报告的群众评议，及时向广大党员和群众公布整改落实方案，把群众意见作为评价活动成效的重要依据。实践证明，只有尊重职工群众推动科学发展的主体地位，充分调动他们参与学习实践活动的积极性和主动性，才能使职工群众更加拥护科学发展、投身科学发展，形成推动科学发展的巨大力量。

经过公司各级党组织和广大党员的共同努力，公司学习实践活动扎实有序推进，取得了初步成效。但我们深知，对照科学发展观的要求，对照职工群众的新期待，仍然存在许多差距和不足。科学发展意识有待进一步增强，解放思想还需要进一步深入；破解科学发展难题还有大量工作要做，深入落实“114555”发展理念还需下更大的功夫；保障科学发展的体制机制有待进一步健全，已经建立的体制机制还需在实践中接受检验；领导干部推动科学发展的本领有待进一步增强，科学决策、科学管理的能力还需不断磨炼和提高。总之，学习实践活动的成果还有待接受长期实践的检验，今后我们要认真改进不足，把各项工作做得更好。

三、巩固和扩大学习实践成果，着力构建科学发展的长效机制

公司深入学习实践科学发展观活动三个阶段工作基本结束，但这并不意味着学习实践科学发展观的任务已经完成。学习实践科学发展观是一项长期艰巨的任务，将伴随建设现代化大油田的全过程。我们要把这次学习实践活动中取得的成果、把公司上下通过学习实践活动焕发出的热情，转化为倾力建设现代化大油田、倾情建设冀东石油人美好家园的坚强决心和强大动力，在科学发展道路上不断创造新的业绩。

1. 要进一步深化对科学发展观的学习

我们党88年的发展历程充分证明，科学的理论武装是我们党发展进步的一大法宝。走科学发展之路，面对的新情况新问题很多，我们工作中也会遇到新的挑战。因此，如何把握发展规律、推动科学发展，将是一项长期的任务。各级领导干部和广大党员要进一步解放思想，不断加深对科学发展观的认识理解，增强用科学发展观分析问题、解决难题、指导实践的能力，不断增强学习实践科学发展观的自觉性和坚定性。要坚持理论和实践相结合，把学习实践科学发展观融入具体的工作之中，切实用科学发展观指导各项工作。要坚持学习的经常化、制度化，不断提高广大党员干部驾驭全局、改革创新、应对复杂局面的能力。

2. 要切实抓好整改落实方案的实施

深入学习实践科学发展观，最终要抓好整改措施的落实。公司已经制订了《深入学习实践科学发展观活动整改落实方案》和《整改项目工作任务分解表》，把整改任务落实到了牵头领导、责任单位和部门，各单位也形成了整改落实方案。可以说，整改落实方案是学习实践活动的一项重要成果。对于整改方案中提出的整改问题，由于时间关系，有些不可能在较短时间内全部解决。因此，各级党政组织要切实担负起领导责任，加强协调配合，善始善终抓好整改

落实工作。要明确整改工作责任制，按照方案分工具体抓好落实。要突出重点、统筹推进，充分运用学习调研成果，进一步解放思想、更新观念，用新的认识、新的方法解决问题，善于抓住主要矛盾，以点带面，取得新的突破。总之，要把整改落实的过程，转变为深化思想认识、解决突出问题、创新工作机制、转变工作作风的过程，用实际成绩检验学习实践活动的成效。

3. 要进一步完善推动科学发展的长效机制

完善的体制机制是推进科学发展的重要保障。从根本上讲，离开了体制机制的保障，科学发展将成为无源之水、无本之木，即使有了一时一事的科学发展，也难以长期坚持下去、持久发展起来。近年来，我们坚持以改革创新精神破解科学发展的体制机制障碍，已经在体制机制上迈出了新步伐。蒋总在油田调研时指出："海油陆采是有效开发和建设模式；油藏的压力是灵魂，生产的压差要控制，实现油田的稳产是一个关键性课题；市场化管理、标准化建设、低成本开发是重要抓手；解放思想，实事求是，一切从实际出发，是勘探开发的根本法宝。这四条要继续坚持，不断发展，在冀东结出更加硕实的成果。"我们要围绕蒋总提出的"四条基本经验"，针对当前遇到的矛盾和问题，在加强勘探开发、深化改革调整、推进技术创新、狠抓节能降耗、提高管理水平、维护队伍稳定等方面下功夫，形成有利于科学发展的长效机制。在体制机制建设中，要着眼于科学发展和长远建设，摸透基层实情，借鉴其他油田的先进经验，增强创新体制机制和制度建设的针对性、协调性和操作性。

四、加强和改进党建思想政治工作，着力构建促进科学发展的保障体系

不断加强和改进党建思想政治工作，充分发挥各级党组织的政治核心作用、基层党支部的战斗堡垒作用和党员的先锋模范作用，是科学发展的重要内容，也是科学发展的重要保证。五月底，公司党委对各单位党建工作开展情况进行了检查。从检查考核情况来看，绝大多数单位党组织能够坚持围绕中心、服务大局，积极探索党建工作新方法、新途径，不断丰富党建工作内容，加强基础工作，有力地推动了各项工作任务的完成，但也存在一些问题，特别是个别党支部工作还处在三类水平。对此，各级党组织务必引起高度重视，切实采取有效措施，不断加以改进和克服，着力构建促进科学发展的保障体系。

1. 要大力加强领导班子建设

企业的发展壮大，领导班子是关键。要以增强党的创造力、凝聚力和战斗力为目标，深入开展"四好"班子创建活动，切实抓好党委中心组学习，坚持用正确的思想和理论来统一班子成员的思想，结合本单位业务实际丰富学习内容，不断提高领导班子成员的政治素质、理论素养，增强驾驭全局和处理复杂问题的能力。认真落实民主集中制，严格执行"三重一大"决策制度，维护班子团结。加强作风建设，坚持"重实践、不争论，重实干、不浮躁，重实绩、不张扬"，切实树立"忠诚企业、尽职尽责、求真务实、清正廉洁"的良好形象，努力打造"四好"领导班子。

2. 要积极推行党建工作质量管理体系

党组织要找准服务生产经营的结合点、着力点，增强工作的实效性，形成

与生产经营互融互渗、相互促进的良好局面，把保证和促进加强科学管理、推动深化改革、提高经济效益、确保稳定发展作为检验党建工作成效的重要标准，切实发挥保证作用。持续推进党支部“六个一”创建工作，深入开展“四创”活动，以“党员责任区”活动为载体，充分发挥基层党组织的战斗堡垒作用和党员的先锋模范作用，进一步增强党组织的凝聚力和战斗力，使党建工作再上新水平。

3. 要持续开展主题教育

紧紧围绕“夺油上产、降本增效”这一主题，持续开展“形势、目标、任务、责任”主题教育活动，向广大职工群众讲清国内外的宏观经济形势，讲清集团公司的生产经营形势，讲清冀东油田面临的发展形势，引导广大干部员工认清形势、明确任务、增强责任感和紧迫感，保持知难而进、迎难而上的精神风貌，努力开创各项工作的新局面。

4. 要认真组织“十个一”活动

今年是新中国成立60周年，也是大庆油田发现50周年。前不久，集团公司党组专门下发通知，要求各企事业单位深入开展庆祝新中国成立60周年和大庆油田发现50周年爱国爱企教育活动。按照集团公司党组的要求，公司党委结合实际，拟定了活动方案，初步决定组织开展“十个一”活动，即：观看一部电影——《铁人》，唱好一首歌——《我为祖国献石油》，读好一本书——《大庆精神、铁人精神学习教材》，组织一次传统教育——参观油田教育基地，举办一场“感动冀东”演讲会，组织一次党员奉献日活动，举办一次图片展，举办一场文艺晚会，举办一次文化艺术周活动，组织一次职工运动会。近期，公司党委将专门下发文件，对开展“十个一”活动作出详细安排。我们要充分认识开展爱国爱企教育活动的重要意义，加强组织领导，广泛进行动员，确保“十个一”活动取得实际效果。

5. 要狠抓党风廉政建设

认真贯彻落实集团公司和公司《建立健全惩治和预防腐败体系2008—2012年实施计划》以及年度推进计划，把规范权力运行、健全经营管理制度与强化监管、严惩违纪违规行为结合起来，着力推进重点领域和关键岗位的制度建设、规范管理。严格落实党风廉政建设规章制度，深入开展效能监察，加强党员干部警示教育，扎实推进廉洁文化建设，形成反腐倡廉长效机制，确保领导干部政治生命安全，确保企业经济运行安全。党员领导干部要自觉接受组织和群众的监督，老老实实做人，踏踏实实做事，干干净净工作。

6. 要维护大局和谐稳定

严格落实维稳工作责任制，及时掌握员工思想动态，准确把握不同群体的利益诉求，加强政策宣传和教育疏导，妥善化解矛盾，坚决杜绝群体性事件发生，切实维护大局稳定。进一步深化“和谐油区”共建活动，加强与参建单位的团结协作，建立有效的沟通机制，努力实现互利共赢。

妥善处理企地关系，将企业发展自觉融入地方经济建设之中，积极履行社会责任，树立和维护油田的良好形象，为油田发展创造宽松良好和谐的外部环境。

同志们，贯彻落实科学发展观、推动油田各项事业的科学发展任重道远，巩固和扩大学习实践活动成果是今后一个时期公司各级党政组织、广大党员干部的一项重要任务。公司党委和公司希望，油田上下始终高扬科学发展的风帆，各级干部要真正成为科学发展的领头雁，广大党员要真正成为科学发展的排头兵，全体员工要真正成为科学发展的主力军，万众一心、开拓进取，为建设现代化大油田、建设冀东石油人的美好家园而不懈努力!

张国旗在油田 2009 年度工作务虚会上的讲话

（2009 年 12 月 18 日）

同志们：

这次务虚会是一次非常重要的会议，主要目的是认真总结回顾一年来的工作，集中大家的思想和智慧，按照科学发展观的要求，共同谋划明年的工作思路，实现既定目标，进一步推动公司科学发展、和谐发展。可以说，这既是一次分析形势、谋划思路的务虚会，更是一次鼓劲加压、加快发展的动员会。

前不久，我们党召开了十七届四中全会，作出了加强和改进新形势下党的建设若干重大问题的决定。最近，中央又召开了经济工作会议，全面分析了当前国际国内经济形势，深刻阐述了加快经济发展方式转变的重要性和紧迫性，明确提出了明年经济工作的总体要求、重要原则、主要任务。11 月 12 日，集团公司召开了党建工作会议，全面总结了党的十六大以来集团公司党建工作的成绩和经验，明确了今后一个时期的总体思路，安排部署了重点工作。结合这次务虚会情况，贯彻落实十七届四中全会、中央经济工作会议和集团公司党建工作会议精神，进一步加强公司党建与思想政治工作，很有必要。公司第一次党代会刚刚闭幕，我们如何落实好党代会作出的各项部署，准确把握形势，科学应对挑战，把各级党组织和党员干部、广大员工的政治热情转化为推动工作的强大动力，对公司上下都提出了重大考验。在岁末年初的关键时期，我们通过这种方式，研究如何确保完成全年生产经营任务，谋划思考明年的工作，潜心寻求对策，争取工作的主动权。所以说，公司召开工作务虚会，非常必要。

这次务虚会开得很好，达到了预期目的。机关各部门的负责同志以科学发展观为统领，以推动公司科学发展、和谐发展为中心，紧密结合公司改革发展稳定实际，发表了许多真知灼见。公司各位领导讲了十分重要的意见，各单位、各部门要结合实际，认真贯彻落实。大家的发言理论联系实际，观点明确，思路清晰，措施具体，分析深入。有几位同志的发言很有深度，针对性很强。这说明大家是在深入思考主管一路工作的基础上，提出的措施和建议。大家既讲成绩，又查找问题，以查找问题为主；既讲目标思路，又提对策建议。听后很受启发，收获很大。总之，这次会议成效显著。特别是听了同志们的发言，主要有三点认识：一是统一了思想，达成了共识。从大家的发言中可以看出，大家对公司当前面临的形势有了比较客观的认识，达成了共识：油田总体形势比较好，各项工作逐步走上了正轨，保持了健康持续发展势头，发展基础更加夯实，但仍然面临着巨大的困难和挑战。可以说，在新的目标、新的任务、新的要求下，公司无论是政治责任、社会责任，还是经济责任，都加大了。只有不断地认清形势、解放思想、转变观念，着力转变发展方式，才能实现公司科学发展、和谐发展。二是分析了问题，剖析了原因。大家在发言中，针对制约公司发展的热点、难点问题，进行了认真分析，深刻剖析了产生这些问题的原因及其影响。所讲问题实事求是，剖析原因客观深刻。这也从一个侧面反映出，大家能够站在更高的层面思考问题，大局意识、责任感和使命感进一步增强了。三是提出了对策，明确了方向。围绕勘探开发、生产经营、队伍建设，以及党的建设、廉政建设、思想政治工作，大家积极建言献策，对公司如何在解放思想上迈出新步伐，在深化改革上实现新突破，在推动科学发展上取得新进展，在促进内外和谐上见到新成效，提出了针对性、操作性强的好建议。这些意见和建议，对我们做好明年的各项工作将起到重要的推动作用。

三权总经理最后还要作重要讲话，提出全面工作要求。下面，我重点从党委工作方面，先讲四点意见，供大家参考。

一、围绕中心，服务大局，各级党组织在公司生产建设中发挥了保驾护航作用

今年以来，可以说公司各方面工作尤其是生产、经营、管理、后勤工作逐步走上了正常轨道，实现了健康发展，预计各项生产经营指标超额完成，基础工作更加扎实，干群思想统一，队伍士气高涨。各级领导班子团结有力，工作目标明确。公司按照集团公司的整体部署，结合油田实际情况，创造性地工作，深入贯彻落实科学发展观，整体发展取得了长足进步。回顾总结今年的生产经营工作，主要有六大亮点：

亮点之一：油气勘探取得重要成果。始终把潜山作为南堡油田勘探工作的重点，年初专门组织召开了南堡油田潜山勘探技术座谈会，油气勘探思路实现了“三个转变”，潜山勘探取得了重要成果。南堡280、南堡288和南堡1−80井试油获得工业油气流，展示了南堡潜山勘探的良好前景。

亮点之二：油田开发形势明显好转。可以说，这是近几年来油田开发形势的重大转折，是开发工作取得成绩最好的一年，也是开发工作上的一个里程碑。全年有望超额完成173万吨产量任务。按照油田内部计划，有望完成178万吨企业目标，油气当量预计突破200万吨以上。陆上自然递减率为29.8%，同比下降4.1%；海上自然递减率为41.5%，同比下降15%；措施有效率达到80.2%，同比提高14.2%。此外，产能建设到位率比较高，地面工程建设成效显著，油田稳产基础得到夯实，开发工作基本步入了正常秩序。

亮点之三：安全生产保持良好态势。始终把安全环保工作放在首要位置，以“安全环保基础年”活动为主线，以规范推进HSE管理体系建设为重点，以严格执行《反违章禁令》为突破口，突出海上安全环保生产作业监督，基础工作进一步夯实，没有发生工业上报事故，安全生产态势良好。

亮点之四：降本增效工作成绩显著。

三权总经理来油田后，在深入调研的基础上，明确提出了降本增效的低成本战略思想，油田上下形成了“今天的投资就是明天的成本”、“强力实施低成本战略”等一系列共识。积极推进经营理念和管理方式的转变，各项费用得到了大幅度控制。今年1—11月份，实现经营收入48.9亿元，利润9.7亿元，上缴税费3.6亿元，比年初预算利润增加了17.7亿元。在原油操作费用较去年减少33%（5亿元）的情况下，控制住了成本，完成了各项生产任务。

亮点之五：科技管理水平和现场应用水平进一步提高。具有代表性的就是南堡1－3号人工岛整体气举采油工艺的成功应用，这是一项节能、环保、有效控制成本的先进技术。此外，南堡油田东营组重大开发试验顺利通过成果验收，开发井投产成功率达到100%，等等。这些成绩的取得，标志着油田科学技术水平在进一步提升和发展。

亮点之六：美好家园建设取得了实质性进展。在公司生产经营形势面临严峻挑战的情况下，职工待遇水平又得到了进一步提升。公司千方百计改善职工生产生活条件，做了大量富有成效的工作：稳步推进石油家园建设工程，积极稳妥安排职工子女就业，持续改善医疗卫生和职工子女受教育条件，不断丰富职工的业余文化生活，队伍保持了和谐稳定。

我认为，这六大亮点是油田全面贯彻落实科学发展观的结果，是公司领导班子和各级领导干部转变经营理念、转换发展方式的结果，是实事求是、结合冀东油田实际、创造性开展工作的结果，是与广大干部员工坚持严细认真的作风、高度负责的主人翁态度分不开的。在今后的工作中，我们要认真总结，不断发扬光大。

在这一过程中，公司各级党组织深入贯彻落实集团公司工作会议精神，围绕“114555”总体思路，以生产经营建设为中心，坚持融入中心，服务发展大局，集中精力抓了以下几件大事。一是按照集团公司党组的部署，开展了为期三个月的学习实践科学发展观活动。二是围绕庆祝新中国成立60周年和大庆油田发现50周年，开展了爱国爱企教育“十个一”活动。三是组织召开了公司第一次党代会，谋划了今后一个时期党委工作的基本思路。四是注重党员干部思想教育，不断加强各级领导班子、领导干部的党性修养和作风建设。五是严格落实维护稳定工作责任制，突出抓好庆祝新中国成立60周年期间的稳定工作。六是健全完善综合治理工作机构，加大社会治安综合治理工作力度。七是坚持教育制度监督并重，狠抓党风廉政建设。八是坚持以人为本，扎实推进和谐油田建设。可以说，一年来，各级党组织围绕生产建设中心任务，做了大量扎实有效的工作，在促进改革、推动发展、维护稳定方面发挥了重要作用，取得了显著效果。

1. 党组织的保障作用充分发挥

油田现有二级党委（总支）27个，基层党支部203个，党员2776人，其中在职党员占员工总数的1/3。各级党组织围绕“夺油上产、降本增效”两个攻坚战，广泛组织开展群众性劳动竞赛，调动了广大职工群众的积极性，确保了生产经营任务的完成。积极推行党建工作质量管理体系，深入开展“四创”活动，推动了科研生产和经营管理工作。扎实推进基层党支部“六个一”创建活动，发挥了党支部在促发展、增活力、保和谐中的战斗堡垒作用。创新党组织活动内容和方式，深入开展“党员奉献日”、“党员责任区”等主题实践活动，激励广大党员立足本职、建功立业，发挥了党员的先锋模范作用。

2. 领导班子和干部队伍建设得到加强

通过开展深入学习实践科学发展观活动，加深了各级领导班子和党员干部对科学发展观思想内涵、精神实质和根本要求的理解，提高了引领科学发展的能力。通过组织副处级以上领导干部赴长庆油田、延安学习培训，接受大庆精神、铁人精神再教育，领导干部的思想政治素质和理论水平显著提高，领导班子的能力得到提升，整体功能不断增强。

3. 思想教育工作取得了一定成效

各级党组织始终把大庆精神、铁人精神作为公司持续发展的政治优势，不断赋予新的时代内涵，坚持不懈地进行大庆精神、铁人精神教育，构筑了广大干部员工的共同思想基础。特别是在爱国爱企教育“十个一”活动中，广大干部员工情绪高涨、积极参与，普遍接受了一次爱国主义和大庆精神、铁人精神再教育，展示了良好精神风貌，激发了工作干劲和热情，更加坚定了“倾力建设现代化大油田、倾情建设冀东石油人的美好家园”的信心和决心。

4. 职工队伍和谐稳定

各级党组织认真贯彻集团公司党组和公司党委的工作部署，尽心尽力做好信访接待与矛盾纠纷排查化解工作，坚持有访必接、随访随接，做到讲政策、讲原则、讲时机、讲感情，努力将各类不稳定苗头和隐患消灭在萌芽状态，维护了大局和谐稳定。特别是在国庆60周年庆典活动期间，严格落实《维稳特别重点阶段责任令》，加强了对重点不稳定群体的防控力度，实时掌握动态，确保了万无一失。坚持开展“送温暖”、“金秋助学”等活动，促进了和谐油田建设。

二、领会精神，正视不足，充分认识加强和改进新形势下党的建设的重要意义

这些年来，公司各级党组织全面贯彻党的路线方针政策，认真落实集团公司党组和公司党委的部署，紧密结合工作实际，积极探索加强和改进党建工作的有效途径和办法，取得了新进展、新成效，为公司改革发展稳定提供了坚强的组织保证、智力支持和精神动力。但我们也要清醒地认识到，新形势下如何进一步发挥党组织政治核心作用、加强对党员和领导干部队伍教育管理等方面仍需要深入研究、不断探索。同时更要看到，公司党建工作还存在不少亟待解决的问题。根据平常掌握的情况和基层调研发现的问题，我认为，在机关和基层领导干部中还存在着一些不健康的表现，主要表现在以下六个方面。

1. 理想信念方面

有的党员、干部价值观偏移，缺乏共产党员应具备的理想信念，对建设现代化大油田缺乏信心；一些党员、干部忽视理论学习，理论和实际脱节，用科学理论指导实践、解决问题的能力不强，没有解决真学真懂真信真用问题。纵观近年来我们党内“落马”的领导干部，最根本的问题就是不注重学习，理想信念发生偏移，世界观、人生观、价值观扭曲，致使走上了违法犯罪的道路。

2. 组织纪律方面

个别领导干部组织纪律观念不强，对上级的方针政策、公司党委和公司的工作部署执行不坚决、不得力，思想认识不够，以致在执行的过程中，存在这样或那样的思想问题，甚至搞“上有政策、下有对策”；一些领导班子贯彻民主集中制不坚决，在推进落实上抓得不够，在有效执行上力度不大；个别领导班子整体作用发挥不好，分工协作机制不健全，不善于团结共事；一些基层党支部战斗堡垒作用不强，少数党员的党员意识淡化、先锋模范作用不明显。

3. 工作作风方面

有的干部责任心和事业心不强，致使已有的部署没能得到很好的贯彻落实；有的干部程度不同地存在着官僚主义、教条主义、形式主义和自由主义的现象；有的干部工作不深入，不调查不研究，工作能推则推，能拖则拖；有的干部喜欢做表面文章，只图虚名，不求实效，过程很热闹，实际问题并未解决。由于我们的一些干部大局意识不强、工作责任心不强、作风不扎实，致使与乙方一些服务施工单位之间出现了一些经济利益上不正常的矛盾、纠纷和问题；一些工作还不尽如人意，一些工程没能按计划投产运行。最近，我们陆续收到一些信访举报信件，反映天然气的管理上存在许多问题，特别是盗气问题比较严重。这些问题的发生，使公司的一些利益受到了损失，使国家的利益受到了损害。

4. 能力素质方面

有的干部综合素质不高，虽然职务到位了，但由于不注重加强学习，加上工作经验不足，思想素质、进取精神和工作能力并不能适应岗位需要，致使所主管的工作没有新的进展，工作总体水平不高；有的干部处理复杂问题、做群众工作本领不强，尤其是一遇到突发事件、急难险重任务就力不从心、束手无策。

5. 廉政建设方面

个别领导干部仍然存在不廉洁行为，“两个务必”的意识不强，违反有关规定甚至违法犯罪。这方面已经有不少的例子可以佐证，教训极其深刻。工程造价公司价格信息科赵国洪利用职务之便，为与油田有业务关系的公司提供信息，从中谋取利益，收受好处费 2.5 万元，构成受贿，被唐山市路北区人民法院判处非国家工作人员受贿罪，免予刑事处罚。同时，也受到公司机关党委开除党籍的处分。2004 年，原物资供应处领导班子违法犯罪案件，给我们带来了惨痛的教训，一大批党员干部受到了党纪国法的严惩，给当事人的家庭也带来了巨大影响。所以，希望各级领导干部，始终保持清醒的头脑，高度重视党风廉政建设工作，做到时时抓、月月抓、年年抓，警钟长鸣、常抓不懈。

6. 队伍建设方面

一些干部员工的思想观念、业务素质还存在较大差距；一些干部员工的思想素质不高，自律意识差，走上了违法犯罪的道路。今年涉及油田各类人员的刑事案件 5 起、10 人，其中盗窃案件 3 起、故意伤害案件 2 起，涉及职工 5 人；治安案件 10 起，涉及职工 13 人。比较典型的案件有两个：G45−1 平台原油盗窃案，多人内外勾结、里应外合，盗窃原油 100 多吨，此案涉及公司 2 名副科级干部（高尚堡作业区的胡勇和职工医院的方珩），还涉及地方上的一些人员。北田公司职工杜文盗窃天然气案件，当事人为了一己私利，盗窃天然气 71237 立方米，价值人民币 98307 元，被东油分局抓获。这一方面说明各级党组织对员工的法纪教育力度还不够，另一方面也说明一些员工法制观念淡薄。

以上这些问题与公司加快发展的大好形势格格不入，反映出我们对党员干部和职工队伍的教育管理还不够到位，在一定程度上削弱了党组织和领导班子的凝聚力、战斗力，影响了党群关系、干群关系，必须引起我们的高度重视，认真加以解决。

面对新的形势和新的任务，我们要深刻认识加强党建工作的重要性和紧迫性，深入贯彻落实科学发展观，紧紧围绕改革发展稳定大局，按照十七届四中全会和集团公司党建工作会议的要求，以领导班子和领导干部队伍建设为核心，以基层党组织建设为重点，进一步明确载体，落实责任，以改革创新精神全面推进党的建设各项工作，不断增强党的创造力、凝聚力和战斗力。

三、结合实际，落实措施，不断加强党建与思想政治工作

各级党组织要深入贯彻落实集团公司党建工作会议精神，围绕“114555”发展思路和公司第一次党代会确定的目标任务，紧密结合工作实际，采取有力措施，不断加强党建与思想政治工作，为公司改革发展稳定各项工作服好务。重点抓好以下八个方面工作。

1. 加强领导班子和干部队伍建设

要把加强理论武装摆在突出位置，大力加强领导班子的思想政治建设，切实抓好党委中心组学习，创新学习方法，丰富学习内容，落实学习制度，不断提高领导干部的政治素质，使各级党组织成为学习型党组织、各级领导班子成为学习型领导班子。要坚持党的民主集中制，认真执行“三重一大”决策制度，促进领导班子科学决策、民主决策和依法决策。要深入开展“四好”班子创建活动，不断创新内容和方式，推动创建活动上水平。要加强领导干部党性修养，教育领导干部大兴密切联系群众之风、求真务实之风、艰苦奋斗之风、批评和自我批评之风，切实解决党员干部思想作风、学风、工作作风、领导作风和生活作风上存在的问题，努力建设一支政治坚定、能力突出的高素质干部队伍。

2. 全面落实党建工作责任制

要健全完善党委负总责、相关部门各司其职、一级抓一级的党建工作责任制，把党建工作与其他工作一起部署、一起检查、一起考核，做到重视到位、责任到位、落实到位。各单位党委（总支）书记要切实履行抓党建第一责任人的职责，扎扎实实抓党建，形成抓好党建是本职、不抓党建是失职、抓不好党建是不称职的共识；党政主要领导都要自觉增强党建工作意识，严格落实“一岗双责”要求，共同把本单位党的建设工作抓实抓好，通过抓党的建设推动科学发展、促进企业和谐。要结合基层党支部“六个一”创建工作，广泛开展政治引领力强、推动发展力强、改革创新力强、凝聚保障力强“四强”党组织和政治素质优、岗位技能优、工作业绩优、群众评价优“四优”共产党员创先争优活动。公司党委初步决定，明年二季度召开公司党建工作会议，进一步贯彻落实十七届四中全会和集团公司党建工作会议精神。

3. 继续巩固学习实践活动成果

要继续抓好学习实践科学发展观活动整改方案的实施，确保整改方案承诺事项全面按期完成。要按照省国资委党委的有关要求，对学习实践活动进行“回头看”，认真检查解决突出问题是否有效落实，看促进企业科学发展的能力是否得到提高；认真检查体制机制建立是否

取得成效，看科学管理水平是否有明显提高；认真检查党性党风党纪方面突出问题是否有效解决，看党员干部的思想作风、工作作风、生活作风是否有明显提高。通过查找薄弱环节和不足，解决突出问题，建立健全体制机制，进一步巩固和扩大学习实践活动成果。

4. 全面加强基层建设

要做好抓基层打基础工作，全面加强基层建设，充分发挥基层党组织推动发展、服务群众、凝聚人心、促进和谐的作用。要突出基层队（站）、班组和岗位三个重点，继续推进以“标准基层队创建、五型班组创建和星级员工达标”为主要内容的“两创一达标”活动。要把发扬大庆精神、铁人精神作为加强基层建设的一项重点任务来抓，深入学习领会习近平同志在大庆油田发现50周年的庆祝大会上的讲话要求和周永康同志《弘扬大庆精神，铸造新的辉煌》署名文章精神，引导干部员工爱国、爱企、爱石油，进一步增强责任感和使命感，立足本职、拼搏奉献，为推动公司科学发展、和谐发展再立新功、再创辉煌。

5. 持续开展形势任务主题教育

要紧紧围绕降本增效、夺油上产两个“攻坚战”，扎实开展“形势、目标、任务、责任”主题教育活动，创新载体，丰富内容，贯穿于改革发展的全过程。采取有说服力、吸引力、感染力的方式方法，以鲜明的观点、深入的分析、生动的事例、透彻的说理，让广大干部员工全面了解集团公司和公司的战略部署，以及本单位的发展目标和重点任务，深刻理解我们面临的机遇与挑战，充分认清努力的方向和肩负的责任，统一思想、增强信心、振奋精神，积极投身建设现代化大油田、建设冀东石油的美好家园的伟大实践，形成同心协力、团结奋进、共谋发展的良好局面。

6. 切实加强党风廉政建设

一方面，要深入贯彻落实《国有企业领导人员廉洁从业若干规定》（以下简称《若干规定》）。要完善规章制度，堵塞管理漏洞，从机制上保证《若干规定》要求的落实。各级干部要自觉加强自身修养，严格要求，带头遵守《若干规定》，带头查找和纠正存在的问题。要增强监督约束意识，真心接受上级的监督，虚心接受群众的监督，坚持公开公正，主动改进作风，争做贯彻落实《若干规定》的表率。另一方面，要扎实开展工程建设领域突出问题专项治理工作。公司专门成立了工程建设领域突出问题专项治理工作领导小组，研究制订了实施方案，全面启动了为期三年的专项治理工作。各单位、各部门要站在政治和全局的高度，充分认识开展专项治理工作的重要性和紧迫性，明确任务、落实责任，认真查找突出问题，切实采取有力措施加以解决。要正确处理专项治理工作与促进发展的关系，坚持两手抓、两手硬、两促进，不能因为治理工作而影响项目进度。总之，要通过开展专项治理工作，力争把公司所有工程都建成优质工程、绿色工程、阳光工程。

7. 认真做好典型选树工作

前不久，公司党委和公司专门下发文件，对今年的先进评选表彰工作进行了具体安排。各级党组织要切实提高认识，端正态度，正确理解典型选树工作，真正把那些能够反映时代风貌、事迹和贡献突出、具有导向作用的先进个人和集体选树起来，大力培育“铁人式”职工队伍，在全油田掀起学习典型、崇尚典型、争当典型的热潮，营造比学赶帮超的良好氛围。要做好经常性的先进典型事迹的发现、总结和推广工作，将其作为企业文化建设的一项重要内容，不断丰富企业文化的内涵。

8. 继续抓好维护稳定工作

要牢固树立发展是硬道理、稳定是硬任务的思想，深刻认识稳定工作的长期性、艰巨性、复杂性和反复性，始终保持高度的政治责任感和强烈的大局意识，充分发挥各级党组织在维护稳定、构建和谐中的重要作用。进一步强化稳定工作责任制，落实相关制度和工作机制，持之以恒地抓好重点群体和敏感时段的稳定工作，密切关注稳定工作中的新情况新问题，把不稳定因素消除在萌芽状态。要妥善处理改革发展稳定的关系，把握好有关政策出台的时机和协调性，加强政策宣传和教育疏导，努力避免在深化改革过程中引发新的问题，切实从治本上化解矛盾、从源头上维护稳定。

四、真抓实干，务求实效，切实抓好会议精神的贯彻落实

公司第一次党代会和这次务虚会，明确了当前和今后一个时期的工作思路。当务之急，就是要全力抓好会议精神的贯彻落实，实现既定目标任务。

1. 全力冲刺，确保完成全年任务

应该说，今年是公司发展史上很不平凡的一年，也是富于挑战的一年，面对金融危机的冲击和影响，前三季度我们历经考验，战胜了危机挑战，取得了超出预期的良好业绩，这既得益于集团公司党组的正确领导，也是公司广大干部员工团结奋斗、顽强拼搏的结果。尽管如此，我们面临的形势仍然比较严峻。现在到年底，只有十几天的时间了，各项工作进入倒计时，一些重点项目处于年底冲刺阶段。俗话讲，编筐编篓，重在收口。各单位、各部门要保持只争朝夕的干劲，集中精力、毫不松懈地抓好生产经营、安全环保、维护稳定、综合治理等各项工作，全面完成集团公司下达的各项业绩指标。

2. 未雨绸缪，科学谋划明年工作

明年是全面实现“十一五”目标、向“十二五”过渡的关键之年。超前谋划好明年的工作，对于我们开好头、起好步，争取各项工作的主动权，具有十分重要的意义。各单位、各部门谋划明年的工作时，要围绕“倾力建设现代化大油田、倾情建设冀东石油人的美好家园”这条工作主线，切实体现本单位、本部门的特色和亮点。要坚持统筹兼顾的原则，立足当前、着眼长远，坚持推进当前工作为长远发展打好基础，解决当前问题为长远发展创造条件。要注重搞好调查研究，坚持从实际出发，注意走群众路线，广泛听取基层员工的建议和意见，确保目标思路的科学性和可操作性。

3. 加强宣传，努力营造良好氛围

学习贯彻公司党代会、务虚会精神，是当前和今后一个时期的重要任务。要充分发挥报纸、电视、网络平台等宣传媒介，通过开辟专栏、专题等形式，深入解读会议精神，教育引领广大党员、干部和职工群众把思想和行动统一到公司党代会和务虚会精神上来，把智慧和力量凝聚到公司党委和公司的各项工作部署上来，把目标和计划落实到具体的工作措施之中。要及时反映各单位、各部门学习贯彻落实党代会、务虚会精神的好做法、好经验，营造浓厚的舆论氛围。

4. 注重总结，不断提高工作水平

现在，各路工作已步入收尾阶段，

有必要进行一次全面总结回顾。实践证明，及时总结工作中的经验教训和得失成败，是不断改进工作方法，保持强劲动力，确保来年各项工作有新的起色的有效措施和途径。各单位、各部门要注重积累，养成善于总结的习惯，提高总结的质量和水平，既要总结成功的做法经验，用以指导今后的工作实践，促进工作进入良性循环的轨道；更要反思失败的原因教训，作为今后工作的警示，避免类似问题的发生。只有这样，才能不断提高工作水平，提高分析问题、解决问题的能力。

同志们，新的征程激扬起我们美好的憧憬，更加壮丽辉煌的明天有待我们开创。公司上下要全面贯彻党的十七大、十七届四中全会和集团公司党建工作会议精神，深入落实科学发展观，认清形势，解放思想，同心同德，倾力倾情，为推动公司科学发展、和谐发展而不懈努力！

张国旗在油田 2009 年纪检监察工作会议上的讲话

（2009 年 3 月 5 日）

同志们：

今天，公司召开纪检监察工作会议，主要是深入学习胡锦涛总书记在十七届中央纪委三次全会上的重要讲话精神、认真贯彻落实集团公司纪检监察工作会议精神，安排部署公司今年的纪检监察工作。刚才，王富同志代表党委作了工作报告，全面总结了去年的纪检监察工作，安排部署了今年的重点任务。希望各单位、各部门认真学习，结合自身实际，创造性地抓好落实，努力提高党风廉政建设工作的实效。

下面，围绕学习贯彻胡锦涛总书记在十七届中央纪委三次全会上的讲话精神，落实集团公司纪检监察工作会议部署，做好今年的党风廉政建设工作，我讲四点意见。

一、把握形势，充分认识加强党风廉政建设的极端重要性

党的十七大强调，坚决惩治和有效预防腐败，关系人心向背和党的生死存亡，是党必须始终抓好的重大政治任务。我们一定要从战略和全局高度，深刻认识加强党风廉政建设的极端重要性。

1. 反腐倡廉的大势要求我们必须高度重视党风廉政建设

我们党历来高度重视反腐倡廉工作，无论是在革命、建设、改革的重大历史关头和关键发展阶段，还是在和平发展时期，始终把反腐倡廉工作放在提高党的执政能力、保持和发展党的先进性的突出位置来抓，坚持标本兼治、综合治理、惩防并举、注重预防，坚决查处大案要案，坚决纠正损害群众利益的突出问题，坚决惩治违纪违法分子，坚决维护党纪国法的严肃性，认识十分清醒、态度一以贯之。2008 年，全国纪检监察机关共立案查处党员干部 13 万多人，其中涉及省部级干部 12 人，地厅级干部 332 人，县处级干部 4197 人。中央去年查处了一批央企中严重违法违纪的案件。例如，①中石化原总经理、党组书记陈同海受贿案。陈同海在中石化任职期间，利用职务便利，为他人谋取利益，收受钱款数额巨大；利用职权为情妇谋取巨额不正当利益；生活腐化。目前，陈同海已被开除党籍和公职，正在接受司法机关调查处理。②首都机场集团公司原总经理、董事长李培英贪污受贿案。李培英利用职务便利，索取或收受有关单位和个人2600多万元、贪污8250万元，被司法机关判处了死刑，剥夺政治权利终身，没收个人全部财产。③古井集团高官集体腐败案。该企业主要负责人及绝大多数中层干部涉案，几乎“全军覆没”。④中油一建公司原总经理顾满林等侵占、受贿案。中油一建公司原总经理顾满林等人采取截留工程项目收入等方式，设立账外资金5130万元。顾满林擅自决定从中给领导班子成员发放奖金和购房补贴。顾满林等10余人因严重侵占、受贿等问题，先后被检察机关逮捕，检察机关收缴账外资金1580万元。从这些数据和案件足以看出，反腐倡廉工作任重而道远，也进一步表明我们党的反腐决心之大。正如胡锦涛总书记所讲的，我们必须从坚持和发展中国特色社会主义的高度，从保持党的纯洁性和先进性的高度，深刻认识反腐倡廉建设的重要性和紧迫性，扎实做好反腐倡廉工作，不断把党风廉政建设和反腐斗争引向深入，为维护和发展改革发展稳定大局服务，确保党始终保持同人民群众的血肉联系，始终经受住长期执政的考验、改革开放的考验、发展社会主义市场经济的考验。集团公司党组对党风廉政建设工作始终高度重视、非常严肃。去年12月25日，蒋总主持集团公司党组会议，专题听取党组纪检组、监察部工作汇报，提出党风建设和反腐倡廉工作要突出“三个保证”，工作中要注意把握“三个着力点”，并要求要加大查办案件力度，严肃追究责任，决不袒护。在2月19日召开的集团公司2009年纪检监察工作会议上，蒋总又专门作了强调。陈明同志在工作报告中也结合实际，提出了具体要求。由此可见，无论是党中央、国务院，还是集团公司党组，把反腐倡廉工作提到了一个非常重要的议事日程，放到了党的生死存亡的高度来对待。对此，我们必须要有清醒的认识，切实把思想和行动统一到党中央、国务院和集团公司党组对反腐倡廉工作的部署上来。

2. 油田发展所处的环境要求我们必须进一步强化党风廉政建设

陈云同志讲过，党风不好，改革不成。当前，我们正处在油田建设发展的关键时期，必须保证干部队伍的清正廉洁，这是政治、是硬任务。大家都知道，我们油田是按照“油公司”模式组建的，没有钻井、测井、物探等大型施工作业队伍。近几年来，随着油田发展步伐的加快，越来越多的单位加入了油田建设的队伍，并建立了战略合作伙伴关系，合作的范围、领域也更加深入广阔。我们作为甲方单位，在这样的市场环境运作下，如何确保生产经营活动中不发生违规违纪问题，确保各级干部经得起复杂形势的考验，是摆在我们面前的重大课题。这就要求我们必须切实采取有效措施，进一步强化党风廉政建设，努力营造有利于油田发展的良好环境。特别是今年，公司投资、成本压力大，如何从源头上堵塞漏洞、防止浪费，确保把有限的资金用到刀刃上，更是对我们党风廉政建设工作的一大考验。所以说，各级党组织一定要提高认识，进一步强化党风廉政建设。

3. 公司干部队伍作风现状要求我们必须大力加强党风廉政建设

古语讲，树欲静，而风不止。这些年来，公司党委和公司始终高度重视党风廉政建设工作，研究制定了一系列工作措施，开展了一系列警示教育活动，也取得了一定成效。但是，违法违纪案件仍时有发生，给油田发展造成了一定的负面影响。几年来，油田发生了多起案件，有10多名科、处级干部受到了党政纪处分和法律的制裁。这些问题说明了什么，值得我们认真反思。我认为，问题就出在我们干部队伍的作风上。正如胡锦涛总书记所讲的，这些事故和事件的发生不是偶然的，突出反映出一些领导干部作风不正问题相当严重。从公司干部队伍作风现状来看，胡锦涛总书记列举的领导干部作风方面存在的“宗旨意识不强、理论和实际脱节、责任心和事业心不强、政绩观不正确、个人主义严重、纪律观念淡薄”六个方面的问题，在公司干部队伍中也程度不同地有所表现，主要是：有些同志政治理论学不求深、思不求解，尤其是用理论指导和联系实际不够，遇到具体问题就无所适从，遇到突发事件更是束手无策；有些同志深入基层调查研究不够，主观上随意，认识上偏差，办事效率不高；有些同志勤俭节约意识有所淡化，丢掉了艰苦奋斗、勤俭节约的好传统，贪大求洋、摆阔气、讲排场、吃吃喝喝，花钱大手大脚，造成一定程度上的铺张浪费；有些同志政治意识和大局观念不强，对上级的方针政策、公司党委和公司的工作部署执行不坚决、不得力；有些同志民主集中制原则意识不强，认识不高，落实不到位，等等。这些问题的存在，对油田发展有百害而无一利，对领导干部自身成长也是有百害而无一利。如果领导干部作风上存在的这些问题不能得到有效解决，必将干扰正常的生产经营秩序，损害干部队伍的形象，削弱队伍的战斗力，从而阻碍和制约油田各项事业的发展。

二、强化作风，大力加强领导干部党性修养

胡锦涛总书记指出，领导干部作风问题，说到底是党性问题。事实充分说明，领导干部作风与党性修养是紧密联系在一起的。党性是作风的内在依据，作风是党性的外在表现，作风和党性相互影响、相互作用。党性纯洁则作风端正，党性不纯则作风不正。胡锦涛总书记的重要讲话突出强调了党性、党风、党纪问题，抓住了党员干部队伍建设的根本，必将有力地推进新形势下党员干部队伍的思想政治建设和作风建设。我们要认真学习领会，对照“政治坚定、作风优良、纪律严明、勤政为民、恪尽职守、清正廉洁”二十四字方针的要求，切实树立领导干部“忠诚企业、尽职尽责、求真务实、清正廉洁”的良好形象，充分发挥模范带头作用。各级党组织要把加强领导干部党性修养纳入即将开展的深入学习实践科学发展观活动，落实到党要管党、从严治党的工作和措施上，通过严格要求、严格教育、严格管理、严格监督，切实解决党员干部党性、党风、党纪方面存在的突出问题。各级干部要自觉把加强党性修养作为修身之本、从业之要，以身作则、严格要求，讲党性、重品行、作表率，永葆共产党员的先进性和纯洁性。

1. 树立正确的价值观

秉持什么样的价值观，是衡量领导干部正确对待组织、正确对待权力、正确对待自己的试金石，也是领导干部党性修养的重要体现。各级干部要注重加强理论武装，坚定理想信念，牢固树立马克思主义的世界观、人生观、价值观，树立和坚持正确的事业观、工作观、政绩观，牢记组织的重托和群众的期待，把实现个人追求与推进油田改革发展、维护职工群众利益紧密联系起来，不为私心所扰，不为名利所累，不为物欲所惑，努力实践共产党人高尚的人生价值。党性不仅体现在理论修养上，更重要的是要体现在运用科学理论解决实际问题上，体现在干事创业的能力上。要着力解决“知行脱节”的问题，把党性修养的“知”与“行”统一到油田建设发展的实践中，统一到攻坚克难、破解难题的过程中。

2. 养成良好的从业习惯

面对市场经济出现的各种利益诱惑，面对社会上存在的各种腐朽落后观念影响，能不能经受住考验，是领导干部必须时刻认真思考的问题。要坚持秉公用权、廉洁从业，时刻牢记手中的权力是组织的信任，把权力一心一意地用在为职工群众谋利益上，用在为职工群众服务上。要坚持发扬民主、团结共事，严格按照领导班子内部议事和决策机制办事，特别是要严格落实“三重一大”决策制度，严格执行民主集中制。要坚持勤俭节约、艰苦创业，牢固树立过紧日子的思想，带头落实公司压减成本、挖潜增效的各项措施，带头反对铺张浪费和大手大脚，团结带领职工群众迎难而上、共克时艰。要坚持真抓实干、务求实效，大力弘扬大庆精神、铁人精神，努力创出经得起实践、群众、历史检验的实绩。要坚持立党为公、执政为民，千方百计把为群众排忧解难的工作落到实处。

3. 时刻防微杜渐

这些年来，我们持续开展廉洁警示教育，其中一些案件触目惊心、发人深省、促人深思，给我们敲响了警钟：党员领导干部如果不注重党性修养，放松了世界观的改造，就会在政治上背离党心、经济上贪得无厌、生活上消极腐化，最终滑向犯罪的深渊。这一点，我们油田也是有过惨痛的教训。各级干部一定要按照自重、自省、自警、自励的要求，努力做到慎初、慎微、慎欲、慎独、慎终。要从自我做起、从小事做起，真正做到勿以恶小而为之，勿以善小而不为。违规违纪的口子一次也不能开，违反原则的事情一件也不能办，不搞“只此一次”、“下不为例”。

4. 虚心向群众学习

全心全意为人民服务是我们党的根本宗旨。能不能坚持党的根本宗旨，是检验领导干部党性是否坚强、作风是否优良的重要标准。职工群众是建设大油田的基础和中坚力量。只有充分相信群众、依靠群众、发动群众，集中群众智慧，现代化大油田的建设才有不竭的动力。各级领导干部要坚持从群众中来、到群众中去，经常深入基层、深入群众，大兴调查研究之风，认真听取职工群众意见，从职工群众身上汲取营养和智慧，找准不足、改进工作，从而增强工作的针对性，提高决策的科学性，进而增强我们的党性。

5. 自觉接受监督

失去监督的权力必然导致腐败。越是领导干部，越要从严教育、从严要求、从严监督。领导干部和腐败分子之间没有天然屏障，失去理想信念，失去约束监督，就可能发生角色转换。各级领导班子和干部要增强约束意识，继续坚持领导班子民主生活会、领导干部重大事项报告、述职述廉、诫勉谈话、厂务公开等制度，自觉接受党组织和广大党员、群众的监督。同时，要注意管好身边的人和所负责的业务系统，不徇私情，不谋私利，警钟长鸣，始终保持共产党员的本色。

三、抓住重点，努力增强党风廉政建设工作的针对性和实效性

中央纪委三次全会从党和国家事业发展全局和战略高度，全面分析了当前反腐倡廉形势，明确提出了深入推进党风建设和反腐败斗争的总体要求和主要任务。集团公司党组强调，进一步加强反腐倡廉建设，要加大党风廉政建设责任制落实力度、加大制度建设力度、加大领导干部教育监督力度、加大查办案件力度，为维护企业改革发展稳定的大局提供坚强保证。我们要认真学习、深刻领会、把握重点，努力增强党风廉政建设工作的针对性和实效性。

1. 围绕中心、服务大局

所谓中心，就是以油田勘探开发为主营业务的工作中心；所谓大局，就是倾力建设现代化大油田，倾情建设冀东石油人的美好家园。党风建设和反腐倡廉工作，要围绕公司党委和公司确定的重点任务，加强对重点项目建设、工程招投标、人事管理、子女就业等工作的监督检查，及时发现和纠正违规违纪行为。要找准反腐倡廉工作的切入点，自觉把工作融入生产经营管理的重要领域和关键环节，注意发现和解决党风方面妨碍油田改革发展的突出问题，严肃查处违规违纪案件，努力为油田科学发展、和谐发展保驾护航。

2. 以人为本、服务基层

蒋总指出，对党组确定的民生工程建设、矿区安全隐患治理、建立扶贫帮困长效机制以及员工不下岗、保障基本收入等政策措施的落实情况，纪检监察部门要强化监督检查，为保持企业大局稳定、建设和谐矿区作出贡献。我们要认真落实集团公司党组的要求，在实现好、维护好、发展好员工利益上有更大作为。要强化责任意识，切实维护员工利益，认真研究和解决涉及员工生产生活的突出问题，努力使各项决策既代表企业的长远利益，又体现员工的现实利益，让广大员工共享改革发展成果。要强化服务意识，以服务基层、方便员工为己任，认真对待基层和群众反映的问题，逐一核查、逐一落实，努力为基层办好事、办实事、解难事，让员工真切地感受到组织关怀，增强队伍凝聚力。

3. 惩治有力、注重预防

惩治和预防是一个事物的两个方面，彼此不可剥离。惩治是手段、而不是目的，关键是建立健全教育、制度、监督并重的惩治和预防腐败体系，在坚决惩治腐败的同时，更加注重治本，更加注重预防，更加注重制度建设，从源头上预防和减少腐败现象的发生。我们现在强调注重预防，并不是说惩治就不重要了。只有惩治有力，才能增强改革的推动力、教育的说服力、制度的约束力、监督的制衡力、惩治的威慑力。做好预防工作，可以规范工作秩序、提高工作效率、优化发展环境，可以使干部不犯或少犯错误。我们要着力突出惩治和预防这两项重点，做到两手抓、两手都要硬。

4. 解放思想、改革创新

当今社会是一个形势复杂多变的时代，各种思想、潮流呈现多元化趋势。每一名领导干部能不能经受住执政的考验、深化改革的考验、市场经济的考验，是我们必须认真研究的重大课题。十七届中央纪委三次全会明确提出，2009年要以完善惩治和预防腐败体系为重点加强反腐倡廉建设，以改革创新精神抓好《建立健全惩治和预防腐败体系2008—2012年工作规划》的落实。我们必须进一步解放思想，不断更新观念，把规范权力运行、健全体制机制、强化监管惩处结合起来，以改革的精神、创新的思路来解决党风廉政建设工作遇到的新问题，力争取得重要成效。

四、加强领导，确保党风廉政建设工作落到实处

加强党风建设和反腐倡廉工作，事关企业的兴衰成败和持续稳定健康发展。各级党组织必须强化领导、明确职责、适应形势、提高能力，不断把党风廉政建设工作引向深入。

1. 要加强党风廉政建设工作的领导

发挥国有企业党组织的政治核心作用，是国有企业管理体制和经营机制中的一大特色，也是加强反腐倡廉建设的根本保证。各单位党委（总支）要坚持党要管党、从严治党，切实担负起领导党风廉政建设工作的政治责任。要把实现“三个保证”作为工作目标，把“三个着力点”作为工作重点，采取有效措施，狠抓任务落实。要进一步增强责任意识和主体意识，高度重视纪检监察工作，以更加坚决的态度、更加有力的措施，推进反腐倡廉建设。要旗帜鲜明地支持纪检监察部门正确履行职责，为他们开展工作创造良好的环境和条件。

2. 要认真落实党风廉政建设责任制

党风廉政建设责任制是深入推进反腐倡廉建设的一项基础性制度。经验表明，凡是党风廉政建设责任制落实好的单位，干部队伍必然风清气正，人心顺、政令通、发展快；反之，则歪风邪气蔓延，政令不畅、干群失和、发展迟滞。落实党风廉政建设责任制，不仅是党风廉政建设和反腐倡廉的迫切要求，更是油田发展的有力保障，是公司上下需要高度重视、切实抓好的政治任务。要把惩防体系建设各项任务作为党风廉政建设责任制的重要内容，加大责任分解、责任考核和责任追究力度。各单位党政主要领导要认真履行好第一责任人的职责，对班子内部和管辖范围内的反腐倡廉工作负总责，做到重要工作亲自部署、重大问题亲自过问、重点环节亲自协调；班子其他成员要履行“一岗双责”，抓好职责范围内的反腐倡廉建设，一级抓一级，层层抓落实，进一步形成党委统一领导、党政齐抓共管、部门各负其责的反腐倡廉工作局面。通过上下共同努力，确保“工程上马、干部不下马，工程优良、干部优秀”，把干部队伍建设成为一支清正廉洁、职工群众认可的队伍。

同志们，今年公司改革发展任务十分繁重，党风廉政建设工作也十分艰巨。我们要全面贯彻十七届中央纪委三次全会精神，认真落实集团公司党组的部署，扎实推进党风建设和反腐倡廉工作，为促进油田持续稳定、健康和谐发展贡献力量！

张国旗在油田深入学习实践科学发展观活动动员大会上的讲话

（2009 年 3 月 17 日）

同志们：

按照集团公司党组的统一安排部署，公司党委研究决定召开深入学习实践科学发展观活动动员大会，对公司开展学习实践活动进行安排部署，动员公司广大党员干部迅速行动起来，以高度的政治责任感和良好的精神状态，积极投入到学习实践活动中去，保质保量地完成学习实践活动各阶段的任务。此前，公司党委对开展学习实践活动进行认真研究部署，讨论通过了活动实施方案等有关文件，活动实施方案已征得集团公司第五指导检查组同意，相关文件会后将印发各单位。今天的会议，标志着公司深入学习实践科学发展观活动正式启动。

下面，根据公司党委的意见，我讲四个问题。

一、提高认识，统一思想

开展深入学习实践科学发展观活动是全党当前一项重大而紧迫的政治任务，意义十分重大。广大党员干部一定要提高认识，切实把思想和行动统一到党中央和集团公司党组的决策部署上来。

1. 充分认识到深入学习实践科学发展观，是用中国特色社会主义理论体系武装全党的重大举措

科学发展观是对党的三代中央领导集体关于发展的重要思想的继承和发展，是马克思主义关于发展的世界观和方法论的集中体现，是同马克思列宁主义、毛泽东思想、邓小平理论和“三个代表”重要思想既一脉相承又与时俱进的科学理论，是我国经济社会发展的重要指导方针，是发展中国特色社会主义必须坚持和贯彻的重大战略思想。在全党开展深入学习实践科学发展观活动，是党的十七大作出的一项重大举措，是继续推进中国特色社会主义伟大事业的需要。深入学习实践科学发展观，就是要更好地用中国特色社会主义理论体系武装党员干部思想，深刻理解和全面把握科学发展观的科学内涵、精神实质、根本要求，增强贯彻落实科学发展观的自觉性和坚定性。冀东油田作为中国石油的地区公司，肩负着经济责任、政治责任和社会责任，有责任、有义务在集团公司“东部硬稳定”的战略部署中有所作为。我们要通过开展学习实践科学发展观活动，着力推进油田科学发展进程，努力建设科技、绿色、和谐的现代化大油田，为实现党的十七大提出的宏伟目标作出应有贡献。

2. 充分认识到深入学习实践科学发展观，是实现油田科学发展的必然选择

科学发展观是推进经济社会又好又快发展的理论武器。冀东油田成立 20 多年来，克服了诸多困难，经受住了各种考验。我们始终牢牢把握发展这一主题，

坚持解放思想、与时俱进、开拓创新、真抓实干，开创了改革发展稳定的新局面，取得了丰硕成果，油田面貌发生了全新的变化。但同时也要看到，在油田发展的过程中也出现了不少矛盾和问题。尤其是去年，油田遇到了前所未有的挑战，原油产量、勘探储量、投资成本面临着巨大压力，生产经营形势一度比较被动。尽管如此，公司上下没有气馁、没有退缩，齐心协力、自我加压、负重前行，以科学发展观为指导，及时调整工作思路，从管理、技术措施等方面，采取了一系列措施，较好地完成了原油产量任务，扭转了被动局面。同时，我们结合实际提出了“114555”理念体系，明确了今后一个时期的发展目标、工作主线、发展战略以及业务发展思路。这一理念体系的提出，正是学习实践科学发展观的结果，体现了科学发展观的精髓和内涵。巩固油田改革发展成果，解决发展中的矛盾和问题，最根本的在于深入贯彻落实科学发展观。在今后的工作中，我们要实现这些目标、落实这些措施，同样需要我们以科学发展观为指导。这是我们的必然选择。

3. 充分认识到深入学习实践科学发展观，是统一公司党员干部队伍思想和行动的迫切需要

当前，油田正处在发展的关键时期，生产经营面临较大压力，各种不确定因素很多，广大党员干部、职工群众的思想比较活跃。特别是今年，受国际经济危机等多种因素的影响，国际油价持续走低，集团公司进一步加大了对原油操作成本的调控力度，进一步控制非生产性支出。这些都对油田的勘探开发、生产建设以及矿区建设带来了较大的影响，投资、成本存在巨大缺口，公司生产经营形势更加严峻。面对这种情况，迫切需要一种科学正确的理论去加以引导和统一。开展学习实践活动，有利于进一步夯实油田科学发展的思想基础。要通过开展学习实践活动，把公司广大党员干部的思想和行动统一到集团公司党组、公司党委和公司对当前形势的判断和决策部署上来，促使我们更加深刻地领会科学发展的立场、观点、方法，更加准确地认清发展大势，把握发展规律，转变发展方式，破解发展难题，更好地结合油田实际去认识问题、分析问题和解决问题；增强党员干部的科学发展意识，破除制约科学发展的旧思想，树立符合科学发展观要求的新理念，使公司广大党员干部的思想获得新解放，自觉站在更高的起点上，坚定信心、迎难而上、团结奋斗，推动油田实现科学发展、和谐发展、持续发展。

4. 充分认识到深入学习实践科学发展观，是保持和发展党的先进性的必然要求

不断加强和改进企业党的建设，充分发挥各级党组织的政治核心作用，是科学发展的重要内容，也是科学发展的重要保证。在油田20多年的改革发展实践中，公司各级党组织不断加强自身建设，积极推行党建工作质量管理体系，扎实推进“四好”领导班子建设，深入开展“四创”和基层党支部“六个一”创建活动，大力加强党员队伍建设，职工队伍保持了艰苦奋斗、奋发向上的良好精神风貌，党组织的政治优势得到有效发挥。但是，与科学发展观不相适应的问题也不时显现，在一定程度上已经影响和制约了油田的加快发展，主要是：少数党组织和党员干部在思想、组织、作风建设方面存在着与先进性要求不相适应、不相符合的问题，有的单位党建工作责任制还不够落实，民主集中制执行不到位；少数党员领导干部政策理论水平不高，党性修养锻炼不够，政绩观、权力观、利益观不正确，作风不扎实，工作不落实，素质和能力不能适应形势任务要求；个别党员干部不廉洁、不自律，经不起诱惑和考验，违纪违规甚至违法犯罪。我们要通过开展学习实践活动，着力转变不适应、不符合科学发展要求的思想观念，着力解决影响和制约科学发展的突出问题和党员干部党性党风党纪方面群众反映强烈的突出问题，提高领导班子和党员领导干部领导科学发展的能力，使党的建设更加符合科学发展观的要求，使党的政治优势和组织优势转化成为推动油田科学发展、和谐发展的强大力量。

二、突出特色，务求实效

根据集团公司党组的要求，结合冀东油田实际，公司开展学习实践科学发展观的指导思想是：全面贯彻党的十七大精神，以邓小平理论和“三个代表”重要思想为指导，紧紧围绕科学发展上水平这个核心，抓住领导班子和党员干部这个重点，突出实践特色，以总结、理清、深化、完善科学发展的思路、解决改革发展稳定最突出问题为载体，以推进现代化大油田建设为目标，把夺油上产、降本增效作为首要任务，组织广大党员干部深入学习实践科学发展观，努力使学习实践活动成为克服困难、战胜挑战的信心工程，成为深化改革、推动发展的实践工程，成为确保稳定、构建和谐的满意工程，更好地履行三大责任，为集团公司建设综合性国际能源公司作出新贡献。

开展学习实践科学发展观活动，要紧紧把握一个主题，实现三个目标，明确四项要求。把握一个主题，就是倾力建设现代化大油田，倾情建设冀东石油人的美好家园。实现三个目标，就是党员干部受教育，科学发展上水平，职工群众得实惠。明确四项要求，就是提高思想认识、解决突出问题、创新体制机制、促进科学发展。坚持六个“贯彻始终”，就是把理论学习贯彻始终，把查找并解决突出问题贯彻始终，把创新实践贯彻始终，把创新体制机制贯彻始终，把发动和依靠群众贯彻始终，把促进当前工作贯彻始终。按照这样的要求，在学习实践活动中，要着力在以下六个方面下功夫、求实效。

1. 在增强理解认识上求实效

通过学习实践活动，各级领导干部的思维理念要有明显变化，增强贯彻落实科学发展观的自觉性和坚定性，对本单位是不是科学发展、能不能科学发展、怎样科学发展等重大问题进行再认识，形成新共识，进一步把思想统一到科学发展观的要求上来，统一到集团公司党组、公司党委和公司的决策部署上来。

2. 在聚焦查找突出问题上求实效

要集中查找领导班子的问题，集中查找党员干部的问题，集中查找本单位、本部门的问题。广大党员干部要在上级点、群众提、自己找、相互评，认真查找领导班子和个人在贯彻落实科学发展观方面存在的差距和不足的基础上，坚持“敞开大门搞活动”，广泛征求职工群众对学习实践活动的意见和建议。

3. 在推动油田生产建设上求实效

各级领导班子和党员干部要紧紧扭住发展这个第一要务，围绕夺油上产、降本增效两个“攻坚战”，进一步完善科学发展思路，制定科学发展的政策措施，一件一件地破解科学发展难题，切实加强班子和干部队伍建设，切实改进作风，提高工作效率，创造科学发展的新业绩。

4. 在促进企业科学管理上求实效

通过深入查找和着力解决制约科学发展的深层次矛盾和问题，不断深化机构改革，完善市场机制，创新生产组织方式，健全激励约束机制。推动本单位、本部门管理上水平，夯实基础，苦练内功，在压减成本、挖潜增效等方面见到实效，持续提升管控能力。

5. 在确保安全环保稳定上求实效

要把职工群众的根本利益作为贯彻落实科学发展观的出发点和落脚点，“环保优先、安全第一、质量至上、以人为本”的理念更加深入人心，HSE 管理体系更加健全，突出的不稳定因素得到明显化解，和谐油田建设积极推进，安全环保稳定的长效机制初步形成，使贯彻落实科学发展观的过程成为促进油田安全发展、清洁发展、和谐发展的过程。

6. 在加强党建工作上求实效

全面推进党的建设各项工作，不断加强领导干部党性修养，弘扬大庆精神、铁人精神和石油工业优良传统作风，党员干部普遍受到一次科学发展观的深刻教育，党性党风党纪方面职工群众反映强烈的突出问题得到有效解决，艰苦奋斗、埋头苦干、认认真真过紧日子的思想进一步树立，各级领导干部的科学决策能力、驾驭复杂局面能力、拒腐防变能力得到切实提高，切实把各级党组织建设成为贯彻落实科学发展观的坚强堡垒，把党员干部队伍建设成为贯彻落实科学发展观的骨干力量。

三、精心部署，扎实推进

根据集团公司党组的部署，这次学习实践科学发展观活动分学习调研、分析检查、整改落实三个阶段、六个环节进行，从今年 3 月开始，6 月末基本完成。我们要认真抓好每个阶段、各个环节，扎实推进重点工作的落实，切实做到“四个更加注重”，也就是：学习要更加注重联系实际、教育要更加注重推动实践、整改要更加注重解决突出问题、活动要更加注重群众参与。

1. 第一阶段学习调研

重点是抓好学习调研和解放思想讨论工作。要精心组织学习调研。结合本单位实际，采取有力措施组织广大党员干部认真学习《毛泽东邓小平江泽民论科学发展》和《科学发展观重要论述摘编》，副处级以上党员领导干部还要认真学习《深入学习实践科学发展观活动领导干部学习文件选编》。同时要认真学习党的十七大和十七届三中全会精神，学习胡锦涛总书记等中央领导同志有关重要讲话精神，学习中央应对当前经济形势的一系列决策部署，学习中央纪委十七届三中全会精神，学习集团公司党组和公司党委的有关精神等。处以上党员领导干部要带头学、静心学、系统学，要认真读原著，组织好集中学习。公司党委将举办专题辅导报告会。通过领导干部带头学、集体学、辅导学、党课教育等多种方式，组织好党员学习。在此基础上，要有针对性地深入基层、深入群众搞好调研。学习实践活动中，公司领导将深入各单位开展调研，总结经验、发现典型，帮助基层查找存在问题，制定整改措施，并从调研中发现的问题来反思我们在贯彻落实科学发展观方面的差距和不足。各单位领导班子成员要带头深入基层调研，带头撰写调研报告，带头交流调研成果。非党员领导干部也要全程参与这一阶段的学习调研活动。要认真开展解放思想讨论。按照科学发展观的要求，紧紧围绕科学发展上水平，建设科技、绿色、和谐的现代化大油田总目标，紧密联系当前发展形势和本单位实际，以“倾力建设现代化大油田，倾情建设冀东石油人的美好家园”为主题，采取座谈会、演讲赛、征文等多种形式组织全体党员开展解放思想讨论。通过解放思想讨论，进一步加深广大党员特别是党员领导干部对科学发展观的理解，着力转变不适应、不符合科学发展观要求的思想观念，把科学发展观的要求转化为促进本单位发展的正确思路和具体措施。

2. 第二阶段分析检查

重点是抓好专题民主生活会、领导班子分析检查报告。要开好领导班子专题民主生活会。领导班子成员要紧紧围绕深入贯彻落实科学发展观这一主题，按照加强领导班子思想政治建设的要求，紧扣油田和本单位改革发展实际，深入查找班子和个人在深入贯彻落实科学发展观方面存在的突出问题，特别要注意紧扣思想和工作实际，从宗旨意识、业绩观、责任心和事业心、艰苦奋斗作风、组织纪律观念等方面查找问题，并深刻分析原因，开展批评与自我批评。民主生活会前，要认真做好准备，要以多种形式广泛征求党员、职工群众的意见，班子成员之间要相互谈心，认真撰写发言材料。学习实践活动专题民主生活会与年度民主生活会一并召开。要组织全体党员认真参加专题组织生活会，每名党员按照科学发展观要求分析查找自身差距和不足，提高认识，明确努力方向。要形成领导班子分析检查报告。分析检查报告要紧密联系工作实际，充分运用学习调研、解放思想讨论、征求意见和专题民主生活会的成果，准确反映油田、本单位贯彻落实科学发展观的实际情况，简要概述取得的成效，全面梳理存在的问题，实事求是分析存在问题的主客观原因特别是主观方面的原因。要深入分析本单位面临的挑战和不利影响，充分反映广大党员干部在以科学发展观为指导保持油田、本单位和谐发展上形成的共识，明确进一步做好工作的努力方向、总体思路和主要举措。分析检查报告要突出检查分析问题，理清科学发展思路，明确改进措施。各单位党委（总支）书记全程主持分析检查报告的起草工作。初稿形成后，召开党委（总支）扩大会议进行充分讨论，并以适当方式广泛听取各方面意见，反复修改完善。要组织职工群众对分析检查报告进行评议。各单位、各部门分析检查报告和评议结果报送公司学习实践活动指导检查组和领导小组办公室。

3. 第三阶段整改落实

重点是抓好制订整改落实方案、解决突出问题、完善体制机制等工作。要制订整改落实方案。以分析检查报告为主要依据，注重可操作性，把分析检查报告中提出的整改措施目标化、具体化、责任化，明确整改落实目标、方式和时限要求，明确分管领导、分管部门的责任，使整改落实工作有章可循。整改落实方案制订后，采取适当方式向党员、群众公布，作出公开承诺。整改落实情况要向党员、群众通报，接受党员、群众监督。要发动广大党员和职工群众围绕制订、实施整改落实方案，积极建言献策。要集中解决突出问题。根据整改落实方案，制定实在管用的对策措施，集中力量解决一批影响和制约油田、本单位科学发展的问题。要坚持边学边改，能改的马上改；一定时期内能够解决的尽快解决；暂时不能解决的要向职工群众作出合理解释，并创造条件解决。解决突出问题要坚持实事求是，什么问题突出就解决什么问题，切忌形式主义。学习实践活动基本完成时，要及时做好总结工作，组织进行群众满意度测评。测评结果以适当方式向职工群众公布。要对学习实践活动进行全面总结，认真总结活动中取得的成效和经验。

四、加强领导，狠抓落实

开展学习实践活动，是全党政治生活中的一件大事，各单位党组织要高度重视，统筹安排，精心组织，切实加强组织领导，确保各项工作得到有效落实。

1. 高度重视，加强领导

学习实践活动能否取得实效，关键在领导。各单位党委（总支）要切实承担起学习实践活动的领导责任，书记是本单位学习实践活动的第一责任人，行政主要负责人要积极配合并共同组织好学习实践活动。公司专门成立了学习实践活动领导小组，领导小组下设办公室，负责组织协调和具体指导学习实践活动。各单位也要相应成立学习实践活动领导机构及工作机构，在本单位党组织和公司学习实践活动领导小组指导下开展工作。公司党委委员已经分别建立了各自的联系点。各单位领导班子成员也要结合各自分工，建立联系点，有重点地参加各阶段活动，通过调查研究、督促检查、具体指导、总结经验，使联系点成为学习实践活动的示范点。公司学习实践活动领导小组成立了五个指导检查组，负责指导和督促各单位开展好学习实践活动。指导检查组要严格按照有关纪律要求和工作规范，认真履行职责，讲究方式方法，提高工作质量和水平。各单位党组织要积极支持指导检查组的工作，主动汇报开展学习实践活动的情况，按照指导检查组的要求切实改进各项工作。

2. 区别对待，分类指导

各单位要在坚持学习实践活动总体要求和总体安排的前提下，结合自身实际，认真研究制订活动方案，采用行之有效的活动载体，丰富活动内容，创新活动方式，提高活动效率，注重活动效果，特别要组织广大党员干部开展多种形式的岗位奉献等活动。要针对领导班子、党员干部、普通党员等不同层面，分别提出学习实践活动的具体要求，分层分类进行指导，增强活动的针对性和实效性，不搞“一刀切”。在活动期间，要做好各项工作的统筹安排，保证每名党员全程参加学习实践活动。要从实际出发，采取多种多样的方式组织好离退休职工中的党员、有偿解除劳动合同党员参加学习实践活动。要认真听取非党员干部的意见和建议，充分发挥他们的作用。

3. 以身作则，做好表率

这次学习实践活动以党员领导干部为重点，全体党员参加。各级干部特别是党政主要领导能否发挥示范带头作用，对学习实践活动的成效有着重要影响。公司党委在领导学习实践活动的同时，将认真抓好自身的学习实践活动。各单位班子成员特别是主要领导以及两级机关，一定要以身作则、率先垂范，带头落实公司党委的部署和要求，带头学习调研，带头查找问题，带头整改提高，做解放思想、转变观念的表率，做批评与自我批评的表率，做实践科学发展观的表率，以自己的模范行动带领和引导全体党员积极参加学习实践活动。

4. 促进工作，推动发展

要以求真务实的作风推动学习实践活动深入开展，防止走过场，不搞文山会海，杜绝形式主义。在解决实际问题时，要注重将职工群众的注意力引导到涉及科学发展的重大问题上，牢牢抓住科学发展上水平这一核心，在重大问题上凝聚共识，不要拘泥于历史遗留问题、福利待遇问题等，解决问题既要尽力而为，也要量力而行。要妥善处理好学习实践活动与当前各项工作的关系，把握好学习实践活动与各项工作的结合点，做到统筹兼顾，合理安排。既要集中时间和精力扎实推进学习实践活动，使三个阶段的各项工作有机衔接，把深入学习、提高认识贯穿始终，把解放思想、改革创新贯穿始终，把解决问题、完善体制机制贯穿始终，把依靠群众、发扬民主贯穿始终；又要把学习实践活动转化为推动当前工作的强大动力，毫不松懈地抓好改革发展稳定各项工作，努力保证生产经营各项任务目标的全面完成，用实际成果衡量和检验学习实践活动的成效，真正做到“两手抓、两不误、两促进”。

5. 加强宣传，营造氛围

要结合本单位实际，运用行之有效的活动方式和载体，丰富活动内容，强化活动效果，使学习实践活动充分体现时代性和创造性。要充分运用报纸、电视、网络、宣传栏、板报等载体，通过言论、访谈、专题报道、系列报道、深度报道等多种方式和手段，形成全方位、多角度、立体化的宣传报道态势，大力宣传开展学习实践活动的重大意义，宣传学习实践科学发展观的先进典型，宣传学习实践活动的部署、要求、经验和成效，努力营造开展学习实践活动的良好氛围。

6. 注重总结，巩固成果

要坚持边学习、边实践、边总结，及时梳理总结成功做法和经验，努力把鲜活的实践上升为规律性认识，用以指导今后工作，使科学发展的理念真正深入人心，使坚持科学发展真正成为党员干部的自觉行动。要发挥典型示范作用，注意及时发现、深入挖掘、培育推广有示范意义的先进典型，用身边的典型事例和榜样的力量来教育人、鼓舞人、带动人，进一步巩固学习实践活动成果。

同志们，开展深入学习实践科学发展观活动，是党中央和集团公司党组部署的一项重大政治任务。公司各级党组织、广大党员干部要积极行动起来，同心同德，务求实效，迅速掀起践行科学发展观的新高潮，为倾力建设现代化大油田、倾情建设冀东石油人的美好家园作出应有的贡献！

专　稿

蒋洁敏总经理充分肯定冀东油田工作

2009年1月12日，在集团公司2009年工作会议期间，集团公司党组书记、总经理蒋洁敏阅读了油田工作情况的汇报材料，并作了重要批示，对油田过去一年的工作给予了充分肯定。

蒋洁敏总经理批示如下：

三权、国旗同志，你们辛苦了。去年你们的工作很艰苦，很努力，对你们的工作满意，向大家表示慰问。遇到问题是正常的，要正确认识和对待，发动群众去克服困难，实现新的发展和科学发展。渤海湾的地质条件是复杂的，经过努力认识客观后，会好起来的。胜利油田就是如此，关键是信心、状态和工作。2009年还是要把勘探、老油田稳产基础、南堡油田开发试验区三件事认真扎实地做好。

祝大家新年好！

油田隆重召开2009年工作会议暨三届三次职工（会员）代表大会

2009年1月15—16日，油田“2009年工作会议暨三届三次职工（会员）代表大会”在唐海基地隆重召开。

会上，油田总经理苟三权首先传达了集团公司2009年工作会议精神，接着传达了集团公司党组书记、总经理蒋洁敏在阅读冀东油田2008年工作情况汇报上的批示，随后作了题为《认清形势，转变观念，坚定信心，努力开创油田科学发展的新局面》的工作报告。油田工会主席王富作了题为《群策群力，同舟共济，为实现公司既定目标而奋斗》的工会工作报告，油田总会计师严九作了财务工作报告。与会代表一致通过了关于《总经理工作报告》、《财务工作报告》、《工会工作报告》的决议。在集团公司人事部企业领导人员管理一处副处长李宏伟的主持下，对油田领导班子成员进行了民主测评。

油田领导苟三权、张国旗、金明权、王富、常学军、焦向民、席励新、董月霞、严九、修景涛以及来自各单位的职工代表、工会会员代表和工作会议代表共281人参加会议，油田老领导徐中清、李允富应邀列席会议。

油田召开南堡油田潜山勘探技术座谈会

经过两个多月的认真准备和组织，2009年2月25—27日，“南堡油田潜山勘探技术座谈会”在唐山石油宾馆隆重召开。油田领导苟三权、金明权、常学军、董月霞、修景涛出席会议，油田老领导徐中清及朱水安、华北油田原总经理于英太和东方地球物理公司、辽河油田、大港油田、华北油田等兄弟单位的15位专家应邀参加会议。

勘探开发研究院副院长马乾、东方地球物理公司研究院冀东分院院长李建林等12名代表分别作了专题发言，与会领导和专家结合专题发言，就南堡油田潜山勘探技术问题进行了深入座谈交流。油田总经理苟三权在会议开幕和结束时都作了讲话，阐明了为什么要召开南堡油田潜山勘探技术座谈会，召开南堡油田潜山勘探技术座谈会的目标和任务，充分肯定了这次会议取得的重大成果。

油田全面启动深入学习实践科学发展观活动

2009年3月17日下午，油田在唐山、唐海两地召开开展深入学习实践科学发展观活动动员大会，对油田开展深入学习实践科学发展观活动进行安排部署。会议由油田总经理、党委副书记苟三权主持，油田党委书记、副总经理张国旗作动员讲话，集团公司第五指导检查组组长、长庆油田党委副书记、纪委书记、工会主席冯尚存出席会议并讲话。

最后，苟三权对开展深入学习实践科学发展观活动提出了明确要求。要求把深入学习实践科学发展观活动与建设科技、绿色、和谐的现代化大油田紧密结合起来。要求各单位党委、党总支要加强对学习实践活动各个环节重点工作的督促落实，及时发现和解决问题。

油田领导干部培训班圆满结束

2009年4月25日，油田领导干部培训班顺利结束，176名在职领导干部分4期在长庆油田培训中心接受了轮训。

油田领导干部培训班采取专家授课、座谈讨论、生产现场考察、参观教育基地等方式进行，授课内容主要采取理论讲解与生产现场考察等方式进行，通过培训取得可喜收获。学员们还集体到革命圣地延安和长庆油田“好汉坡”接受延安精神和中国石油企业精神的再教育。

油田领导高度重视这次领导干部培训班，苟三权总经理和张国旗书记专门作出指示，亲自参与培训安排。油田人事处、组织部和长庆油田有关部门、单位通力合作，做了大量艰苦细致的组织协调工作，确保了培训班的顺利进行。

油田召开领导干部大会传达贯彻蒋洁敏总经理讲话精神

2009年5月18日，油田召开领导干部大会，学习贯彻集团公司总经理、党组书记蒋洁敏来油田调研时的重要讲话精神。

会议由油田党委书记张国旗主持，他首先全文传达了蒋洁敏来油田调研时的讲话，接着油田总经理苟三权作了讲话，对油田深入贯彻落实蒋洁敏讲话精神进行了全面部署。苟三权在讲话中指出，要深刻领会和准确把握蒋洁敏讲话精神，坚定建设现代化大油田的信心和决心，并从五个方面来把握、领会和落实；要按照蒋洁敏提出的“要教育和引导广大职工在忠诚事业、奉献石油的同时，孝敬父母，教育子女，关心家庭，建立和谐的生活环境”的要求，推进和谐油区、和谐家庭建设。苟三权对抓好油田勘探、开发、南堡油田东营组重大开发试验等八项重点工作和全力推进现代化大油田建设提出了具体要求。苟三权强调，要以蒋洁敏重要讲话精神为动力，以科学发展观为指针，振奋精神、坚定信心、脚踏实地、埋头苦干，倾力建设现代化大油田，倾情建设冀东石油人的美好家园，努力开创油田科学发展新的局面。最后，张国旗就贯彻落实这次会议精神强调了四点意见。

油田召开学习贯彻集团公司领导干部会议精神视频会

2009 年 7 月 23 日，油田召开视频会议，深入学习和传达贯彻集团公司领导干部会议精神。油田领导苟三权、张国旗、常学军、焦向民、严九、修景涛出席会议，会议由油田副总经理常学军主持。

油田党委书记张国旗在会上向与会者介绍了集团公司领导干部会议的基本情况，传达了集团公司总经理、党组书记蒋洁敏所作主题报告的基本精神，要求切实抓好会议精神的贯彻落实。油田总经理苟三权作了题为《认真贯彻落实集团公司领导干部会议精神，加快转变发展方式，推进油田科学发展》的讲话，全面总结了油田 2009 年以来的生产经营工作，对贯彻落实集团公司领导干部会议精神进行安排部署。

油田第一次党代会隆重开幕

2009 年 10 月 29 日，油田第一次党代会隆重召开，来自油田各条战线的 180 名党员代表参加了会议。大会开幕式由油田总经理、党委副书记苟三权主持。集团公司思想政治工作部（企业文化部）副主任贾光生、党建工作处处长杨高斐，河北省国资委党委党建工作处处长肖跃进，油田老领导李允富、徐中清等应邀参加会议。

会上，油田党委书记张国旗作了题为《发挥政治优势，凝聚发展力量，为建设科技、绿色、和谐的现代化大油田而奋斗》的工作报告，油田党委副书记、纪委书记金明权在大会上作了题为《惩防并举重预防，围绕中心促发展，为建设现代化大油田提供坚强有力纪律保障》的工作报告，主要总结了油田十年来的党风建设和反腐倡廉工作，对今后五年反腐倡廉建设进行部署。

按照大会议程，这次大会的中心任务是听取和审议党委工作报告和纪委工作报告，选举产生油田第一届党委委员和纪委委员。

南堡油田 1 号陆上终端地面工程投产

2009 年 11 月 12 日，南堡油田 1 号陆上终端地面工程举行投产仪式，这标志着南堡油田 1 号陆上终端地面工程正式投产。油田副总经理焦向民出席投产仪式。

南堡油田 1 号陆上终端工程作为油田十大重点地面工程之一，承担着南堡油田 1 号、2 号构造所产原油及天然气的处理、存储和外输任务。作为南堡油田 1 号、2 号构造的油气处理及运移枢纽，设计原油脱水、稳定规模为每年 450 万吨，天然气处理规模为每日 270 万立方米，原油存储规模 20 万立方米，是油田迄今为止最大的油气联合处理中心。一期工程建设原油脱水、稳定规模为每年 180 万吨，天然气处理规模为每日 135 万立方米，原油存储规模 20 万立方米。该工程的早日投产优化了地面集输处理系统结构，结束了南堡天然气无法处理的历史，提高了唐山用气质量。

油田召开 2009 年度工作务虚会

2009 年 12 月 17 日，油田在唐山召开 2009 年度工作务虚会。油田领导苟三权、张国旗、金明权、常学军、焦向民、席励新、董月霞、修景涛和油田副总师、总经理助理、安全副总监及机关各处室直属机构主要负责人参加会议。

会议由油田总经理苟三权主持。苟三权指出，油田通过 2008 年的务虚会，明确了油田的发展思路和目标，确定了“114555”发展理念体系，经过一年来的实践证明，油田的工作思路符合科学发展的要求，符合油田的实际情况，符合集团公司党组的指示精神，也符合油田广大职工群众的愿望，油田各路工作健康、持续发展，取得了实实在在的效果。

与会领导在认真调查研究的基础上，结合油田改革发展稳定的实际，提出了很好的意见和建议。

（王　辉）

第二篇

油气勘探开发

油气勘探

【概述】　截至2009年底，勘探部共有职工17人。下设综合管理科、地质管理科、部署管理科、物探测井科4个科室。2009年冀东油田围绕南堡油田潜山、中浅层和深层天然气三大勘探领域，加强综合地质和风险勘探研究，开展瓶颈技术攻关，精心组织现场实施，取得了较好的勘探成效。

【勘探工作量】

1．物探工程

2009年在南堡滩海完成垂直地震剖面测井4口，完成南堡2–82井井中三维和地面三维联合地震采集11928炮。

2．探井钻探工程

2009年冀东油田继续按照南堡滩海、南堡陆地2个勘探项目开展工作。按照股份公司下达计划，总体部署预探、评价井18口，进尺7.33万米，风险探井计划1口，进尺0.5396万米；2009年南堡滩海项目完成探井11口，完成年计划口数的73.33%；完成探井进尺4.1120万米，完成计划进尺的63.7%。南堡陆地项目完成评价井4口，完成计划口数的100%；完成进尺1.5323万米，完成计划进尺的109%。

3．探井试油工程

2009年南堡滩海完成各类探井试油9口16层，获工业油气流4口。南堡陆地完成评价井试油4口6层，获工业油气流3口。

4．储量完成情况

2009年冀东油田未上交储量。

【主要勘探成果】

1．南堡油田潜山勘探取得重要进展

一是南堡1号潜山突破出油关，南堡2号潜山进一步扩大了含油气范围，展示了南堡油田潜山良好勘探潜力。

南堡1号潜山代表井南堡1–80井位于该构造中断块构造较高部位，潜山顶面3728米，钻遇寒武系潜山地层64米，完钻后对3730—3792米井段酸化试油，16毫米油嘴求产，最高折日产油41.5立方米，折日产气55090立方米。本层累计出液713.3立方米，累计产油53.8立方米。

南堡2–82井位于南堡2号潜山南断块较高部位，潜山顶面4878米，钻遇奥陶系潜山82米，对奥陶系裸眼井段4876.21—4960.0米，1层83.79米进行中途测试，8毫米油嘴求产，折日产油86.8吨，日产气32万立方米。本层累计产油48立方米，累计产气292842立方米。

二是结合钻探成果开展综合地质研究，取得新的地质认识。

有利储层分布广泛，主要发育风化壳型储层，横向变化大，纵向上风化壳下70米内为主要储层发育段，同时存在潜山内幕储层。

南堡油田潜山油气富集程度受构造、地层、储层多重控制，发育断块型潜山，每个断块为独立的油水系统，各断块含油气性差异较大等。

2．南堡油田中浅层勘探取得新成果

2009年利用南堡油田中浅层高分辨

率攻关处理资料，在精细地层对比的基础上，以主力油层段为单元开展构造精细解释、储层预测和油藏特征研究，进一步落实构造特征，明确油气分布规律，为勘探部署奠定了研究基础。

南堡2号构造东段中浅层发育南堡2-23断背斜，圈闭落实、类型好、面积大；储层发育、含砂率适中；目的层段断层两盘侧向对接条件相对较好，有利于成藏且与已知的南堡3号含油构造背景类似，油气运聚条件好，已钻探的多口井见油气显示，老堡1井获高产工业油流，是下一步勘探的有利区带。

3．南堡5号深层火山岩气藏地质综合评价获得新认识

一是开展前期地质研究，重点是火山岩气藏主控因素、分布规律及测井储层评价。2009年通过井震结合，共识别出14个火山岩单体，总叠合面积225.3平方千米。南堡5号构造深层火山岩分为4大类，13小类，建立了玄武岩、流纹岩、玄武质角砾岩、流纹质角砾岩等六种火山岩的岩性识别图版。资料表明，流纹岩储层物性好于玄武质火山碎屑岩储层物性，玄武质火山碎屑岩储层物性好于玄武岩储层物性。

通过研究初步建立了南堡5号构造深层火山岩储层划分标准。

二是确定两批6口井8层试气方案。2009年实施了4口井5层的试气工作。主要是南堡5-82井107号层和105-1号层，南堡5-85井161号层，南堡5-81井176号层和南堡5-98井117号层的试气。

根据南堡油田5号构造深层火成岩储层深度大、温度高、裂缝发育等特点，针对储层改造的难点进行了研究分析，制定了相应的技术对策，通过对4口井的实施，取得了良好效果。

南堡5-85井161号层，4792—4798米火成岩井段进行压裂试气，采用10毫米油嘴求产，日产气16000立方米，日产液9.74立方米，进一步证实了南堡5号构造火山岩气藏资源潜力和油气水分布特征。

4．南堡陆地精细勘探发现新的滚动勘探目标

一是加强庙南地区中浅层低幅度构造落实、储层预测与油藏特征研究，明确了有利钻探目标。

根据庙—高断裂带地区中浅层油藏特征认识，在油层精细对比的基础上，开展了以低幅度构造精细落实、主力目的层段储层预测、油藏特征分析为重点的综合研究，开展评价目标优选，进一步扩大了该区的含油面积，为产能建设提供了新的目标。

二是优选有利钻探目标。

高南地区东营组为发育在高柳断层下降盘的断鼻构造，该区东营组累计上报探明石油地质储量1439.8万吨，剩余控制石油地质储量2134万吨，预测石油地质储量2010万吨。为促进高南地区控制、预测储量的升级，2009年围绕主力含油层段开展了油层顶面构造的精细落实、主力油层段的砂体刻画、油气成藏条件分析等前期研究工作，提出了井位部署意见。2009年部署评价井2口，均获工业油流。

三是深化周边凸起油气成藏条件研究，西南庄潜山带中古生界潜山展示了进一步勘探的潜力。

通过对已知油藏的深入解剖，建立了断块潜山的成藏模式，井震结合重新落实了侏罗系、奥陶系与寒武系府君山组油层顶面形态，发现和落实了新的潜山圈闭，代表层西南庄潜山带奥陶系圈闭总面积 63.3 平方千米，寒武系府君山组圈闭总面积 82.2 平方千米。

【勘探效益】 2009 年冀东油田油气预探投资合计 99763 万元；实际完成投资 103390 万元，完成计划的 103.6%。

全年冀东油田新钻探圈闭 2 个。新获工业油气圈闭 1 个，见油气层圈闭 1 个，正钻圈闭 6 个。

2009 年油田油气预探共计完成探井 11 口，钻井进尺 4.1120 万米，完成投资 103390 万元。钻井单位成本 25143.48 元 / 米。

油藏评价完成评价井 4 口，钻井进尺 1.5323 万米，完成投资 4222.9 万元，钻井单位成本 2755.9 元 / 米。

南堡滩海勘探全年完成新井试油 4 口，获工业油气流井 2 口，2009 年探井成功率 50.0%。

【矿权管理】 截至 2009 年底，油田共拥有有效油气矿业权 6 个，均分布在河北省内。其中探矿权 1 个，采矿权 5 个（见表 2–1）。

同时，缴纳 2009 年度矿权使用费 321.41 万元。2009 年油田有关储量汇总见表 2–2。

表 2–1　2009 年底油田有效矿权统计表

序　号	项目名称	许可证号	批准面积（平方千米）
1	河北省渤海湾盆地唐山地区油气勘查	0200000930301	5166.1880
勘查小计			5166.1880
2	河北省渤海湾盆地高尚堡油田开采	0200000720252	102.4820
3	河北省渤海湾盆地柳赞油田开采	0200000720253	65.8720
4	河北省渤海湾盆地老爷庙油田开采	0200000720254	63.9170
5	河北省渤海湾盆地南堡油田开采	0200000720255	313.4680
6	河北省渤海湾盆地唐海油田开采	0200000720256	84.7740
开采小计			630.5130
合　计			5796.7010

表 2–2　截至 2009 年油田累计石油储量汇总表

储量	石油								天然气							
	合计			原油			凝析油		合计			天然气			溶解气	
	面积	地质储量	可采储量	面积	地质储量	可采储量	地质储量	可采储量	面积	地质储量	可采储量	面积	地质储量	可采储量	地质储量	可采储量
	（平方千米）	（万吨）	（万吨）	（平方千米）	（万吨）	（万吨）	（万吨）	（万吨）	（平方千米）	（亿立方米）	（亿立方米）	（平方千米）	（亿立方米）	（亿立方米）	（亿立方米）	（亿立方米）
探明石油储量	144.62	68437.94	14804.83	144.62	68437.94	14804.83			144.62	690.69	148.62				690.69	148.62
剩余石油天然气控制储量	118.35	36987.51	8001.87	118.35	36987.51	8001.87			122.35	359.52	77.55	4	19.73	8.11	339.79	69.44
剩余石油预测储量	102.05	33128.41	6838.65	102.05	33128.41	6838.65			93.05	370.80	74.81				370.80	74.81

（李苏蓉　王旭东）

油气藏评价

【概述】　2009 年油田计划部署评价井 4 口，进尺 1.4 万米，计划投资 5000 万元，其中评价井投资 4200 万元，综合研究与储量评估及新技术推广 800 万元。全年实际完钻 4 口，钻井进尺 1.5 万米，试油井 3 口 4 层，2 口井获得工业油流；老井试油 3 口 4 层，均获得工业油流。完成投资 4942.4 万元，其中完成评价井投资 4222.9 万元，综合研究与储量评估及新技术推广 719.5 万元（见表 2–3）。

表 2–3　2009 年油田油藏评价完成情况表

项　目	钻　井		投　资（万元）
	评价井数（口）	进尺（万米）	
计划	4	1.4	5000
实际	4	1.5	4942.4
（%）	100.0	109.5	98.8

【评价工作】

1．重点评价项目成果

高尚堡油田。2009 年实际完钻评价井 2 口，钻井进尺 0.7 万米，获得工业油气流井 2 口。通过油藏评价工作的实施，在高尚堡油田取得的主要成果：进一步证实了高南断鼻斜坡部位东三段发育的砂体被油源断层切割，上倾部位的泥岩形成侧向封堵，这些砂体具有良好的油气成藏条件，是下步深化勘探研究的目标；发现了浅层明化镇组低幅度断鼻油藏，构造主体翼部还发现了一系列石油地质特征类似的圈闭，是下步油藏评价的有利目标。

柳赞油田。2009 年完钻评价井 2 口，钻井进尺 0.8 万米，通过油藏评价工作的实施，在柳赞油田取得新的认识：柳北断鼻北侧柏各庄断层下降盘沙三五亚段发育多个近物源三角洲扇体，纵向上互相叠置，平面上依附于断层发育，向构造的低部位分布范围比较局限，具有良好的油源条件；柳中地区油藏明显受储层展布和有利相带控制，近物源的扇根沉积以砂砾岩为主，储集条件差；柳南明化镇组被断层切割的河流相砂体是寻找岩性油气藏的有利目标。

2．综合研究工作进展

2009 年油藏评价前期研究项目 4 项，其中，南堡油田油藏评价项目 1 项、南堡陆地油藏评价项目 3 项。

通过“南堡油田中、浅层预探、评价目标优选与评价”的研究工作，进一步落实了南堡油田中浅层构造发育状况和油气成藏机理，明确了下一步评价的重点目标；南堡陆地中浅层通过精细构造解释和主力油层组储层横向展布预测，在庙南—高南断裂带明化镇和馆陶组发现或识别出下一步评价的断块和低幅度构造，东一段追踪出有利岩性圈闭；南堡陆地沙三段通过利用层序地层学原理指导地层沉积模式研究和有利储集相带预测，在柳赞地区识别出有利评价目标；南堡陆地周边凸起通过精细构造落实和油气运移成藏模式研究，优选出有利评价目标。

3．油藏评价的主要技术及管理

油藏评价主要技术。精细储层刻画技术，以层序地层学理论为指导，井震结合，编制沉积断面图，建立起沙三段岩性油气藏成藏模式，预测岩性油气藏储集体发育的有利区带，从已有的钻井出发，追踪刻画水下扇体，优选钻探目标；物探资料特殊处理技术，利用大连片叠前时间偏移资料和以潜山为目的层的特殊处理资料，采用多种方法进行地震储层预测工作，并结合地质综合研究成果，指导周边凸起预探与评价，发现了一批新的评价目标。

油藏评价管理。坚持勘探开发一体化的原则，上游与油气预探相结合，下游与开发产能建设相结合，加快储量向产量转化的节奏；坚持上产增储一体化和产量及效益相统一的原则，评价的区块、动用的储量必须把产量和效益结合起来，产能低、效益差的区块暂缓实施。同时近期与长远兼顾原则，积极寻找新领域、新层系和新圈闭，获得评价成果。

（刘艳明）

重大开发试验

【概述】　2009 年油田针对南堡油田储量规模大、地质条件复杂的实际，为实现规模有效开发，股份公司决定开展重大开发试验工作。

试验全面完成了试验部署工作量，钻井 13 口，其中南堡 1−1、1−3 区 9 口，南堡 2−3 区 4 口，进尺 3.86 万米，其中油井 6 口，进尺 1.75 万米，水井 4 口，进尺 1.17 万米；系统密闭取心 3 口井，取心进尺 293.56 米，工程取心 4 口井，取心进尺 38.08 米；系统试油 19 口 61 层，其中单试 52 层，钻完井油层保护试验 13 口；修井过程油层保护试验 7 口，长效高效举升试验 25 井次，分层注水试验 28 井次。新建橇装注水站 2 座、配水间 2 座、10 千伏开闭所 2 座。井口配套（集油、注水流程）13 台（套）。

【管理工作】　为搞好冀东油田的试验工作，成立了由勘探与生产分公司、中国石油勘探开发研究院、冀东油田公司共同组成的工作团队开展工作。

一是生产管理。严格按照股份公司重大开发试验项目报告制度定期汇报与及时沟通，适时召开东营组重大开发试验分析会，保障重大开发试验顺利实施。油田领导及时召开专题会议，对重要事项进行决策，现场生产统一管理，统一组织钻井、完井、作业、投产工作，南堡油田作业区组织采油管理。

二是投资管理。按照项目管理模式严格组织实施，成立了专门项目组，严格预算管理、招投标、运行管理及过程控制；优化方案设计，控制投资源头，技术和设备尽量国产化，充分利用已有的设备、设施，与产能建设密切结合，减少地面工程投资；优化完钻井深、提高钻井成功率；试油与地质紧密结合，尽量节约试油费用，提高了工作效率。

三是健康安全环保管理。建立健全了组织机构，结合人工岛和滩海生产实际，研究编制了24项技术规程和标准、15项安全环保管理；开展安全生产评估，规范应急管理体系、预案，建立了定期应急演练制度。同时，规范施工队伍、人员资质审查备案程序，开展海况调查等，为项目顺利实施提供了保障。

【主要技术】 南堡油田东营组重大开发试验形成了多项主要技术成果、一套技术规范和健康安全环保管理制度，为南堡油田规模效益开发提供了重要的技术支撑。

油藏精细描述明确了两个基本地质认识，通过三维地震资料高分辨率处理，井震结合开展构造精细解释，详细研究东营组构造特征，南堡油田东营组油藏为典型的层状复杂断块油藏。

一是低对比度油层综合判识技术。形成了一套“以油藏认识为基础、以测井识别技术为核心多井解释”有针对性的低对比度油气层综合判识技术。

二是油藏工程研究合理开发技术。试验形成的层状复杂断块油藏井网优化等技术，有效指导了方案研究、开发技术政策的制定与现场生产管理，试验区开发水平达到复杂断块油藏一类水平，在1-5区、2-1区等新建原油生产能力60万吨，满足了东营组开发部署研究的需要。

三是强敏感性储层油层保护技术。通过室内研究，形成了氯化钾成膜封堵低侵入钻井液和低自由水钻井液两种钻井液体系；研发了完井和措施作业过程中的优质完井与压井液体系，对于作业过程中漏失严重井，研究了复合屏蔽暂堵修井液和微泡修井液体系。

四是大段玄武岩优快钻井技术。南堡油田1号构造玄武岩地层硬度与可钻性级值均比较高，属中硬到硬质地层，采用6刀翼和浅内锥、加长外锥冠部形状，使用中高密度布齿和螺旋保径结构的方式设计的个性化聚晶金刚石复合钻头，能够实现本区玄武岩地层的优快钻井。

五是高气液比油井长效高效举升技术。针对东营组油井气液比高、泵效低、有效期短的问题，确定了最佳采油技术及配套工艺技术。电泵采油研究了电泵井防气工艺技术、防砂卡工艺技术、生产动态监测技术、安全生产控制技术，完善了高气液比油井电泵采油配套技术；有杆泵采油研究了有杆泵井防偏磨工艺技术、防气防砂工艺技术，完善了大斜度有杆泵采油配套技术。从而形成了高气液比人工举升技术及配套工艺技术。

六是强敏感性储层、大斜度长井段有效注水技术。通过注入水源评价和防膨剂静态、动态防膨试验，研究评价了8种体系，优选出了防膨体系。

七是高效油气集输、计量和常温预脱水技术。通过对滩海油田原油物性进行分析，研究了常温不加热输送的可行性和应对措施。在先导试验的基础上，对计量方式进一步优选，通过化验分析对破乳剂筛选、脱水温度和加药量进行了研究，形成多项有效技术。

八是高效溶气浮选及浮油自动回收技术。通过增加设备整体高度，取消气浮机组的出水仓，在气浮出水管上增加自动控制阀，增加斜板长度等措施，加大处理能力，减少占地面积，减轻重量等。

（薛 成）

新区产能建设

【概述】 2009 年油田稳步推进南堡油田新区产能建设，强化开发生产组织和油气运行管理，积极实施低成本开发战略，圆满完成了油田原油生产任务。

2009 年南堡油田新钻开发井 91 口（其中水平井 2 口），进尺 28.9 万米，定向井平均单井钻遇油层 34.5 米 /5.85 层，水平井平均单井钻遇水平段油层 152.3 米；实际投产油井 61 口，区块日产油 1700 吨，新建产能 60 万吨；实际投转注水井 30 口，日注水 2220 立方米。

【主要工作】 2009 年油田产能建设工作量大、实施难度大、风险大。但开创了有效工作。

一是加强跟踪研究。南堡 12 斜 803 井是 2008 年在南堡 1-2 井区实施的一口开发准备井，该井于 2009 年初试油证实效果较差。针对这种情况，开发部会同勘探开发研究院经过研究和重新油藏认识，及时对方案部署进行调整，避免了产能建设工作出现重大失误。

二是深化地质认识。南堡 1-29 井区馆陶组四油组油藏由于受上覆巨厚火成岩影响，油层分布变化和预测难度大，钻井风险高。为降低风险，提高钻井成功率，相关单位根据新的钻井、地震与地质研究成果，及时开展储层精细研究工作，精确落实井位及井身轨迹，已实施产能建设井的钻井成功率达到了 100%。

三是强化现场施工管理。为提高固井质量，油田专门成立了固井质量评定小组，通过加强管理，固井质量得到进一步改善。南堡 2 号构造东营组 I 段储层具有较强的敏感性，为有效提高油层保护工作，油田完善监督机制，加大现场监督力度，从已完钻井投产效果来看，在未进行酸化作业等增产措施的情况下，多数井都达到或超过了设计产能，油层保护工作取得了显著效果。

四是精心组织。南堡 1-5 区是 2009 年产能建设部署的主要目标区，钻井工作量主要利用 3 号人工岛实施，工期紧，任务重。为保证产能建设任务的顺利完成，2009 年以来，通过进一步加强管理，精心组织，提前一个月完成上岛钻机的海运工作，为油田全年产量任务的完成提供有力的保障。

五是研究制定控制投资措施。在钻井工程方面，通过采取开发工程项目招标、改变人工岛钻井方式、优化钻机类型、优化井身结构、采用国产钻井液和国产套管、优化简化套管头等完井工具、优化测井项目、加强地质研究，卡准完钻深度，努力节约进尺费用等一系列措施，大幅降低了钻井成本，投资控制效果明显。在采油工程方面，采用国产油管代替进口油管，新井投产利用旧电泵等措施，降低了投产作业成本。在海工及地面工程方面，结合最新地质认识，对 3 号人工岛面积、位置进一步优化设计，同时停建已开工建造的 100 万吨规模的 1 号钢质平台，将原设计用钻井船打的大部分井改在 3 号人工岛用陆地钻机打，预计可节约投资 10 亿元以上。同时，优化土地征用，减少征地面积，节约投资48610万元。通过建设1号人工岛临时卸油码头，将海上船运卸油点由秦皇岛改为1号岛，节约大罐及码头租用费、船舶运费及人工成本等大量费用。

【实施效果】 一是南堡1–29区新钻井20口，钻井进尺5.72万米，定向井平均单井钻遇油层27.8米/3.2层。实际投产新井16口，初期平均单井日产油31.3吨，到2009年底，平均单井日产油26.5吨，区块日产油423吨，新建产能16.7万吨；实际投转注水井4口，日注水320立方米。

二是南堡1–5区新钻井44口（其中水平井1口），进尺14.52万米，平均单井钻遇油层74.1米/7.6层，水平井平均单井钻遇水平段油层374.8米，油层钻遇率74.8%。实际投产新井28口，初期平均单井日产油34.3吨，到2009年底，平均单井日产油30.0吨，区块日产油840吨，新建产能30.2万吨；实际投转注水井16口，日注水1200立方米。

三是南堡2–1区新钻井16口，进尺5.12万米，定向井平均单井钻遇油层26.2米/4.5层。实际投产新井11口，初期平均单井日产油53.4吨，到年底平均单井日产油16.7吨，区块日产油183.3吨，新建产能5.5万吨；实际投转注水井5口，日注水300立方米。

四是南堡2–3区新钻井11口（其中水平井1口），进尺3.57万米，定向井平均单井钻遇油层52.9米/8.4层，水平井平均单井钻遇水平段油层138米，油层钻遇率63%。实际投产新井6口，初期平均单井日产油63.2吨，到年底平均单井日产油42.2吨，区块日产油253.3吨，新建产能7.6万吨；实际投转注水井5口，日注水400立方米。

（薛　成）

油气开发

【概述】 开发处共有职工23人，设有油藏评价科、开发规划科、油气藏管理科、开发信息科、生产综合科共5个科室。2009年以来，油田稳步推进南堡油田新区产能建设，扎实开展老油田稳产基础工作，强化开发生产组织和油气运行管理，圆满完成了油田原油生产任务。

1．油田开发现状

2009年油田累计探明石油地质储量68437.94万吨，动用石油地质储量21005.52万吨，动用石油可采储量4782.59万吨，标定采收率22.8%，累计采出原油1825.04万吨，剩余可采储量2957.55万吨。

2009年底采油井总数1466口，开井数1015口，日产油水平4062吨，综合含水90.2%，地质储量采油速度0.96%，地质储量采出程度10.10%。注水井总数380口，开井数241口，日注水平15265立方米。

2．主要开发生产指标完成情况

原油生产。2009年油田计划生产原油173万吨，实际生产173.02万吨，完成计划的100%。产量构成情况：新井产量 43.77 万吨，自然产量 115.77 万吨，措施产量 13.48 万吨。原油销售量 172.5 万吨，原油商品率 99.9%。

注水。全年油田计划注水 520 万立方米，实际注水 522.8 万立方米，完成计划的 100.5%。

天然气生产。全年冀东油区计划生产天然气 28000 万立方米，实际完成 45757 万立方米，完成计划的 163.4%。

综合含水。全年油田年均含水 90.9%，年均含水上升率 1.0%。

油田产量递减。全年油田自然递减率 34.1%，综合递减率 26.4%。2009 年油田主要开发指标见表 2–4。

【老区产能建设】

2009 年油田老区产能建设实际新钻井 145 口，进尺 38.78 万米，投产油井 120 口，投转注水井 25 口，新建产能 20 万吨。

高尚堡油田。全年新钻井 78 口，进尺 19.70 万米。投产油井 70 口，投转注水井 8 口，日产油能力 396.7 吨，新建原油生产能力 11.9 万吨。

柳赞油田。全年新钻井 59 口，进尺 16.85 万米。投产油井 43 口，投转注水井 16 口，日产油能力 233.0 吨，新建原油生产能力 7.0 万吨。

老爷庙油田。全年新钻井 7 口，进尺 1.98 万米。投产油井 6 口，投转注水井 1 口，日产油能力 37.1 吨，新建原油生产能力 1.1 万吨。

唐海油田。全年新钻井 1 口，进尺 0.25 万米。投产新井 1 口，日产油能力 0.2 吨。

【油藏管理工作】

1．精细油藏描述

2009 年油田完成精细油藏描述 4 个区块（高浅北区、高中深北区、高深北区、柳中），描述地质储量 3975.7 万吨，可采储量 999.7 万吨。完成三维地震资料处理 90 平方千米，三维地震资料解释 200 平方千米，测井解释 23783 层 /590 口，地层划分 22510 层 /590 口，三维地质建模面积 17.2 平方米，地质储量 3133 万吨，网格节点数 1597 万个，模型网格精度 15 米 ×15 米 ×0.5 米—20 米 ×20 米 ×1 米，油藏数值模拟历史拟合 378 口井 171 个小层，编制储层精细描述图件 186 张。

通过对 4 个区块的精细油藏描述，明确了剩余油分布规律及开发调整潜力，有效指导了油田产能建设和老区综合治理，减缓了老井递减，取得了可喜的成果和应用效果。

2．二次开发

2009 年对南堡陆地 13 个开发单元进行了开发分析和潜力评价，优选出柳北和高深北区两个区块，完成了二次开发方案研究，高深北区二次开发方案已通过股份公司领导和专家审查。

3．油田开发基础年

编制完成了“油田开发基础年”活动三年工作计划以及《柳赞油田综合治理方案》、《高尚堡油田综合治理方案》，并于 2009 年 4 月 28 日通过股份公司领导审查。

高尚堡油田和柳赞油田通过治理自然递减率与 2008 年相比均有较大幅度下降。高尚堡油田 2009 年自然递减率 29.29%，同比下降 4.53 个百分点；柳赞油田 2009 年自然递减率 26.76%，同比下降 7.46 个百分点。

4．油水井措施

在深入开展油藏动态分析的基础上，加大油水井措施的研究力度，优化措施结构，加大解堵、卡堵水、提液措施力

表 2–4　2009 年油田主要开发指标汇总表

项目 油田	含油面积（平方千米）	开发储量（万吨）	可采储量（万吨）	标定采收率（%）	年累计产油量（万吨）	累计产油量（万吨）	综合含水		采油速度			采出程度		含水上升率		老井递减率	
							期末（%）	平均（%）	开发储量（%）	可采储量（%）	剩余可采储量（%）	开发储量（%）	可采储量（%）	期末（%）	平均（%）	自然（%）	综合（%）
冀东油区	67.73	21005.52	4782.59	22.77	173.02	1825.04	90.16	90.87	0.96	4.16	6.91	10.10	43.91	2.42	1.02	34.06	26.38
南堡油田	20.58	5784.53	1267.34	21.91	68.49	203.19	41.17	51.75	2.40	10.63	13.44	7.13	31.53	–6.59	–1.04	41.20	30.98
南堡陆地	47.15	15220.99	3515.25	23.09	104.53	1621.86	94.67	94.04	0.69	2.98	5.24	10.66	46.18	3.03	2.38	29.64	23.54
高尚堡	22.85	8723.47	1910.13	21.90	59.93	841.31	95.72	95.15	0.69	3.14	5.31	9.64	44.04	2.91	2.20	29.29	25.09
柳赞	11.49	3407.93	984.8	28.90	34.08	571.8	92.04	91.29	1.00	3.47	7.68	16.78	58.27	1.89	1.18	26.76	17.76
老爷庙	10.41	2659.22	548.77	20.64	7.99	156.1	92.73	92.14	0.30	1.46	1.99	5.87	28.45	6.99	9.53	43.04	31.49
唐海	2.4	430.37	71.55	16.63	2.53	52.65	90.63	89.93	0.59	3.54	11.82	12.22	73.59	2.35	11.43	21.06	19.74

度，在措施难度不断加大的情况下，取得了较好的增油效果。

2009 年共实施油井措施 389 井次，有效 316 井次，措施有效率 81.2%，同比提高 15.6%，措施增油 13.5 万吨， 平均单井次增油 347 吨；注水井完善补孔、酸化增注、压裂、大修等增注措施完成 27 井次，有效 24 井次，措施有效率 88.9%，年增注水量 14.6 万立方米。

5．油藏动态监测

2009 年油田开发动态监测按照“系统、准确、实用”的原则，以主力区块、综合治理区块为重点，以满足油田开发为目的，动态监测工作取得了较好效果。

全年地层压力监测完成 292 口，其中油井测压完成 204 口；注水井测压完成 88 口。生产测井完成 442 口，其中油井产液剖面完成 75 口；注水井吸水剖面完成 244 口；套管井井下技术状况监测（工程测井）完成 45 口；碳氧比测井完成 32 口；中子寿命测井完成 43 口。井间监测完成 20 井组。油气水分析化验完成 518 样次。

6．水驱采油状况

截至 2009 年底，共投入开发 19 个区块，其中，注水开发区块 12 个，2009 年新增注水开发石油地质储量 2564 万吨，注水开发累计达到 11220 万吨，占全油田开发储量的 53.4%，注水开发区块年产油量 95.8 万吨，占开发区年产油量的 57.4%。

7．开发水平分类

截至 2009 年底，投入开发石油地质储量 21005.52 万吨，可采储量 4782.59 万吨。按照股份公司复杂断块油藏开发水平分类标准，油田多数已开发区块达到 Ⅰ 类和 Ⅱ 类开发标准，其中，Ⅰ 类开发油藏 7 个，动用可采储量 1968.83 万吨，占 41.2%，年产油量 101.6 万吨，占 60.9%；Ⅱ 类开发油藏 9 个，动用可采储量 2499.98 万吨，占 52.3%，年产油量 57.1 万吨，占 34.3%；Ⅲ 类开发油藏 3 个，动用可采储量 313.78 万吨，占 6.6%，年产油量 8.1 万吨，占 4.8%。

（李拥军）

钻井工程

【概述】 2009 年油田钻井工程始终围绕油气勘探开发目标，紧密围绕油田勘探开发需要，进一步加大欠平衡钻井实施力度，全面开展井身结构优化简化工作，圆满地完成了各项钻井生产任务指标。

1．钻井生产任务完成情况

2009 年平均动用钻井队 18.71 个 ，年累计开钻 142 口（探井 10 口），完井 130 口（探井 8 口），进尺 439006 米（探井 33542 米）。水平井（包括提前实施井）开钻 4 口，完井 2 口，进尺 8857 米。完成欠平衡井 4 口，欠平衡段进尺 2362 米。

2．钻井速度

2009 年平均井深 3197.01 米，机械钻速 12.01 米 / 小时（探井 7.03 米 / 小时），钻机月速 2330 米 /（台 · 月）（探井 1287 米 /（台 · 月）。平均建井周期 55.38

天，平均钻井周期 38.58 天。

通过成熟技术的应用、强化现场管理，钻井速度明显提高，平均机械钻速 12.01 米 / 小时，同比增长 29.28%；钻机月速为 2330 米 /（台 · 月），同比提高 21.23%；平均队年进尺 2.35 万米，同比增长 16.01%。

3．生产时效和工程质量

2009 年钻井生产时效 92.76%，其中纯钻进时效 31.92%，非生产时效 7.24%；全年完井 130 口，油层固井 129 井次，固井质量合格率 97.67%，固井优质率 47.29%，井身质量与钻井液质量合格率 100%。

4．钻井施工队伍

2009 年钻井队伍由年初的 43 支后稳定在 32 支。钻井施工队伍主要来自中国石油的渤海钻探集团、大庆钻探集团、长城钻探集团、中油海大港事业部以及中石化的中原油田、胜利海洋钻井公司等 11 个钻井项目部。2009 年中标服务的钻井施工队伍情况见表 2–5。

表 2–5　2009 年在油田中标服务的钻井施工队伍情况表

单　位	70 钻机	50 钻机	40 钻机	合　计
渤海钻探	70009、70019、70020、70026、70027、70111、70169	50005、50251、50505、50521、50527、50620、50666、50669	40509、40615、40616、40690、40693	20
中原钻井	70118	50716、50865		3
大庆钻探	70104、70133	50010		3
长城钻探		50007、50013		2
中油海	钻井平台：中油海 5 号、6 号、7 号、10 号			4
合　计	14	13	5	32

【钻井工艺技术成果】

1．欠平衡钻井效果显著

应用欠平衡钻井技术可以及时有效发现油气显示和保护储层，提高勘探效果和储层认识。2009 年集团公司给油田下达任务实施 4 口欠平衡井，实际完成 4 口，即南堡 5–82、南堡 5–85、南堡 5–86、南堡 5–98 四口井实施液相欠平衡钻进，实现了安全钻进。

南堡 5–82 井在欠平衡过程中点火 16 次，录井解释。

南堡 5–98 井由中原钻井二公司的 70171 队施工，通过准确把握邻井情况，超前准备，制定施工措施，强化技术管理、加强生产组织，实现了安全、快速钻进。该井完钻井深 5557 米，是油田最深的一口井，钻井周期 206.54 天，创油田钻井新纪录。

2．油气层保护工作取得新进展

一是推广应用成熟的钻井液油层保护技术。南堡地区以盐水成膜封堵低侵入钻井液体系为主，该体系主要通过成膜封堵剂及氯化钾抑制剂实现对储层孔喉的封堵及对黏土的抑制从而达到保护油层的目的，该钻井液具有良好的流变性能和强抑制性，岩屑回收率高达 89%。在柳北地区研究应用了聚合物屏蔽暂堵钻井液体系，其中柳北 1–26 新井投产，日产油 24.12 立方米，投产初期效果较好。

二是试验了新型钻井液油层保护技术。为降低因滤液侵入造成玄武岩井壁不稳定和储层伤害，在南堡 13－斜 1064、南堡 11－斜 208、南堡 11－斜 308 三口井中试验应用了低自由水钻井液体系，取得了较好的效果。南堡 11－斜 208 井玄武岩井段的钻井液密度 1.20×10^3 千克每立方米，较好地实现了玄武岩井壁稳定，并保护了储层；南堡 13－斜 1064 使用 215.9 毫米钻头钻进，平均井径 238 毫米（最大井径 267 毫米、最小井径 224 毫米），井眼扩大率小于 10.24%。该井完钻井深 3094 米，钻井周期 19 天，平均机械钻速 22.75 米 / 小时。

3．潜山配套钻井工作持续推进

油田结合南堡潜山钻井技术难的特点，有针对性地消化吸收了行业内较为成熟的工艺技术，通过对南堡潜山井的钻探实践，初步形成了潜山勘探的钻完井配套工艺技术，为潜山勘探提供了有力的技术保障。

南堡 1–80 井井深 3792 米，施工中优选钻头，全井使用 4 只聚晶金刚石复合片钻头，机械钻速达到 14.57 米 / 小时，钻井周期 61.62 天，机械钻速较邻井有大幅度提高。

4．重点区块创新钻井生产模式

在南堡 1–3 人工岛采取集中打导管与“井丛排 + 陆地钻机整拖”的钻井方式，平均单井钻机搬家安装周期由原来的 8.46 天缩短至 3.69 天，节约 4.77 天，8 个井组整拖 32 口井，累计节约 152.64 天；在海上南堡 1–29 区采取井组批钻，提高了钻机利用率。南堡 1–29 斜 99、南堡 1–29 斜 118、南堡 1–29 斜 96 等井的平均建井周期为 15.36 天。

5．钻井技术水平明显提高

2009 年油田落实钻井控制投资降低成本的管理措施，从钻井方案、设计源头抓起，适用钻井技术，加快施工速度，从而提高了综合效益。一是减少表层套管下深，南堡油田共有 44 口井优化表套下深，平均表套下深从 1000 米减少至 778 米，南堡陆地共有 17 口井优化表套下深，平均从 310 米减少至 230 米；二是继续试验中深井不下技术套管技术，同时三开井减少技术套管下深，起到了良好效果。三是在满足固井工艺要求和保证固井质量前提条件下，油层套管积极实施悬挂尾管完井技术，进一步降低了套管成本。

【管理工作】

1．钻井基础管理

一是健全机构。2009 年初油田对钻井管理机构、职能进行了调整，各单位职责更加明晰，分工更加明确，实现了“监管分离、管运分开”的目的，促进了钻井管理水平的提高。同时根据机构调整的实际，完善了各项制度。对搞好钻井工作起到了重要的作用。

二是创新管理模式。充分发挥钻井承包商的能动性，南堡 1–3 人工岛采用总包的方式，充分发挥渤海钻探的技术、协调能力，有力地保障了南堡 1–3 人工岛的按期投产。

三是通过招投标提高施工队伍竞争性。2009 年施工队伍比较充裕，勘探开发建设项目部通过口井招投标，进一步提高了施工队伍的竞争性，技术力量薄弱、组织管理滞后的队伍被淘汰，从而减少了事故的发生，钻井工程质量进一步得到保障。同时，从源头抓起，把好了材料的质量关。

2．钻井监督管理

2009 年坚持开工前安全和设计交底

制度，进一步规范现场监督程序，量化、细化了监督工作内容，认真落实监督综合考核制度，营造竞争氛围，提高了监督管理水平。

工程监督中心创新监督工作方式，提高了监督工作效果。一是对南堡2–3平台、南堡1–2人工岛、南堡1–3人工岛等钻井相对集中的区域，成立了人工岛驻井监督组，对岛上的钻井施工进行统一监督管理，取得了明显成效。二是对海上及陆上单井实行单井管理，对重点井段、重点工序及时加强巡井检查，对重点探井、复杂事故井加强监督力量，取得了明显效果。

（张　涛）

采油工程

【概述】　截至2009年底，工程技术部共有职工22人，其中，男职工20人，女职工2人。共设7个科室，即钻井工程科、采油工程科、注水科、集输科、井下作业科、井控监督科、综合信息科。2009年油田采油工程坚持科技创新，管理创新，进一步强化方案论证与优化，研究并应用经济适用的采油工程新工艺、新技术，提高规模化应用范围，有效降低成本，提高了工艺成功率和措施有效率。一是加强技术的研究和应用，强化施工过程的监督，方案的符合率和成功率不断提高。油水井措施有效率达到81.1%，同比增加12.2%。二是平均单井增油效果较好，油井措施总增油13.4778万吨。三是全年注水522.7720万立方米，同比增加88.7922万立方米，增加20.5%。有关井下作业工作量，见表2–6—表2–9。

表2–6　2008—2009年井下作业工作量完成情况对比统计表

分　类	施工项目	2008年（井次）	2009年（井次）	对比差值（井次）	增长率（%）
投产投注	新井投产	314	81	−233	−74.2
	水井投、转注	115	73	−42	−36.5
	小计	429	154	−275	−64.1
油井增产措施	补孔改层	512	232	−280	−54.7
	油井解堵	171	62	−109	−63.7
	油井压裂	1		−1	−100.0
	油井防砂	52	27	−25	−48.1
	压裂防砂	3		−3	−100.0
	油井提液	90	16	−74	−82.2

续表

分　类	施工项目	2008 年（井次）	2009 年（井次）	对比差值（井次）	增长率（%）
油井增产措施	下泵转抽	50	22	−28	−56.0
	卡堵水	155	108	−47	30.3
	油井大修	70	21	−49	−70.0
	油井其他	157	73	−84	−53.5
	油井深抽	9		−9	−100.0
	小计	1270	561	−709	−55.8
水井增注措施	水井补孔	22	18	−4	−18.2
	水井增注	19		−19	−100.0
	水井分注	32	29	−3	−9.4
	水井压裂	3		−3	−100
	水井调剖	40	44	4	−10.0
	水井大修	12	4	−8	−66.7
	水井其他	12	10	−2	−16.7
	小计	140	105	−35	−25.0
维护性措施	检泵	840	633	−207	−24.6
	小修	10	1	−9	−90
	小计	850	634	−216	−25.4
总　计		2689	1454	−1235	−45.9

表 2−7　2008—2009 年井下作业工作量分类对比情况表

项目分类	2008 年		2009 年	
	井次	增油量（万吨）	井次	增油量（万吨）
新井投产	314	59.1629	81	43.7724
油井措施	1270	20.5536	561	13.4778
水井措施	140	14.4282 万立方米	105	14.5575 万立方米
水井转注	115	119.0985 万立方米	73	106.3644 万立方米
油井维护措施	850		634	

表 2-8　历年作业工作量与增油情况表

项　目	2001 年	2002 年	2003 年	2004 年	2005 年	2006 年	2007 年	2008 年	2009 年
作业总工作量（井次）	572	683	680	1141	1672	1999	2719	2689	1454
年完成产量（万吨）	62.5	65.26	74.9	100.3188	125.0166	170.7088	213.0018	200.3016	173.0168
新井完成产量（万吨）	3.08	7.57	13.05	21.0238	29.4037	43.8842	62.5122	59.1629	43.7724
措施增油量（万吨）	7.9	7.65	9.266	14.1099	12.3425	22.3748	27.9985	20.5536	13.4778
作业贡献率（%）	17.57	23.3	29.8	35.02	33.4	38.8	45.5	39.7	33.1

表 2-9　2009 年采油工程技术管理指标完成情况表

指标名称	单位	2008 年	2009 年
油井开井率	%	76.0	70.2
油井生产时率	%	94.3	96.2
抽油井平均泵效	%	49.2	50.2
机采井平均检泵周期	天	393	447
抽油机井系统效率	%	24.9	25.7
水井利用率	%	100	96.4
注水时率	%	95.5	91.2
分注合格率	%	93.9	84.5
油水井措施有效率	%	72.8	81.1

【重点工作】

1. 机采管理

2009 年底油田机采井总数 1510 口，开井 1033 口，年产液量 1887.0439 万立方米，年产油量 173.0168 万吨；机采井平均动液面 1143 米，机采井平均泵挂深度 1688 米，机采井平均泵效 74.9%，机采井平均检泵周期 447 天。全年机采井转抽 59 井次，年增液 11.6344 万立方米，年增油 6.1233 万吨；机采井换抽 98 井次，年增液 22.0618 万立方米，年增油 4.7721 万吨。

2009 年机采井管理主要工作和成绩：一是提高有效开井数，油田日开井率保持在 70% 以上。二是推行油水井精细化管理与“一井一法”管理有效结合，以采油工程专题项目为依托，在油井分类管理的基础上建立了躺井和清防蜡井的预警机制，机采井平均检泵周期达到 447 天，同比延长 54 天；油井免修期达到 338 天，比 2009 年初延长了 61 天；躺井率在 2% 以下，机采井工作状况改善，合理区比例达到 69%，断脱漏失比例控制在 2% 以下。生产井中免修期超过 600 天的有 90 余口，全年实施机采井调参 1500 多井次，累计增油 1.9 万多吨，实施换泵提液 75 多井次，累计增油 1.6 万吨；实施系统效率优化调整 450 井次，调整后的系统效率平均提高 2%；实施间开、捞油、调平衡、调小参数等节电措施 1000 多井次，累计节电 150 万千瓦时；实施本井液自循环洗井、掺水低压洗井、电加热洗井等清蜡措施 300 多井次等，节约了大量费用。

2．注水管理

一是抓好注水开发基础年工作，推广成熟技术，开展细分注水等，水井分注率和分注合格率明显提高。

二是加强投转注管理工作力度，2009 年完成投（转）注作业井 73 口，新投注井 18 口，老井转注 55 口，提高了井下作业施工成功率。

三是完善注水系统，改善注水水质，提高注水质量，2009 年共进行 465 井次的水质半分析和 521 井次的水质全分析，污水含油达标率 94.5%，同比提高 2.3%。

3．作业管理

一是作业工作量和效果，2009 年作业工作量 1454 井次，全年措施增油量 13.4778 万吨，同比减少 7.0758 万吨，措施增油占总产量的 7.79%；实施解堵、防砂、卡堵水、提液等工艺措施 329 井次，油井工艺措施工作量占油井措施工作量的 61.9%；水井措施 105 井次，水井作业工作量减少 25%。

二是挖潜长停井潜力，全年完成 140 口长停井的恢复生产工作，油井 134 口，累计增油 1.9652 万吨，恢复产量 1.4271 万吨。同时抓好了井下作业运行和管理。

三是深化地质方面的研究和工艺措施的论证研究，坚持开好月度措施讨论会，确定施工方案等，解决了生产中出现的技术问题，提高了措施成功率。

四是强化过程管理和现场监督，加强重点工序重点跟踪和重点井驻井监督、常规井不定期巡检的方式，提高施工质量。

4．井控监督管理

2009 年主要完善了井控管理体系，建立健全了井控安全管理网络，调整了油田井控工作领导小组，成立了以井控责任人为组长的井控管理领导小组，配备了专兼职的井控管理人员，加大井控培训力度，全年共有 321 人参加培训，井下作业井控持证率达到了 100%。

【主要技术应用】

1．举升工艺及配套技术

一是通过对不同区块电泵井免修期影响因素的分析，开展了电泵井防砂卡、防蜡、防气配套工艺技术研究与试验，确定了主要开发区块电泵采油供排关系，对电泵井进行转换方式调整。2009 年实施转换采油方式 167 井次，有效 127 井次，有效率 76.0%，累计增油 4.7721 万吨；实施转换电泵采油方式 65 井次，采油方式转换后，年节约电 1286.76 万千瓦·时，免修期从 338 天提高到 482 天，提高了 144 天。

二是引进 8 口井直驱螺杆泵以降低机械损耗，达到节约用电的目的，平均单井月节电约 3100 千瓦·时。

三是开展南堡 1-3 人工岛整体气举采油技术的研究与实施，进行了南堡 1-3 人工岛气举采油注气量优化研究，编制南堡 1-3 人工岛气举手册，完成了南堡 1-4 平 335 气举投捞实验井的实施。

2．卡堵水工艺技术

主要完善了水平井卡封工艺技术，增加水平井专用桥塞的扶正功能，2009 年完成水平井机械卡堵水共实施 2 口井，有效率100%，增油562吨；推广了定向井机械卡封技术；全年完成机械卡堵水共实施50口井，措施有效率78.0%；研究完善了水平井化学堵水技术，实施分段封堵技术现场试验3井次，化学堵水技术3井次，工艺成功率100%，增油443吨，降水2.94万立方米。

3．注水配套技术

一是对偏心注水工艺技术完善，优化了偏心定量分注配套技术，采用单向卡瓦锚定扶正，同时对注水封隔器、投捞工具、偏心配水器及堵塞器等工具进行了改进。改进后管柱有效期达2年以上，大修率明显降低，2009年完成分注井105口，施工成功率达到100%。

二是开展套变井小直径偏心定量分注技术的研究与应用，全年实施9口井，套变井分注级数达两级三段。

三是开展同心管注水工艺技术研究，全年应用两段分注5口井，应用三段分注2口井，施工成功率达100%，最大应用井斜77度，配注合格率大大提高。

四是开展分层防砂分层注水工艺技术研究，研究分层防砂分层注水一体化管柱，并在南138−3井上成功应用。

4．油层改造增产技术

开展了潜山碳酸盐岩储层酸化（压）技术配套研究，2009年实施11井次的酸化—酸压现场试验，其中海上大型改造措施2井次；开展了南堡5号构造深层火成岩天然气压裂改造试验，全年实施4口井，平均单井加砂67.2立方米，其中最大规模加砂达106.5立方米，平均砂比14.6%，最高砂比22.3%；针对陆地浅层疏松砂，研究了筛管完井水平井解堵新技术。声波振荡解堵技术8井次，成功率100%，增油1437吨。

5．防砂技术

2009年防砂以南堡浅层滤砂管挡砂为主，推广双封挂滤（空心桥塞）挡砂（充填）技术，应用新型复合防砂等技术，全年防砂措施实施135井次，有效79井次，有效率84.9%，增油0.3408万吨。开展了南堡2−1、南堡2−3区东营组出砂规律研究，结果表明，南堡2号构造东营一段井均有不同程度的轻微出砂，采用悬挂滤砂管防砂技术能够满足技术需要。

5．油气层保护技术

主要进行了注水油层保护技术的研究与应用，2009年在现有防膨剂进行评价的基础上，开展了针对不同区块注水过程中油层伤害机理分析、油层保护技术研究，重点评价了有机防膨剂的防膨效果，确定了适用于不同区块的油层保护技术及防膨剂体系。同时进行了微泡暂堵修井液的研究与应用。

6．调剖技术

2009年开展了高浅北区、高浅南区转换开发方式后调剖，全年实施15井次，增油1.0956万吨。开展了中深层低成本调剖药剂的筛选评价，在柳中高温交联聚合物调堵体系、微球段塞组合调剖施工17井次，增油4086吨，在庙浅开展调剖试验，采用交联聚合物、聚合物凝胶微球和预交联凝胶颗粒多种体系复合段塞组合，进行深部调剖，实施3井次，增油66吨。

7．水井不压井作业技术

2009年实施8口井，成功5口，避免了泄压和大量放水，保持了地层压力，节省占井时间86天，节省压井液费用17万元。

（付慧玉）

第三篇

油田基本建设

陆域基本建设

【概述】 2009年1月12日，基建工程部和海洋工程项目经理部整合更名为基建海工部，负责油区地面、矿区工程、海洋工程建设等基本建设工作的监督和管理工作。截至2009年底，基建海工部共有管理人员17人。男员工16人，女员工1人。部室下设综合计划科、油建管理科、矿建管理科、海工管理科。2009年油田下达陆域基本建设资金18.7亿元，重点工程建设项目2项，重点工程投产1项，投产新井10口、油井转注井50口；敷设各类集油、供水、注水管线6千米。

【主要工作】

1．项目前期工作

2009年基建海工部共审查工程立项88项，完成专业技术审查10余项，设计院完成方案设计33项，勘察、项目设计412项；设计文件质量合格率100%，概预算误差率平均控制在±8%范围之内。主要有《冀东油田2010年产能建设（地面工程）方案》、《开发基础年地面工程规划方案》、《作业区生产现场视频监控系统方案》、《高—曹输水管线建设方案》，组织完成了《南堡油田2-1、2-3区地面工程可行性研究报告》、《冀东油田110千伏变电站第二电源建设可行性研究报告》、《南堡油田1-5、1-29导管架平台建设可行性研究报告》、《唐山凤凰新城石油家园规划方案》、《冀东油田爆炸物品库和放射源库建设方案》等重点项目的方案编制工作。

2．陆域重点工程项目建设

一是油田采出水综合利用工程。该工程在高尚堡新建污水处理站1座，常规处理规模为4.3万立方米/日，水量为5万立方米/日，生化规模为2.5万立方米/日，水量为2.8万立方米/日。铺设高14转油站至高尚堡污水站ϕ711毫米×7毫米管线3千米；高尚堡污水站至庙一联ϕ610毫米×7毫米管线18.46千米；高尚堡污水站至曹妃甸工业区污水处理厂ϕ813毫米×9毫米管线35.64千米；高一联至污水处理站的联络线1千米。

二是油田原油商业储备库建设工程，工程建成规模为100万立方米，新建10万立方米外浮顶原油储罐10座、10千伏变电所1座及相关设施和系统。2009年1月10日开工建设，5月完成土方回填任务，8月完成储罐桩基施工，10月完成储罐基础施工，12月底储罐主体完成总体工作量的90.5%，场区输油泵房、消防泵房、消防水罐等附属工程完成40%。

2009年组织陆域基建重点工程投产1项，即油田采出水综合利用工程。

3．重点工程开工审批及竣工验收

2009年审批上报股份公司重点工程开工报告1项，即油田原油商业储备库工程。组织重点工程验收3项，即南—唐天然气集输管线建设工程、油田采出水综合利用工程和老爷庙联合站建设工程。

4．管理工作及成果

2009年基建海工部审核了183家准

入单位资质，组织了年度施工队伍考核和油田基本建设系统工程质量大检查各一次。迎接股份公司质量检查 2 次等。

工程质量监督站完成施工现场检查 2240 人次，隐蔽工程验收 90 余项次，工程验收 140 余项次；组织完成 5 次工程质量月度大检查，完成 6 次工程质量专项检查；工程监督中心全年共监督工程 180 项。

2009 年工程质量合格率、工程按计划进度完成率、工程资料收集完整率、油区工程质量监督覆盖率、重点工程监检点到位率均达到 100%。

【项目经理部简况】

1. 油田采出水综合利用工程项目经理部

该项目经理部于 2008 年 2 月 2 日成立，共有管理人员 11 人。主要负责高尚堡、老爷庙两个生化处理站建设和高尚堡—柳赞—老爷庙—曹妃甸等地区 8 条污水管线的建设工作。

2. 油田原油商业储备库工程建设项目经理部

该项目经理部于 2008 年 4 月 24 日成立，共有管理人员 8 人。主要负责油田 100 万立方米原油商业储备库工程建设。

3. 南唐天然气管线建设工程项目经理部

该项目经理部共有管理人员 9 人，主要负责冀东南堡油田天然气集输管道工程、高尚堡至唐海基地供气管道工程项目建设。2009 年 12 月 15 日竣工验收后解散。

（胡小鹰　刘凤英）

海洋工程建设

【概述】 2009 年油田下达海洋工程建设投资 10.65 亿元，重点工程建设项目 7 项，重点工程投产 6 项，基本实现了油田年初提出的基本建设工作目标。

【主要工作】

1. 项目前期工作

2009 年油田完成重点工程前期设计工作并通过审查 10 项，主要有《南堡油田 1–3 号人工岛地面建设工程可行性研究》、《南堡油田 1–3 号人工岛地面建设工程初步设计》、《南堡油田 1–3 号人工岛地面建设工程施工图》；编制完成了《冀东南堡油田 1–3 号人工岛标准化设计方案》、《2010 年南堡油田产能建设方案》等。

2. 重点海洋工程项目建设

一是南堡油田 1 号陆岸终端建设工程，该工程一期建设原油脱水能力 180 万吨 / 年，原油稳定能力 180 万吨 / 年，天然气处理能力 135 万立方米 / 日，原油储存能力 20 万立方米。2007 年 9 月开工建设，2009 年 10 月 14—24 日天然气处理装置、原油预脱水装置以及附属系统投产成功。

二是南堡 1–1 人工岛地面建设工程，该工程一期建设原油预脱水能力 120 万吨 / 年，污水处理能力 2.5 万立方米 / 日，注水能力 0.53 万立方米 / 日。2007 年 9 月 1 日开工建设，截至 2009 年底，工程主体完工，其中原油预脱水站、含油污水处理站和35/10千伏变电所已投产。

三是南堡油田1−3人工岛建设工程，该工程位于曹妃甸岛西北侧，水深5米左右。工程造地面积200亩，平面尺寸为495米×296米，吹填面积约13万平方米，吹填工程量为250万立方米，配套建有登陆点一座。该工程于2008年5月8日开工，2009年6月30日完成岛体施工，标志油田第二个海外孤岛建成。

四是南堡油田1−3人工岛地面建设工程，该工程新建原油集输能力39.3万吨/年；天然气集输能力0.71亿立方米/年；气举注气能力43万立方米/日；注水能力5300立方米/日。该工程于2009年5月26日开工建设，6月11日海底电缆通电，7月7日海底管线投产，11月11日临时注水系统投产，11月13日气举系统投产。

五是南堡油田1−5井区导管架建设工程，该工程新建1座生产平台、2座井口平台、海管海缆以及生产系统等系统建设。该工程于2009年3月5日开工建设，7月7日顺利投产。

六是南堡油田1−29井区导管架建设工程，该工程对原有的1座井口平台进行了改造，新建2座井口平台、1座生产平台、海管海缆以及生产系统等。该工程于2009年3月5日开工建设，8月8日顺利投产。

七是南堡油田4−1、4−2号人工岛建设工程，人工岛位于曹妃甸东北约30千米，工程建设2个人工岛（南堡4−1、南堡4−2），两岛间用路堤连接，并在南侧3.9米水深线处建设登陆点一座。该工程于2008年9月10日开工建设，截至2009年底，登陆点及引桥部分主体完工，11月24日码头正式投运。人工岛及进岛通道部分完成形象进度约89.4%，其中进岛通道已投产，岛体吹填完成。

3．重点工程投产

2009年组织重点工程投产6项，包括南堡油田1号陆岸终端建设工程、南堡油田1号人工岛地面工程、南堡1−5导管架建造工程、南堡1−29导管架建造工程、南堡4−1人工岛、南堡4−2人工岛建设工程（码头）投运、南堡1−3人工岛地面工程气举投产等。

【项目经理部】

1．南堡油田1号平台地面建设项目经理部

该项目经理部于2006年9月1日成立，目前管理人员8名。负责冀东南堡油田1号人工岛海洋及地面工程建设。

2．南堡油田2号平台建设项目经理部

该项目经理部于2006年9月1日成立，共有管理人员6名。全面负责冀东南堡油田1号构造2号人工岛工程建设及地面设施建设。

3．海上钢制平台建设项目经理部

该项目经理部于2008年10月27日成立，共有管理人员6人。负责南堡1−1、南堡1−5、南堡1−29、南堡2−1钢制平台及南堡1−1钢质平台到南堡1−3人工岛、南堡1−29钢制平台到南堡1−2人工岛、南堡2−1钢制平台到南堡2−3平台之间的海底电缆、管道等配套工程建设。

4．南堡油田4号海洋工程项目经理部

该项目经理部于2006年12月20日成立，共有管理人员8人。主要负责南堡油田4号海工项目建设。

5．南堡油田5号平台建设项目经理部

该项目经理部于2006年9月1日成

立，目前共有管理人员11名。全面负责冀东南堡油田2号构造6个人工岛工程建设及地面设施建设。

以上五个项目经理部于2009年2月15日被撤销。

6. 南堡油田联合站项目经理部

该项目经理部于2006年8月31日成立，共有管理人员7人。主要负责南堡油田联合站建设。

（胡小鹰　刘凤英）

矿区基本建设

【概述】　2009年矿区建设在工程量大和工期紧的情况下，参加矿区建设者充分发挥主观能动性，出色地完成了油田的矿建任务。唐海经济适用房（人防车库）、唐海基地文体活动中心等重点工程项目完成了专项验收和竣工备案，唐山勘探开发研究中心项目进展顺利。

【管理工作】

1. 项目管理

2009年矿建工程主要是矿区配套建设项目、安全环保隐患治理项目和矿区维护项目。工程地点分散于田庄、唐海、唐山等地区。矿区服务事业部本着监管分离、属地管理的原则，对矿区所属各单位的项目管理职责进行了划分，制定出台了矿建项目管理流程，完善了矿建项目的各项规章制度，定期召开矿区建设施工协调会，各项目组相互沟通，取长补短，狠抓施工阶段的工程质量、进度、费用的控制，严格执行《矿区建设项目管理工作指南》，全年矿区建设共完成投资2601.85万元，工程项目51项。

2. 现场管理

矿区建设项目认真执行油田工程监督中心和基建海工部下发的现场标准化规定，加大了对承包商标准化施工管理的力度，建立了矿区建设标准化施工考核制度，定期检查各工地，使矿区建设现场标准化水平与往年相比有了较大的提高。

3. 质量管理

加强对每项工程的质量管理，定期召开项目质量分析讲评会。对于隐蔽工程要求各项目单位必须做到监理、质监等有关单位验收合格后方能进行下一步工作的施工。严格检查各承包商单位的质保体系和施工技术交底落实情况，严肃查处了施工现场“低、老、坏”等质量问题，建立了承包商质量管理考核台账。2009年油田矿区建设取得了积极成果，油田环境更加优美，员工工作与生活环境得到改善（见表3-1）。

表3-1　2009年矿区建设主要工程项目统计表

序号	工程名称	工　程　内　容	开工日期	竣工日期
1	油田唐山基地51号小区低压供电系统改造	将原630千伏·安变压器增容为800千伏·安；更换电源进线柜2面，电容补偿柜2面，配电出线柜6面，联络柜1面；更换电缆11000延米	2009-12-13	2009-12-26

续表

序号	工程名称	工　程　内　容	开工日期	竣工日期
2	油田唐海基地南区道路改造	混凝土道路拆除 36300 平方米；花岗岩道牙石拆换 7200 延米；新建混凝土道路 12000 平方米	2009–10–09	2009–12–10
3	油田唐海基地南区停车场建设	拆除原水泥砖地面 3400 平方米；新建地面 3010 平方米；安装车场自动刷卡及监控系统 1 套	2009–09–14	2009–12–10
4	油田唐海基地北区停车场建设	拆除原水泥砖地面 2368 平方米；新建地面 2046 平方米；安装车场自动刷卡及监控系统 1 套	2009–09–14	2009–12–10
5	油田唐海基地西区停车场建设	新建地面 950 平方米；安装车场自动刷卡及监控系统 1 套	2009–09–14	2009–12–10
6	油田唐海基地北区道路改造	混凝土道路拆除 12600 平方米；花岗岩道牙拆换 5200 延米；新建混凝土道路 7800 平方米	2009–10–12	2009–12–26
7	唐海基地南区室外排污管线及污水井改造	更换室外排污管线 2850 延米（包括排污、雨水、住宅排污管）及污水井 150 口砌筑	2009–09–05	2009–12–10
8	唐海基地（南区）低压架空线埋地改造	拆除原有低压架空线及水泥电杆，进行低压架空线路埋地改造，全长 3220 米；拆除原通信线路进行埋地改造（电缆），全长 4800 米；5 座配电室电缆沟改造	2009–09–16	2009–12–12
9	唐海基地南区室外供水管线更换	更换室外冷水管线 1850 延米及阀门	2009–09–14	2009–10–15
10	基地室内采暖管线更换	唐海基地南北区 1070 户室内厨房及卫生间采暖立管线 18100 延米及阀门更换及唐山 51 号小区采暖管线零星维修	2009–08–09	2009–11–15
11	唐海基地南区室外热水管线改造（埋地部分）	对 1800 米热水管线进行埋地改造	2009–10–11	2009–12–10
12	唐海基地北区低压架空线埋地改造	低压架空线路埋地改造（电缆），全长 3410 米	2009–12–13	2009–12–26
13	唐海基地文体活动中心体育设施购置	①篮球馆伸缩活动看台：电动场馆活动看台 1398 张（含软包 52 张），电动场馆活动看台踏步 176 只；②健身房器械：杠铃片架 1 台、哑铃训练长凳 1 台；③篮球馆器械：个人犯规器 1 个，发球权显示器 1 个，讯响器 1 个，可调式排球裁判椅 1 个，排球翻分牌 1 个；④羽毛球场器械：移动式羽毛球架 6 副，羽毛球网 6 张；⑤乒乓球室器械：乒乓球台 16 张，围挡（1.4 米 ×0.7 米）112 块；⑥健美操房、瑜伽房器械：跳操杠铃 30 套，跳操杠铃架 1 台，跳操踏板 35 套，瑜伽垫 20 张；⑦台球室器械：9 球台球桌 7 张，斯诺克球桌 2 张	2009–05–07	2009–06–05
14	田庄基地围墙大修	拆除及重砌围墙 420 延米和垃圾外运 1 千米	2009–07–16	2009–08–16
15	唐海基地西区幼儿园外墙粉刷及地面硬化	拆除及粉刷主楼和门卫房外墙涂料 1600 平方米；拆除现有彩色水泥方砖重新铺设塑胶场地 980 平方米；拆除及重新铺设彩色水泥方砖 1500 平方米	2009–07–15	2009–08–27

续表

序号	工程名称	工　程　内　容	开工日期	竣工日期
16	唐海基地绿化工程	种植国槐 900 棵、毛白杨 1800 棵及后期养护	2009-09-25	2009-10-25
17	51 号、凤凰小区房屋防水	屋面防水面积 11000 平方米。包括 51 号小区：101、102、301、303、304、402、403、405、501、503 楼及凤凰园小区：108 楼	2009-06-04	2009-07-15
18	唐山 51 号小区物业服务用房维修	对 788 平方米房屋进行维修。主要工作量是拆除及重做屋面防水；拆除及重做吊顶和瓷砖地面；室内重新粉刷；新增部分设备及相关水电暖改造等	2009-08-25	2009-11-20
19	唐海大通路公共用房维修	拆除临建及重做建筑面积 663.1 平方米商业房的外墙涂料；屋面防水并增设彩钢板坡屋面；更换门窗和水电暖配套改造	2009-10-09	2009-12-10

（卞智勇）

第四篇

科技信息

科技发展

【概述】　截至2009年底，科技信息处共有职工35人，其中信息中心28人。处下设科技科和信息科。2009年油田科技工作以油田承担的国家科技重大专项为核心，以南堡潜山油气藏、中浅层构造油气藏、南堡5号构造天然气三大勘探领域和南堡滩海东营组重大开发试验等为攻关重点，持续加大科技投入，大力提高自主创新能力，充分发挥科技第一生产力的作用，为油田可持续发展提供了技术支撑。

【科技项目】　从2008年开始，油田承担了国家科技重大专项大型油气田及煤气层开发的一个项目"滩海油气田高效开发技术"和"渤海湾盆地南堡凹陷勘探开发示范工程"（见表4–1）。2009年中央财政投入3660万元，油田承担集团公司科技项目10项（见表4–2），其中成本列支项目经费1510万元。2009年油田计划下达科研项目36项，完成27项（见表4–3），接转到来年9项（见表4–4），安排科研费600万元；油田基建工程中设立前期研究项目（课题）49项，安排资金11303万元，全年合计科技投入17073万元。完成了2008年度勘探、开发、采油、钻井、地面、综合6个专业19项研究成果验收工作（见表4–5）。

表4–1　2009年油田承担国家科技重大专项项目明细表

序号	项目编号	项目名称	课题名称	起止时间
1	2008ZX05015	滩海油气田高效开发技术	2008ZX05015–001 滩海油气藏开发工程设计方法	2008—2020年
			2008ZX05015–002 滩海油气藏高效开发钻完井技术	2008—2020年
			2008ZX05015–003 滩海油田采油工艺技术	2008—2020年
			2008ZX05015–004 滩海油田地面工程技术	2008—2020年
2	2008ZX05050	渤海湾盆地南堡凹陷勘探开发示范工程	陆相富油气凹陷精细勘探理论	2008—2020年
			整体大连片高精度三维地震勘探技术	2008—2020年
			多目标定向井、大位移井为主的优化设计与快速钻进配套技术	2008—2020年
			油气层快速识别与评价技术	2008—2020年
			滩海丛式井网整体部署优化技术	2008—2020年
			滩海油气田采油工艺技术	2008—2020年

表 4–2　2009 年油田承担集团公司科技项目明细表

序号	项目编号	项目名称	课题或专题名称	起止时间
1		渤海湾盆地精细勘探技术与滩海地区大油气田分布规律研究	2008B–0304 南堡凹陷中深层勘探新领域研究	2008—2010 年
2		油气重大预探领域优选与配套技术研究	2008D–0702 “渤海湾盆地油气预探研究”中的专题：2008D–0702–05 冀东探区有利预探区带综合评价和目标优选	2008—2010 年
3		重大钻井技术与装备现场试验	2008C–2201 南堡油田端岛及钢平台优快钻完井技术现场试验	2008—2010 年
4		高含水油田提高采收率关键技术研究	2008B–0805 南堡油田高效开发技术研究与试验	2008—2010 年
5		钻井集成配套技术研究与应用	2008D–2404 “钻井工程配套技术研究”中的专题：2008D–2404–10 滩海试油、试采配套技术研究	2008—2010 年
6		油气田开发配套技术研究	2008F–1506 “水平井低渗透改造技术攻关”中的专题：2008F–1506–05 水平井控水技术研究与现场应用	2008—2010 年
7		高含水油田提高采收率关键技术研究	2008B–0806 水平井开发生产关键技术研究	2008—2010 年
8		高含水油田提高采收率关键技术研究	2009B–0810 冀东南堡陆地油田 100 万吨以上稳产关键技术	2009—2010 年
9		安全环保关键技术研究与推广	2008D–4702 建设指标体系与清洁生产及环保遥感监测评价技术研究	2008—2010 年
10			冀东南堡 1–3 人工岛气举采油工艺研究与应用	2009—2010 年

表 4–3　2009 年科研项目完成明细表

序号	项目编号	项目名称	课题名称	起止时间	备注
1	研 2008–1	南堡凹陷勘探潜力分析、预探目标优选与勘探技术研究	研 2008–1–1 南堡陆地勘探潜力评价与滚动勘探目标研究	2008–01—2009–12	
			研 2008–1–2 南堡油田古近系—新近系中浅层油气聚集规律及勘探方向研究	2008–01—2009–12	

续表

序号	项目编号	项目名称	课题名称	起止时间	备注
			研 2008-1-3 南堡油田潜山油气富集主控因素研究和分布规律预测	2008-01—2009-12	
			研 2008-1-4 南堡油田 1、2、5 号构造火山岩分布与油气成藏关系研究	2008-01—2009-12	
2	研 2008-2	南堡凹陷碳酸盐岩裂缝性储层测井识别与评价体系研究		2008-01—2009-12	
3	研 2008-3	南堡油田中深层储层改造研究		2008-01—2009-12	
4	研 2009-3	冀东油田 2009 年度上市储量评估		2009-01—2009-12	
5	研 2009-4	南堡陆地浅层油藏精细地质建模与剩余油分布研究	研 2009-4-1 高尚堡油田高浅北区精细油藏描述	2009-01—2009-12	
			研 2009-4-2 高尚堡油田高浅南区精细油藏描述	2009-01—2009-12	
			研 2009-4-3 柳赞油田柳南浅层精细油藏描述	2009-01—2009-12	
			研 2009-4-4 老爷庙油田庙北浅层精细油藏描述	2009-01—2009-12	
6	研 2009-7	南堡陆地滚动开发潜力评价与目标优选	研 2009-7-1 高尚堡油田明化镇—沙三 1 油藏滚动开发潜力评价与目标优选	2009-01—2009-12	
			研 2009-7-2 柳赞油田明化镇—沙三 3 油藏滚动开发潜力评价与目标优选	2009-01—2009-12	
			研 2009-7-3 老爷庙油田明化镇—东一段油藏滚动开发潜力评价与目标优选	2009-01—2009-12	
7	研 2009-8	高尚堡油田浅层油藏综合治理研究		2009-01—2009-12	
8	研 2009-9	高尚堡中深层深层注水开发油藏精细注采调控研究		2009-01—2009-12	

续表

序号	项目编号	项目名称	课题名称	起止时间	备注
9	研 2009–10	柳赞油田柳中柳北沙三段油藏精细注采调控研究		2009–01—2009–12	
10	研 2009–11	柳赞油田柳南浅层综合治理研究		2009–01—2009–12	
11	研 2009–12	老爷庙油田明馆浅层综合治理研究		2009–01—2009–12	
12	研 2009–13	石油地质图形数据库管理系统		2009–01—2009–12	
13	研 2008–7	南堡油田 1、2 号构造高效开发油层保护及快速钻井技术综合优化配套研究	研 2008–7–1 南堡油田 1、2 号构造高效开发钻完井油气层保护技术研究与应用	2008–01—2009–12	
			研 2008–7–2 南堡油田快速钻进技术优化配套集成研究	2008–01—2009–12	
14	研 2009–14	冀东油田油井水泥外加剂研究与应用		2009–01—2009–12	
15	研 2009–15	南堡 1–3 人工岛优化钻井配套技术应用研究		2009–01—2009–12	
16	研 2008–8	南堡陆地浅层高含水油藏剩余油分布预测与控水稳油技术研究		2008–01—2009–12	研 2008–8–1 的研究内容并入研 2009–4 中
			研 2008–8–2 南堡陆地浅层油藏中、高含水期提高采收率途径研究	2008–01—2009–12	
			研 2008–8–3 南堡陆地浅层油藏出水机理及堵水技术研究	2008–01—2009–12	
17	研 2009–17	人工岛作业配套技术研究		2009–01—2009–12	
18	研 2009–18	提高电潜泵采油免修期技术研究		2009–01—2009–12	
19	研 2009–19	南堡东营组酸化体系药剂的研发		2009–01—2009–12	

续表

序号	项目编号	项目名称	课题名称	起止时间	备注
20	研 2009–20	油田清蜡、堵水、堵漏剂研发		2009–01—2009–12	
21	研 2008–14	南堡陆地高含水阶段调剖调驱对油气水处理系统的影响与有效脱油脱水化学剂的研究		2008–05—2009–12	
22	研 2009–24	冀东油田南堡陆地地面系统优化运行研究		2009–01—2009–12	
23	研 2009–25	曲柄行星轮式抽油机		2009–01—2009–12	
24	研 2009–26	电泵采油井口装置		2009–01—2009–12	
25	研 2007–21	冀东油田油公司管理模式下的组织发展研究		2007–01—2009–8	
26	研 2007–25	冀东油田数字化工程研究与建设		2007–07—2009–12	
27	研 2009–27	冀东油田滩海油气资产应用研究		2009–01—2009–12	

表 4–4　2009 年转入来年科研项目明细表

序号	项目编号	项目名称	课题名称	起止时间
1	研 2009–1	南堡凹陷东营组岩性油气藏成藏条件研究及目标优选		2009–01—2010–12
2	研 2009–2	南堡油田东营组沉积体系研究与储层特征评价		2009–01—2010–12
3	研 2009–5	高尚堡深层二次开发方案研究	研 2009–5–1 高尚堡深层油藏描述与剩余油分布研究	2009–01—2010–12
			研 2009–5–2 高尚堡深层油藏工程方案研究	2009–01—2010–12
			研 2009–5–3 高尚堡深层钻采工程方案研究	2009–01—2010–12
4	研 2009–6	柳赞油田柳中地区沙三段油藏二次开发方案研究	研 2009–6–1 柳赞油田柳中地区沙三段油藏描述与剩余油分布研究	2009–01—2010–12

续表

序号	项目编号	项目名称	课题名称	起止时间
			研 2009–6–2 柳赞油田柳中地区沙三段油藏工程方案研究	2009–01—2010–12
			研 2009–6–3 柳赞油田柳中地区沙三段油藏钻采工程方案研究	2009–01—2010–12
5	研 2009–16	南堡油田 1–3 人工岛气举采油及配套工艺技术研究		2009–01—2010–12
6	研 2009–22	南堡 1、2 号潜山油藏试油试采工艺技术研究		2009–01—2010–12
7	研 2009–23	南堡滩海油田环境腐蚀性的研究		2009–01—2010–12
8	研 2009–21	冀东油田提高五大系统运行效率的研究与实施	研 2009–21–1 提高机采效率	2009–01—2010–12
			研 2009–21–2 提高注水效率	2009–01—2010–12
			研 2009–21–3 提高集输效率	2009–01—2010–12
			研 2009–21–4 提高加热效率	2009–01—2010–12
			研 2009–21–5 提高供电效率	2009–01—2010–12
9	研 2009–28	中国石油冀东油田公司“十二五”计划及 2025 年远景规划	研 2009–28–1 冀东油田“十二五”计划及 2025 年远景规划总体方案设计与优化	2009–01—2010–12
			研 2009–28–2 冀东油田“十二五”预探计划及 2025 年远景规划研究	2009–01—2010–12
			研 2009–28–3 冀东油田“十二五”油藏评价计划及 2025 年远景规划研究	2009–01—2010–12
			研 2009–28–4 冀东油田“十二五”油藏工程计划及 2025 年远景规划研究	2009–01—2010–12

续表

序号	项目编号	项目名称	课题名称	起止时间
			研 2009-28-5 冀东油田钻采工程“十二五”计划及 2025 年远景规划研究	2009-01—2010-12
			研 2009-28-6 冀东油田地面工程“十二五”计划及 2025 年远景规划研究	2009-01—2010-12
			研 2009-28-7 冀东油田科技与信息“十二五”计划及 2025 年远景规划研究	2009-01—2010-12
			研 2009-28-8 冀东油田安全环保节能“十二五”计划及 2025 年远景规划研究	2009-01—2010-12
			研 2009-28-9 冀东油田人力资源“十二五”计划及 2025 年远景规划研究	2009-01—2010-12
			研 2009-28-10 冀东油田矿区建设“十二五”计划及 2025 年远景规划研究	2009-01—2010-12

表 4-5 2009 年验收的科研项目明细表

序号	研制单位	成果验收号	成果名称	研究起止时间
1	企管法规处	中油冀科验字〔2009〕第 1 号	“6S”现场管理模式的研究与推广	2007-09—2008-09
2	勘察设计研究院基建工程部	中油冀科验字〔2009〕第 2 号	冀东油田污水综合治理及应用研究	2007-01—2008-12
3	勘察设计研究院基建工程部	中油冀科验字〔2009〕第 3 号	老爷庙地区原油常温输送技术研究	2007-01—2008-12
4	勘察设计研究院海工部	中油冀科验字〔2009〕第 4 号	南堡油田 1 号构造注入水质配套处理工艺研究	2007-01—2008-12
5	企业文化处	中油冀科验字〔2009〕第 5 号	和谐油田建设研究	2008-01—2008-12
6	财务处	中油冀科验字〔2009〕第 6 号	冀东油田成本管理模式及费用结算网络化研究	2008-01—2008-12
7	质量安全环保处	中油冀科验字〔2009〕第 7 号	冀东南堡油田人工岛开发建设风险分析与对策研究	2008-01—2008-12

续表

序号	研制单位	成果验收号	成果名称	研究起止时间
8	质量安全环保处	中油冀科验字〔2009〕第 8 号	冀东油田节能减排与循环经济发展研究	2008-01—2008-12
9	钻采工艺研究院	中油冀科验字〔2009〕第 9 号	不同举升方式采油井运行参数监测、工况诊断与处置技术研究	2007-01—2008-12
10	钻采工艺研究院	中油冀科验字〔2009〕第 10 号	压裂辅助决策管理系统的开发与应用	2007-09—2008-06
11	钻采工艺研究院	中油冀科验字〔2009〕第 11 号	完井设计专家系统软件开发与应用	2007-08—2007-12
12	钻采工艺研究院 工程监督中心 南堡油田勘探开发公司	中油冀科验字〔2009〕第 12 号	欠平衡钻井配套技术的应用与研究	2007-07—2008-12
13	钻采工艺研究院 勘探开发项目部	中油冀科验字〔2009〕第 13 号	南堡油田人工岛优快钻井综合配套技术的应用研究	2007-01—2008-12
14	勘探开发研究院	中油冀科验字〔2009〕第 14 号	南堡凹陷构造古地貌、沉积体系、热动力学研究	2007-01—2008-12
15	勘探开发研究院	中油冀科验字〔2009〕第 15 号	南堡凹陷陆地古近系岩性油藏勘探目标评价与优选	2007-01—2008-12
16	勘探开发研究院	中油冀科验字〔2009〕第 16 号	高密度地震勘探技术在高南地区滚动勘探开发中应用研究	2007-01—2008-12
17	勘探开发研究院	中油冀科验字〔2009〕第 17 号	高尚堡油田开发潜力分析与二次开发方案研究	2008-01—2008-12
18	勘探开发研究院	中油冀科验字〔2009〕第 18 号	老爷庙、唐海油田开发潜力分析与二次开发方案研究	2008-01—2008-12
19	勘探开发研究院	中油冀科验字〔2009〕第 19 号	柳赞油田沙河街组油藏二次开发方案研究	2008-01—2008-12

完成了河北省计划外科技成果鉴定 5 项，鉴定委员会认为，高密度地震勘探技术在高南地区滚动勘探中应用研究、冀东油田高效开发保护油气层钻井液技术研究与应用、冀东油田玄武岩优快钻井技术研究与应用、南堡陆地浅层油藏防砂技术研究与应用、老爷庙地区原油常温输送技术研究 5 项成果总体达到国际先进水平。获河北省科技进步奖 2 项、集团公司科技进步奖 1 项。另有 4 项科研成果获唐山市科技进步奖（见表 4-6）。

表 4-6　2009 年油田科技成果获奖情况表

序号	成果名称	等级	主要完成单位	主要完成人员
1	冀东油田复杂结构井钻完井工艺技术研究与应用	集团公司科技进步三等奖	中国石油冀东油田公司	朱宽亮、张立民、卢淑芹、梁　超、李祥银、宋颖智
2	冀东油田高效开发保护油气层钻井液技术研究与应用	河北省科技进步三等奖	中国石油冀东油田公司	朱宽亮、卢淑芹、李祥银、李家库、赵亚宁
3	冀东油田玄武岩优快钻井技术研究与应用	河北省科技进步三等奖	中国石油冀东油田公司	朱宽亮、冯京海、徐小峰、陈永浩、李　楠
4	滩海快速试油技术研究与应用	唐山市科技进步一等奖	中国石油冀东油田公司	高卫国、郭继民、王爱利、吴俊峰、全　举、李　旭、黄　欣、高新成、李　楠、韩　飞
5	南堡陆地浅层油藏防砂配套技术应用研究	唐山市科技进步二等奖	中国石油冀东油田公司	陈仁保、李良川、吴　均、黄坚毅、王永刚、王　兴、朱好阳
6	人工岛模块钻机方案设计及应用	唐山市科技进步三等奖	中国石油冀东油田公司	杨　勇、冯京海、魏昌进、郝宏忠、冯林先
7	冀东油田油井措施返排废液综合处理技术研究与应用	唐山市科技进步三等奖	中国石油冀东油田公司	倪　银、郭留敢、张　强、李　健、陈　勇

【科技创新】

1．国家科技重大专项取得重要进展和阶段性成果

一是滩海油气田高效开发技术的理论技术研究应用取得重要进展。基本明确了南堡1号、2号潜山构造特征、储集层发育特征和潜山成藏机理，初步形成了碳酸盐岩裂缝预测、潜山油藏评价、安全钻完井、酸压试采等配套技术；对南堡油田东营组油藏开发地质特征、生产规律有了新认识，明确了强敏感性储层在钻完井、作业及注采过程中储层伤害机理和玄武岩井壁稳定性机理，完成了滩海人工岛物理模拟和抗冰实验研究等，为现场试验和示范区建设提供了科学依据。

二是渤海湾盆地南堡凹陷勘探开发示范工程的现场试验效果明显。通过从串联组合去噪和四维去噪、低频补偿以及精细速度分析三方面开展针对性处理，潜山面成像、断点和内幕反射特征得到明显改善；通过综合解释，明确了南堡潜山构造和地层特征，为南堡潜山勘探部署提供了依据。

地质研究方面。初步明确了南堡1号、2号潜山成藏机理，认为潜山“供油窗口”和储层是潜山油气成藏的主控因素。

测井方面。基本完成南堡油田碳酸盐岩储层裂缝识别及评价研究工作，初步确定碳酸盐岩储层裂缝评价标准。

工程方面。不仅解决了潜山勘探常规钻井的一系列技术难题，还优化论证了潜山欠平衡钻井方案，完成了2口充气欠平衡钻井设计。

在南堡1号、2号构造潜山勘探示范完钻预探井4口，其中3口井获得了高产工业油气流。

在南堡1-5区东一段油藏高效开发示范区已完钻开发井29口（平均单井钻

遇油层 53.9 米 /10 层)，其中注水井 14 口；地面工程南堡 1-3 人工岛及整体气举建设基本完成，正在进行整体投产投注作业，从已投产的 7 口油井看，平均单井产量 36.5 吨 / 日，达到了设计产能。

2．南堡油田东营组重大开发试验形成六大成熟配套的技术系列

一是油藏评价技术系列。低井控油藏精细描述技术，有效指导了开发部署、开发方案的编制；低对比度油层综合判识技术，解决了油层认识问题，测井解释符合率达到了 91%。

二是稳定和提高单井产量技术系列。层状复杂断块油藏井网优化布井技术，馆陶组 300—350 米三角形井网、东一段 300 米不规则三角形井网、相对整装的油藏反七点面积井网；强敏感性储层有效注水技术，大斜度、长井段分注工艺技术，强水敏地层防膨体系；油层保护技术和开发技术政策控制技术，使用开发技术政策控制技术，合理单井产能 15—35 吨 / 日，合理生产气油比 100—250 立方米 / 吨，合理生产压差 2—8 兆帕，底水油藏射开程度不超过油层厚度的 1/3。

三是优快钻井技术系列。大段玄武岩优快钻井技术，有效提高了玄武岩机械钻速的个性化高效聚晶金刚石复合片钻头；密集井口井眼轨迹防碰与控制技术，井口分区、有序使用，轨迹平面辐射分布，相邻井口造斜点交错分布，造斜方位均匀辐射分布等，节约了大量钻井投资成本。

四是海工建设技术系列，主要有人工岛快速吹填建造工艺技术、无人值守导管架钢制平台建造及生产工艺技术和海管海缆快速敷设工艺技术，取得了良好效果。

五是地面集输处理工艺技术系列。主要有单管不加热密闭集输工艺技术、气液两相分离自动计量技术、热化学沉降高效脱水技术、精馏分馏法原油稳定技术等多项技术，确保了地面集输处理的正常进行。

六是举升工艺技术系列。气举采油工艺技术，压缩机进气压力 1.0--1.5 兆帕，排气压力 10—13 兆帕，供气量 15—20 万立方米 / 日，单井需气量 0.5—1.0 万立方米 / 日，井口油压 1.0 兆帕，平均单井 26 吨 / 日。电泵采油工艺技术和防气技术，双级油气分离器（含气率 30%—45%），多功能防气防砂装置（含气率小于 70%），气体处理器（高气液比井），等等。

以上六大成熟配套技术系列、二十四项单项主体成熟技术，支撑了南堡油田当前的开发建设，是南堡油田实现规模有效开发的先进适用工艺技术。

3．其他方面技术也取得重要进展

一是深层欠平衡钻井工艺技术。先后完成了南堡 5-82、南堡 5-85、南堡 5-86、南堡 5-98 井四口欠平衡井钻井施工。通过应用地层压力预测、井身结构优化设计、钻头个性化设计、防塌钻井液体系、小间隙固井技术等钻井技术，钻井液密度由 1.57 克每立方厘米降至 1.23—1.28 克每立方厘米，有效地保护了储层。其中南堡 5-98 井通过强化技术管理等措施，实现了快速钻进。该井完钻井深 5557 米，是油田最深的一口井，钻井周期 206.54 天，创油田钻井新纪录。

二是试油工艺技术。2009 年进一步完善了试油配套技术，初步形成一套适应油田特点的快速试油及配套工艺技术，加快了滩海油气勘探开发进程。

三是钻井与修井作业过程中油层保护工艺技术。2009 年室内实验 1175 样次、现场评价208样次；完成钻完井液室内实验669样次、现场评价实验160样次。完成一种压井液和三种修井液体系的优选优化，室内实验184样次、现场评价实验48样次等。先后研究和应用了三套钻井液体系，研制了修井封堵液配方、修井液配方等，形成了系列保护油层技术，基本满足生产需要。

【其他】

1．知识产权

截至2009年底，油田共申请国家专利57个，目前授权46个（发明2个，实用新型44个），其中2009年申请专利3项，授权发明专利1项。

2．学术交流

河北省石油学会油田分会注重发挥石油学会的桥梁纽带作用，接收42名专业技术人员加入石油学会，58人参加了河北省石油学会组织的科技联谊活动。

2009年油田分会举办了“采油新技术应用研讨会”，油田承办了第三届“渤海湾油田勘探开发技术座谈会”。

（刘雪军）

信息工作

【概述】　2009年油田信息工作坚持集团公司信息化工作“十字”方针、“六统一”的原则，不断深化应用勘探与生产技术数据管理系统和油气水井生产数据管理系统，不断完善基础设施建设，积极发挥信息技术对油田勘探开发生产及经营管理业务的支撑服务作用。

【建设与管理】

1．网络基础设施建设

2009年油田网络基础设施建设主要依托已建南堡油田光纤骨干网络，建成南堡油田1号、2号人工岛局域网，满足了南堡油田勘探开发生产管理的需求；完成了矿区服务相关单位基层网络改造和集团公司矿区服务管理系统的推广需要；建成至集团公司两条专网链路，唐山—唐海专网链路，满足了集团公司电子公文、生产经营电话专网建设的需要；完成了油田无线网络覆盖工程和高尚堡、柳赞、老爷庙、南堡等油田，南堡2–3平台无线网络基站全部投入运行，满足了油田生产作业现场生产指挥的需求。同时，还完成唐山—唐海、互联网出口链路流量监控分析，对租用链路资源进行了优化。

2．信息系统建设与管理

2009年11月，集团公司勘探与生产ERP系统在油田推广实施，油田成立了以总经理苟三权为主任的项目指导委员会，以总会计师严九为主任的项目经理部，分别成立财务、物资、项目、销售、设备、数据、技术、内控8个项目实施小组；2009年11月11日，油田召开了冀东油田ERP系统扩大实施启动会，全年主要完成了关键用户培训、现状调研与分析、蓝图业务框架与系统总体架构设计工作。2009年2月，集团公司矿区服务管理系统在油田推广实施，9月，矿区服务管理系统正式上线，包括托幼服务管理、物业及公用事业、公共设施、医疗卫生、住房管理、文化体育共 6 个子系统，共计录入信息 15000 余条；同时，开展了项目研究环境深化应用调研分析工作，完成了油水井生产数据管理系统区块（断块）、单井生产日数据定制查询功能开发等。2009 年完善了钻井生产信息管理与发布系统，并在油田钻井井场推广应用，全年累计完成服务 150 井次。

3．信息管理

数据资源建设与管理是数字化油田建设的核心，2009 年主要完成了录井数据采集标准规范，统一了录井信息发布平台；根据油田勘探开发业务的需求，完成了勘探开发数据库、测井数据库、岩心图文等专业数据库功能完善与数据加载；完善了勘探与生产技术数据管理系统专业数据录入模板与存储过程，实现了专业数据录入正常化等。同时，严格执行信息系统总体控制规定，加强重要信息系统、网络安全系统日常运行维护的基础工作。

（韩江龙）

第五篇

质量安全环保管理

安全管理

【概述】　截至2009年底，质量安全环保处共有职工55人。下设综合科、工业安全科、交通安全科、海洋石油作业监督科、环境保护科、HSE体系办公室、质量管理科、计量标准化管理科、节能管理科9个科室和安全环保监督中心、工程质量监督站2个附属单位。2009年油田坚持“安全第一、环保优先，以人为本”的理念，以推进HSE管理体系建设为主线，实施安全环保“123456”工程，加大生产建设、施工作业过程的受控管理，保持了油田安全环保形势的稳定态势。

【主要工作】

1．强化安全环保组织建设

2009年，油田大力强化组织建设，理顺程序，安全环保责任进一步明晰。依据集团公司HSE九项管理原则的要求，进一步完善细化了HSE职责，按照“管工作必须管安全环保工作”的原则，划分安全环保责任。油田健康安全环境委员会设立9个HSE专业委员会，各专业委员会定期分析生产组织过程中的风险，提高了专业系统安全环保工作的针对性。

2．HSE体系建设

一是发布E版HSE体系文件，为适应油田机构职能变化，遵照新的HSE体系标准要求，完成了对D版HSE体系文件的修订，2009年7月10日正式发布实施E版体系文件。

二是HSE规章制度及标准日趋完备，制定油田《海上交通安全管理办法》、《生产安全事故管理实施细则》等74项安全环保管理规定，并汇编成册；依据集团公司发布的15项安全标准，完成了《特殊作业许可HSE管理标准》、《启动前HSE检查管理规范》等15项油田企业标准的转换工作；收集海洋石油作业安全环保法律法规75项，陆岸及人工岛勘探开发标准1224项，制定企业标准31项。

三是HSE信息系统充分发挥作用，建立了HSE信息系统管理考核制度，连续8个季度被集团公司评“HSE信息系统应用先进单位”。

3．HSE文化建设

一是积极倡导“零不”安全理念，充分利用电视、板报、网页等宣传工具，大力宣传以“零隐患、零违章”，确保“零事故、零损失”，营造良好的HSE文化氛围。组织开展了事故案例分析、合理化意见征集、全员危害识别风险评价、安全警示语征集、安全环保知识竞赛、安全巡回演讲、安全工作座谈等为主要内容的“八个一”活动。举办了“安全伴我行”演讲比赛和安全知识竞赛，开展了9场“安全伴我行”巡回演讲，举办3次安全知识讲座，“零不”安全理念深入人心。

二是加强培训。2009年油田举办了3期HSE知识讲座，主管领导亲自授课，培训人员400多人次；组织HSE内审员和HSE信息系统应用培训班，有280人次参加培训；选派了60人参加集团公司组织的HSE管理者代表、HSE高级审核员和 HSE 信息系统海洋模块的培训班；组织特种作业培训班 31 期，培训 2342 人次；举办 3 期新员工入厂安全教育培训班，培训 154 人；组织巡井驾驶员培训工作，培训 139 人，为员工安全巡井奠定了基础；购置发放《习惯性违章行为篇》、《新员工职业安全健康知识》等企业安全健康知识丛书和光盘 48 种 420 套；开展了关键岗位人员能力评价，对 98 个岗位的 3051 名岗位人员进行了 HSE 能力评价，有力促进了岗位员工 HSE 意识和操作技能的提高。

4. 隐患治理

2009 年油田组织开展了 3 次全员危害因素和隐患排查活动，确定油田重大危害因素 18 项和隐患治理项目 21 项。安排了 4136 万元资金，对 26 个安全隐患进行治理，风险动态评价、监督、管理机制逐步形成。

5. 关键施工作业和重点要害部位安全管理

一是海洋石油安全环保态势平稳。确立了“六个一流”的海洋安全工作思路。明确了油田有关部门和单位的管理职责，下发了《人工岛登陆点安全管理规定》等多项制度，强化工程船舶资质、人员持证、现场标准化、施工人员动态管理，确保了安全生产。

二是井控工作管理细致，油田组织了 3 次井控大检查；大力强化了井控措施的落实。井下作业公司强化井下作业队伍的宏观管理，优选施工方案，优化施工设计和工艺技术，井控管理得到了进一步加强。

三是重点建设工程安全投产，南堡 1–5、南堡 1–29 两座导管架平台、两条海底管线海底电缆相继投产，陆岸终端联合站投入运行并停运先导试验站，油气处理厂和老爷庙联合站完成检修、原庙一联装置、高 77 转油站顺利拆除等，对确保重点建设工程项目安全投产起到了积极作用。

四是交通安全管理不断加强，制定了车辆管理“减总量、降频次、明责任”实施措施，积极开展驾驶员能力评价，按照 ABC 分类实施动态管理，开展了车辆状况评价、道路风险评估，制定了具体消减措施。同时开展了“交通安全百日行”竞赛活动，提高了驾驶员的安全意识。

五是加强安全环保监督力量，成立了巡视组，巡视检查生产现场，为安全决策提供了帮助。2009 年，安全环保监督中心共监督检查生产作业现场 2675 次，下发隐患整改通知单 935 份，查出隐患（问题）2241 个；对 162 名“三违”责任人记 822 分。

（梁　亮）

环境保护

【概述】 2009 年，油田积极开展清洁生产审核、污染减排各项工作，加强现场监督，强化隐患整改，有效预防了污染事故的发生。

2009 年油田工业污水排放总量 1600 万吨，工业污水排放达标率 100%，工业废水石油类排放量46.5吨、化学需氧量排放量860吨，二氧化硫排放量37.8吨，与集团公司下达的减排指标（化学需氧量956吨、石油类47吨、二氧化硫76吨）相比，实现化学需氧量削减10%、二氧化硫削减50%。油田主要污染源废水、废气、噪声全部按照环境监测计划完成了各项监测任务，油田未发生一起上报环境污染事故。

【环境管理与治理】

1．环境管理

一是落实环境目标责任制，起草了《冀东油田关于加强放射源安全使用管理的通知》、《中国石油冀东油田公司人工岛登陆点安全环保管理规定》、《2009年度环境监测计划》等相关文件，为环境保护重点工作的顺利实施提供了保障。

二是做好污染减排各项工作，2009年进一步加强了污水处理设施的运行管理，通过日常监测和在线监测的双重监控，对油田污水生化处理系统进行了技术改造，逐步摸索出一套生化处理系统的优化运行参数，污水中化学需氧量、石油类排放浓度同比平均下降22.8%、9.3%。

组织实施了油田采出水综合利用工程，目前已完成2.5万吨/日的污水生化处理部分。积极探讨南堡油田钻井废弃物随钻达标处理技术，在南堡3号岛进行了钻井废弃物无害化处理技术的实验工作，取得了良好效果。

2009年开展了井下作业公司、老爷庙油田采油作业区、南堡采油作业区三家主要生产单位的清洁生产审核验收工作，12月10日通过了唐山市环保局组织的清洁生产审核验收，共计实施无/低费方案58项，中高费方案3项，投入155.46万元，取得直接经济效益911.1万元，完成了清洁生产审核目标。

三是加强海上环保管理，2009重点开展了海上试油、试采、钻井过程中环保措施执行情况及固体废弃物的回收、封存、运输过程中的监督管理工作；认真开展海上作业许可制度，严格执行试油作业申请、钻井溢油应急计划附件等程序，做到作业审批有依据，作业工序有监督。共向北海分局上报试油申请15次，钻井溢油应急计划附件57井次。

2．环保治理

一是加强建设项目环境管理，2009年重点完成了油田原油商业储备库工程环境影响评价工作，于1月20日获得环境评价批复。

开展了南堡1−5、1−29等平台及配套集输工程建设环境影响评价前期准备工作，完成了南堡1−1号岛试生产验收检查和南堡2号人工岛采油溢油应急计划的审批，开展了南堡油田1−5、1−29平台及配套集输工程和1号人工岛至2号人工岛海底管线及海缆工程的海洋环境影响跟踪监测，及时了解工程海域海洋环境承受能力及环境变化情况，为实施有效的海洋环境管理提供了依据。

完成了高尚堡100万吨/年原油稳定工程、南堡CNG加气站等12个项目的竣工环保验收工作和老爷庙联合站等5个项目试生产验收工作。

二是强化现场监管，2009年主要开展了3次季度检查、4次专项检查和3次节前的环保检查。

各油气主要生产单位开展了春季现场环保隐患排查，强化对废水排放口、井场围埝、废水池、管线及管廊带等关键生产装置、重点要害部位的日常巡查和专项排查。

各单位加大了对现场环保隐患治理

的力度，对辖区内所有平台污油污泥池以及井场围埝进行了全面检查，对部分平台及污油污泥池损坏的围埝进行了修补加固等，2009 年油田共排查现场污油、污水及污泥池 301 个，收水降位 151 个污水池，对 34 个平台及污水池加固围埝 4200 米。全年共投入环保隐患治理资金 3539.58 万元，立项环保治理项目 12 项（见表 5–1）。

表 5–1　2009 年油田新建、维护环保工程费用统计表

序号	项目名称	主要工程量	金额（万元）
1	冀东油田柳一联含油污泥处理工程	新建油泥预浓缩、污泥离心脱水和超热蒸汽无害化处理装置等一套。离心机规模为 20 立方米 / 小时，浓泥无害化处理规模 300 ～ 500 千克 / 小时	1100
2	冀东油田放射源库工程	建设可存储 35 颗放射源的自动化源库一栋	950
3	冀东油田爆炸品库建设工程	建设爆炸物品库房 2 栋，射孔弹装枪间 1 栋，特种运输车库 1 栋，消防水泵房 1 栋，管理用房 1 栋	600
4	环境质量监测及应急监测	完成 2009 年度环境质量监测计划及应急污染源监测计划	150
5	高 75 平台作业垃圾存放池扩建工程	对高 75 平台井下作业固体废物存放池回填，在其临近建 3 万立方米存放池一个	75
6	高 29 转修建紧急放空池工程	在高尚堡作业区高 29 转西侧修建一个长 40 米、宽 30 米、深 2.5 米，加护盖和 1 套收油装置的水泥紧急放空池；并将高 29 转目前污水池进行改造	50
7	南堡油库生活污水处理工程	在油库院内污水泵出口加装一套处理量 5 吨 / 日的生活污水处理设施	40
8	油气集输公司环保隐患治理	高一联污油池、污水池清淤，高一联 600 涵管疏通及排水沟清淤，柳一联废水池清淤工程，老爷庙联合站万立方米池清淤；南堡油库三角地污水池维护，南堡油库污水治理工程，南堡油库排水沟改造工程	267
9	高尚堡作业区井场环保隐患治理	高 117 等 4 个井场钻井液池固化，高 30 等 5 个井场围埝治理，高 100 等 2 个井场污水池围埝加固，高 65 至高 9 管廊带护坡维护等	181.7
10	柳赞作业区井场环保隐患治理	柳 10 等 4 个井场土油池固化，柳 60 等 3 个井场围埝加固，柳 23 等 7 个井场污水池围埝加固	83.88
11	老爷庙作业区井场环保隐患治理	庙 10 井场等 5 个井场污水池治理，庙 39 井场等 2 个井场围埝加固，庙 23 井场等 3 个井场污水池土围埝加固，庙 1 井场污水池倒水回填	15
12	清洁生产审核	开展井下作业公司、老爷庙油田采油作业区、南堡采油作业区三家主要生产单位的清洁生产审核验收工作	27
合　计			3539.58

【其他工作】

1. 环境监测

按照油田2009年度环境监测计划安排，按时完成了油田污染源监测、环境质量监测及应急监测工作，重点加强了油田污水外排的监测工作等。2009年共计缴纳排污费257.8万元（见表5–2、表5–3）。

表5–2　2009年油田向当地政府缴纳排污费统计表

收费单位	缴纳排污费项目	金　额（万元）
唐海县	新打钻井	5.0
	污水排放	109.88
	井下作业	10.47
	废气排放	6.88
	小　计	132.23
滦南县	新打钻井	25.0
	污水排放	21.85
	井下作业	17.4
	废气排放	7.0
	作业区厂区排污	25.9
	小　计	97.15
唐山市	生活废水排放	28.42
	小　计	28.42
合　计		257.80

表5–3　2009年油田有关单位缴纳排污费统计表

交费单位	缴纳排污费项目	金　额（万元）
勘探开发建设项目部	新打钻井	30.0
油气集输公司	污水外排	92.35
井下作业公司	井下作业	27.87
高尚堡油田采油作业区	作业区厂区排污	8.4
柳赞油田采油作业区	作业区厂区排污	13.5
老爷庙油田采油作业区	作业区厂区排污	2.0
南堡作业区	作业区厂区排污	2.0
物业公司	生活污水、锅炉烟气	74.68
瑞丰化工公司	污水外排	3.0
油气集输公司	工业废气	4.0
合　计		257.80

2. 新技术研究

积极开展了“冀东绿色油田建设关键技术研究及示范”及“冀东油田节能减排与循环经济发展”科研项目，力求通过利用节能减排及循环经济的国内外最新研究成果，建设节能减排及循环经济指标体系，为油田节能减排和循环经济示范区构建及规划提供了依据。

（宣美菊）

职业健康

【概述】 职业卫生管理是HSE体系的重要组成部分，按照“预防为主，健康至上”的工作方针，油田强化了职业卫生监督管理工作。按职能分工，油田成立了卫生处，分管油田的职业卫生监督管理工作，各单位设立了专（兼）职职业卫生管理人员共36人，初步形成了横向到底的职业卫生管理体系。同时，对各单位开展了职业卫生考核，加大了职业卫生工作的管理力度。

【主要工作】

1. 职业建康宣传教育

2009年4月25日到5月1日，油田组织开展了2009年“职业病防治法”宣传周活动，各单位通过各种形式的宣传活动，进一步增强了对职业性危害的认识，采取了科学的防治措施，有效预防了职业病的发生。

2. 员工职业健康监护

2009年油田组织人员对各单位的58个有毒有害场所进行了检测，组织432名接触噪声、粉尘、毒物、辐射等危害因素员工进行了在岗期间职业性健康体检，确保了员工的身体健康。

3. 职业卫生预评价

在原油商业储备库项目中，组织进行了该项目职业病危害预评价，并顺利通过了省卫生厅组织的专家专项评审，为下一步全面开展建设项目职业卫生“三同时”工作开了个好头。2009年油田没有职业病危害事故和放射事故发生，全年职业病周期检查率、职业健康监护建档率、接害点检测率均达到100%，顺利地完成了年初提出的“两个杜绝、三个百分百”的职业健康目标。

（陆杏区）

质量管理

【概述】 2009年油田在加强质量制度建设的同时，不断强化工程质量、产品质量、服务质量的管理，取得了显著效果，油田钻井井身质量、地面工程一次验收和机械加工产品及化工产品出厂合格率达100%。

【主要工作】

1．质量管理

一是健全管理网络。质量安全环保处负责质量综合管理，工程技术部等部门和单位各负其责，采取措施积极做好质量管理工作，收到良好的效果。机械公司、瑞丰化工公司等单位从物资采购、产品设计、生产各个环节入手，严格质量标准，明确质量责任，确保产品质量。

二是质量管理小组活动。2009年油田有注册QC小组52个，参加活动人数408人。2008年取得QC小组成果42项，成果率80.77%，创造直接经济效益812.85万元。瑞丰化工公司“黏土稳定剂的研制”荣获省部级优秀质量管理小组成果，供电公司“提高电力调度通信子系统割接成功率”等6个成果荣获唐山市优秀质量管理小组QC成果。

三是组织开展“全国质量月”活动。油田在质量月活动期间开展了广泛的宣传教育活动，共悬挂宣传条幅68条，出黑板报29块，编写论文34篇。各单位围绕质量月活动主题，开展了多种形式的群众性质量活动，把质量月活动落到了实处。同时，切实做好了质量培训工作。

2．质量监督

油田严格执行采购物资入库前的监督检验制度，加大对不合格品供应商的处理力度和对不合格产品的跟踪处理，促进了产品质量监督抽查合格率稳步提高。供应处严格采购物资入库前的监督检验，对到货物资进行现场外观检验、内部委托检验和外部委托检验。供应处质检中心共外委检验804个批次，合格率93.5%；内委检验1324个批次，合格率98.8%；感官检验33233个批次，合格率99.8%。质量安全环保处加大了对重点产品、物资的抽检频次，抽查生产企业单位79家，产品95种，抽取样品206批次，合格189批次，综合合格率91.74%。集输公司严格生产工艺，强化生产过程控制，确保油田178万吨原油和3．5亿立方米天然气的质量，向社会提供了合格的产品；瑞丰化工公司、机械公司根据油田实际需求，及时调整生产工艺，改进生产管理制度，严格执行操作规程，强化自主产品的检验力度，自产产品质量稳中有升。瑞丰化工公司今年共生产压井液18948立方米，酸液7468立方米，油田化学剂4600吨，质量合格率100%。机械公司生产容器122台（套），活动计量间7栋，配水间8栋，野营房51栋，套管头112套，泄油器355套，加热炉21台，出厂合格率100%。

3．工程监督

一是监督管理。

钻井。2009年开钻130口，完井125口，钻井进尺39.6万米，钻井井身质量合格率达到了100%；固井124井次，固井质量合格率98.39%，优质率61.29%。

井下作业。工程技术部、井下作业公司、采油作业区等单位严格井下作业监督，把住了现场作业的施工质量验收关，作业质量和能力进一步提升。

地面工程。基建海工部下发了基本建设管理程序，明确了建设、施工、监理、检验单位职责，严格工程的立项、审批、实施及验收等工作。勘察设计院严格设计审查和审批，从源头提高工程质量，并安排专人负责现场工程质量管理，狠抓隐蔽工程验收和关键工序环节的质量控制，工程质量水平有了明显提高，确保了各重点工程按时建成投产。2009年油田共有建设项目247项，一次验收合格率达 100%，重点工程监督覆盖率 100%。

二是现场监督。

工程监督中心加强现场监理和监督，工程质量监督站严格按照质量验收标准验收，查出施工现场质量问题 454 项，下发整改通知单 30 张，对相关施工单位和监理单位经济罚款 51000 元。

（袁　野）

节能节水管理

【概述】　2009 年油田不断提高能源和水资源的综合利用效率，实现油田吨液综合能耗逐年降低，吨液新水量逐年降低。

油田组织开展了以“节约挖潜、节能降耗”为主题的“我为节能节水献一策”合理化建议活动，本次活动共征集到员工合理化建议 642 条，涵盖节电、节水、节约用海用地、车辆管理、材料使用、新技术推广应用等方面。同时油田把节能节水作为硬性指标纳入各主要生产单位业绩考核指标体系中，严格考核兑现。

【管理工作】

1．能源计量管理

严格新增能源计量装置的配备，严把新增电能计量装置的安装验收关，累计验收新增计量装置 177 点次，保证了新增变配电装置电能计量装置配备率和电能表检定率达到 100%。同时，做好了节能节水的统计上报管理工作。

2．节能监测管理

对油田 6 个主要耗能单位，包括电潜泵、螺杆泵、抽油机、注水泵、输油泵等 347 台（套）设备进行了节能监测，下发了《2009 年节能监测公告》，针对存在的问题提出了整改措施。同时，油田建立起了较为完善的定额标准体系，使节能工作始终处于可控状态。

3．节能产品准入管理

2009 年油田委托集团公司节能监测中心对 10 个厂家变频控制器、注水泵无功补偿装置、太阳能加温装置、抽油机伺服装置、抽油机液压装置进行了监测与评价，其中有 9 个产品列入节能类产品。

4．节能项目管理

2009 年油田投入节能专项资金 5010 万元用于“冀东油田机械采油节电工程”和“冀东南堡油田 4 号构造放空气回收利用发电工程”项目，年可节电 844.72 万千瓦·时，回收天然气 1008 万立方米，经济效益 6400 万元。

【其他】

1．推广节能节水新工艺新技术

一是机械采油。更换了 34 台直线抽油机，更换超高转差率电动机、节能永磁电动机、电磁调速电动机和永磁双定子节能电动机 102 台；采用了井场无功自动补偿 20 套、抽油机变频调速 170 套等装置；抽油机液压平衡器 13 套、电潜泵变频控制器 12 套，应用了直驱式螺杆泵驱动装置 50 套，油田整体机采系统效率提高了 3.04 个百分点，年节约电 2483.6 万千瓦·时。

二是注水。调整了不同注水区块的配注水平，推广应用稳流配水技术，简化注水流程，对8个注水站进行了维修，安装了无功补偿装置19套、变频装置15套等，完善注水管网6条，更新注水管线6条。油田注水系统效率提高了3.91个百分点，年节约电182万千瓦·时。

三是集输。推广常温密闭集输工艺技术和常温预脱水工艺技术，停用了14台加热炉，年节约天然气1080万立方米。海上3个人工岛实行了油田混输技术，调整集输网络，将高77转油站拆除，并入高29转油站。深化采出水处理工艺拆除了回灌设备，累计减少了电力损耗1210万千瓦·时。

四是加热。在4个采油作业区和油气集输公司安装了12台真空加热炉，年节约天然气382万立方米。

五是供配电。推广了供电线路的无功补偿，对庙一联515、高524、柳东联络线511等8条线路加装无功补偿装置8套，使系统功率因数保持在0.95以上等，年降低有功和无功损失64.5万千瓦·时。

六是节水。组织实施了对绿化灌溉系统进行微喷灌、滴灌节水技术改造，对供水管网进行改造，杜绝了跑、冒、滴、漏现象，节约清水5.8万立方米。

七是能效对标。在全油田开展了五大系统能效水平对标活动，开展了“冀东油田建设指标体系与节能减排模式研究”等，建立了一套适合于冀东特色的节能减排运行模式和运行机制，提高了五大系统效率。

2．天然气回收利用

组织了海上南堡2–3平台和南堡燃气发电站天然气自发电工程，合理应用了富余的天然气，共发电5607万千瓦·时，减少油田动力费支出3645万元。

3．单耗指标

2009年原油（气）液量生产综合能耗为10.55千克标准煤/吨，同比下降了4.22千克标准煤/吨；采油（气）液用电单耗8.86千瓦·时/吨，同比下降1.57千瓦·时/吨；生产吨原油（气）液量产生新水量为0.031立方米/吨，同比降低0.019立方米/吨。节能量2.59万吨标准煤；节水量40.2万立方米。

4．伴生气回收

针对伴生气的回收利用，油田推广了一系列回收利用工程，加强了外输管线的建设。建立了南唐（南堡—唐山）输气管网，南唐输气管网每天外输伴生气40万立方米，油田组织了海上天然气自发电工程，建立了南堡2–3平台和南堡燃气发电站，投入了22套机组，负载9000千瓦，回收利用伴生气1304万立方米，每日外销11万立方米。

5．气举采油

油田1–3号人工岛是个孤岛，远离陆地，原油通过船只运输，产生的伴生气回收难度大，油田调整采油模式，1–3号人工岛所有井全部采用气举采油，减少了伴生气的放空。

（郭景芳）

计量标准化

【计量工作】

（1）计量管理工作。

依据油田《计量器具按期送检》的通知要求，从源头抓起，加大新建、改建、扩建工程计量器具的首次检定力度，建立和完善了计量器具 ABC 分类动态管理台账，为有效掌握计量器具的周检率、完好率打下了基础。

2009 年油田强制检定计量器具周检率、完好率和标准计量器具周检率及完好率均达到 100%；依法管理计量器具周检率达到 96%，完好率 98%；石油专用计量器具周检率达到 100%，完好率 98%；新扩、改、建项目中计量器具首检率达到 98%，完好率 100% 等，保证了油田供变电及注、采、输、销计量器具的可靠运行。

（2）计量器具检定。

油田各单位认真进行计量器具的检定工作，经统计油田的 18380 台（件）工作计量器具、49 台（件）标准计量器具、336 台（件）强制检定计量器具的管、用、修、检工作都得到了较好落实。

一是强制检定计量器具检定，质量监督站、油气集输等单位对强制检定计量器具全部进行了检定，周检率和完好率均达到 100%。油气集输公司是油田油气外销的窗口，联合站负责各采油作业区的原油计量工作，油气处理厂负责天然气的外销计量工作，管道分公司负责长输管道的外销计量工作，所用计量器具都属强检范围，强检计量器具周检率 100%。

二是标准计量器具检定，开发技术公司压力标定站等单位的标准计量器具全部进行了检定，周检率达到 100%。

三是工作计量器具的检定，油田压力标定站克服人员少，工作量不断增大等困难，为各单位检定压力表 18670 块次。机械公司长度标定站完成游标卡尺、外径千分尺、百分表等长度计量器具的标定 75 件，送外检验计量器具 356 件。

四是石油专用计量器具检定等，井下作业公司等单位在做好对乙方队伍计量器具监督检定的同时，对自用的石油专用计量器具全部进行了检定，周检率达到了 100%。

五是新、改、扩建设项目计量器具的首检率大幅度提高。同时，开发技术公司化验中心组织人员认真准备化验室计量认证复审资料，2009 年 8 月顺利通过省部级计量认证的复审工作。

（3）认真开展计量培训与计量认证、计量标准复审工作。

【标准化工作】

1．标准化管理指标完成情况

2009 年油田的标准配备率达到 98% 以上，标准信息传递和归档及时率达到 100%，标准实施率达到 98% 以上。

2．夯实标准化基础工作

截至 10 月，油田完成了 328 项单行本和 236 套国家标准合订本的建档及新增 129 项网上标准查询工作，负责配备有关单位标准 356 册。各单位根据本单位情况，也配备了各岗位所必需的、现行有效的标准文本，标准的配备率达到了 98% 以上。

3．标准的制修订工作

2009 年油田着重对油田陆岸及人工岛等在用勘探开发技术标准进行了收集，经收集油田勘探、开发、采油、集输、安全、环保在用各类标准 1244 项，根据工作需要制定了油田企业标准 31 项。依据集团公司中油质 [2009]106 号文件的要求组织完成了集团公司《模块式地层动态测试器测井技术应用规范》、《滩海人工岛工程监测技术规范》和《水平井修井作业规范》三项标准的制定工作。

4．开展标准化学术交流

依据质涵 [2009]13 号《关于征集石油标准化学术论坛论文》的通知要求，认真组织开展了论文编写和征集工作，经筛选报集团公司论文 3 篇，其中《标准化经济运行流程的建立与应用》获石油工业标准化学术论坛论文二等奖。

（刘玉芬）

工程质量监督

【概述】 2009 年，油田工程质量监督站（以下简称监督站），转变监督工作模式，严格按照工程质量监督程序组织开展工作，有效控制了各项受监工程质量。全年监督站共受理工程质量监督注册 273 项，工程建设投资 23.54 亿元；跨年项目 9 项，工程投资 36.96 亿元。油田油区工程质量监督覆盖率 96% 以上，重点工程监检点到位率 100%。

【主要工作】 2009 年监督站施工现场检查 2240 人次，隐蔽工程验收 90 余项次，工程验收 271 余项次，参加图纸会审和工程协调会 60 余次。

一是质量专项检查。全年组织完成 5 次工程质量月度大检查，共计发现各类质量问题 129 余项，完成 7 次工程质量专项检查，开展了冬季施工专项检查，共查出各类质量问题 175 项等。通过专项检查的开展，对查出的各类问题都做到及时整改，使各项工程质量处于受控状态。

二是重点工程质量监督。在做好跨年重点工程监督的同时，监督站将南堡油田 1—3 号人工岛地面工程、油田原油商业储备库工程列为重点监督项目，严格控制重点部位和关键监检点的工程质量，确保了重点工程质量的监督工作。为了更好控制油田 100 万立方米原油商业储备库工程冬季施工中储罐焊接质量，监督站委托无损检测公司，对 10 具 10 万立方米储罐进行抽查，对存在质量缺陷的焊缝下发质量问题整改通知书，并进行通报，从而有效控制了工程质量。

三是强化第三方检测。核查各类无损检测报告 300 余份和油区集输管道及储罐 X 射线探伤底片 3200 余张，加强了对各参加单位的质量行为监督，确保了工程质量。四是员工培训。2009 年监督站共有 20 人次参加了培训学习，有 2 人通过了无损检测 X 射线探伤Ⅱ级证书的复核考试，2 人通过超声无损检测培训考核，取得了无损检测资格证。

（沈庆红）

第六篇

企业改革与管理

企业发展思路

【概述】 在深入贯彻科学发展观、全面分析油田内外形势的基础上，立足老一辈冀东石油人开创的基业，集中广大干部员工的智慧，在2009年工作会议、职代会上，正式确立了“114555”发展思路。

【“114555”内涵】

“1”——坚持一个发展总目标，就是建设科技、绿色、和谐的现代化大油田；

“1”——明确一条工作主线，就是倾力建设现代化大油田，倾情建设冀东石油人的美好家园。

“4”——牢固树立四种意识，即坚定的政治意识、强烈的发展意识、高度的责任意识、厚重的人本意识。

“5”——正确处理五种关系：处理好发展的速度和质量、效益之间的关系，实现油田持续有效发展；处理好发展的规模和基础之间的关系，注重夯实发展基础；处理好发展和安全、环保、稳定之间的关系，确保安全发展、清洁发展、和谐发展；处理好国家利益、企业利益和员工个人利益之间的关系，做到三者利益之间统筹兼顾；处理好企业发展与员工个人发展的关系，做到企业价值观与员工个人价值观的有机统一。

“5”——强力实施五大战略：资源优先战略、科技创新战略、人才强企战略、 持续发展战略、低成本战略。

“5”——理清五条业务发展思路：突出发展油气勘探业务，实现油气储量的持续增长；努力实现油田开发的正常秩序，确保油田开发与生产的良性循环；做专做强工程技术及生产服务业务，进一步提升对生产建设的保障能力；做实做优矿区服务业务，建设冀东石油人的美好家园；积极支持多元经济企业生存与发展，使其做精做专做强。

一年来的实践证明，“114555”发展思路体系体现了实事求是的思想路线，符合科学发展观的要求，符合冀东油田实际，符合职工群众的意愿。“114555”发展思路体系已深入人心，这对油田当前及今后始终保持又好又快发展具有十分重要的意义。

（付建华　高福仲）

机构改革与业务调整

【概述】 针对油田管理体制与管理机制存在的问题，按照“三控制一规范”总体要求，公司强力推进机构改革，整合管理职能，强化监督管理，精简管理机构，采取了一系列改革举措，取得了显著成效。

【改革及调整内容】

1．整合机关管理职能

按照“管建分离、管运分离、监建分离、整合职能、强化监管”的原则，将勘探、开发、基建及海工等分散的管理职能整合，并将其管理职能与具体建设业务分离，强化管理职能。具体方案是：撤销南堡油田勘探事业部，将其管理职能整合到勘探部；撤销开发事业部和南堡油田开发事业部，将其管理职能整合到开发部；撤销基建工程部和南堡油田海洋工程项目经理部，将其管理职能整合，成立基建海工部。取消工程监督中心的陆地钻井建设管理业务，让其只行使全油田钻井、试油等工程监督职能，强化监督管理。

2．全面推行项目管理，成立勘探开发建设项目部

按照“归类整合、明确责任、权责一致”的原则和“一体化系统建设”的思路，2009 年 1 月 12 日公司党政领导联席会议研究决定：撤销南堡油田勘探开发公司等 6 个项目建设单位，组建勘探开发建设项目部。撤销的单位是：南堡油田勘探开发公司、南堡油田 1 号平台地面建设项目经理部、南堡油田 2 号平台建设项目经理部、南堡油田 4 号海洋工程项目经理部、南堡油田 5 号平台建设项目经理部、海上钢制平台建设项目经理部，减少管理人员 118 人。在此基础上成立了勘探开发建设项目部，将上述撤销的 6 个单位的项目建设任务以及原勘探部、开发部、基建工程部、南堡油田海洋工程项目经理部、勘探开发工程监督中心等单位的勘探开发项目建设业务全部划归新组建的勘探开发建设项目部。勘探开发建设项目部代表油田作为项目建设单位，全面负责勘探开发建设工作。

2009 年 2 月 15 日，勘探开发建设项目部（以下简称建设项目部）成立，按照油田体制改革方案，严格机构编制和定员，在最短的时间内实现了原南堡油田公司和 5 个项目部的整合，理顺了内部机构，明确职责分工。勘探开发建设项目部为公司正处级二级单位，按分公司体制管理，是油田勘探开发项目的建设主体单位，全面负责勘探开发工程项目的建设，对建设项目的投资控制、施工质量、工期、安全环保和任务目标负全责。主要职责是：负责勘探开发工程建设项目的组织建设；负责钻井工程、完井工程、试油、投产工程、地面工程、海工工程建设的组织运行管理；参与分项设计和单井设计研究等。

建设项目部共有职工 69 人，设有综合办公室、生产调度科、计划经营科、财务科、安全环保科、钻井工程科、地质科、试油作业科、基建海工科等 9 个科室。

建设项目部成立后，根据职能完善规章制度，加强了投资控制管理、钻井投资实施分项目管理和安全、质量、环保管理，理顺了职能，提高了工作效率，避免了钻井事故，大大节约了钻井费用。

3．整合地面建设项目经理部

将南堡油田联合站建设项目经理部和 100 万立方米原油商业储备库工程建设项目经理部进行整合，一套机构、两块牌子，负责 2 个地面工程项目的建设。

4．调整财务核算管理体制

按照“核算平台一致、核算单元前移”的思路，2009 年 1 月 12 日公司党政联席会议研究决定，将财务集中核算改为分单位核算，核算职能下放到各单位，实现投资控制与成本控制靠前管理。2月12日，油田下发《关于理顺公司财务核算管理体制的通知》，标志着经过近一年酝酿准备的油田财务管理体制改革方案正式实施。将79名财务人员从原资金结算中心调整充实到一线生产科研单位，在二级单位设立财务核算机构，改变资金结算中心集中核算的体制，使财务核算业务与生产科研经营主体和经营管理过程融为一体。调整后的资金结算中心人数由105人下降到26人，仅保留原资金结算中心的资金管理、结算管理和基建核算职能，不再承担各单位财务核算管理。调整后的资金结算中心，设唐山结算科、唐海结算科、中心费用管理科、封闭结算科和基建核算科等5个科室，明确了主要职责等。包括：负责结算资金的统一管理；负责货币资金计划的执行；油田在各二级单位根据实际需要设置财务科，主要负责各单位日常成本（费用）核算、基本建设投资核算和财务管理工作。这次财务管理体制改革，使核算与生产经营主体、与经营管理过程融为一体，为经营管理及时提供核算依据，提高经营管理的针对性、有效性、科学性，确保了控制投资、压减成本目标的完成。

5．整合难采储量开发

按照“突出优势，专业化管理”思路，把难采储量开发的管理工作从北田公司分离出来，划归采油作业区管理，降低了管理成本，实现了专业化管理。

6．整合物探队伍

2008年6月以前，研究院物探技术人员分散到勘探开发各个科室，油田前期研究工作基本靠外协单位，没有自主处理和解释地震资料的能力，非常不利于自主研发工作的全面系统开展。鉴于这种状况，油田2008年6月20日决定对研究院现有物探人员进行整合，重新组建物探室。重新组建后的研究院物探队伍共34人，根据当时设备条件和人员技能，主要以开展物探解释业务为主。物探室划分成4个地区组：南堡油田地区组、高尚堡地区组、柳赞地区组、老爷庙地区组。之后，根据物探工作需要，公司投入大量资金，购置物探处理、解释、储层预测软硬件并加强相关技能培训，并组建了处理组和储层预测组。整合后，物探技术人员开展了卓有成效的工作。到2009年底，物探处理、解释、储层预测3支队伍已经形成；处理、解释、储层预测平台建设基本完成配套；已独立开展物探解释并为勘探开发生产提供全面技术支持；已独立开展储层预测工作并为勘探开发生产提供较多技术支持；已开展处理工作并全面参与外协处理项目处理过程和质量控制。物探人员全面承担油田涉及物探前期与科研项目（课题）共29项。同时，油田为物探技术人员（包括新老技术人员和引进的专家、博士、硕士等）提供了大量的发展机会和成长空间，队伍建设充满活力。

7．成立码头与海上运输管理中心

2009年1月3日上午，志达公司码头与海上运输管理中心揭牌仪式在南堡1-1人工岛码头隆重举行，油田副总经理修景涛、总经理助理杨洪升为新成立的码头与海上运输管理中心揭牌。

码头与海上运输管理中心主要负责为油田服务船舶的航行指挥、靠离泊，作业海域船舶守护以及原油、人员、车辆、物资的海上运输保障任务。

码头与海上运输管理中心成立后，志达公司相应的调整完善了机关管理职能，安排专人负责码头管理及海上运输业务；组织编写了《码头HSE作业指导书》，制定了岗位安全责任制、操作规程、应急预案和各项规章制度，为现场配置了视频监控系统、电子门票系统及各类安全标识、开展了岗位风险识别活动，组织开展应急演练活动40余次。同时，对船舶调派程序进行了优化，加强了对各船型作业期间的过程控制，到2009年底，累计航行3818.5个工作日，运送人员61364人次，运送车辆21561台次，装卸原油33225吨，实现了安全、高效运行。

8．成立测试大队

2007年4月原测试大队撤消后，油田油水井测试业务由外部承包商承担，开发部统一归口管理。由于各承包商使用的测试仪器差异较大，资料录取标准、记录格式不统一，对冀东油田地质特征、油水分布规律认识程度较低，造成量值传递不统一，资料解释和二次解释存在困难，资料解释符合率低，直接影响了油田开发效果。为提高测试资料的录取和解释水平，开发技术公司测试大队于2009年7月27日正式成立。测试大队成立初期共有员工38人，下设综合资料班、仪表班和4个测试班。主要负责油田勘探开发井、措施作业井、新井的测试和油田注水井测试、气举采油井测试调配等多项业务。测试大队成立后实现了当年立项、当年组建、当年投产、当年见效益的目标。截至2009年底，完成水质普查水井井底取样238井次共952支，油水井压力测试9井次，水井分层测试23井次，气举采油井工况测试18井次，气举采油井清蜡380井次，压力表校验4519块，实现产值637.95万元。

（付建华　高福仲）

三控制一规范

【概述】　2008年至2009年12月，集团公司领导先后在七次会议上对人事工作和“三控制一规范”提出了明确的要求，并进行了工作部署和安排。油田从集团公司提出“三控制一规范”的要求开始，也在不停地加大“三控制一规范”工作的力度，做了大量、扎实、和有效工作。但用工超量、人工成本偏高的矛盾依然突出，所以要进行“三控制一规范”工作。

【主要工作】　2009年12月30日，油田召开了落实“三控制一规范”领导干部会，公司总经理苟三权在会上作了讲话。他首先向与会领导通报了油田当前的用工及人工成本现状，然后传达了集团公司“三控制一规范”的有关政策精神及要求，讲明了油田控制劳务用工的基本意见，即到2009年底，油田绝大部分劳动合同到期，这些合同将不再续签。具体的原则是“严格控制、严肃政策；先减后转、不留尾巴；全力推进，加速实施”。为了扎实做好油田“三控制一规范”工作，苟三权总经理在会上提出了七点要求，即进一步提高思想认识，增强做好工作的责任感和使命感；加强组织领导，层层落实责任；注意方式方法，分散快速遣返不再续签、转签合同人员；工作要认真仔细，情况要摸清吃准；注意信息收集、及时处置异常苗头；严明组织纪律，严肃责任追究；盘活人力资源，优化调整生产运行方式。

2009年底一次性减员1122人，全年减员1304人，减幅达到13.3%。井下作业公司、高尚堡作业区、老爷庙作业区、柳赞作业区、机械公司、油气集输公司、开发技术公司、油建公司、物业公司、设计院等减员较多的单位和所有相关二级单位，领导认识到位、措施得力，既减了人，生产、安全也没有因减员而受到影响，表现出了很高的政治素质和管控能力。

（付建华　高福仲）

规划计划管理

【概述】　截至2009年底，规划计划处共有职工19人。下设规划管理科、设计概预算管理科、计划管理科、项目管理科、统计管理科、评价管理科6个科室。

2009年规划计划处狠抓业务管理，以中长期规划编制和投资计划管理为重点，进一步加强了项目的前期论证和设计概预算管理，强化了投资、统计分析和后评价等管理工作。

【管理工作】　2009年，规划计划处编制完成了《中国石油冀东油田公司“十一五”后三年及“十二五”规划》，为油田今后一个时期的发展提供了科学依据。

同时，组织完成了2010年度业务发展计划的编制工作，为油田2010年勘探开发生产建设计划的实施奠定了坚实基础。

1．项目前期管理

一是项目立项论证审查，组织完成了《冀东南堡油田1–5区产能建设地面工程可行性研究报告》等9个限上项目可研报告的编制、预审和上报审查等工作，完成了20余个限下项目审查工作，有效地促进了油田生产建设的顺利进行。

二是经济评价工作，组织完成了《冀东南堡油田2010年70万吨产能建设方案》经济评价的编制工作，研究论证了2010年油田整体产能建设项目的可行性，确保了油田的投资效益；组织开展了老油田二次开发方案的经济评价和南堡油田东营组重大开发试验项目的经济评价工作，深入分析论证了项目的经济效果和效益，为油田未来产能建设项目的实施提供了依据。

2．设计概预算管理

一是限上项目设计审查，组织完成了《冀东南堡油田1–5区产能建设地面工程》等3个产能建设重点工程的初步设计审查和上报备案工作，合计报备概算投资约20亿元。

二是限下项目设计概预算管理，组织完成了《柳一联含油污泥改造工程》等15个油建、矿建项目的初步设计审查工作，并下达批复，批复概算投资约2.73亿元，共审减资金500余万元。

三是加强设计概预算各项基础工作，主要加大了对设计人员的引导，严格设计变更管理和设计外委审查工作。

3. 投资计划管理

一是强化计划的动态管理，2009 年完成基本建设投资 81.31 亿元。通过充分发挥实施计划体系在油田生产建设的龙头作用，大力强化计划的动态管理，实现了投资的有效控制。

二是深入加强投资管理，按照油田“管建分开”、“管运分开”和“监管分开”的管理模式，积极做好了重点项目的前期管理、协调服务与综合平衡等工作。

三是严格控制影响投资的关键环节，加强了钻井工程造价的协调管理，2009 年油田钻井工程合同价平均同比降低了近 6%，全年钻井投资节省约 9000 万元。

四是加强油气产运销综合平衡管理，合理安排了各期油气生产和销售指标，对产量运行情况进行动态跟踪监控，合理预测和安排原油生产与管输销售工作。同时，根据年度上报原油产量指标，倒排销售计划，计算好库存原油量。顺利完成了 2009 年原油产量和商品率等考核指标。

4. 项目运行管理

一是强化项目的运行管理，加强对市场准入、合同审批和结算审批各环节的有效监控，坚决杜绝计划外工程和搭车现象的发生；积极配合项目长完成了合同谈判及项目招标、议标工作等。同时，坚持深入基层，了解计划项目进展情况，及时研究解决项目实施过程中出现的问题，为项目的顺利实施创造了有利条件。

二是加强项目的结算管理，定期对账，及时掌握投资项目的结算进展情况，积极组织基本建设工程项目的结算督办工作，全年共下达了 3 批次基本建设项目结算督办表，为各职能部门督促结算工作提供了可靠依据。

三是加强土地（海域）征用和省重点建设项目管理，尽量缩减用地（海域）规模，控制相关费用支出；定期参加河北省和唐山市重点项目协调会，及时反映油田发展的总体形势、勘探开发重点项目进展情况和征地情况以及在土地和海域征用等方面存在的问题。

5. 统计管理

一是提高了统计服务水平，主要组织开展了统计分析工作，荣获了 2009 年度集团公司优秀统计分析二等奖；及时准确提供各单位生产完成情况。

二是强化了统计培训工作，主要组织了统计业务培训班，选派人员参加了集团公司和唐山市举办的统计工作培训班；组织参加了唐山统计上岗证考试等。

三是按时完成了统计报表的上报工作，2009 年较好地完成了集团公司油气生产统计、投资及综合年报和月度报表工作等，受到了集团公司和河北省、唐山市统计局等单位的多次表彰。油田被集团公司评为统计工作先进单位，被唐山市统计局评为工业统计先进单位，被河北省评为企业景气调查先进单位；统计工作人员多人次被评为唐山市工业统计先进个人等。

四是全面完成普查工作，根据普查内容进行了专业分工，周密细致地安排好每个阶段工作，对 13 家法人单位进行单位清查，被河北省评为经济普查先进单位。

6. 评价管理

一是拓宽简化后评价覆盖面，共完成了《2008 年南堡油田油气预探、油藏评价钻井工程》等 23 项简化后评价，其中，单项工程 17 个，归类项目 6 个，涉及油田勘探、开发、管道建设、开发配套、安全环保及矿区建设等油田生产的方面，项目投资 89.3 亿元。

二是开展单井效益评价工作，主要组织 4 个作业区及相关单位开展了 2008 年单井效益评价工作，完成了《冀东油田 2008 年区块、单井效益评价工作报告》的编制与上报工作，深入分析了油田分区块和单井的效益状况，为油田开发效益的提高起到了积极的促进作用。

（程　健）

财务管理

【概述】 2009 年油田财务工作紧紧围绕“服从和服务于油田生产建设大局”，全面推进精细化财务资产管理，提高了财务工作的制度化、规范化、标准化、信息化管理水平。

按照“一级核算、两级管理”的要求，在油田层面设财务处和资金结算中心，主要负责油田财务资产管理和资金集中结算工作。处下设税价综合科、资产管理科、会计核算科、信息管理科、资金管理科、预算成本科、机关财务科 7 个科室。在二级单位层面按照单位性质分别在采油单位、辅助单位、费用单位、矿区系统和法人单位设置财务科或经营科，负责本单位的财务资产管理。

油田财务系统从业人员 261 人，其中财务处 34 人，资金结算中心 26 人，油田所属各单位共计 201 人。

同时，结合油田实际，推行“13311”财务管理运行模式。具体内容是：全面预算管理；资金集中、资产集中、核算集中；统一纳税筹划、统一内部价格、统一信息与内控；精细成本管理；确保会计信息质量与服务。

【财务管理】

1. 预算管理

2009 年油田预算管理贯彻“全过程、全要素、全员化”的管理理念，实行全面预算管理和责任包干，加强预算指标细化分解，强化了预算指标的约束力；积极推进预算与生产运行、生产工艺相结合，实现了财务管理与生产融合，有力地保障了预算的执行。

2. 成本管理

建立“完全成本”的经营理念，与油田三级成本管控体系，夯实成本核算基础，大力推行“精细化油水井管理”，挖掘单井成本控制潜力等，取得了良好成本管理效果。

3. 资金管理

加强资金计划管理，严格执行资金计划的编制、汇总、审批、上报管理程序，提高了资金计划的准确性，油田资金管理在股份公司资金计划评比中名列第一。在资金付款审批程序上，从严管理款项支付，优先保证生产性建设资金，控制非生产性支出，杜绝预算外支出，加强现金流量管理，在调研的基础上，分析油田现金流量现状，及时采取有效措施，提高了现金整体使用效率。

4. 资产管理

组织人员对油田资产进行清查，对油田所属 29 家单位的资产进行全面检查，通过清查，摸清了油田存量资产动态，堵塞管理漏洞，提高了资产使用效率，确保了国有资产保值增值。开展存货盘查，加大存货调剂力度，对存货问题进行了深入剖析，及时制定应对措施。

5．核算管理

开展会计基础工作检查，会计档案评比等工作，并组织各单位观摩、学习，激励了各单位搞好核算工作的热情。积极做好了财务报告的编制工作，圆满完成上市及“托管”两套决算财务报告及月度、季度报告的编制、审核、上报工作，为油田的经营决策提供了可靠的依据。

6．税收管理

加强税企关系协调，建立与各级税收主管部门沟通机制，2009 年接待各级税务机关检查 20 余次，营造了良好的税企和谐环境；开展了全油田税收自查、复核工作，对油田所属各单位 2006—2008 年税收管理情况进行了全面检查和复核，夯实了税收基础。

7．信息管理

2009 年按照股份公司财务信息系统建设计划安排，对财务信息管理系统、资产管理信息系统的安全证书进行整体升级，提高了财务系统的安全性，确保了财务、资产系统正常运行。同时，以财务体制改革为契机，进一步规范了网上报销流程及系统权限分配。

8．内控管理

加强财务内控制度建设，制定了《中国石油冀东油田弃置费用财务管理实施细则》等规章制度，使业务操作有据可依，日趋规范；完善财务内控体系和流程，对资金、资产、预算、结算管理等 135 个业务流程、118 个内控文档进行了全面梳理、修订、补充和完善，使财务资产工作实现了规范化管理；强化内控执行，将内控要求和标准贯穿于日常工作中，积极配合内外部测试，促进了内控工作的落实。

【其他工作】

1．降本增效

积极开展群众性“挖潜增效”活动和“我为降本增效献一策”合理化建议活动，2009 年累计收集合理化建议 1635 条，采纳并组织实施建议 428 条，并取得良好效果；在成本总量的控制上，以“强化管理，提高经济运行质量”为重点，抓源头降本、挖潜增效，取得显著经济效益；在提高成本支出效能方面，通过优化生产组织运行、实行产量成本优化配置工程、优化内部产量结构等措施降低了单位成本支出。

2．经济活动分析

油田财务处牵头每月定期召开经济活动分析会，将财务分析与生产运行相结合，及时查找预算执行中存在的问题，制定应对措施，确保了预算的平稳运行；实行“月考核，月兑现”业绩管理制度，强化预算刚性约束，以月度、季度预算的控制来保证年度预算的完成，确保了年度预算目标的实现；实施“节点”控制，把握生产开发和成本管理的关键环节和控制节点，及时查找成本管理中存在的问题，研究制定成本控制措施，杜绝了低效支出。

3．“基础管理年”活动

2009 年深入开展“财务管理基础年”活动，通过举办凭证、账簿、票据评比展览，会计知识大赛等活动，提高了会计基础工作的规范化水平；先后召开了基层经验管理现场交流会，“基层队、站经营管理经验现场交流会”、“资产管理经验交流会”等，提高了基层经营管理水平。同时，财务处、资金结算中心处室科级以上干部开展基层联系点活动，协调解决了基层单位资金、成本、预算、核算、资产等管理方面存在的问题，及时堵塞经营管理漏洞。

4．财会人员培训

2009 年油田财务系统开展了专业培训，全年完成培训 875 人次。在培训内容方面，扩大业务覆盖面，增加勘探开发、油气生产、地面建设等生产知识；在培训范围方面，扩大培训覆盖面，加大了对基层核算员、资产管理员等一线人员的培训力度，为全面实现财务资产精细化管理奠定了基础。2009 年油田经营成果（国际会计准则），见表 6–1。

表 6–1　2009 年油田经营成果（国际会计准则）表

项　　目	完成情况（万元）
一、经营收入	552696
二、经营成本	458002
1．购买服务及其他支出	109110
2．员工工资及福利	63514
3．销售及管理费用	29866
4．勘探费用	57929
5．折旧、折耗及摊销	181456
6．所得税以外税费	15597
7．其他费用净额	531
三、经营利润	94694
加：利息收入	24719
加：权益法投资收益	383
加：汇兑收支净额	70
减：利息支出	28234
四、税前利润	91631

（李志华　陈云军）

人 事 管 理

【概述】　截至 2009 年底，人事处共有职工 25 人。下设员工培训科、干部管理科、技术干部与外事管理科、劳动组织科、员工管理与综合科、工资管理与业绩考核科、职能技能鉴定科、人事档案室、人才交流中心、再就业协调办公室、冀东油田劳务派遣公司等科室和单位。2009 年人事工作以落实集团公司“三控制一规范”要求为重点，优化组织机构和人力资源配置，规范劳动用工管理，进一步发挥薪酬的激励作用，大力加强各级领导班子建设，加大人才培养与开发的力度，提高了员工队伍素质。

【管理工作】

1. 干部管理

一是优化队伍结构。人事与组织部门组织完成了 2008 年度“四好”领导班子考核评价工作。2009 年初对 176 名领导干部、24 个二级领导班子和矿区事业部下属的 4 个单位进行了认真考核，全面掌握了二级班子和领导干部一年来的工作等情况；搞好干部新老接替和优化干部队伍结构，完成了 35 名处级干部的调整任用工作，选聘部分优秀财务干部充实到基层单位，加强了基层经营管理工作的力量，通过推进干部岗位交流，有效地增强了领导班子和干部队伍的活力。

二是年轻干部培养。2009 年油田出台了《处级管理人员后备人选管理暂行办法》，完善后备干部管理制度，认真组织开展了油田处级后备干部的选拔推荐工作，为干部队伍建立一支合格的接替力量。

三是核心专业技术人才队伍建设。研究出台了《技术专家、技术骨干队伍管理办法》，精心组织和公开选拔聘任了一级技术专家 14 人、二级技术专家 24 人、技术骨干 98 人，稳定了专业技术队伍，调动了专业技术人员工作积极性。同时，组织了开展油田工程、经济、统计、会计、审计、政工系列高中初级年度职称评审工作，圆满完成了集团公司职称水平考试和各类全国资格考试相关工作。

2. 劳动组织和劳动力管理

一是调整组织结构。2009 年主要调整了勘探开发和财务的管理体制及运行机制，新调整的机构基本达到了精干高效、责权统一、管理科学的要求。同时，调整了南堡油田采油作业区、工程监督中心、井下作业公司、勘探开发研究院等 16 个单位的内部组织机构。

二是员工队伍规范管理。按照集团公司下达的用工总量控制指标和油田“五定”标准，科学确定定员标准，分季度给各单位下达劳动力用工计划，并与工资总额挂钩，各单位不得突破用工计划，实现了用工压力层层传递，在用工计划内，实行增人不增资、减人不减资，2009 年减少用工总量 1304 人，减幅 13.1%，腾出就业岗位，安排 126 名职工子女实现就业。顺利完成了 2009 年度 97 名应届毕业生的配置工作；进一步规范了引进高职专科生的管理，有 235 人与油田直接签订劳动合同。

三是内部劳动力资源余缺调剂，在控制用工总量的前提下，各单位通过内部挖潜，解决生产发展所需新增用工，通过引导员工流动，实现了劳动力的有效转移。2009 年盘活人力资源 600 人以上。严格控制二三线人员倒流，积极鼓励员工向一线流动，对生产经营单位的急需专业和工种采取内部招聘的办法予以调剂落实，确保了员工流动的有序控制。

3. 薪酬管理

组织完成了 2009 年油田业绩合同签订工作，规范了薪酬政策，实行了油田工资总额的统一调控和管理，提高了工资总额管理水平。加强了对二级单位二次分配的指导和调控，落实了技术专家和技术骨干的津贴待遇，调动了专业技术人员的工作积极性等。

【其他工作】

1. 教育培训

一是细化培训管理。2009 年油田完

成培训项目96个，共136班次，培训23896人次。主要狠抓了HSE、海工安全生产、管理人员、专业技术人才、特种作业人员和操作骨干人才的培训，完成了新录用人员、转岗人员和油田子女职业技能培训，确保了培训质量与效果。二是抓好了对基层的培训督导，对各单位培训计划严格审核把关，在师资、课程等方面给予了支持，提高了培训质量。三是组织了油田2009年度采、注、输等15个工种的技能竞赛，62名优秀选手脱颖而出。同时，认真组织开展了职业技能鉴定工作，14人取得技师职业资格，840人取得了高、中、初不同级别的职业资格。

2．社会保险

一是落实医疗保险待遇。2009年为8333人的医疗保险缴费基数进行了调整，并建立了个人账户；组织开展了油田132人次申请唐山市门诊特病人员的体检、70人次特殊疾病专用证办理以及《异地就医证》年检工作；组织完成了535名新增人员参保和61人退保手续的办理、2583人次基本医疗保险卡挂失、补制及信息更改手续的办理、267人次的医疗费送审、报销工作，结算医疗费用84万余元。完成了7626人的补充医疗保险个人建账立户工作；为员工、退休人员、家属（子女）报销医疗费用61157人次1063万元，保证了员工的补充医疗待遇。

二是开展了养老保险工作，2009年为84人办理了退休审批手续，平稳有序完成了1380名退休人员工作。根据河北省和集团公司的要求，全年按时足额发放养老金2747万元，生活补贴484万元，确保了退休人员的待遇。同时，对油田2009年企业年金基数进行了调整，保证了新旧企业年金制度的平稳衔接和企业年金业务上线平稳运行。

三是落实工伤保险政策。2009年按照河北省工伤保险管理要求，为年初移交时认定、鉴定的19名老工伤人员核定、支付了一次性伤残初助金；积极做好油田工伤员工及其供养亲属工伤保险待遇调整工作，维护了工伤员工的合法权益。

四是开展有偿解除劳动合同人员社会保险续接工作。2009年对参加了唐山市医疗保险的再就业人员实行每月增加100元补贴医疗补贴政策，提高了他们的收入水平；按照集团公司和油田关于做好有偿解除劳动合同人员社会保险续接的要求，全年为728人办理了养老保险缴费和个人账户建立手续；先后为70人办理了退休手续。完成了基本和补充医疗保险费的收缴、缴纳和基数调整工作，全年为772人办理了基本医疗参保等手续，共为有偿解除劳动合同人员报销医疗费用4200人次97万元。

3．夯实基础

2009年完成了485人次的劳动合同签订工作，为申请调动和辞职的25名员工依法办理了解除劳动合同手续；开展了在职员工的人事档案审核、整理工作，补充和完善了档案材料；大力推进人事管理信息化的数据维护和新功能的应用，确保系统应用效果最佳。

（贾晓辉）

企管法规

【概述】 截至2009年底，企管法规处共有职工19人。处下设企业管理科、合同管理科、内控办、法律事务科。主要负责企管与法规政策研究、经济运行、合同、现场标准化、工商与股权和法律事务管理等工作。

【建设】

1．制度建设

2009年企管法规处牵头，组织制定了《生产安全未遂事件管理规定》等25项规章制度，修订完善了《生产安全隐患管理办法》等78项规章制度，截至11月底，组织审查各项管理制度133项，通过完善规章制度，进一步理顺了管理程序。

2．内控体系建设

2009年企管法规处等部门组织开展了油田《内控管理手册》流程构架调整和修订工作，共调整、修订流程545个；按照“规范制度、责权清晰、运行顺畅”的原则，对油田业务流程进行了梳理，梳理末级流程数量351个，国有控股公司梳理末级流程441个。开展了科技管理、资本运营和投资、内控、信息管理业务流程梳理工作。2009年7—8月对油田机关及所属二级单位、4家国有控股公司、7家集体控股公司开展了内控自我测试。

【管理工作】

1．经济运行管理

2009年油田各建设项目严格按照经济运行程序组织实施，机关各部门依据各自部门职责认真把关，努力提高服务质量和工作效率。全年办理年度授权项目67项，共组织完成各类采购1768项，涉及金额约79.5亿元，组织召开经济运行集中办公会101次，审查招标文件620份。

2．合同管理

2009年主要优化了网上合同审查审批流程，全年共审查各类经济合同2711份，保障了油田经济运行依法合理运行。主要加强了项目单位的合同招投标资料归档管理，建立了业务部门、工程建设部门、安全环保部门、合同管理部门、审计监察部门和财务部门有效的互动制衡机制等。同时，开展了合同管理专项检查，狠抓了合同的履行结算和进度考核，并随时跟踪掌握履约情况，发现问题及时处理。

3．现场管理

2009年将原来一年两次的“岗检”变为一年一次，由原来的分组检查变为各部门在统一时间段内按专业进行检查，确保了“岗检”的实际效果，将考核结果与奖金和年终和谐企业评比挂钩，促进了基础管理工作的规范化。同时，组织开展了油田第69次岗位责任制大检查。

4．股权管理

2009年按照集团公司的要求，依据股权处置程序，成立了三达公司清算组，开展了资产评估、财务审计，完成了地税注销、国税稽查、清算解散工作。8月份，根据省工商局的要求，办理了冀东石油勘探开发公司经营范围和注册资本金变更。

5. 法律事务与咨询管理

2009年油田认真落实集团公司法律工作要求，全面推进法律风险防控体系建设，不断加强和创新法律事务管理工作，积极处理各类案件，较好地处理了北36污染案、消防泵买卖纠纷案等8起诉讼案件，解答职工家属咨询30余次，有效地维护了油田的合法权益。2009年油田被评为河北省诚信企业。

（李贵宾）

审计监督

【概述】　截至2009年底，审计处共有职工17人，下设财务审计科、内控审计科、工程审计科、钻井审计科、物资采购审计科5个科室。2009年审计处认真履行内部审计职能，开展了财务、建设工程、内部控制、经济责任审计和物资采购价格咨询审计，取得经济成果8460.17万元，其中直接经济成果7700.90万元，为油田强化经营管理，提高经济效益发挥了积极的作用。

【审计工作】

1. 财务审计

财务收支审计。2009年财务收支审计不断深化，纠正问题金额759.27万元，为油田加强成本费用控制、实现经营目标提供了有力保障。

预算执行情况审计。对预算指标执行、完成的真实性、合法性、效益性进行审查监督，揭示出预算执行中存在的问题，促进预算管理不断规范化。

2. 建设工程审计

一是海洋工程预（结）算审计。对海上工程项目的预（结）算情况进行了审计，审减338.70万元。

二是基建工程预（结）算审计。对油田地面建设、法人单位对外分包工程以及10万元以上的完工结算进行了审计，审减984.60万元。同时，对10万元以下项目的完工结算进行了抽审，有效控制了工程成本，保证了投资资金的安全。

三是钻井工程预（结）算审计。对钻前、钻井、固井、测录井、试油工程和新井投产、相关的专业技术服务工程等项目的标底及完工结算进行了审计，审减577.60万元。

3. 内部控制审计

一是内控测试。测试发现内控问题45个，纠正率100%。

二是资产管理审计。对油田所属单位资产管理情况进行了审计，重点检查了货币资金、往来款项、固定资产、存货管理等方面的情况，促进了油田资产的优化配置。

三是工程管理审计。选取南堡油田1号陆上终端地面工程、采出水综合利用工程等7项大型工程建设项目，从工程项目的计划、资金、实施管理等多个环节进行了对比和分析，对运行不畅及管理不到位的问题提出了整改建议。

四是合同管理审计。重点审计了买卖合同、建设工程合同、技术服务合同等，对合同的授权、内容、履行及结算等环节提出了审计建议，维护了油田的合法权益。

五是工程项目管理审计。对油田2008年30万元以下工程项目管理情况进行了审计，抽审工程项目48项，抽审金额908.03万元。对工程计划、签证变更、造价控制等方面存在的薄弱环节提出了相关审计建议。

六是经济运行审计。审计处积极履行监督职能，对原油、轻烃、报废资产的定价、隐蔽工程验收等经济运行程序进行了监督，确保了油田经济管理活动有序开展。

同时，积极做好了反舞弊审计。

4．经济责任审计

审计处继续按照“有离必审”的原则，加大了对领导干部经济责任履行情况审计力度，以任期经济责任目标完成情况为中心，对领导干部任期内履行经济责任的情况作出了较为客观的评价，为干部考核提供了依据。

5．物资采购价格咨询审计

2009年审计处按照《冀东油田公司物资采购审计暂行办法》、《冀东油田公司物资管理实施细则》的要求，对油田1470份目录外物资的定价和招、议标物资的标底进行了审计，审计金额56866.34万元，审减5800万元。

【其他】　2009年油田计划开展审计项目14个，实际完成14个，完成率100%。累计投入审计工作日4750个，发现问题185个，纠正185个，提出审计建议87条，采纳87条。

（曹海琴）

油气销售

【原油销售】　2009年油气销售公司紧紧围绕油田油气上产目标，认真解决销售运行中的主要矛盾，确保了油气销售的正常进行。

1．管道原油销售

2009年在管道原油销售方面主要做了以下工作：一是强化与股份公司油气调运部门和相关炼油厂、管道公司等相关单位良好的工作关系，与油田相关部门和单位密切配合，确保原油销售的畅通。二是建立了管道原油含酸值跟踪机制，每季度按要求对原油酸值进行化验，及时解决存在的问题，确保了管道原油销售有序运行。三是设计了多级计量监督、审核程序，现场计量监督人员全程监督取样、采集数据等，确保了数据的准确。四是根据国内外原油市场的需求变化，科学判断各月的价格趋势，充分利用油田库容，合理确定月度销售量，努力增加原油销售收入，2009年管道销售原油171.04万吨。

2．落地油、清罐油销售

主要以保证油田油气生产单位安全环保和生产正常进行为前提，结合原油价格走势选择最优的销售时机，及时、公开、公正组织落地油、清罐油销售，尽可能增加销售收入；按照油田相关要求，召集规划计划处、财务处、企管法规处、生产运行处、审计处以及各生产单位到现场，严格按照程序操作，公开透明销售，自觉接受监督；强化了清运过程中的跟踪，督促接收单位按照要求限期清运完毕。全年销售落地油1087.23吨，清罐油622.08吨。

【天然气及其他销售】

1．天然气销售

2009年主要统筹兼顾，建立了更加科学的天然气销售管理体制；根据油田开发规划，加强天然气销售规划研究，制定了服务于油田发展的配套措施；整合油田天然气资源，根据天然气不同销售方式、不同用途，按油田相关文件的规定确定销售价格，并积极做好天然气销售市场的动态跟踪分析，强化了计量监督管理，全年销售天然气3.39亿立方米。

2．轻质油等石油产品的销售

2009年继续坚持每周组织油田相关部门，依据当期原油价格、周边市场行情和油田生产实际，共同制定合理的销售价格，严格执行拉运制度，督促用户按时拉运。全年销售轻质油1.29万吨，液化气1.46万吨。

【油气货款回收】　2009年管道原油、钻井用原油货款回收按照中国石油内部结算要求，实行封闭结算；天然气气款统一与能源公司结算，每月一次，确保了天然气款的及时回收。在轻质油、落地油、清罐油、轻质污油货款回收方面，始终坚持先款后货和收取保证金的原则，确保了货款及时、全部回收，全年油气货款回收率达100%，累计回收油气货款59.18亿元。其中，管输原油款55.18亿元，天然气款3亿元，轻质油款0.54亿元，钻井用油、落地油、清罐原油、轻质污油款共计0.03亿元，结算管输费0.43亿元。

（王乃源）

集体资产投资管理

【概述】　唐山冀东石油集体资产投资有限公司（以下简称投资公司），承担着油田集体资产的运营和管理职责，投资公司注册资本6398万元。截至2009年底，共有集体资本控股子公司7个、全资子公司1个、分公司1个，集体资本参股公司3个，年末资产总额56116.2万元，其中固定资产16570.1万元，流动资产34264.9万元，长期投资合计5097万元，负债总额40900.2万元，所有者权益合计15215.9万元，资产负债率为72.8 %。投资公司资产总额26478.5万元，其中固定资产4778.2万元，流动资产11900万元，长期投资合计9797万元，负债总额16248.2万元，所有者权益10230.3万元，资产负债率61.3%。

【主要工作】

1．经营业绩合同落实

根据油田统一安排，以落实成本预算控制责任制为重点，切实加强了所属全资和控股企业经营业绩合同落实工作。一是会同油田财务处等部门与所属全资和控股企业一道，在全面分析2009年度油田整体生产经营形势的前提下，研究制定投资公司及对全资和控股公司的预算指标，将预算考核指标与成本控制指标落实到经营业绩合同实施的全过程，从源头上控制了成本增加。二是根据各控股企业的生产经营特点和市场发展形势，主动帮助和督促各企业制定并完善了经营业绩责任制及保证措施，保证了各项生产经营活动顺利实施。

2. 培育新的经济增长点

2009年投资公司按照油田关于打好“降本增效”和“夺油上产”两个攻坚战的总体要求，抓住重点，积极帮助所属全资和控股企业解决生产组织、经营管理和降本增效中遇到的困难及问题，取得了良好效果。一是指导和帮助机械公司、化工公司等产品生产型企业健全完善了产品销售政策及售后服务管理办法，为相关企业开辟外部市场和扩大产品销售提供了政策支持。二是帮助北田公司等企业积极开展井口气回收、网电驱动钻机和钻井废弃物无害化处理等新项目调研论证，引导相关企业培育新的经济增长点，开辟新的增效渠道，取得了阶段性成效。北田公司开展井口气回收业务4个月时间，回收天然气700多万立方米，实现收入420万元，利润350万元。

3. 投资与财务资产管理

一是在投资管理上，对各企业提出的投资计划进行提前介入、提前调研，所属全资和控股公司凡是与降本增效关系不大或发挥不了明显作用的资产设备购置及闲置报废资产处置一律从严控制，严格控制非生产性资产的审批和购建，并且将投资管理重点向建设冀东石油人的美好家园等项目倾斜。完成了原三达公司的财产清理、股东清算和账务处理工作。

二是在财务管理工作中，从强化所属全资和控股企业财务监督管理和会计核算入手，在认真抓好经常性财务管理和会计核算监督检查的同时，积极开展固定资产清查和财务税收大检查活动，发现问题及时纠正，预防了企业财务风险。

三是在资产管理工作中，针对所属各企业近年来生产设备更新较快的实际，在所属全资和控股企业范围内组织开展一次资产清查活动，通过清查进一步核实了各公司的资产状况，夯实了各企业的实物资产登记台账，健全完善了相关管理制度，杜绝了资产的流失。

4. 合同履行与权益管理

2009年投资公司从减少各企业纳税负担和保障投资安全的目的出发，要求所属全资和控股企业按照时间进度向投资公司缴纳资产租赁费、经济技术咨询服务费和股权投资收益；抓紧清理收缴投资公司对各全资和控股企业上年度的股权投资收益等应收款，及时将各种应收款和应收账款收归投资公司账户，发挥了资金使用的效率和效益。2009年1至12月，投资公司收回股权投资收益225万元，完成资产设备租赁费收入900万元，完成经济技术咨询服务费收入108万元。同时，加强了投资公司队伍建设，员工的思想和工作作风大大转变。

【经营效果】 2009年投资公司及所属全资及控股公司累计完成经营业务收入87322万元，为年计划的126%，同比增长8%；实现利润总额7287万元，为年计划的145.7%，同比增长101%。投资公司实现利润总额551万元，为年度业绩指标的130%，集体资产保值增值率为4%，投资收益率达到6%，超额完成了年度业绩合同规定的各项考核指标。

（张玉明）

生产运行管理

【概述】　截至2009年底，生产运行处共有职工33人。处下设综合科、生产调度科、应急管理科、天然气管理科、道桥管理科、钻井生产准备科、运输管理科、机动设备科、水电信管理科、市场管理科10个科室。

2009年，生产运行处以生产运行系统“711438”工作要求为指导，对各项工作做到超前谋划、超前准备、超前安排、超前运行，实现了生产建设工作安全平稳有序运行。

【生产组织协调】

1．生产运行组织协调和生产运行辅助系统建设

生产调度总值班室坚持24小时值班，及时准确收集整理上报安全生产信息、处理各类突发事件，增强了夜间生产协调的组织能力，经常深入生产现场协调组织生产运行，提高了现场决策效率和工作质量。

同时，油田职能部门积极与有关厂家加强结合，对生产运行辅助系统13项内容做了进一步调整完善。

2．新井投产

2009年油田相关领导对新井投产工作给予了高度重视，多次组织召开专门会议进行专题研究，并坚持经常亲临现场指导工作。成立了生产运行处处长为组长的新井投产领导小组，明确了领导小组工作职责，排出了新井投产运行计划，为打赢新井投产攻坚战提供了可靠的组织保障。同时，高效组织了庙16–6和高140–1井等重点井投产工作。

3．重点工程督促协调

督促协调完成了油田防盗系统试点安装、井场围合、南堡联合站工程施工投产、南堡1–3人工岛海底管线施工投产和南堡2–3平台进平台道路投产验收等工作。

【防洪防汛和冬防保温】

分别成立了防洪防汛领导小组和冬防保温领导小组，指导督促各相关部门与单位提前组织开展防洪防汛和冬防保温工作状况摸底调查、项目立项论证审查和施工、防洪防汛物资购置储备和应急抢险演练、设备设施入冬前检查维修保养及集输管线参数调整等工作，做到了项目负责人、立项、资金、施工、完成时间、措施六落实，保证了油田生产生活安全平稳度汛和过冬。

【管理工作】

1．设备管理

2009年油田结合生产实际，重新修订完善了《油田设备管理实施细则》和《油田设备监造管理规定》，建立健全了设备基础档案，统一编制印发了设备管理活动记录本；对南堡1–3人工岛气举采油设备、报废设备、650型车载修井机等外租设备进行了技术把关；从5月开始，利用8个月时间，在老爷庙作业区和南堡1–3人工岛建立了设备管理示范点；坚持组织开好月度设备管理工作例会和年度设备管理工作会议，规范了设备日常管理；认真组织开展了春节前设备大检查、春秋两季设备检查、上半年设备检查、年度设备检查和基础工作检查等工作，确保了在用设备正常运行等。同时，积极做好相关人员的业务培训。

2．水电信管理

2009 年油田电网总体力率保持在 0.95 以上，唐山供电公司力率奖励电费 46 万元，全年完成总供电量 2.02 亿千瓦·时，其中购电量 1.76 亿千瓦·时，自发电量实现了历史性突破，达到 2599 万千瓦·时。一是修订完善了《油田低压配电管理制度及考核办法》等规章制度；供电公司与油气集输公司和相关作业区结合形成了油田电力联动巡视检查机制，组织完成了油田电网春秋两季检修工作、低压电气设备的检修工作，组织电泵生产厂家及各相关单位研究制订了电泵变频器欠压保护参数调整实施方案，解决了长期以来因电压波动引发大面积失载的问题。二是与唐山市、唐海县和滦南县供电公司协调沟通，解决了田庄培训基地的供电增容及高 45−13、高 140−1 井和庙 16−6 井等外围井生产用电问题；从 1 月 1 日起，组织实施了“峰谷平”间开井运行模式，年节约电费 40 余万元；在 11 条 10 千伏配电线路上安装了线路无功自动补偿装置，被补偿线路的功率因数均达到了 0.85 以上；5 月 8 日南堡 1−1 号人工岛 35 千伏变电站项目投产送电一次成功，5 月 27 日完成了南堡 1−2 人工岛电源切改，6 月 11 日南堡 1−3 人工岛供电工程验收投产送电成功，7 月 1 日南堡 1−5 钢制平台供电工程验收投产送电。

3．市场管理

2009 年油田共办理市场准入 1406 家。其中勘探开发类 91 家、钻采类 50 家、基本建设类 185 家、生产保运类 969 家、质量安全环保类 35 家、科技信息类 38 家、人才劳动力类 7 家、后勤服务类 23 家、其他 8 家。组织了井下作业公司 22 支队伍和中国石油外部 32 支队伍的资质申报工作，及时对 5 月集团公司资质检查组在对油田检查过程中发现的问题进行了整改；9 月组织质量安全环保处、工程技术部等管理部门对钻井、井下作业、基建海工、运输服务等专业 14 家企业和单位进行了市场专项检查，市场管理进一步加强。

4．物资供应

根据油田投资紧、成本压力大、物资供应工作量相对减少的实际情况，狠抓了采购周期、产品质量、产品价格和服务质量四方面的工作，组织各二级单位和供应处对物资类供应商进行了考核考评，坚持召开了月度物资管理例会，协调解决了各类问题等。2009 年共办理履行结算手续 1872 项，审批急用物资计划 1600 余份。

5．道桥管理

针对曹妃甸经济建设大量的大型车辆使用油田道路桥梁，造成油田道路桥梁常年超负荷运行等问题，全面加强了对油区道路桥梁的维护管理。主要坚持定期对南堡陆地主干路和西线路等主干道路和桥梁进行巡查，及时维护路面路基，确保了油田交通顺畅。2009 年共铲除清理道路泥皮 9.5 万平方米、修复平整路基和路肩 226 千米、维护渣石道路 15 千米、新挖排水沟 5 千米、扶正 45 个防撞墩和 305 根护栏、维修桥护栏 5 处、溯河桥栏杆刷漆 1 次，组织编制完成高庙东路 16 号桥、青龙河大桥危桥加固、溯河大桥危桥改造、高 24−3 桥大修、高 9 注路 1 号桥改造、高 101 路 1 号桥大修、高柳北路 1 号桥改造、唐 28 路 1 号桥大修、庙 16 道路涵管铺设、唐 90 道路大修、观光路口铺筑沥青、柳201路铺垫、庙中公路铺垫等道路桥梁大修改造等方案近20项；经协调组织，在高庙东路增设交通标志23处，及时协调处理青龙河西堤路等8次道桥应急抢险问题。

6．交通运输管理

一是陆地运输管理。2009年利用37天，提前8天完成了8部钻机从南堡2–3平台至南堡118平台集结倒运及南堡118平台至南堡1–3人工岛9部钻机海运任务，全年共组织完成钻机搬迁78井次、腾井口19口、二次倒运25井次、套管拉运2.3万吨、拆组抽325台、井下作业搬迁508井次、原油拉运42.53万吨、污水倒运6.11万立方米、污水回注9.03万立方米。

二是海上运输管理。主要组织完成了海上船舶码头全面接管业务和南堡1–3人工岛和南堡4号构造钻机海运、南堡2–3平台和南堡1–1人工岛原油码头复投、南堡1–80井试油过程中含油酸液回收、南堡21–X2460井连续油管紧急配送、南堡1–3人工岛修井机海运、船舶招（议）标、污油水回收处理公司引进和冬季海运等工作。2009年共组织船舶招（议）标15次，组织交通艇运送人员6.13万人、滚装船运送车辆2.15万车次、油轮卸油（水）46船4.58万立方米，全年船舶运输费用总支出约为7900万元，同比，费用减少了2.71亿元。

7．天然气管理

2009年共生产天然气4.38亿立方米，为年度计划的146%。主要根据生产需要，及时安排南堡作业区对高产油气井进行限量和关停；冬季来临前，及时组织后备气源井开井，并安排油气集输公司、各作业区、能源公司和北田公司及时对输气管网的气量和压力进行合理调整；从加快LNG站建设、增强先导试验站外输能力等方面入手，有效地解决了南堡2–3平台天然气放空问题；按照唐山市有关部门的要求，组织完成了嘉—唐、高—唐、庙—开、高—滦输气管线改造施工和南堡陆岸终端天然气处理装置投产等工作。

8．应急管理

2009年4月9日，在南堡1–3人工岛举行了“冀东油田南堡1–3人工岛整体撤离（逃生）应急演习”，油田勘探开发建设项目部、志达公司、油建公司、渤海钻探工程公司及其所属专业施工队伍、上海航道局、北京伟创力科技有限公司等单位参加了演习，演习历时约60分钟，共有283人参加演习。6月23日在油气处理厂开展了由生产运行处、质量安全环保处、油气集输公司、高尚堡消防队、职工医院等部门和单位组织与参加的轻烃储罐泄漏着火应急抢险演习，唐山市政府有关部门和单位领导现场观摩了演习，中央电视台现场录像，并在唐山市“科学发展示范区”宣传片中进行了播放；9月23日，在南堡1–1人工岛东北潮间带附近成功举行岸滩应急演习；全年先后7次接到台风和风暴潮等自然灾害预警通知，并及时采取了有效的应对措施，确保了海上生产安全。

（刘　烈　张　伟）

土地管理

【概述】 截至2009年底，土地管理处共有职工17人。下设土地管理科、工农关系科、海域管理科3个科室。2009年土地管理处紧紧围绕油田生产经营目标，加强土地管理，协调解决工农关系，积极发挥职能作用，确保了油田生产建设的顺利开展。

【主要工作】

1. 土地管理

一是用地协调。按照油田勘探开发建设需要，积极加强同地方政府有关部门和内部单位的协调和沟通，为落实征地工作奠定了良好的基础。2009年认真落实全年征地计划，主要开展了唐山凤凰新城征地工作，加快了领地的工作进程，保障了“美好家园建设工程”的顺利进行。

二是用海协调。2009年共办理临时用海3宗，共计1165.2亩；办理长期用海7宗，共计9977亩；协调海上工农关系7宗。

在4号构造4-1号、4-2号人工岛航道工农关系协调问题中，遇到了困难。因该航道从4-2号人工岛北侧进入，正处养殖密集区，协调难度较大。为保障该项工程正常施工作业，土地管理处人员多次同乐亭县政府协调，常驻乐亭县一星期之久，通过耐心细致做工作，终于取得了乐亭县的支持，确保了该项工程的顺利进行。

三是办理组卷报卷。2009年土地管理处认真清理了“已用未批”的建设用地资料，协助和督促地方政府土地主管部门加快组卷报批工作。督促外委单位增补报批所需相关资料、图件及勘测定界报告和地灾、压矿评估报告等内容。据统计，2000—2008年新增用地中需报省、国土部审批118宗13451.76亩，2009年完成审批38宗。需报市（县）政府审批的74宗11466.95亩（非农转用地）中各县国土部门有58宗已完成了组卷工作，正报市（县）审批；有8宗已取得新证。全年整理电子版宗地图282宗。

四是开展土地调查。油田新增和恢复建设用地调查。由土地管理处牵头组织，2009年由各作业区、勘探部、开发部、南堡油田公司参加，采取多种形式对油田新增和恢复建设用地情况进行了调查，对油田已征的2000—2008年共计191宗24908.4亩平台（道路）、2004—2008年共计131宗3026.26亩已恢复存量土地面积的现场建设情况以及土地现场的边界、面积、用途和邻界方地类、地面设施等进行调查。通过现场实地调查，查清了油田近年新增和被占存量土地面积恢复的建设、保护及利用现状，掌握了真实准确的土地基础数据，彻底摸清了“家底”，为合理利用土地资产奠定了基础。同时，土地管理处还参与了集团公司土地资产的调查工作；配合唐海县国土资源局、滦南县国土资源局、路北区国土资源局开展“全国第二次土地调查”活动；配合曹妃甸滨海新城区规划选址现场调查、滦南县嘴东工业园区现场土地调查活动等。

2．综合治理

一是油区土地保护。对高尚堡、柳赞、老爷庙、南堡4个作业区的恢复平台、闲置平台进行实地勘查，督促用地单位对发现的侵占、蚕食土地实施边界护坡、围埝、圈建围墙等保护措施。2009年制止因曹妃甸国际生态城建设占用、挖取油田土地问题8起、清理南堡3号人工岛地方小卖部7家、清理违章建筑多处、协调解决井场围合受阻19起，有效减少或遏制了侵权纠纷的发生，维护了油田土地资产权益。

二是清理输油气管线占压。依靠地方政府及公安部门，对高庙、高柳、高迁、高迁复线、南唐、嘉唐、南黄开7条管线予以重点保护，共制止了高迁输油管线、高柳天然气管线、嘉唐管线等管线占压7处。在唐山市公安局二处、滦南县公安局、开平分局、东油分局及地方政府的大力支持和协助下，成功解决了南高迁输油管线新立庄段清理水渠影响管线安全运行、高迁输油管线黄河村段在管道边缘取土影响管线安全运行、嘉唐管线开平上村、西八里段民房占压等问题，有效地维护了输油气管道的运行安全。

三是打击涉油犯罪。2009年油田先后两次对油区内违法违规生产企业进行了停止供电供气的专项清理行动。在油田停止供气、供电后，高柳庙及南堡地区个别小玻璃微珠厂、小炼钢厂又在油田天然气管线上打孔盗气、在油田供电线路盗电，并利用夜间进行恢复生产。针对此违法行为，土地管理处人员会同地方政府、唐山市公安局东油分局对盗气的现场进行了勘查取证，组织人员拆除了部分小炼钢厂增压泵及配套流程，封堵阀门38个，拆除违法违规气管线8000多米，清理违规小企业20余户，给违规企业以沉重打击。5月，通过东油分局的缜密侦察，土地管理处和生产运行处、安全环保处的通力协作，破获了乐亭县蔡庄原油进化点，收缴部分赃物和部分落地油、轻质油等，为油田挽回了经济损失。

四是开展生产现场综合治理工作检查。2009年6月16日，土地管理处组织召开油田生产治安综合治理会议，部署了开展生产现场综合治理工作大检查工作。此次检查以解决油田综合治理工作需要重点解决的突出问题为出发点，分为“各单位自查自改阶段、油田检查阶段、制定措施及落实整改阶段、油田复查阶段”四个阶段，参加检查的部门及单位共计17个，检查二级生产单位9个，检查重点岗位及区域10个。通过检查整改，促进了生产现场管理水平的提高。

3．工农关系

为妥善协调工农关系，土地管理处人员坚持深入现场，及时处理工农关系，满足了油田上产需求。2009年协调处理工农纠纷85起，签订工农关系补偿协议19项。

一是争取地方政府部门支持。加强与地方政府各级部门的协调、沟通，紧紧依靠地方政府和职能部门解决问题。8月，在对高80−30平台高80−33井钻探施工过程中，由于该平台地处曹妃甸新城朔河盐场境内，前期因盐场改制原因，油田钻井平台距离盐场职工宿舍较近，钻井产生震动噪声对盐场职工休息产生一定的影响，盐场职工派代表多次到钻井平台阻挠钻井施工，给油田钻井生产带来困难。为保障钻井进度，土地管理处人员多次与曹妃甸新城管委会相关部门和盐场领导联系协商，取得地方政府和相关部门的支持，不分昼夜耐心细致的向盐场职工代表做解释工作，最终保障了该平台钻井的顺利进行。

二是保障油田重点工程建设项目施工建设。主要全力保障了南堡 2–3 平台原油储备库、南堡大桥、北堡大桥、嘉唐管线、高 14 转扩建等一批重要工程、线路的顺利施工。

南堡 2–3 平台 110 千伏供电工程是油田 2009 年的一项重点工程，直接关系到海上平台的正常生产。该电力线路陆地段全长 11.95 千米，途经滦南县、冀东监狱两地段，线路所经之处大部分为河道、虾池、鱼池、沉淀池（制卤、制盐）、精盐池。因正值养殖、制盐制卤季节，管线施工协调难度大。为了尽快进场施工，土地管理处人员分别与滦南县支油办、冀东监狱联系，共同进行现场勘察，优化线路路径，并通过地方支油部门做好养殖户的工作，确保了该工程的顺利实施。

4. 其他

一是节约油田投资。2009 年土地管理处全员自觉加强责任意识和成本意识，加强同地方政府的协调沟通，把节约油田投资作为降本增效的重点，采取多种途径减少用地、用海手续费用和补偿费用。

南堡 1–1 号人工岛经南堡 1–2 号人工岛至南堡 1–3 号人工岛航道是油田 3 座人工岛之间船只通行的重要通道，也是油田海上生产的重要生命线，油田用海长为 10 千米，宽 200 米，用海面积约 3000 亩。因该海域是滦南县传统的捕捞区，滦南县索要补偿非常高。土地管理处经过多次现场勘察和细致耐心地做工作，最终将补偿降低近一半，为油田节约了费用。

二是夯实基础。土地管理处党支部积极开展“党员四个带头”主题实践活动，激发了全体党员工作、学习的积极性，促进了生产经营指标的顺利完成。积极开展文娱活动，增强了队伍的凝聚力、向心力。在油田机关第六届职工篮球赛中，土地管理处获第一名；在唐山“一日捐”活动中，土地管理处全员积极行动，奉献爱心，共捐款 1300 元。

（张春娜　丁凤国）

油气储运

【概述】　2009 年随着南堡油田滚动开发地面工程建设的相继竣工投产，为油田油气集输与储运管理工作夯实了基础。全年先后投运接转站 1 座、联合站 1 座、海底输油管道 2 条、陆上输油管道 2 条、输气管道 1 条。

2009 年油田生产及处理原油 178 万吨，管道外输原油 171.04 万吨，外输天然气 14787 万立方米，生产轻烃 20902 吨，生产液化石油气 16668 吨，全年累计处理液量 2463.2 万立方米，污水外供水量 424.7 万立方米。

【油气集输与储运】 2009 年为满足油田开发需求，油气储运管理相继完成了 6 项改造及新建装置及配套设施的投产运行工作。

一是高 77 转油站拆迁改建工程。为配合唐山市渤海新城世纪大道的建设，实施了高 77 转油站的拆迁改建，该工程于 2009 年 8 月 18 日开工拆除后将原有高 77 转油站管辖的计量间 5 座和油井 44 口的产液输至高 29 转油站，工程于 9 月 20 日顺利完工并投产。

二是南堡 1–1 人工岛新建地面工程。南堡 1–1 人工岛油气集输规模 450 万吨 / 年，污水处理 2.5 万立方米 / 日，主要布局工程有油气生产、计量、原油脱水、污水处理以及配套的供配电、消防和自控系统等辅助设施建设。该工程于 2009 年 6 月 18 日完成了原油预脱水区的投产运行工作，9 月 15 日完成了污水处理系统的投产运行工作。

三是南堡 1–5 导管架平台改造工程。南堡 1–5 导管架平台油气集输规模 9.7 万吨 / 年，主要布局功能为油气生产、计量和集输以及配套的供配电、消防和自控系统等辅助设施建设；新建 1 条长 0.85 千米的南堡 1–5 导管架平台至南堡 1–3 人工岛海底管道 1 条。该工程于 2009 年 7 月 9 日一次投产成功，顺利通过南堡 1–5 导管架平台至南堡 1–3 人工岛海底管道和南堡 1–3 人工岛至南堡 1–1 人工岛海底管道接力式的将原油输送到南堡 1–1 人工岛脱水站进行处理。

四是南堡 1–29 导管架平台新建工程。南堡 1–29 导管架平台油气集输规模 13.4 万吨 / 年，共设 1 座生产平台和 3 座井口平台，平台之间采用栈桥连接，主要布局工程为油气生产、计量和集输以及配套的消防和自控系统建设；建设 2 条长均为 2.6 千米的南堡 1–5 导管架平台至南堡 1–3 人工岛海底输油管道和输水管道。该工程于 2009 年 8 月 8 日一次投产成功。

五是南堡联合站新建工程和南堡—高尚堡—迁安输油管道南堡至老爷庙段的投产运行。南堡联合站原油稳定处理规模 180 万吨 / 年，天然气处理能力 135 万立方米 / 日。该工程于 2009 年 10 月 8 日开始，相继完成消防系统投运，天然气处理系统的单机试车和联合调试工作，10 月 26 日，1 号岛来油，由维温系统加热至 60 摄氏度左右通过南高迁输油管道外输老爷庙联合站；10 月 30 日，天然气压缩单元、脱水单元、冷冻分离单元、轻烃分馏单元整体加载运行无故障，标志着南堡联合站主体工程投产一次成功等。

六是南堡 1–3 人工岛气举采油地面工程投产。原油集输规模 49 万吨 / 年，主要布局功能为油气生产、计量和集输、配套的气举采油方式的地面工艺流程以及配套的供配电、消防和自控系统等辅助设施建设。该工程通过前期对各项工艺参数调整与摸索于 2009 年 11 月 14 日正式投产运行。

（申　权）

公共事业

【概述】 2009年油田公共事业紧紧围绕"倾情建设冀东石油人的美好家园"这条主线，规范管理，提高服务水平，为职工群众提供了一个洁净、安全、舒适的工作和生活环境。

【管理工作】

1．"一卡通"管理

实施物业管理"一卡通"，是油田推进"美好家园建设"为职工家属办的一件实事。为了把这一惠民工程办好，矿区服务事业部统筹安排，对职工的婚姻、住房、工龄、职级等进行了调查摸底，使各类群体都能纳入"一卡通"范畴。根据国家及地方政府的相关政策及规定，结合油田实际，出台了《"一卡通"实施办法》，并在运行中严格执行，多次召开协调会议，及时解决遇到的各种问题。截至2009年12月底，共发放内部卡3781张（户），补贴资金1550余万元；住在油区外的报销户1047张（户），报销金额385万余元；发放内、外空卡540张。

"一卡通"实施一年来，取得了明显的成效，在民用水、电、气方面，2009年同比，节约水4.81万吨，平均每户下降27.29%；节约电15.35万千瓦·时，平均每户下降19.15%；节约液化气383.98吨，平均每户下降53.44%。

2．房屋管理

为确保职工能够安居乐业，矿区服务事业部按照"早动手、早准备、管护与维修相结合"的原则，深入现场，认真分析，及时制订房修计划，先后为51号小区、凤凰园小区13栋住宅楼进行了整体防水维修，为817户（次）住宅公用部位进行了零星维修；认真掌握油田住房交易动态，搞好住房交易登记，2009年共为职工办理住房交易登记手续174户次（其中：唐山51号小区64户，凤凰园小区20户，唐海基地90户）；建立了住房管理子系统，为107栋住宅楼4831套单元房的房屋及业主信息进行了录入，录入信息24.2万条。认真整理和组织填写石油馨苑小区565户共2457份住房合同，积极与地方政府部门和银行协调解决产权证、住房贷款手续的办理。

在公房管理方面对唐海东、西办公楼、南34办公区以及原井下作业公司办公区的办公室进行了调整，将原井下作业公司部分办公用房收交给井下作业公司；对油田唐山科研楼、光明路沿街商业房共计229间办公室的基本情况进行了普查、摸底和统计，建立了办公室管理电子档案和资料。

3．公寓管理

结合油田物业管理"一卡通"的实施，重新核定各单位住宿和就餐人员，对不符合住宿和就餐条件的人员给予了清退，按规定程序办理安排住宿和就餐人员1200余人，退宿、退餐400余人；及时解决了2009年新分配大学生的住宿和就餐问题；合理安排了2009年子女工的住宿及就餐问题。

4．绿化管理

认真抓好绿化的管护工作，矿区服

务事业部根据北方地区气候特点，组织完成了唐山、唐海基地绿化填平补齐；完成了唐山市政府分配给油田的南湖公园义务植树任务；在曹妃甸论坛会议召开前期，配合老爷庙作业区及时完成了唐海观光路周围的井场绿化工作。

5. 住房公积金管理

在住房公积金、住房维修基金管理方面矿区服务事业部一直把资金的安全问题放在首位，明确制度、规范程序、强化监督，确保资金的安全运作。一是完善资金使用审批程序，建立内控监督机制，对各项工作进行事前、事中、事后监督。二是严格会计核算制度，按月与银行对账，编制银行对账调节表，确保账账相符、账实相符，三是严格提取管理，加大审查力度，把好提取范围、提取手续、提取程序关，防止套取错支现象发生等。通过各个环节的严格把控，确保了油区住房公积金的运作安全。

截至 2009 年 12 月底，累计归集住房公积金总额为 34660.69 万元，累计提取住房公积金总额为 14926.00 万元，累计住房公积金余额 19734.69 万元。

（卞智勇）

第七篇

行政管理

行政工作

【概述】　截至2009年底，总经理办公室共有职工25人。下设秘书科、文书科、接待科、档案馆、油田驻北京办事处。2009年总经理办公室（以下简称办公室）紧紧围绕油田中心工作，克服多种困难，认真履行服务和协调两大职能，较好地完成了各项业绩指标和领导交办的各项工作任务，行政管理水平有了进一步提高。

【主要工作】

1．文秘

一是办文。先后起草完成了油田三届三次职代会报告、油田务虚会讲话等大型会议领导讲话材料20余篇；组织和制作各类多媒体汇报材料10余篇；完成油田信息上报工作，重点做好了上报股份公司相关部门和唐山市等相关工作汇报材料、报告、请示、函的起草工作；认真承担了油田办公会、领导到基层调研和各种专题会议的会议纪要整理工作等。

二是办会。成功组织了党和国家领导人、集团公司和股份公司领导到油田视察的接待准备工作；认真组织筹办了油田重大开发试验评审、油田二次开发方案审查等各类专题会议的会务组织工作；完成了集团公司、股份公司及相关部门召集的视频会议组织工作。同时，积极与各业务部门配合做好了各类专题会议和活动的组织筹划工作，会务管理专业化水平不断提高。

三是督查。在办公室的统一安排和部署下，按照油田领导的指示精神，把职代会工作报告、油田务虚会议定事项、领导到基层调研时确定的落实事项，以及油田办公会上确定的一些重大事项作为督办的重点，对需要督办的每项内容，都确定了专人负责落实，做到了件件有落实，事事有回音，确保了油田上下政令畅通。同时，根据油田领导的要求，积极做好了调查研究工作，为领导科学决策提供了第一手资料。

2．文书

坚持从细节入手，按照程序不逾越、节奏要加快的要求，急工作所急，努力提高办文效率和质量。同时，强化文件运行动态管理，急事急办，确保了公文运行不出差错。2009年共收到上级部门、地方政府等各类文件4232份，制发各类文件1000余份，承办、转阅次数7万余件。加强对公章和证明信件的管理，全年用印3000余次，未发生逾越程序和权限用章、用印的现象。

3．接待

2009年油田接待工作在总结过去接待经验的基础上，进一步把工作做细做实，做到礼貌、热情、周到。全年组织各类接待活动243批次，共计2200余人。同时，参与办理油田内部、外部各种会议60余次，圆满完成各项任务，接待工作基本达到了客人满意，领导放心。

4．保密

2009年油田在做好完善保密组织机构和加强保密制度建设的前提下，重点抓好了五项工作：

一是认真落实保密责任制管理。按照唐山市保密局文件要求，组织油田相关领导、两办主任、机要文书、档案馆等20余人签订了《涉密人员保密承诺书》，进一步落实了涉密人员的保密责任。同时，积极搞好了保密的宣传教育和培训。

二是加强了保密要害部门部位的管理。定期对油田确定的18个保密要害部门部位及保密重点单位（保密重点单位6个、保密要害部门6个、保密要害部位6个）进行工作检查与指导，要求各单位切实提高保密意识，加强保密管理与防范，确保国家秘密和油田商业秘密的绝对安全。

三是加强网络信息系统的保密管理。开展了上网计算机全面检查与整改工作，从技术上解决好内部不设防的问题，消除泄密隐患。

四是抓好涉密OA办公专网建设。按照集团公司关于涉密OA办公专网建设的工作要求，为总经理办公室文书科配置了3台计算机，分别用于接收上级来文、中间机和处理油田文件，并更换了保险柜和报警装置，为办公场所安装了防盗门窗，确保了办公场所的信息安全。

5. 信访

2009年油田信访工作紧密结合实际，畅通信访渠道，强化信访接待等工作，有效预防和妥善处理了信访突出问题。全年共处理来信来访65件（次），接待306人次，都做到了有序接待和妥善处置，未发生群体性进京越级上访事件。全年共组织召开信访稳定协调会12次，编发《信访稳定动态》20期，收集整理各类信访稳定工作信息94条，使各种信息得到了及时传递。

（王　煜）

档 案 管 理

【概述】 2009年油田档案工作坚持“收集齐全、整理科学、保管安全、服务满意”的工作方针，立足实际，面向未来，开拓创新，档案基础业务建设和档案信息化建设工作取得了新进展，档案管理水平进一步提高，为油田生产建设、经营管理、科学研究提供了优质可靠的服务。

【主要工作】

1. 基础业务

2009年油田档案工作坚持把勘探开发和重点建设项目的档案管理作为重点，将文件著录和案卷整理工作同步进行，全面加强基础业务建设，基本实现了档案资料“报送、交接通畅、著录及时、保管安全、借阅方便”的工作目标。一是修改完善了《档案馆工作职责》、《基本建设工程竣工验收管理实施细则》和《冀东油田公司机关处室、直属机构文件材料归档范围》等管理制度，为资料收集、整理奠定了基础。二是突出勘探开发类档案管理，重新确定归档范围及数量，并下发到生产单位，确保了勘探开发类档案及时、完整归档。三是加强外协项目档案管理，对于外协单位形成的档案，要求项目管理单位明确各方归档责任、归档范围、格式和数量等，竣工资料、科研报告等未经档案部门审核签字，不予结算，确保了归档资料的完整和及时。全年共接收各种档案资料67410份，电子文件4018张，向北京地质资料中心汇交勘探开发地质档案1401份，光盘212张，向油田各单位下发各类档案资料40958份。四是积极参与重点项目档案形成的过程管理，全年参与组织基本建设项目工程验收18场次，接收基建档案2850卷，光盘320张，其中完成了3个重大项目125卷的验收和整改工作。同时，接收文书档案3465件、会计档案4072卷。

2．提供利用

2009年油田档案馆突出借阅服务工作，为油田机关和基层单位提供了高效服务。主要拓宽服务渠道，通过油田局域网RTX系统预约、电话查询、送件上门、B/S发布馆藏各门类档案目录等方式，提供快捷便利的服务；不断提高借阅效率，勘探开发地质资料实现了二维条形码扫描借阅，减少了单次借阅时间；规定合理的档案借阅期限，并及时催还，提高了资料的利用效率。全年利用档案1657人次，25542卷次。

3．安全管理

油田档案馆采取有效措施，积极抓好安全管理，确保了档案资料的安全。一是在健全档案管理制度的前提下，积极开展安全检查，对照档案管理“八防”要求，对电器线路、温湿度测控仪表及防盗、防火系统等进行定期检查，按时填写各种检查记录，对文件归档、档案管理及借阅利用、鉴定销毁等工作环节认真自查，防止档案被窃、被焚、被淹及其他危害档案安全事件的发生。同时，开展档案馆馆区标准化建设，统一安全标识和消防器材编号。二是按照“消防应急预案”的相关要求，2009年8月开展“总经理办公室档案馆消防演习”，系统学习了日常消防基本知识，现场进行灭火器的操作演练。通过此次演习，使档案馆员工的组织能力、指挥能力、应变能力得到了锻炼。三是加强网上档案查询系统用户权限管理，确保档案信息安全。对网上档案查询系统进行三级管理，档案馆成员为管理员，其他各单位根据使用范围分为两组不同权限，确保了档案信息系统的安全。

4．业务培训

主要加强《中华人民共和国档案法》的学习，使档案管理人员有章可循；采取多种形式开展培训，多次参加外出培训、到兄弟单位交流学习，并派两名业务骨干赴中国人民大学学习档案专业研究生课程，不断提高档案人员的业务水平；对各二级单位专兼职档案人员、在建重（特）大项目的项目长单位、施工单位、监理单位等，采取请进来走出去、现场指导、跟班培训等方式进行培训，大大提高了油田档案专兼职员工的专业素质。

5．队伍建设

档案馆组织学习和宣传档案工作的楷模刘义权同志先进事迹，树立了档案人员坚守平凡、脚踏实地、无私奉献的工作作风。2009年档案馆在完成本职工作的情况下，利用近两个月时间整理了勘探开发2276口井遗留档案、其中著录单井资料、月报、原图等36813份、引入光盘2474张、粘贴条形码69913条，使勘探开发地质档案资料目录计算机管理、查询工作基本踏上了正规步伐。

（袁　敏）

史志编纂

【概述】　2009 年是史志工作任务最重的一年，一年内做好了三卷年鉴的编纂工作。在油田编纂任务繁重和编写人员少的情况下，史志办人员充分发挥主观能动性，合理安排工作内容，加快编纂进度，调动各方面的积极性，确保了 2009 年史志编纂任务的完成。

【年鉴编纂】

1．2007 卷

2007 卷是跨年度的工作，本应在 2008 年底前出版发行，但由于种种原因而拖延。本卷年鉴编纂工作于 2007 年元月初开始操作，2008 年 5 月前完成印刷稿任务，一直拖到 2009 年 2 月底才将印刷稿送石油工业出版社做编辑出版发行工作。在长达 10 个月的审稿、核稿、落实问题期间，史志办同出版社都做了大量审稿与核实工作，仅 2007 卷图片而言就进行了 13 次增补和替换，文字的校对、核准 24 余次，2009 年 10 月底图片与正文才正式确定下来。2009 年 11 月底出版发行，印数 750 册。

2．2008 卷

本卷年鉴于 2008 年 12 月 25 日前完成组稿任务，2009 年元月初到 4 月 20 日前完成送审稿任务，交油田印刷厂改错与排版，5 月中旬将送审稿取回。但经审查，部分照片未能过关，接着又重新挑选、制作照片，6 月 4 日才将照片确定下来，然后再次送油田印刷厂改正，6 月 20 日完成修改后的送审稿，6 月 22 日将送审稿发到编委会成员审稿。根据审稿人的意见，史志办对文字进行了综合修改、增减；先后 6 次对文字、数据等进行校对、计算、核准，查阅档案资料 6750 余卷（件、份）；组织完成了终审稿和印刷稿；稿子送出版社后核稿 3 次，完成了出版社提出的问题的核实，先后两次去北京审稿，对审出的问题又进行核实、改正，完成了大量、具体、细致的工作。合同签订后又对文字与照片进行了多次修改、替换、补充等，直至 2009 年 11 月中旬才把正文与照片确定下来，12 月中旬出版发行。

3．2009 卷

三卷年鉴编纂同步进行，这对史志办来说是一个严峻的挑战。但史志办克服种种困难，争分夺秒赶进度，确保了 2009 卷编纂工作的正常进行。一是制定了 2009 卷编写大纲，并于春节后行文下发。二是积极催稿，5 个月催稿打电话 2300 余次，最多的催稿十余次。三是加快了审稿、改稿的进度，坚持边催稿边改稿的办法，对 2009 卷进行了审稿、改稿 420 余次，稿件修改最少的 3 次，最多的 7 次。四是主动做好了 2009 卷照片的征集、筛选、制作、增补、替换等工作。五是利用两个月时间完成了文字的重新组稿任务。六是完成了年鉴文稿和各种材料约 100 万字的打印、校对、审核等。

【其他】　2009 年史志办在做好三卷年鉴工作的同时，还完成了其他工作任务：主要组织完成了 2007 卷、2008 卷印刷合同的签订工作，2009年7月25日油田与石油工业出版社正式签订了印刷出版合同，合同规定2009年底前出版发行；史志办人员去杭州开会一周。同时，还完成了史志办的日常工作和领导交给的临时性任务等。

（高福仲　李　洁）

第八篇

党群工作

党委办公室

【概述】　截至2009年底，党委办公室（企业文化处、团委）共有在册职工9人。下设秘书科、企业文化科、机要文书科、宣传科、团委办公室5个科室。2009年党委办公室充分发挥职能作用，在办文办会、维护稳定、综合治理和队伍建设等方面做了大量工作，较好地完成了各项工作任务。

【主要工作】

1．文秘工作

一是办文。强化“严、细、实”的工作作风，认真做好了文字材料的起草工作。2009年党委办公室起草文件141份，起草（整理）领导讲话45份，28.3万字；起草综合性汇报、调研材料15份，12万字；编发情况反映31期，6.5万字；起草会议纪要20期，4.9万字；编发《和谐油区》共建简报5期，1.1万字。全年收阅办理中央、省、市、集团公司等各类文件739份，公文处理及时率达到了100%。

二是办会。认真做好了油田党委会、党群工作例会以及其他各类专题会议的会务组织工作，全年组织会议40余次。其中学习实践活动动员大会、和谐油区共建座谈会、宣传工作会议、综合治理工作会议等会议13次。

三是接待。2009年先后参与接待了原中央政治局常委、国家副主席曾庆红视察油田和集团公司蒋洁敏总经理、廖永远副总经理等领导来油田调研，完成了省国资委领导关于学习实践活动的专题调研和东北化工销售公司领导来油田考察的接待工作，高质量、高水平地完成了各项接待任务。

四是调研。2009年党委办公室先后就各单位学习实践活动、基层队站企业文化建设、感动冀东故事征集、信访稳定、综合治理等情况进行专项工作调研，及时将有关信息反馈油田领导；对油田铁人基层队、劳动模范的选树工作进行了扎实的调查摸底，保证了典型的真实性、代表性。同时，带领南堡油田作业区、油气集输公司有关人员赴辽河油田专题调研企业文化、基层建设等工作，学习兄弟油田企业文化建设等方面好的经验。

五是业务培训。会同总经理办公室，认真组织筹备办公室系统业务培训，召开了办公室系统工作座谈会。举办了2009年通讯员培训班，邀请中石油影视中心、唐山广播电视报、唐山劳动日报的资深编辑为油田各二级单位的100余名特约记者、通讯员进行了集中培训，进一步规范了在写作中经常涉及的诸多事项，开拓了通讯员的思路。

2．信访稳定

一是日常工作。油田信访稳定办全年共处理来信来访65件（次），接待306人次，牵头组织召开维护稳定协调会12次，编发《信访稳定动态》20期。同时，调处了有偿解除劳动人员再就业、子女就业、劳资纠纷、住房、物业管理“一卡通”等诸多热点信访事项，有效维护了油田正常的生产经营秩序。

二是抓好“两会”期间的信访稳定工作等，严格落实领导干部24小时值班制度，实行各类信息日报制度和突发事件时报制度，按照事不过夜的原则，积极做好了各类维护稳定工作信息的处理、反馈工作。围绕个别信访重点问题，进行专题调研，不定期组织对油田不稳定群体和因素展开集中拉网式排查，对重点潜在不稳定人员确定了直接责任人、包案责任人以及防控措施等，确保了油田和谐稳定的局面，受到了集团公司维稳办的嘉奖。

三是及时处理突发群体事件，按照“统一指挥，分级负责，教育为主，惩处为辅”的方针，协调处理好了各方利益关系；做好了老上访户相关事项的协调处置工作。除个别棘手问题外，对来信来访事件均能及时进行妥善处理。

3．综合治理工作

一是完善组织机构与健全规章制度。组建了综合治理办公室，各二级单位建立了治安保卫组织机构，成立了兼职治安保卫部门，将乙方施工单位纳入油田社会治安综合治理工作范围。继续实行社会治安综合治理领导责任制和一票否决制，加大了责任追究力度和考核力度，定期通报检查考核情况，并将社会治安综合治理工作列入年终和谐企业考评。同时，加大了对油田综合管理工作的防范力度。

二是开展专项整治。开展涉油涉气违法行为专项整治，打击了盗窃油田物资、寻衅滋事、非法设障扣车、断路堵路等干扰油田安全生产的违法犯罪活动和油田内部各类违法犯罪活动。重点打击涉油刑事犯罪活动，使各种危害生产案件有所控制。同时，还开展了“战百日，迎国庆”油气田整治专项行动。

三是加强沟通协调。坚持推进联席会议制度，积极开展工作交流，邀请唐山市政法委、东油分局参加油田综合治理工作会议，定期通报油区和输油气管道沿线治安情况，分析治安形势，共同解决涉油问题，提高了社会治安联合防控、矛盾纠纷联合化解、重点工作联勤联动、突出问题联合治理的水平。

2009年党委办公室党支部被评为油田机关党委“先进党支部”，宣传科被评为公司机关党委“双文明”先进集体，信访稳定办公室被评为集团公司维稳信访工作先进集体。

（左　鸿）

组织工作

【概述】　截至2009年底，油田党委组织部有员工4人，下设组织科和干部科。油田党委下设二级党委12个、党总支15个、党支部204个；党员2815人，其中预备党员77人；申请入党积极分子276人。2009年油田党委大力推进党建工作质量管理体系，全面加强党的基层组织建设，为油田持续稳定提供了组织保障和精神动力。

【主要工作】

1．班子建设

油田党委以创建“四好”班子为目标，大力加强领导班子制度、思想政治和作风建设，努力提高领导干部“五种能力”，促进了班子整体工作能力的提高。一是认真落实中心组学习制度、“三重一大”决策制度和《党委十项工作制度》，健全和完善了领导班子议事决策程序，从而保证了领导班子决策的科学民主。二是2009年4月召开了油田两级领导干部民主生活会，进一步沟通了思想，改进了作风，增强了各级领导班子凝聚力和战斗力。三是认真落实党委（总支）书记党建工作述职制度，2009年底对二级党委（总支）书记党建工作述职情况进行了考核、测评，参加考核测评的29名党委（总支）书记合格率达100%。

2．基层党组织建设

一是进一步完善党建质量体系，基层党建工作水平不断提高，按照党建质量体系要求，2009年5月，采取“听、查、看、问”等方式对各单位的党建质量体系运行情况进行了检查。结果一类党委（总支）24个，占92.3%；在抽查的49个党支部中，一类党支部46个，占93.9%。

二是开展以“四创”为主要内容的“创先争优”活动。各单位结合本单位实际，积极开展“创新、创优、创先、创效”的“四创”活动，全年上报“四创”项目26项。通过开展“四创”活动，使党建工作与生产、安全、管理工作有机结合，充分发挥了党组织的政治核心作用、战斗堡垒作用和党员的先锋模范作用，“四创”活动项目取得了显著成效。

三是加强基层党支部建设，按照基层党支部建设“六个一”要求，先后调整、任免基层支部书记38名。加强了对基层党支部书记的培训，3月下旬，对32名50岁以下的新任基层党支部书记进行了岗位培训和任职资格考试，合格率达97%。8月下旬，组织举办了基层党支部书记培训班，162名基层党支部书记、党办主任、组织员参加了培训，收到了良好效果。

“七一”前夕，对油田评选的10个红旗党支部、10名模范共产党员、14个先进党支部、46名优秀共产党员及25名优秀党务工作者进行了表彰。

四是召开油田第一次党代会。2009年11月，油田184名代表出席了油田第一次党代会，并选举产生了中国共产党中国石油冀东油田公司第一届委员会和纪律检查委员会。油田党委委员由张国旗、苟三权、金明权、常学军、焦向民、席励新、董月霞、严九、修景涛9人组成；油田纪律检查委员会委员由金明权、李志华、刘占军、刘相民、刘蕴华、张宏宝、李志奎7人组成。

3．党员队伍建设

一是加强党员经常性教育。深入坚持党员教育制度和“三会一课”制度，及时组织党员进行政治理论教育，使广大党员牢固树立责任意识，并在油田发展中积极发挥了模范带头作用。

二是做好发展新党员工作。油田党委组织部按照组织发展十六字方针，以科研、生产一线为重点，积极做好发展新党员工作，重在考察培养，严把“入口关”。2009年3月，党委组织部举办了入党积极分子培训班，共有73名入党积极分子参加了培训。全年油田新发展党员65人。2009年党员队伍状况、发展党员统计，见表8-1。

表 8-1　2009 年油田党员队伍状况、发展党员统计表

<table>
<tr><th colspan="3">类　别</th><th>党员总数（人）</th><th>发展党员（人）</th></tr>
<tr><td rowspan="3">人　数</td><td colspan="2">合　计</td><td>2815</td><td>65</td></tr>
<tr><td colspan="2">正式党员</td><td>2738</td><td>—</td></tr>
<tr><td colspan="2">预备党员</td><td>77</td><td>65</td></tr>
<tr><td rowspan="2">性　别</td><td colspan="2">男</td><td>2108</td><td>44</td></tr>
<tr><td colspan="2">女</td><td>707</td><td>21</td></tr>
<tr><td rowspan="2">民　族</td><td colspan="2">汉</td><td>2736</td><td>65</td></tr>
<tr><td colspan="2">少数民族</td><td>79</td><td>—</td></tr>
<tr><td rowspan="6">文化程度</td><td colspan="2">研究生</td><td>188</td><td>—</td></tr>
<tr><td colspan="2">大学</td><td>883</td><td>27</td></tr>
<tr><td colspan="2">大专</td><td>639</td><td>26</td></tr>
<tr><td colspan="2">中专</td><td>307</td><td>7</td></tr>
<tr><td colspan="2">高中</td><td>341</td><td>4</td></tr>
<tr><td colspan="2">初中及以下</td><td>457</td><td>1</td></tr>
<tr><td rowspan="5">年　龄</td><td colspan="2">35 岁以下</td><td>853</td><td>42</td></tr>
<tr><td colspan="2">36—59 岁</td><td>730</td><td>14</td></tr>
<tr><td colspan="2">46—54 岁</td><td>389</td><td>9</td></tr>
<tr><td colspan="2">55—59 岁</td><td>443</td><td>—</td></tr>
<tr><td colspan="2">60 岁以上</td><td>400</td><td>—</td></tr>
<tr><td rowspan="4">入党时间</td><td colspan="2">1949-10—1966-04</td><td>40</td><td>—</td></tr>
<tr><td colspan="2">1966-05—1976-10</td><td>406</td><td>—</td></tr>
<tr><td colspan="2">1976-11—2002-10</td><td>1443</td><td>—</td></tr>
<tr><td colspan="2">2002-10 以后</td><td>926</td><td>65</td></tr>
<tr><td rowspan="4">职　业</td><td rowspan="2">在职党员</td><td>干部</td><td>1579</td><td>56</td></tr>
<tr><td>工人</td><td>480</td><td>9</td></tr>
<tr><td colspan="2">退休党员</td><td>510</td><td>—</td></tr>
<tr><td colspan="2">其他党员</td><td>246</td><td>—</td></tr>
</table>

（廖亚军）

纪检监察

【概述】　截至2009年，油田纪检监察处共有干部5人，下设案件检查科和效能监察科2个科室。

2009年油田党风建设和纪检监察工作紧紧围绕油田中心工作，以推进惩防体系建设为主线，全面落实领导人员廉洁自律、查办案件、效能监察和源头治理等重点工作，为油田实现科学发展、和谐发展提供了坚强有力的纪律保证。

【反腐倡廉】

1．廉洁自律教育

油田两级纪委坚持以党员干部和关键岗位人员为重点，运用专题党课、案例剖析、参观警示教育基地、预防犯罪讲座等形式，深入开展反腐倡廉教育，筑牢党员干部拒腐防变的思想防线，自觉做到警钟长鸣。2009年，中央连续出台了《中国共产党党员领导干部廉洁从政若干准则》、《国有企业领导人员廉洁从业若干规定》等4个反腐倡廉法规和文件，油田及二级党委高度重视，采取中心组学习、专题辅导、知识竞赛等方式认真学习贯彻，深刻领会精神实质。全年油田各单位安排中心组集体学习91次，组织播放警示教育片163场次，组织副科级以上干部和关键岗位人员签订《廉洁从业承诺书》1450余份；发放学习资料2900余册，举办反腐倡廉文艺演出2场，征集廉洁警句1297条，书法绘画223份，有19640余人次接受了党风建设和反腐倡廉教育。

2．党风廉政建设

2009年按照“一岗双责”的要求，年初，油田两级党政主要领导与所属单位、部门层层签订了《党风廉政建设责任书》，并纳入领导班子和领导干部年终考核。各单位采取多种方式，加大对落实党风廉政建设责任制的检查力度，形成了横向到边、纵向到底，上下联动的党风建设责任机制。

大力加强惩防体系建设，各职能部门认真落实油田《惩防体系建设2008—2010年推进计划责任分解》中的相关任务，确保惩防体系建设按计划稳步推进。为贯彻落实中央《关于深入开展“小金库”治理工作的意见》的通知精神，进一步严肃财经纪律，促进领导干部廉洁自律，6月下旬，油田纪检监察处、财务处、审计处三部门联合开展了“小金库”专项清查，29个单位的党政主要领导就不设“小金库”进行了书面承诺。

7月，根据集团公司党组纪检组统一安排，对油田党风廉政建设责任制落实情况进行了全面检查，认真查找存在问题，提出改进措施和建议，明确了下一步抓好党风廉政建设的工作重点和目标。

3．信访举报和案件查处

2009年油田纪检监察通过上级转办、来信来访、电话及电子信箱等多种信访渠道，受理群众信访举报17件，自立案件1件，司法机关移交案件1件。对群众反映的4名党员干部进行了谈话提醒；对2名违纪违规人员给予了党纪政纪处分。11月，集团公司监察部信访审理室到油田进行信访及案件查处工作检查调研，油田信访案件查办工作顺利通过检查。

【其他工作】

1．效能监察

为防范和解决工程建设、物资采购等重要领域易发多发问题，按照集团公司监察部的工作部署，结合油田实际，开展了物资集中采购管理、南堡4-1、4-2人工岛及进岛通道工程建设项目管理和经济运行管理三个项目效能监察。油田专门下发文件，成立领导小组，加强对此项工作的组织领导。油田监察部门按照相关程序认真组织开展效能监察，经过相关部门、单位的配合，三个效能监察项目共发现问题40个，提出整改意见建议31条，修订完善7项管理制度。

2．日常监督

2009年重点加强了对各级领导班子和领导人员履行职责及落实油田重大决策部署情况的监督检查，参与了领导班子和领导干部年度业绩考核及述职述廉情况的测评，加强了对项目谈判、物资采购、工程招投标等重要经济活动的日常监督，维护了油田利益。纪检监察部门全年共参与经济运行集中办公会、工程建设招投标、干部考核、岗位竞聘、职称评聘等重要事项监督150多次，参与招标871大项，发现问题36个，提出建议32条，较好地履行了纪检监察部门的监督职能。

3．自身建设

按照“政治坚强、公正清廉、纪律严明、业务精通、作风优良”的要求，油田两级纪委大力开展深入学习实践科学发展观活动和“做党的忠诚卫士，当群众的贴心人”主题实践活动，进一步加强纪检监察干部队伍自身建设，增强做好党风建设和反腐倡廉工作的责任感。加强纪检监察理论学习和业务培训，强化干部队伍能力建设，先后选派2人参加集团公司举办的效能监察和党风建设信息管理系统培训。针对党风建设和反腐倡廉建设面临的新情况、新问题，纪检监察部门认真组织调研并撰写论文，参加中国监察学会石油分会片组理论研讨交流。油田选送的论文《以科学发展观为指导，做好纪检监察工作的几点思考》获研讨会二等奖。

（夏玉英）

企业文化建设

【概述】　2009年油田围绕“倾力建设现代化大油田、倾情建设冀东石油人美好家园”的工作主线，大力加强企业文化阵地建设，培育特色文化，为油田又好又快发展提供了强劲动力。

油田注重发挥典型的示范引导作用，选树了油田10个“劳动模范”、8个“铁人基层队”等先进典型；大力宣传劳动模范事迹，在唐山、唐海两地举办了3场劳动模范事迹报告会，号召油田广大职工向油田劳动模范学习，赶超先进、争作贡献。坚持倡导铁人精神，组织播放《铁人》影片6场，观影人员近5000人次，汇编影片《铁人》观后感上下部共55篇；组织开展了“中国石油·榜样”网络宣传和“冀东·榜样”先进事迹巡展，约3000余名干部职工观看了展览。各级党组织在广泛开展学习先进典型活动的基础上，积极选树本单位典型，制定了“星级员工”评选办法，每月开展一次“岗位明星”评比活动，增设创收增效模范、安全生产模范等单项奖的评选，调动了学习先进、崇尚先进、争当先进的积极性。

【建设】

1. 基层建设

以“两创一达标”活动为载体，持续实施油田3—5年基层建设工作规划，督促各单位做好2009年重点工作的落实，使基层工作制度更加完备，考核力度更加合理，员工行为更加规范，管理水平稳步提升。

2. 文化建设

一是全面推进文化阵地建设。2009年，集团公司思想政治工作部命名油田青少年宫思想教育基地和南堡展厅为第四批“中国石油企业精神教育基地”，形成了南27发现井、青少年宫思想教育基地和南堡展厅等冀东展馆群。其中，南堡展厅全年接待各种团体参观20多批1200人次。根据油田安排，着手筹备在唐山新办公楼辅楼建设一座企业展厅。专门成立了工作组，召开了5次方案设计研讨审查会，咨询了大庆、长庆等6家兄弟单位的展厅建设情况，展厅设计制作工作有序推进。

二是做好标识应用与管理的规范。2009年11月初，对各单位标识使用情况进行了自查，共查出9类21个问题。集团公司华北片区标识应用与管理专项检查组到南堡油田作业区、志达公司等单位现场进行了检查，对油田的标识应用与管理工作给予充分肯定。

三是加强职业道德建设。认真执行《中国石油天然气股份有限公司高级管理人员职业道德规范》、《中国石油天然气股份有限公司员工职业道德规范》，印刷400份《中石油高管确认书》，下发各单位，组织了副处级以上领导干部的签订工作，并顺利通过集团公司内控体系检查。

3. 和谐共建

结合“和谐油区”共建实施方案，制定下发了《2009年“和谐油区”共建工作要点》，明确了全年共建活动的主要内容。组织召开了“和谐油区”共建座谈会，对“和谐油区”共建“四比四赛”劳动竞赛9个先进单位、15个优秀单位、16名共建先进工作者进行了表彰，对重点任务进行了安排部署。举办了冀东油区首届“渤钻杯”篮球邀请赛，进一步活跃了广大参赛员工的业余文化生活，加强了共建单位之间的沟通交流，营造了和谐氛围，推动了“和谐油区”共建活动的深入开展。

（刘东宇）

工会工作

【概述】 截至 2009 年底，油田工会办公室共有职工 8 人，下设组织民管集体合同部、经济文体综合部、女工生活保障部。2009 年油田工会深入贯彻落实党的十七大和中国工会十五大精神，团结动员油田广大职工迎难而上，群策群力，同舟共济，充分发挥主力军作用，努力开创油田工会工作新局面，为建设科技、绿色、和谐的现代化大油田作出了应有的贡献，继续保持了全国模范职工之家等多项荣誉称号。

【组织建设与民主管理】 组织建设方面。2009 年 1 月 15 日，油田召开了三届三次工会会员代表大会，审议并通过了题为《群策群力、同舟共济，为实现油田既定目标而奋斗》的工会工作报告；7 月调整了油田工会委员会，根据工作需要及时调整、健全了油田工会有关专门委员会，各级工会始终保持了组织健全。工会基础工作进一步夯实，按照河北省总工会的要求，实行了工会组织工作计算机管理，以工会基础资料网络管理为基本内容，对各二级单位工会干部 120 人进行了业务培训。

民主管理方面。油田两级职代会制度得到了较好的坚持和落实，内容不断丰富，形式不断创新，实现了效率与效果并重，较好地调动和保护了广大职工参与企业民主管理的积极性。2009 年 1 月 15—16 日，油田 2009 年工作会议暨三届三次职工（会员）代表大会在唐海教培中心报告厅举行，281 名职工代表参加会议。会议听取审议并通过了总经理工作报告、财务工作报告，还审议通过了提案工作报告，听取了油田领导的述职，民主评议了油田领导。

抓好集体合同工作，坚持源头维权，定期监督检查集体合同履行情况，杜绝了违反集体合同、损害职工合法权益事件的发生。完成了油田工资专项集体合同的签订工作，至此，油田的集体合同工作实现了包括总的集体合同加工资、劳动安全卫生、女职工特殊保护三个专项集体合同的“1+3”模式。

【工会活动】

1．劳动竞赛

深入开展了“夺油上产、降本增效”主题劳动竞赛活动。劳动竞赛活动重点围绕产量、产值、成本、利润、安全、服务等指标广泛开展。各二级单位共组织集体赛 93 项、个人赛 118 项，参赛职工 6000 余人次，8 个单位荣获 2009 年度劳动竞赛优胜单位奖，38 个基层队站荣获劳动竞赛优胜集体奖，30 名同志荣获劳动竞赛优胜个人奖。

2．合理化建议

2009 年 5 月，油田工会与财务处联合组织了“我为降本增效献一策”专题合理化建议征集活动。各二级单位工会坚持每半年组织一次合理化建议征集活动，全年共征集建议 2000 余条。为提高职工建议积极性，各级工会实施了优秀合理化建议奖励制度。

3．送温暖工程

坚持实施了送温暖和金秋助学工程。2009年春节、中秋、国庆节前夕，油田领导走访慰问了生活困难的职工、患大病特病职工、职工遗属、油田老领导、离退休老党员、老干部、劳动模范、基层单位职工，把组织的温暖和关怀送进了困难职工家庭。在2009年的“金秋助学”活动中，向22名家庭困难的职工子女发放助学款4.9万元。通过深入实施送温暖工程，实现了“每一个困难家庭生活有保障、看得起病、子女上得起学”的扶贫帮困工作目标。

4．文体活动

2009年各项文体活动亮点纷呈，丰富了职工精神文化生活。

先后组织了“迎新春文艺晚会、元宵节焰火晚会、“三八”靓丽风采时装模特表演赛、油田第十届职工篮球赛、冀东油区首届“渤钻杯”篮球邀请赛、“展石油儿女英姿，庆祖国六十华诞”职工文化艺术周活动和油田第五届职工运动会、庆祝中华人民共和国成立60周年“石油儿女祝福祖国”文艺晚会等，都取得了良好效果。

“展石油儿女英姿，庆祖国六十华诞”职工文化艺术周活动由27个单位分成五个组分别承办一场晚会，业余演员达到520余人，现场观众8000人次以上。演员们通过歌曲、舞蹈、器乐、戏曲、诗朗诵等丰富多彩的艺术形式，热情讴歌新中国成立60周年的伟大变化、油田艰苦创业的光辉历程和发展建设的丰硕成果。随后，精选10个节目，赴一线慰问演出5场，近千名职工观看，深受一线职工欢迎。

油田第五届职工运动会参赛人数、规模和水平为历届之最，分青年、中年、老年3个组别设置了52个运动项目，其中，46个竞技项目、6个娱乐项目，参赛运动员达978人。共有255人获奖，40人打破20项油田运动会纪录。供电公司、油建公司、高尚堡油田采油作业区、勘探开发研究院、井下作业公司和油田机关位列团体总分前六名。同时，参加了油田以外的一系列文化活动。油田选送的小品《冀东掠影》参加河北省国资委和省广电局主办的《国资之歌颂祖国》文艺晚会，获得了突出贡献、优秀组织、优秀节目等6个奖项。

【其他工作】

1．职工疗养

油田工会认真听取广大职工的意见和建议，不断完善职工疗养工作制度，精心组织、科学安排，全年送出20批600余名职工家属前往10个疗养点疗养；组织了19名油田劳动模范及家属赴澳大利亚、新西兰参观考察，并采取有效措施确保了疗养人员的安全。

2．爱国爱企教育

按照油田党委关于开展爱国爱企教育“十个一”活动的要求，油田工会办公室与党委办公室共同组织了庆“五一”劳动模范座谈，油田劳动模范向全体职工发出了《倡议书》；组织油田4000余人观看了电影《铁人》，使广大党员、干部、职工普遍受到了一次铁人精神的教育。

（朱　麟　董克满）

共青团工作

【概述】　截至2009年底，油田共有35岁以下青年3462人，团员1336人；共有团委7个、团总支17个、团支部103个。2009年，油田团委积极推动教育内容、活动载体、联系方式、团建方式创新，激发青年队伍活力，团结带领广大团员青年积极投身于建设现代化大油田的具体实践，充分发挥了生力军和突击队作用。油田团委荣获河北省国资委“抗震救灾先进团组织”称号，并被授予“抗震救灾杰出组织奖”。

【工作创新】

1. 教育内容创新

一是科学发展观教育。2009年主要通过自学、集中培训、专题辅导、开展“解放思想大讨论”等形式，引导团员青年加深对科学发展观精神实质和思想内涵的理解。全年共涌现出河北省国资委团委“优秀青年”2名、“新长征突击手”3名、“优秀团务工作者”3名、“优秀共青团员”3名。

二是理想信念教育。以新中国成立60周年和纪念“五四”运动90周年为契机，深入开展了“与祖国共奋进、与企业同发展”主题活动，召开了纪念“五四”运动90周年座谈会。基层单位团组织通过举办“庆祝建国60周年”知识竞赛、组织团员青年观看国庆阅兵式等活动，大力弘扬爱国主义精神，增强了青年的民族自豪感。

三是形势任务教育。开展了“坚定信心、攻坚克难”主题教育活动，通过主题演讲、形势任务报告、座谈、论坛等形式，油田广大青年认清了形势、牢记了目标。同时，部分基层单位团组织举办了“感恩与责任”主题演讲赛，开展向团员青年送书、举办读书交流会等活动，增强了广大团员青年的责任意识。

四是传统精神教育。主要组织开展了“新河北·新青年”主题征文活动，共收集到各单位团组织征文20多篇，推荐了5篇上报团省委，其中1篇入围30篇评奖征文，并荣获优秀奖。同时，在团员青年中深入开展了职业道德、家庭美德和社会公德教育和“感动冀东”三德小故事征集活动，共收集到征文103篇。

2. 活动载体创新

一是结合油田生产经营形势，开展了“降本增效作贡献、夺油上产勇争先”主题实践活动和“我为降本增效献一策”合理化建议征集活动。基层单位团组织大力开展修旧利废工作，增强了团员青年的成本意识。二是以“安全生产、青年争先”主题实践活动为载体，积极参与“安全环保基础年”活动。广大青年团员人人为增产增收献计献策；围绕日常生产实际问题，开展了“五小”科技攻关活动，油田团委共收集各单位“五小”成果47项，这些小建议、小改造、小设计、小革新、小发明对促进油田科学发展、和谐发展发挥了作用；开展了师带徒活动，引导青工互帮互学，引导更多青工学技能、练本领。同时，组织了青年科技论坛、质量管理成果发布会，为青年人展示才华、交流业务提供了平台。

3. 联系方式创新

油田团委联合新闻中心组织了首届业余播音主持大赛，78名团员青年报名参加，受到了广大团员青年的普遍欢迎；积极倡导婚事新办、文明节俭的良好风尚，组织举办了“相约冀东、真爱永恒”青年集体婚礼，17个单位和部门的25对新人携手走进婚姻殿堂，以人生最重要的仪式表达了对祖国60华诞的美好祝愿。“五四”前夕，部分基层单位团组织举办了青年联谊会，为青年员工搭建了沟通交流的桥梁。加强青年文明号创建，不断丰富“青年文明号”创建内容，拓宽活动领域，创新活动取得显著成效。油田有2个基层队荣获河北省“青年文明号”称号，1个基层队荣获省国资委“青年文明号标杆”称号，4个基层队荣获省国资委“青年文明号”称号。同时，油田团委还积极开展了志愿服务和“我为环境保护作贡献”活动。

4. 团建方式创新

加大了基层团组织调整、组建力度，根据油田机构改革调整的实际，成立了勘探开发建设项目部团总支、工程监督中心团总支两个团组织，配齐了团总支书记，基层团组织覆盖面达到了100%。1个基层团组织被河北省国资委团委评为“五四红旗团委标兵”，2个基层团组织被评为“五四红旗团委”，3个基层团支部被评为“五四红旗团支部”；建立了团委（总支）书记年终网上述职制度，将各单位团委（总支）书记的述职报告上传油田团委网页，接受广大团员青年的监督；建立了网络平台，开通了油田共青团网页，设置了要闻导读、通知公告、团情快报、交流园地等专栏，及时更新内容，反映油田团委和基层共青团工作动态，加强了各单位之间共青团工作信息的交流，起到了互通有无、取长补短目的。

（宋慎华）

新闻宣传

【概述】 油田宣传工作主要由党委办公室负责、新闻中心实施。主要承担油田对内、对外宣传工作，业务分为报社、电视台、网络新闻和《中国石油报》记者站等。现有员工15人，其中宣传科2人，新闻中心13人。

【教育与政研】 教育方面。2009年主要抓好了干部理论学习和职工的形势任务与爱国爱企教育。坚持“倾力建设现代化大油田，倾情建设冀东石油人的美好家园”这条工作主线不动摇，大力开展形势任务教育。年初，专门下发文件安排部署了教育活动方案，明确了活动的目的意义、目标要求和工作措施。组织编印了《务虚会精神解读》、《主题教育200问》，下发至基层员工手中，供广大员工学习使用；充分利用电视、报纸、网站等宣传阵地，大张旗鼓宣传主题教育活动内容。与基层员工畅谈油田发展形势，听取一线员工的意见和建议，使主题教育进井站、进岗位，收到良好效果；安排部署了爱国爱企教育“十个一”

活动，在油区职工家属中引起了强烈反响。活动期间，共组织新入厂员工、党团员青年 1000 人次参观油田教育基地，组织开展了《光辉的 60 年》图片展，激发了广大职工的干劲。鼓舞了油田广大职工的士气。

政研工作方面。油田《和谐油田建设理论与措施研究》课题报告，获得 2009 年度全国石油石化企业管理现代化创新成果二等奖。3 篇政研成果分获河北省国资委政研成果一、二、三等奖。3 篇作品获得中国石油职工艺术节文学大赛散文类优秀奖。

【新闻宣传】

1. 对内宣传

一是年初油田三届三次职代会暨工代会的召开，开展了集中宣传报道工作，推出了评论、侧记、代表访谈与风采、图片专版等报道形式，把集团会议精神和公司职代会精神及时传达贯彻给油田广大员工。

围绕油田深入开展学习实践科学发展观活动。进行了全方位的宣传报道，掀起了学习实践活动的宣传高潮，收到了良好的效果。

二是围绕集团公司总经理蒋洁敏来冀东调研考察，推出了《信心比黄金还重要》等 5 篇系列评论和《建设大油田的目标一定能够实现》等 2 篇通讯，动员引导广大员工把思想和行动统一到集团公司党组的要求上来，全力推进现代化大油田建设；围绕油田第一次党代会的胜利召开，会前营造氛围，发表喜迎党代会的报道，会后推出了一期 16 个版面的特刊，并连续报道了各单位贯彻落实党代会精神的情况等；围绕“夺油上产、降本增效”劳动竞赛和重点工程建设，重点报道了 3 号岛产能建设、南堡陆岸终端投产、原油商业储备库建设等 8 大重点工程进展情况，制作了“聚焦重点工程”专题网页，让广大员工从一张张精美的图片中感受油田的发展和变化。

三是开展了各类先进典型的宣传，重点宣传了集团公司基层干部典型、公司“铁人基层队”、“劳动模范”、“红旗党支部”和“模范共产党员”等集体和个人的先进事迹，使一大批先进典型深入人心。

2009 年来，出版《冀东石油报》52 期，配发评论 16 篇，通讯报道 94 篇，深度图片报道 27 个版面，近 300 张照片。策划、制作了 18 个网上专题报道。油田门户网站发布新闻消息 460 条；电视站制作播出新闻 156 期，一周要闻 52 期；播发新闻稿件 1971 条，制作专题片 14 部。

2. 对外宣传

一是主动加强与《中国石油报》社的业务沟通和联系，在油田第一次党代会召开前夕，及时刊发了油田党建工作通讯《党旗引领奋进路——冀东油田公司党建工作综述》，为油田党代会的召开营造了良好的宣传氛围。刊发了《精打铁算盘 细算效益账——冀东油田公司成本管理精细化纪略》报道，大力宣传油田精细化成本管理的做法和经验。此外，加强与集团公司门户网站管理人员的联系和沟通，及时把油田的重大新闻和专题报道上传给集团公司门户网站，充分展示了冀东油田的形象。

二是结合油田实际，有针对性地进行宣传策划，带领基层单位通讯员一道攻关，提升了宣传报道的深度。策划开展的《风雪冀东》、《春寒料峭海运忙》等图片报道受到版面编辑的好评；精心采写的《冀东油田油水井精细化管理见成效》、《作业区里度蜜月》等报道，赢得了称赞。

三是做好社会形象宣传，分别为河北省国资委、河北省政研会、唐山中国陶瓷博览会和曹妃甸论坛提供图片文字等宣传资料，扩大了企业的知名度。2009年油田在市级以上新闻媒体发表稿件240多篇（条），上传集团公司门户网站新闻70条。

【其他】　2009年大力强化对外宣传报道稿件审核流程管理，层层把关，确保正面宣传效应，杜绝了负面影响；举办了两期通讯员培训班，组织新闻中心记者和基层通讯员的学习交流，提高了基层通讯员的新闻写作水平。

2009年3月，组织召开油田宣传工作会议，对2008年宣传工作进行了全面总结，各单位2009年宣传工作任务进行了安排部署，表彰了高尚堡作业区等8个宣传工作先进集体、覃兆霞等15名优秀宣传工作者；组织举办了业余播音主持大赛，78名选手参赛，培育了后备人才。

（王金彪）

机关党委

【概述】　截至2009年12月底，油田机关党委共有职工3人，机关党委负责管理20个处室、3个直属单位的24个党支部的工作。共有员工654人，党员324人，党员占员工总数的49.5%。

机关党委由7名委员组成，油田党委副书记、纪委书记金明权同志兼机关党委书记，负责机关党委的全面工作。金桂娟同志任机关党委副书记，负责机关党委的日常工作。

【建设】

1．组织和制度建设

一是基层党组织建设，做到了三个突出，即突出了立足本岗，比奉献；突出了服务生产，服务群众的主题；突出了义务奉献。通过“党员奉献日”活动的开展，弘扬了党员奉献精神。

二是党支部班子建设，根据机关处（部）室组织机构和人员变化的实际情况，及时对机关党支部进行了调整。重新组建了基建海工部党支部，并对财务处等5个党支部进行了调整，增补了委员。同时撤消了资金结算中心党支部和海工部党支部，进一步健全了组织机构，为支部各项工作的运行提供了强有力的组织保证。

三是组织发展，机关党委认真做好入党积极分子的发展工作，2009年新接纳党员8名，有 6名预备党员按期转为正式党员，为机关党员队伍注入了新的活力。

四是民评工作，机关各党支部根据要求，认真开展了民主评议党员工作，机关330名党员中328名参加了评议，其中预备党员7名，321名党员为合格，参评率为99.3%。在民主评议党员活动的基础上，评选出机关先进党支部6个，优秀共产党员36名，其中有2个党支部被评为油田级先进党支部，有7名被评为油田级优秀共产党员。

2．作风建设

机关各处（部）室以“三优三满意”为载体，组织开展机关作风建设整顿活动。一是处室领导高度重视，认真与被联系单位接洽，共同研究商量解决该单位困难与问题。如人事处针对南堡油田采油作业区单位新、员工适应性差（新增 68 人、转岗 87 人）等问题，组织专门培训班 13 期，开展岗位技能培训，并着手为他们解决了没有岗位训练平台的问题。二是充分发挥处室优势，在提高经济效益方面提供有益帮助，如投资公司、审计处，帮助瑞丰化工公司搞好经济活动分析，在投资、价格、物资采购等方面提出了很好的建议，从而为瑞丰化工公司节约成本 230 余万元。三是急基层所急，把基层遇到的困难当做是自己的责任，如土地管理处得知油建建安工作量十分繁重，地方工农关系紧张影响施工这一问题时，土地管理处专门安排了 2 名同志负责处理地方关系问题，经过多次协调，解决了实际的问题，确保 110 千伏线路和高 14 转施工的顺利完工等。

3．工会建设

一是劳动竞赛。2009 年机关劳动竞赛活动呈现出起点高、内容实、效果好的特点。生产运行处“创新、创优、创先、创效”为内容的“四创”劳动竞赛活动，针对新增海上运输项目，派人 24 小时盯在现场，及时掌握海运情况，靠前指挥，摸索出全新的船舶码头点对点区域性守候管理模式，1—10 月完成了 1–3 号人工岛钻机海运和生产等工作，比计划压减成本 2.12 亿元，同比节约船舶总费用约 65%。同时，在机关全体员工中开展“我为降本增效献一策”合理化建议征集活动，共提出了 267 条合理化建议，评出 34 条建议为优秀合理化建议。

二是喜闻乐见活动。2009 年机关工会在两节期间对职工的生活状况进行了摸底调查，共发放困难补助 11700 元，慰问困难人员 8 户，及时送去了组织的关心和温暖。在唐山市委、市政府组织的“一日捐”的活动中，机关全体同志纷纷慷慨解囊，拿出自己的一天工资捐给了特困地区，574 名同志捐款 45198 元。

积极组队参加了油田第五届职工田径运动会，54 名运动员参加了 30 个竞技、娱乐项目比赛，通过顽强拼搏，油田机关代表队夺得了 4 个第一名，2 个第二名，2 个第三名，5 个第四名，1 个第五名，2 个第六名，打破 3 项纪录，获得了团体第六名的好成绩。

成立了机关男女篮球队，积极参加油田第十届职工篮球赛，在此次比赛中机关女子代表队获得了的亚军、男子代表队获得了季军的好成绩；举办了油田机关“2009 年迎新春联欢晚会”。各处（部）室工会小组根据自身情况编排节目，晚会节目有舞蹈、小品、双簧等共计 15 个节目。组织了机关第六届职工篮球赛，土地管理处获得机关第六届职工篮球赛冠军。

三是职工疗养。2009 年机关工会在开展职工疗养工作中，本着公开、公平、公正的原则，增加透明度，维护好职工疗休养权利，并通过网络等形式做到疗养名额、疗养线路、疗养名单“三公开”。同时，全年安排健康疗养 35 人，先进个人疗养 4 人，圆满完成了全年的疗养任务。

（常立新）

第九篇

机构与人物

油田组织机构

一、机关处室及直属、附属机构（27个）

（一）机关处室（15个）

1．总经理办公室

2．生产运行处

3．规划计划处

4．财务处

5．人事处

6．企管法规处

7．质量安全环保处（冀东海洋石油作业监督处）

8．审计处

9．科技信息处

10．土地管理处

11．党委办公室（企业文化处、团委）

12．党委组织部

13．纪检监察处

14．工会办公室

15．机关党委

（二）直属机构（5个）

1．勘探部

2．开发部

3．工程技术部

4．基建海工部

5．投资公司综合办公室

（三）机关附属（7个）

1．勘探开发档案馆

2．资金结算中心

3．人才交流中心

4．再就业协调办公室（劳务派遣公司）

5．安全环保监督中心

6．工程质量监督站

7．信息中心

二、二级单位（分公司）（25个）

1．勘探开发研究院

2．钻采工艺研究院

3．唐山冀东油田设计工程有限公司（勘察设计研究院）

4．南堡油田采油作业区

5．高尚堡油田采油作业区

6．柳赞油田采油作业区

7．老爷庙油田采油作业区

8．井下作业公司

9．油气集输公司

10．油气销售公司

11．勘探开发建设项目部

12．工程监督中心

13．中国石油海上应急救援响应中心

14．供电公司

15．唐山冀东石油建设工程有限公司

16．供应处

17．唐山冀东石油机械有限责任公司

18．唐山冀油瑞丰化工有限公司

19．开发技术公司

20．唐山冀东油田能源开发有限公司

21．唐山北田油气开发有限公司

22．唐山冀东石油志达车辆服务有限责任公司

23．唐山冀东油田工程造价咨询有限公司（工程造价与价格定额部）

24．唐山冀东石油宾馆有限公司

25．矿区服务事业部（卫生处）

（1）社区管理中心（退休职工管理处）

（2）教育培训中心

（3）职工医院

（4）冀东油田物业公司

（5）社会保险中心

（6）新闻中心

油田人物

一、2009年底油田在职副处级以上领导干部

（一）油田领导班子

1．油田行政班子

序　号	姓　名	职　务
1	苟三权	总经理
2	张国旗	副总经理
3	常学军	副总经理
4	焦向民	副总经理
5	席励新	副总经理兼矿区服务事业部主任
6	董月霞	总地质师
7	严　九	总会计师
8	修景涛	副总经理、安全总监

2．油田党委班子

序　号	姓　名	职　务
1	张国旗	党委书记
2	苟三权	党委副书记
3	金明权	党委副书记、纪委书记、工会主席兼油田机关党委书记
4	常学军	党委委员
5	焦向民	党委委员
6	席励新	党委委员
7	董月霞	党委委员
8	严　九	党委委员
9	修景涛	党委委员

（二）油田副总师

序号	姓　名	职　务
1	王晓文	副总地质师
2	王玉林	安全副总监
3	杨洪升	总经理助理兼唐山冀东石油志达车辆服务有限责任公司董事长、总经理、党委书记
4	李志华	副总会计师兼财务处处长
5	陈仁保	副总工程师
6	刘占军	总经理助理
7	苑吉林	安全副总监兼井下作业公司经理

（三）享受特殊津贴人员

序号	姓　名	职　务	津贴性质	备　注
1	白亮清	监督中心副总工程师	一次性	20000 元
2	刘蕴华	党委书记、纪委书记、工会主席	一次性	20000 元

（四）油田机关及直属机构处（室）长

1．综合管理部门

序号	处　室	姓　名	职　务	级　别
1	总经理办公室	王纪昌	主　任	正处级
2	总经理办公室	付建华	副主任	副处级
3	生产运行处	路宝仲	处　长	正处级
4	生产运行处	张博郁	副处长	副处级
5	生产运行处	张兴京	副处长	副处级
6	生产运行处	满春志	副处长	副处级
7	生产运行处	高秀洪	副处长	副处级
8	规划计划处	冯俊山	处　长	正处级
9	规划计划处	李洪伟	副处长	副处级
10	规划计划处	薛万泉	副处长	副处级
11	财务处	邵玉明	副处长	正处级
12	财务处	刘老群	副处长	副处级
13	财务处	史国庆	总会计师	副处级
14	人事处	靳明三	处　长	正处级
15	人事处	李　斌	副处长	副处级
16	企管法规处	罗占刚	处　长	正处级

续表

序号	处　室	姓　名	职　务	级　别
17	企管法规处	吕博舜	副处长兼法律顾问	正处级
18	企管法规处	李　玲	副处长	副处级
19	质量安全环保处（冀东海洋石油作业安全监督处）	王铁刚	处　长	正处级
20	质量安全环保处（冀东海洋石油作业安全监督处）	郑士峰	副处长	副处级
21	质量安全环保处（冀东海洋石油作业安全监督处）	杨平原	副处长	副处级
22	质量安全环保处（冀东海洋石油作业安全监督处）	彭联合	副处长兼安全环保监督中心主任	副处级
23	审计处	高淑丽	处　长	正处级
24	审计处	文林亨	副处长	副处级
25	科技信息处	郝建明	处　长	正处级
26	科技信息处	崔永芳	副处长	副处级
27	土地管理处	丁凤国	处　长	正处级
28	土地管理处	靳连胜	副处长	副处级

2. 党群部门

序　号	处　室	姓　名	职　务	级　别
1	党委办公室（企业文化处、团委）	刘金平	主任兼企业文化处处长	正处级
2	党委办公室（企业文化处、团委）	卢增龙	副主任兼油田团委副书记	副处级
3	党委办公室（企业文化处、团委）	许玉臣	副主任兼维护稳定工作办公室副主任	副处级
4	党委办公室（企业文化处、团委）	贺松波	企业文化处副处长兼新闻中心主任	副处级
5	党委组织部	张宏宝	部　长	正处级
6	党委组织部	宋宇红	副部长	副处级
7	纪检监察处	刘相民	处　长	正处级
8	工会办公室、武装部	李宝夫	工会副主席、主任、副部长	正处级

续表

序　号	处　室	姓　名	职　务	级　别
9	工会办公室	吴晓星	副主任	副处级
10	机关党委	金桂娟	副书记、 工会主席	正处级

3. 直属机构领导

序　号	部　室	姓　名	职　务	级　别
1	勘探部	边　军	主　任	正处级
2	勘探部	曹中宏	副主任	副处级
3	开发部	刘泉海	主　任	正处级
4	开发部	席庆福	副主任	副处级
5	开发部	吴晨洪	总工程师	副处级
6	开发部	马会英	总地质师	副处级
7	工程技术部	张玉楼	主　任	正处级
8	工程技术部	韩　明	副主任	正处级
9	工程技术部	毕宏勋	副主任	副处级
10	工程技术部	陈永浩	总工程师	副处级
11	基建海工部	李凯双	主　任	正处级
12	基建海工部	贺廷昭	副主任	副处级
13	基建海工部	韩学东	副主任	副处级
14	基建海工部	王长军	副主任	副处级
15	投资公司综合办公室	王天庆	投资公司 副总经理、主任	正处级

4. 部分机关附属领导

序　号	单　位	姓　名	职　务	级　别
1	资金结算中心	李博敏	主　任	副处级
2	资金结算中心	王秋菊	总会计师	副处级

（五）二级单位（分公司）领导

序号	单位名称	姓　名	职　务	级　别
1	勘探开发研究院	穆立华	院　长	正处级
2	勘探开发研究院	刘蕴华	党委书记、纪委书记、 工会主席	正处级

续表

序号	单位名称	姓　名	职　务	级　别
3	勘探开发研究院	马　乾	副院长	副处级
4	勘探开发研究院	廖保方	副院长	副处级
5	勘探开发研究院	周凤鸣	副院长兼总工程师	副处级
6	勘探开发研究院	徐德英	副院长、安全总监	副处级
7	勘探开发研究院	陈能学	总地质师	副处级
8	钻采工艺研究院	李良川	院　长	正处级
9	钻采工艺研究院	魏忠文	党总支书记、副院长、工会主席	正处级
10	钻采工艺研究院	朱宽亮	副院长、安全总监	副处级
11	钻采工艺研究院	张立民	副院长兼总工程师	副处级
12	钻采工艺研究院	孙成林	副院长兼总工程师	副处级
13	钻采工艺研究院	郑家朋	总工程师	副处级
14	唐山冀东油田设计工程有限公司（勘察设计研究院）	范廷骞	总经理、院长	副处级
15	唐山冀东油田设计工程有限公司（勘察设计研究院）	马起蓥	党总支书记	副处级
16	南堡油田采油作业区（南堡油田开发事业部）	刘　伟	经　理	正处级
17	南堡油田采油作业区	王成明	党总支书记、副经理、工会主席	正处级
18	南堡油田采油作业区	李启清	副经理、安全总监	副处级
19	南堡油田采油作业区	赵恩军	总工程师	副处级
20	南堡油田采油作业区	苏景学	总地质师	副处级
21	高尚堡油田采油作业区	李东民	经　理	副处级
22	高尚堡油田采油作业区	尹占国	党总支书记	副处级
23	柳赞油田采油作业区	陈茂谦	经　理	副处级
24	柳赞油田采油作业区	陈立忠	党总支书记	副处级
25	老爷庙油田采油作业区	叶盛军	经　理	正处级
26	老爷庙油田采油作业区	谢宝财	党总支书记、工会主席	副处级
27	井下作业公司	杨俊驰	党委副书记、纪委书记、工会主席	副处级
28	井下作业公司	刘广江	副经理、安全总监	副处级

续表

序号	单位名称	姓　名	职　务	级　别
29	井下作业公司	李宏民	副经理	副处级
30	井下作业公司	刘亮钊	总工程师	副处级
31	油气集输公司	刘仕鳌	经　理	正处级
32	油气集输公司	刘志明	党委书记、纪委书记、工会主席	正处级
33	油气集输公司	张永东	副经理	副处级
34	油气集输公司	王建华	副经理	副处级
35	油气集输公司	吴印强	副经理	副处级
36	油气集输公司	刘天江	副经理	副处级
37	油气销售公司	张顺清	经　理	正处级
38	油气销售公司	孙绍振	副经理、安全总监	副处级
39	勘探开发建设项目部	冯京海	经　理	正处级
40	勘探开发建设项目部	朱志长	党总支书记、工会主席	正处级
41	勘探开发建设项目部	张建文	副经理	副处级
42	勘探开发建设项目部	高卫国	副经理、安全总监	副处级
43	勘探开发建设项目部	张继永	副经理	副处级
44	勘探开发建设项目部	杜志强	副经理	副处级
45	勘探开发建设项目部	孙艳秋	总经济师	副处级
46	工程监督中心	李祥银	主　任	正处级
47	工程监督中心	梁治安	党委书记、纪委书记、工会主席	正处级
48	工程监督中心	崔双民	副主任	副处级
49	工程监督中心	曹建新	副主任、安全总监	副处级
50	工程监督中心	张立国	总工程师	副处级
51	中国石油海上应急救援响应中心	李喜来	主　任	正处级
52	中国石油海上应急救援响应中心	丁　峰	党总支书记、副主任、工会主席	正处级
53	中国石油海上应急救援响应中心	张彦明	副主任、安全总监	副处级
54	中国石油海上应急救援响应中心	赵绍祯	副主任	副处级
55	供电公司	李建山	经理、党总支书记	正处级
56	供电公司	姜新和	副经理	副处级

续表

序号	单位名称	姓　名	职　务	级　别
57	供电公司	封　衡	副经理、安全总监	副处级
58	供电公司	杨永涛	副经理	副处级
59	唐山冀东石油建设工程有限公司	庞　文	董事长、党委书记、纪委书记、工会主席	正处级
60	唐山冀东石油建设工程有限公司	崔幼山	副总经理	副处级
61	唐山冀东石油建设工程有限公司	富景华	副总经理	副处级
62	唐山冀东石油建设工程有限公司	李敬恩	副总经理、安全总监	副处级
63	供应处	赵宗山	处　长	正处级
64	供应处	彭　辉	党委书记、纪委书记、工会主席	正处级
65	供应处	陈永生	副处长、安全总监	副处级
66	供应处	吕丽亚	总会计师	副处级
67	唐山冀东石油机械有限责任公司	张青振	总经理	正处级
68	唐山冀东石油机械有限责任公司	李志奎	董事长、党委书记、纪委书记、工会主席	正处级
69	唐山冀东石油机械有限责任公司	刘光明	副总经理	副处级
70	唐山冀东石油机械有限责任公司	刘兆海	副总经理、安全总监	副处级
71	唐山冀油瑞丰化工有限公司	郭留敢	董事长、总经理	副处级
72	唐山冀油瑞丰化工有限公司	倪　银	党总支书记、副总经理、工会主席	副处级
73	开发技术公司	汤井会	经　理	正处级
74	开发技术公司	冯荣辉	党委书记、纪委书记、工会主席	正处级
75	开发技术公司	冯　智	副经理、安全总监	副处级
76	开发技术公司	平红申	副经理	副处级
77	开发技术公司	李继文	总会计师	副处级
78	唐山冀东油田能源开发有限公司	邓宝庆	总经理	副处级

续表

序号	单位名称	姓 名	职 务	级 别
79	唐山冀东油田能源开发有限公司	王志增	副总经理	副处级
80	唐山冀东油田能源开发有限公司	宋景昌	副总经理	副处级
81	唐山北田油气开发公司	龙长河	总经理	副处级
82	唐山北田油气开发公司	杨建元	董事长、党总支书记、工会主席	副处级
83	唐山北田油气开发公司	杜 军	总会计师	副处级
84	唐山冀东石油志达车辆服务有限责任公司	石剑南	党委副书记、纪委书记、工会主席	副处级
85	唐山冀东石油志达车辆服务有限责任公司	鲁大成	副总经理、安全总监	副处级
86	唐山冀东石油志达车辆服务有限责任公司	陈永富	副总经理	副处级
87	唐山冀东石油志达车辆服务有限责任公司	付桂军	总会计师	副处级
88	唐山冀东油田工程造价咨询有限公司（工程造价与价格定额部）	黄瑞祥	总经理	副处级
89	唐山冀东油田工程造价咨询有限公司（工程造价与价格定额部）	张振清	副总经理	副处级
90	唐山冀东石油宾馆有限公司（冀东油田公司接待中心）	刘彦珍	董事长、总经理（主任）	正处级
91	唐山冀东石油宾馆有限公司	王秀川	常务副总经理	副处级
92	矿区服务事业部	孙国悦	常务副主任、党委书记、纪委书记、工会主席	正处级
93	矿区服务事业部	高 峰	副主任、安全总监	副处级
94	矿区服务事业部	陈小林	副主任兼唐山冀东油田工程造价咨询有限公司董事长、唐山勘探开发研究中心项目经理部经理	副处级
95	矿区服务事业部	董丽娟	总会计师	副处级

续表

序号	单位名称	姓　名	职　务	级　别
96	社区管理中心（退休职工管理处）	汪文春	主任、处长、安全总监	正处级
97	社区管理中心（退休职工管理处）	于景瑞	党委书记、纪委书记、工会主席	正处级
98	职工医院（卫生处）	宋国顺	院长（处长）、党总支书记	副处级
99	教育培训中心	李克州	副主任	正处级
100	教育培训中心	吴常安	党总支书记、工会主席	副处级
101	冀东油田物业公司	李晓英	经　理	副处级
102	冀东油田物业公司	戴红霞	党总支书记、工会主席	副处级
103	社会保险中心	李建学	主　任	副处级

（贾晓辉）

二、2009 年油田劳模谱

（一）荣获 2009 年度油田先进集体与个人名单

1. 先进集体名单

(1) 油田模范基层队（10 个）。

勘探开发研究院：滩海开发室

钻采工艺研究院：采油工艺室

高尚堡作业区：采油三队

南堡作业区：1-3 号人工岛采油队

勘探开发建设项目部：生产调度科

井下作业公司：作业一队

油气集输公司：高尚堡联合站

油建公司：油气工程队

瑞丰化工公司：化工厂

志达公司：客车队

(2) 油田先进基层队（26 个）。

勘探开发研究院：测井室

柳赞作业区：地质工程大队

老爷庙作业区：采油一队

工程监督中心：钻井监督科

开发技术公司：化验中心

油气销售公司：原油销售科

供电公司：变电运行工区

供应处：黑沿子转运站

海上应急救援响应中心：曹妃甸救援站

机械公司：光正分公司

勘察设计研究院：设备室

井下作业公司：作业八队

北田公司：生产科

造价公司：工程造价与价格定额部海洋工程预算科

能源公司：市场营销部

石油宾馆：唐山石油宾馆餐饮部

矿区服务事业部：综合办公室

物业公司：唐海综合维修队

社区管理中心：财务科

教培中心：第一幼儿园

职工医院：唐山门诊部

油田机关：生产运行处运输管理科、

土地管理处海域管理科、财务处价税综合科、工程技术部采油科、开发部油气藏管理科

(3) 油田先进班组（64 个)。

勘探开发研究院：勘探规划室勘探规划组、油藏评价室评价一组、物探室滩海地区解释组、开发规划室经济评价组、陆地开发室柳赞地质组、岩心与制图管理室制图组

钻采工艺研究院：注水工艺组、调剖调驱组、钻井液组

勘察设计研究院：勘测室测量三组

高尚堡作业区：高 29 转油站、高 14 转油站、高 104 计量站、高 5 转油站、高 63 转油站、高 9 注水站、维修队维修一班

柳赞作业区：地质工程大队动态室、维修队电气焊班、采油二队柳 15 注水站、采油四队柳 28 注水站、采油三队柳南转油站

老爷庙作业区：生产调度室司机班、采油一队维修监督班、采油四队北 28 转油站

南堡作业区：2–3 平台采油队南堡 2–3 采油班、地质工程研究所油藏动态室

勘探开发建设项目部：试油作业现场组、基建海工科地面工程组、计划经营科合同结算组

工程监督中心：基建海工监督科海工监督组

井下作业公司：大修一队作业一班、修保队点焊班、作业一队作业一班、作业六队三班、作业三队四班、技术部措施室、试油二队作业四班、特车一队泵车班

开发技术公司：油管厂油管库、测试大队测试二班

油气集输公司：高尚堡联合站卸油班、油气处理厂高运班、管道分公司首站

油气销售公司：石油产品科天然气销售班

供电公司：油区通信站外线班、计量检定中心实验班

供应处：黑沿子转运站水泥班、计划中心甲供材审核组

油建公司：油气工程队二班、电气工程队电气一班

机械公司：容器二车间、组抽车间

瑞丰化工公司：化工二厂二车间

北田公司：输气队

能源公司：供气站

志达公司：码头管理中心 1 号岛码头、唐山二队小车一班、唐海二队小车六班

海上应急救援响应中心：塘沽救援站二分队

物业公司：唐海综合维修队给水班

石油宾馆：唐海石油宾馆前厅客房部

教培中心：第二幼儿园小一班

职工医院：药械班组

2. 先进个人名单

(1) 油田劳动模范（10 个)。

供电公司：韩富宇

柳赞作业区：白俊民

勘探开发建设项目部：张国龙

南堡作业区：张彦龙

井下作业公司：齐立成

油建公司：金长林

机械公司：刘坤荣

老爷庙作业区：马国友

钻采工艺研究院：徐小峰

高尚堡作业区：贺磊

(2) 油田先进个人（60 人)。

勘探开发研究院：侯立新　梁晶　张红臣　高广亮

钻采工艺研究院：肖国华

勘察设计研究院：韩凤秀

高尚堡作业区：蒽　欢　单志强　苗　劲　赵　群　赵松柏

柳赞作业区：师延新　顾志杰　刘　磊

老爷庙作业区：沈国辉　赵珺珺

南堡作业区：吴俊峰　董兆福　董常家

勘探开发建设项目部：张宏兴

井下作业公司：刘长权　王予东　张育德　刘雄才

开发技术公司：贾万瑾　张　进

油气集输公司：吴　松　闫世明　宋　绢　张立群　张崇明

油气销售公司：王乃源

供电公司：王　强

供应处：姚　宏　刘雪菲

油建公司：张春林　吕志军

机械公司：邢春秀　卢小海

瑞丰化工公司：许建立

造价公司：曾　伟

北田公司：俞江龙

能源公司：赵立新

志达公司：杨海建　赵春江　吴金智

石油宾馆：王兆轻

工程监督中心：杨景中

海上应急救援响应中心：董　维

矿区服务事业部：樊彬彬

物业公司：吴勇安　王树青

社区管理中心：郭　伟

教培中心：杨　博

职工医院：卢丽娟

油田机关：刘金伟　刘庆文　李帮成　刘东宇　胡德元

（左　鸿　智　杰）

（二）荣获 2009 年度油田党务工作先进集体与个人名单

1．先进集体名单

（1）红旗党支部（10 个）。

勘探开发研究院开发一党支部

钻采工艺研究院第三党支部

柳赞油田采油作业区采油三队党支部

南堡油田采油作业区陆岸采油队党支部

工程监督中心钻井工程党支部

开发技术公司化验中心党支部

油气集输公司联合站党支部

供电公司变电运行工区党支部

油建公司电气工程队党支部

志达公司客车队党支部

（2）先进党支部（14 个）。

勘探开发研究院勘探一党支部

勘察设计研究院第二党支部

高尚堡油田采油作业区采油三队党支部

老爷庙油田采油作业区采油一队党支部

井下作业公司作业一队党支部

井下作业公司作业八队党支部

勘探开发建设项目部勘探开发党支部

供应处黑沿子转运站党支部

机械公司光正分公司党支部

瑞丰化工公司化工厂党支部

北田公司机关党支部

矿区服务事业部唐海综合维修队党支部

油田机关财务处党支部

油田机关油气销售公司党支部

2．先进个人名单

（1）模范共产党员（10 名）。

柳赞油田采油作业区：白俊民

勘探开发研究院：黄红祥

老爷庙油田采油作业区：马国友

勘探开发建设项目部：白亮清

工程监督中心：刘岩松

井下作业公司：孙明水

油气集输公司：闫世明

供电公司：韩富宇

油建公司：金长林

机械公司：刘坤荣

(2) 优秀共产党员 (46 名)。

勘探开发研究院：司兆伟　张　梅　赵　岩　刘国勇

钻采工艺研究院：卢淑琴　姜增所

勘察设计研究院：陈红艳

高尚堡油田采油作业区：李　松　刘新勇　李永新

柳赞油田采油作业区：宋　云

老爷庙油田采油作业区：冯永昇

南堡油田采油作业区：齐瑞军　高文明

工程监督中心：杨景中

井下作业公司：禚　鹏　冯　震

开发技术公司：王仲礼

油气集输公司：华劲松　张春刚

供应处：商永胜　王玉佳

油建公司：卢俊明

机械公司：楚庆善

瑞丰化工公司：张强

北田公司：王维贵

志达公司：吕艳春　胡伟红

石油宾馆：任自珍

海上应急救援响应中心：王云龙

矿区服务事业部：刘晓伟　王　祥　焦发云

社区管理中心：郭　伟　赵世儒　于金波　岳文儒

教育培训中心：王莉莉

职工医院：刘秀丽

油田机关：陈松云　邓春林　汤向庆　刘丰忠　张士江　张春娜　张秀兰

(3) 优秀党务工作者 (25 名)。

勘探开发研究院：张春兰

钻采工艺研究院：靳彦卿

勘察设计研究院：郭　瑞

高尚堡油田采油作业区：王朝舜

柳赞油田采油作业区：宋　云

老爷庙油田采油作业区：李庆红

南堡油田采油作业区：孙海峰

勘探开发建设项目部：张洪常

工程监督中心：解笑茹

井下作业公司：张国恩

开发技术公司：马志海

油气集输公司：赵建政

供电公司：谭永慕

供应处：张晓镇

油建公司：李克占

机械公司：邹晓玲

瑞丰化工公司：王玉娥

北田公司：张立红

志达公司：刘永刚

石油宾馆：苗　婧

海上应急救援响应中心：刘啸夫

矿区服务事业部：王泽文

教育培训中心：姜　虹

职工医院：李玉芹

油田机关：常立新

(廖亚军)

三、2009 年油田获高级职称人员名单

1. 高级工程师 (21 人)

油气田开发专业：李　勇　付慧玉　周秀芬　田　文　陆　兴　王迎华　云恩龙　陈茂谦

地质勘探专业：赵忠新　袁德艳　付兴深　刘国勇　吴荣金　臧　锋

地面建设专业：刘春江　张正辉　杨春城

油气储运专业：佟立强

安全环保专业：王铁刚

测井专业：王春祥

机械专业：王爱洁

2．高级经济师（1人）

张新义

3．高级会计师（1人）

孙继位

4．高级政工师（3人）

梁治安　张宏宝　朱大军

（贾晓辉）

第十篇

单位概览

勘探开发研究院

【概述】　截至2009年底，勘探开发研究院（以下简称研究院）共有员工359人（正式职工345人，子女工3人，再就业4人，劳务工7人）。下设综合办公室、科技生产科、经营财务科等3个机关管理科室和勘探规划室、勘探基础研究室、陆地勘探室、滩海勘探室、油藏评价室、储量研究室、物探室、测井室、开发规划室、陆地开发室、产能建设室、滩海开发室、采收率研究室等13个专业技术研究室及计算机与信息管理室、岩心与制图管理室、《复杂油气田》编辑部、印刷厂等4个辅助单位。拥有固定资产869项，原值8545.82万元，净值5578.93万元。

2009年研究院研究制订了三年发展规划，加强了队伍建设、制度建设和研发保障系统建设；围绕油田科研生产任务，大力强化基础研究、综合研究和协同研究，取得了重要科研成果。

【科研与生产】

1．*科研*

2009年研究院共承担科研项目60项（含课题），其中国家重大专项的课题5项，集团公司项目4项，油田项目51项。签订外协合同39个，涉及外协单位17家，外聘232名专家全部解聘，外协费用减少近7000万元，合作方式以外包为主转为技术合作为主，科研工作成果突出。

一是对南堡油田潜山内幕地层分布、储集层类型、成藏条件、油气藏分布规律认识有了新进展。精细刻画了潜山顶面构造形态，落实了潜山内幕地层展布特征，预测了有利储层发育区带，深化了对成藏条件、油气富集主控因素的认识，指导了勘探井位部署。

二是对南堡油田中浅层断裂系统、构造形态、储层分布、含油气特征、成藏规律认识有了新进展。通过开展地震资料目标处理攻关、储层预测、成藏条件、分布规律、油气层识别等研究工作，初步揭示了南堡油田中浅层的油气富集规律。同时，南堡5号构造深层烃源条件、储集条件、成藏条件、成藏规律等认识有新进展。

三是南堡陆地勘探潜力评价与滚动勘探目标研究和南堡油田控制、预测储量分类评价有了新进展。通过开展岩性油气藏成藏条件、成藏规律及有利区带分析研究，确定了庙南—高南断裂带、高柳断裂带、西南庄裙边带是陆地中浅层深化勘探的重要目标。同时，编制形成了南堡油田控制、预测储量评价升级总体部署意见，为南堡油田下一步工作奠定了研究基础。

四是深化了南堡油田东营组重大开发试验构造认识、储层认识、油气层识别、油藏描述、开发技术政策攻关研究，为东营组重大试验取得成功奠定了坚实的地质工作基础。深化了南堡油田1号、2号构造的开发评价工作，强化了跟踪研究，高效完成了60万吨产能建设任务。

五是老区综合治理与二次开发研究

取得了新进展。主要开展了油藏地质特征再认识和精细油藏描述工作，柳北、高浅北、高深北、高深南等老区地质认识有了新进展，为老区开发方式转换、注采完善、加密调整、综合治理等工作奠定了扎实的基础。

2．生产

2009 年独立承担并编制完成了勘探开发业务发展规划及各类部署方案 54 项，钻井地质设计井 132 口，试油、投产、投注方案设计井 160 口，为油田顺利完成全年各项生产建设任务提供了全面的部署和技术支持。

一是油气勘探。2009 年共编制探井、评价井地质设计井 19 口，编制试油、试气地质设计井 18 口，编制完成了南堡油田控制预测储量评价升级规划等，为滩海勘探、陆地勘探工作提供了部署依据。

二是油田开发。2009 年共编制完成开发井钻井地质设计井 113 口，编制完成了南堡陆地稳产规划、重点单元二次开发方案、注采完善方案、产能建设部署方案等，为滩海开发、陆地稳产提供了部署依据。

【研发保障系统建设】

1．创新平台建设

研究院创新平台建设共细化为 16 个项目，分 2 年实施。2009 年主要开展了三维知识管理与共享系统、地震资料处理系统、地质建模系统、油藏数值模拟系统、驱替物模试验系统、岩心扫描成像系统等 12 个项目的技术调研、方案编制、合同谈判与签订以及设备的购置等工作。

2．科研保障能力

一是驱替试验、岩心与制图工作。2009 年重点开展了驱替物模试验系统和岩心扫描成像系统项目的技术调研、方案编制、合同谈判、系统建设等工作。全年接收岩心 14 井次、岩屑 60 井次，岩心扫描 436.26 米，接待岩心岩屑观察 251 人次。完成了图文管理数据库建设和 8700 张地质图件的入库，完成了大量图形编辑与绘制任务，保障了科研生产任务的顺利完成。

二是计算机与信息工作。重点开展了三维知识管理与共享系统、地震资料处理系统、地质建模系统、油藏数值模拟系统等 10 个项目的技术调研、方案编制、合同谈判、系统建设等工作。做好了大型服务器、工作站等重点设备的管理以及研究院的网络维护工作。

三是期刊编辑和印刷业务。2009 年完成了 4 期《复杂油气田》期刊的编辑、出版、发行，印刷业务水平不断提升，2009 年印刷厂实现营业收入 593 万元。

【管理工作】

1．经营管理

一是 2009 年研究院对机构进行了调整，撤销 9 个科室、成立 6 个科室、更名 4 个科室、重新组建班组 71 个，并在此基础上重新梳理了各项业务，修订和调整了各科室、各岗位的职责。

二是 2009 年共承担前期研究项目 36 项，计划投资 8518 万元，实际完成 7819 万元，节约 699 万元；承担研发保障系统建设项目计划 4 项，计划投资 4593 万元，实际完成 3738 万元，节约 855 万元；管理费用预算指标 6236 万元，实际支出 6235 万元，节余 1 万元。

三是通过野外地质考察、外派培训、外出考察、技术交流、内部培训、岗位练兵、科技论坛等途径，2009 年共组织外出考察 6 批，43 人次；外派培训 26 期，157 人次；内部培训 12 期，1670 人次；组织技术交流与讲座 14 期，396 人次。

2．安全管理

2009年主要加强了HSE体系建设，完成了E版HSE体系文件的修订、宣传与实施工作；严格执行集团公司《反违章禁令》、《勘探开发研究院法定长假"一保三封"安全管理制度》等制度，强化了安全管理工作基础；开展了以"安全经验分享、合理化建议、隐患排查与综合治理"等为内容的"八个一活动"，营造了良好的安全文化氛围，提高了应对突发事件的应急处理能力。

【党群工作】

1．党建工作

2009年，研究院坚持中心组学习制度，不断提高研究院领导班子成员的政治理论水平和思想素质；结合机构调整情况，重新调整了基层党支部，减少了联合支部，促进了党建与行政工作的融合与协调；切实做好党员的发展工作，全年共发展党员3人，转正8人，加强了廉政教育，组织广大党员收看了《颜色革命警示录》反腐教育警示片，提高了各级领导干部的自律意识。

2．工团工作

2009年，研究院积极开展劳动竞赛活动和各种文体活动，有效促进了各项工作的顺利开展；在唐山市组织的"慈善一日捐"活动中全院职工共计捐款18370元；开展了第四届青年科技论坛活动，共有26名青年参加，提高研究院广大青年职工的科研水平和综合能力。

（潘　欢）

钻采工艺研究院

【概述】　截至2009年底，钻采工艺研究院（以下简称钻采院）共有职工153人。钻采院下设10个科室，即综合办公室、科技信息科和钻井工艺室、采油工艺室、注水工艺室、油层改造室、井筒工程研究室、采收率工艺室、油层保护室、综合规划室。钻采院党总支下设6个党支部。主要负责油田中长期采油工程发展规划、编制区块采油工程方案及年度产能建设采油工程方案、负责油田井位结合及钻井工程设计和采油工艺方面新技术、新工具、新材料的试验推广等工作。拥有钻井工程设计国内外先进软件14套，年设计能力在300口井以上，2009年钻采院总资产原值2988万元，资产净值2775万元。

【技术成果】

1．勘探配套工程

2009年，重点组织了潜山钻完井技术、改造技术和火成岩压裂改造技术的攻关，取得了阶段性成果：一是开展了潜山水平井论证和技术研究。根据南堡潜山埋藏深、温度高、位移大的特点，深入研究了潜山水平井钻井配套技术，组织了专家论证会，就南堡潜山水平井的井身结构、钻完井方式、钻井配套工具和钻井液体系等进行充分论证，形成了南堡潜山水平井技术方案，为高效开发南堡潜山油藏做好了技术准备。二是开展了南堡潜山欠平衡钻井的可行性论证，编制了南堡2-82井和南堡1-90井潜山段欠平衡钻井工程方案。其中已实施的南堡 2−82 井施工顺利并点火成功，该技术的成功应用为南堡潜山钻探提供了新的技术手段。三是 5 号构造深层天然气藏火成岩压裂改造技术，2009 年共顺利实施 4 口井的火成岩压裂改造，施工成功率 100%，最高加砂 106 立方米，单井最高砂比 21%，为火成岩压裂改造提供了可借鉴的经验。

同时，从 2009 年开始承担试油工程的自主设计工作，完成了 32 口井 68 井层的试油工程设计，达到了降低设计成本、提高设计水平的目的。

2．产能建设

2009 年钻采院承担了钻井工程设计工作，实现了钻井工程设计由外委向自主设计的转变，全年完成了 440 余口井的钻井工程设计任务。通过推广优快钻井技术，平均机械钻速同比提高了 32.5%，平均钻井周期同比减少 18.7 天，提速效果明显，全年节约套管和水泥费用 8000 万元。

3．南堡陆地稳产技术攻关

2009 年油田开展了二次开发试点区块关键技术攻关，加大了注水和机采方式转换工作力度，重点编制了《注水三年规划》、《2009 年示范区块综合治理方案》及高 5 等区块的二次开发钻采工程方案，为陆地稳产和二次开发工作奠定了基础。全年共推广偏心定量分注工艺 58 井次，调剖调驱 57 井次，不压井作业 5 井次，为降低老区递减作出了贡献。同时，还开展了水平井控水技术、大孔道封堵技术、储层改造技术、油井分采技术、膨胀管补贴技术和水力声波振荡解堵技术等研究、引进与试验工作。根据生产需要，加大了分注、调剖、不压井作业等实施力度。

4．东营组重大开发试验

南堡东营组重大开发试验是股份公司的重点攻关项目，涉及公司的长远发展问题，2009 年底，东营组重大开发试验项目顺利通过股份公司成果验收，为实现东营组的经济有效开发打下了基础。一是试验应用了氯化钾盐水成膜封堵低侵入钻井液、低自由水钻井液和油基钻井液，岩心渗透率恢复值都在 80% 以上，能够适应东营组强敏感储层保护的需要。同时，研究应用了优质完井液和完井过程中的防漏堵漏技术，两年来，东一段完井投产 95 井次，使用优质压井液 70 井次，一次投产成功率 100%。二是研究确定了三类 10 种个性化钻头，并与氯化钾盐水成膜封堵低侵入钻井液、低自由水钻井液配合使用，使钻穿玄武岩的钻井液密度降到平均 1.23 克每立方厘米，平均机械钻速 8.79 米 / 小时，是牙轮钻头的 3.28 倍。三是采用类比法分析确定了电泵最佳排量，以 30—50 立方米 / 日电泵为主，平均排量为 42 立方米 / 日，泵排量符合率达 90%；采用多功能防气防砂装置和管柱式沉砂筒，使有杆泵的泵效比原来提高了 10.3%，检泵周期延长 97 天。同时，加强了强敏感性储层有效注水技术的研究，收到了良好成效。

【管理工作】

1．项目与经营管理

2009 年，钻采院结合油田五大重点工程，实行了一个项目一组人的全新管理模式，全力推进科研生产一体化，做到了研究的内容、时间、人员、目标、经费五落实。制定了一系列经营管理制度，对全院承担的各项业绩考核指标进行了细化分解，通过加大各项费用管理的力度，有效地控制了成本，成本费用控制在计划以内。

2．安全管理

2009 年，钻采院完成了全院 154 人的HSE能力评价工作，在对D版HSE体系手册、程序文件进行修订的基础上，升级为E版HSE体系文件并及时发布，对在用的233项法律法规进行了识别和评价。进一步加强了安全管理工作，全院人员都签订了安全环保责任书，认真做好安全排查、检查等工作，对发现的安全隐患及时进行了排除，确保全年安全清洁生产。

3. 全面质量和井控管理

2009年，钻采院采油工艺技术QC小组发布的“潜油电泵阻截器的研制与应用”获股份公司QC成果三等奖，获油田QC成果一等奖和唐山市QC成果一等奖，完成了油田14项钻采工程技术规范的制定。同时，加强了井控管理工作，主要加强了对工程设计的审核，贯彻落实了集团公司和油田井控细则等。

【党建工作】 2009年钻采院党总支高度重视党员队伍建设，扎实推进党建工作质量体系运行，开展了“创先争优”活动，提高了党员的党性，坚定了党员理想信念，党员的先锋模范作用得到充分发挥。队伍建设方面，取得了模范基层队、红旗党支部、劳动模范等荣誉称号。钻采院党总支切实加强了党风廉政建设，建立了预防腐败的长效机制，与副科级以上干部签订《党风廉政建设责任书》，使钻采院的廉政建设落到了实处。同时，钻采院党总支坚持“以人为本”原则，深入了解员工思想动态，积极开展文体活动，确保了员工队伍的稳定。

（李良川　黄　雯）

勘察设计研究院

【概述】 勘察设计研究院（以下简称设计院），是集工程勘察设计、工程技术研究、工程咨询为一体的科研设计单位，共有员工87人。截至2009年底，设计院拥有资产总额8451.09万元，其中，固定资产200.34万元，流动资产8240.96万元，无形资产0.72万元，其他资产9.07万元。下设油气室、建筑室、结构室、规划室、设备室、电仪室、勘测室、经营科、技术科、财务科、综合办公室11个科室和1个拖斗单位—中油监理公司。配置有建筑、结构、总图、给排水、热工、暖通电气、通信、机械设备、油气储运、油田注水、仪表、工程测绘等14个专业。设计院主要承担油田地面及矿区工程建设近远期规划的编制任务和资质范围内的油田中小型地面工程设计、工程测量任务。2009年设计院狠抓安全工作，实现了设计质量事故和安全生产事故为零的目标。

【主要工作】

1. 完成项目

2009年设计院继续实施压减成本战略，共完成勘察、设计项目553项，全年实现设计产值9412.91万元（其中，自行设计产值2443.84万元，外委设计产值6969.07万元），实现利润296.36万元。

一是方案编制项目。主要完成了油田2010年产能建设（地面工程）方案，开发基础年地面工程规划方案，作业区生产现场视频监控系统方案，南堡油田2–1、2–3区地面工程可研报告，冀东油田110千伏变电站第二电源建设可研报告，南堡油田1–5、1–29导管架平台建设可研报告，唐山凤凰新城石油家园规划方案，油田爆炸物品库和放射源库建设方案等重点项目的方案编制工作。

二是设计项目。主要完成了高浅南区注水系统完善地面建设工程、高14转油站改造、北京办事处改造、综合辅助楼大修工程施工图设计，油田原油商业储备库工程、南堡油田1–3人工岛地面工程、青龙河大桥维修、勘探开发研究中心绿化景观工程、科研大楼内部功能改造等施工图设计工作，保证了工程建设的顺利开展。同年设计完成的“高5转油站改造工程、柳南污水处理站建设工程”分获唐山市2009年度优秀勘察设计二等奖，“南堡油田西线路二期工程”获河北省优秀测绘成果三等奖。

三是勘察测绘项目。主要完成了地质勘察、井位复测、区位图绘制132项测绘项目。其中柳190×3井进柳2平台计量间等单井进站工程勘测12项；高69–10井转注地面流程建设等转注工程勘测6项；南堡1–29×110井井位测量等井位测设、初测、复测项目56项；高97计量间外输油管线更换等管道工程勘测13项；机械公司油管检修车间、油田爆炸品库建设工程及基础测绘补充完善等平面地形图勘测20项，基础测绘平面图面积为36.7平方千米。

四是科研项目。2009年设计院承担科研项目4项，即国家科技重大专项子项1项为“滩海油田地面工程技术研究”以及油田“南堡滩海油田环境腐蚀性的研究”、“中国石油冀东油田公司‘十二五’计划及2025年远景规划”、“冀东油田南堡陆地地面系统优化运行研究”3项科研项目。

2. 企业管理

一是设计质量管理。2009年设计院开展了质量管理体系审查、设计质量检查、设计质量回访等，对发现的问题及时进行了整改，实现了设计合格率、顾客满意率、设计交底项目完成率均达到100%。设计院从立项、设计、审查三个阶段严格减少了设计错误，堵塞了设计漏洞。

二是员工培训。2009年设计院参加设计规范贯标培训36人次，组织各专业副总工程师授课8次，按专业分工对非本专业技术人员进行普及专业技术的培训，参加培训人数累计达258人次。开展了各科室本专业自讲设计范例活动，由各科室主任负责精选外委设计项目中设计案例组织员工进行学习，全年累计达204次，共计1974人次。

三是成本管理。设计院坚持车辆统一调度、统一安排，提高车辆使用效率。主要严格执行车辆使用审批制度，控制长途车数量不该派的车不派，控制了车辆运输费用；坚持自行承担晒图、印刷任务，减少了外委费用；根据工作需要，选择性参加各类专业会议等，差旅费大大降低。

3. 党建与思想政治工作

主要开展了基层党支部“六个一”创建活动和创建“五型”科室和“星级”员工达标活动，同时，把考核细则与员工业绩考核相结合，制定了较为完备的考核评价机制。严格落实了党风廉政建设责任制，院党总支与所属科室和支部书记签订了《党风廉政建设责任书》，党风廉政建设责任制得到全面落实；工会组织开展了“夏送清凉”和“双节慰问”

活动，共青团组织积极开展了“与祖国共奋进，与企业同发展”的主题教育实践活动，取得了良好效果。

（罗金锐）

南堡油田采油作业区

【概述】　截至2009年底，南堡油田采油作业区（以下简称南堡作业区）共有员工473人，其中，正式职工204人，子女工44人，高职专科生200人，其他用工25人。南堡作业区下设综合办公室、生产管理科，安全管理科、经营管理科、作业管理科和后勤管理科6个科室和地质工程研究所、陆岸采油队、2–3平台采油队、1–2号人工岛采油队、1–3号人工岛采油队和井下作业监督站6个基层单位。2009年南堡作业区共有油气资产原值113.83亿元，净值74.81亿元，新增52.40亿元。全年完成原油生产任务71.52万吨，完成计划的100%；生产天然气3.7亿立方米，完成计划的168.4%；完成注水95万立方米，完成计划的100%。吨油操作成本控制在计划指标324.37元/吨之内。

【管理工作】

1．油藏管理

2009年油田紧紧围绕已开发油藏稳产基础、新区产能建设、东营组重大开发试验积极开展工作，实现了油气产量稳步增长，稳产基础明显改善，开发试验获得重要成果。

全年共完成65口新井投产工作，新建产能60万吨，新增动用可采储量623.0万吨，新井当年生产原油24.8万吨。

各区块稳产基础和开发效果明显改善，老井自然递减持续下降的态势得到有效遏制，2009年老井生产原油46.7万吨，老井综合递减率31.0%、自然递减率41.2%。

注采关系和注采井网逐步趋于合理，重点开展了南堡1–29等7个断块的注采调整方案的研究与实施，共投转注水井28口，新增注水开发储量1043万吨。

2009年措施研究和实施到位，措施成功率和有效率显著提高，全年共实施地质措施102井次，增油9.2万吨。同时，强化采油管理，合理控制生产压差，2009年共完成管理措施1662井次，累积增油1.05万吨。

2．生产管理

2009年顺利完成了老堡南1、1–5、1–29海上3座导管架接管生产、油轮装卸油、海管输油投运等重点工程，结束了油田海上生产外委的历史；组织投产了1号岛集输和污水处理系统，为1号、2号、3号岛海上注水工作的有效实施奠定了基础；11月完成了3号岛气举投产工作，为油田实施气举采油规模化生产奠定了基础。

完成了2–3平台道路维护、陆岸井口槽排水系统、导管架视频监控系统、埋地电缆管线规范标识、2–3平台重大水源井试验等重要工程。

3．安全与经营管理

2009年南堡作业区在安全管理方面，主要加强了HSE管理网络建设和狠抓了各职能管理层面安全环保职责的落实，成立了5个HSE专业委员会，区队站三级安全管理网络等得到加强，锤炼了安全管理队伍、夯实了海上安全基础工作，南堡作业区的安全管理水平得到全面提升，全年上报工业安全事故为零。

在经营管理方面，主要完善开展了经营管理规章规程，理顺了预算管理程序，设立了基层核算员岗位，开展了经济效益成果评价等，成本费用控制效果显著。

【精神文明建设】　2009年南堡作业区党总支主要加强了基层建设，充分发挥了基层党组织的战斗堡垒作用，开展了民情民意调查和合理化建议征集活动，抓好了综合治理和维护稳定工作，确保了南堡作业区的和谐稳定。

工会积极开展了劳动保护、职工合法维权、合理化建议征集、企业民主管理、员工疗养、帮困扶难、节日慰问等工作；共青团引导青年员工树立正确的价值观、人生观、工作观，青年突击队、青年文明号等青字号工程得到有效开展，激发了广大青年员工为油奉献的工作积极性。

（刘生银）

高尚堡油田采油作业区

【概述】　截至2009年底，高尚堡油田采油作业区（以下简称高尚堡作业区）共有员工832人，其中，正式职工402人，子女工143人，高职专科生94人，劳务工193人。下设生产调度室、安全环保科、综合办公室、经营管理科、作业监督管理科、地质工程大队、采油一队、采油二队、采油三队、采油四队、采油五队、采油六队及井下监督站。管理转油站6座、计量间70座、注水站7座、油水井815口，其中，油井651口、水井164口，日开油井457口、日开水井90口。2009年生产原油59.45万吨，完成年计划的101.3%。生产天然气4800万立方米，完成年计划的137%。实际注水188.8万立方米，污水回灌36万立方米。

【油区生产】

1．开发工作

一是结合油藏区块特征，加强油水井动态分析，优选措施井层，优化措施方案，提高措施有效率，确保了措施增产量。2009年共实施各类增产措施171井次，有效率81.9%，年累计增油4.77万吨，平均单井增油量95吨。

二是加强采油队班组和预警制度建设，主要加强了循环检查管理和预警制度建设等，提高了精细化管理的预见性；建立了电泵井预警制度、实现了从事后处理向事前预防的转变；优化了工艺设计，电泵井检泵周期明显延长。

三是实施举升方式转化，2009年电泵井综合泵效104.1%，同比提高16.4%，检泵周期584天，同比延长166天。同时，积极优化工艺方案，简化施工工序，减少了施工费用。

2．生产组织

2009年高尚堡作业区在生产运行组织工作中，主要加强了生产调度室的中枢指挥作用，及时对设备、配电、工艺流程等方面工作及时跟进，保证了新井顺利投产，全年共完成工艺流程改造、零星维修及管线抢险285项；对电泵房内通风散热系统进行了改造，解决了利用空调降温的弊端，使7部发热量较大的电泵变频器能够正常运行，大幅度降低了能耗，使维修成本得到明显下降。在电泵房内普遍推广应用该技术。

【管理工作】

1．经营管理

2009年高尚堡作业区大力加强经营管理，取得了实效。先后制定出台了《高尚堡采油作业区计划管理办法》、《高尚堡作业区作业费用计划管理办法》、《高尚堡作业区维修费用月度计划管理规定》等制度，实行了预算指标计划管理和单井核算，控制了费用的支出。同时，进行了动态预算管理，对生产过程进行了有效监控，发挥了全面预算管理的作用。

2．设备管理

设备的管理是高尚堡作业区重要工作之一，2009年主要抓了设备的科学管理。一是积极搞好设备防护工作，对螺杆泵光杆卡子护罩、皮带护罩进行了修复和补加，修复了雨季大风损坏的抽油机护栏。二是对闲置设备进行清查摸底，更新了统计台账，做到账实相符，同时积极调剂闲置设备，全年注水井转采共调剂使用了6台闲置抽油机。三是改变采油举升方式，电泵采油改为螺杆泵或抽油机采油，抽油机采油改为螺杆泵采油或捞油，做到了经济采油，达到节能降耗的目的。

3．安全管理

2009年高尚堡作业区完成了E版HSE程序文件、管理手册和作业指导书的修订、发布和实施工作，共修订完成38个岗位的HSE职责、29个程序文件、109个队级和岗位作业指导书。开展了现场“6S”标准化的整治工作，采取了强有力措施来削减风险，将风险路段、管桥、电缆电线等划片包干，确定临时专职监视人员18人，对可能的影响地点和地段实行24小时监护等。

【基层建设】　2009年高尚堡作业区以“基础硬起来、能力强起来、作用显出来”为目标，大力加强基层建设，大力加强了党建工作，员工的思想教育，提高了员工的法纪观念，党群工作更加规范，员工技术水平进一步提高。

（崔　岩）

柳赞油田采油作业区

【概述】　截至2009年底，柳赞油田采油作业区（以下简称柳赞作业区）共有员工405人，其中：正式工239人，子女工84人，高职专科生52人，劳务工30人。机关设综合办公室、生产调度室、安全环保科、井下作业管理科和经营管理科5个科室。基层设地质工程大队、4个采油队、维修队和井下作业监督站等7个单位。柳赞作业区管理油井333口，水井133口，转油站2座，计量站38座，注水站8座，单井拉油点8个。2009年累计生产原油33.9万吨，完成年计划的100%；生产天然气2174万立方米，完成年计划的198%；累计注水211万立方米，完成年计划的105.5%。全年发生成本17290万元，节约665万元。

【管理工作】

1．生产管理

2009年，柳赞作业区不断深化对柳赞油田的地质和油藏认识，开展以控水稳油为目的的精细注水调控和区块综合治理工作，合理控制采油速度和采液强度，开发形势进一步好转，油藏水驱控制程度提高6.9个百分点，地层压力水平保持程度由72.2%提高到73.5%。

一是扎实开展剩余油挖潜、注采井网完善、重点井组调剖与注采调控等工作，形成了老井稳产、新井上产、措施增产的良好态势。全年新投产油井12口，产油3150吨；层系完善补孔16井次，累计增油7333吨；实施油井措施146井次，措施增油3.6万吨。

二是实施了“调、控、洗、鳖、碰、防”油井精细化管理办法，使油水井日常管理更加规范，实现了“一延长、二降低、三提高”的油井管理工作目标。2009年平均检泵周期同比提高42天，实施调参、控套等油井管理措施822井次，增油6578吨。同时，生产组织运行方式进一步优化，宏观调控能力得到明显增强，生产组织系统效率显著提高。

2．设备与6S管理

在设备管理方面，柳赞作业区实行了“三勤一定”现场维护和“听、摸、闻、比、看”五字现场巡检法和设备承包制等有效管理办法，使设备管理工作落到了实处，设备管理水平进一步提升。

在6S管理方面，明确了“整顿现场、自主管理、全员参与”的方针，制定了“三大”管理制度、“六条”推行要领、二十九项管理细则等一系列工作标准，全区现场管理水平进一步提高。

3．安全管理

2009年柳赞作业区深入落实《反违章禁令》和《HSE管理原则》，细化禁令实施细则，强化属地管理，严格执行安全生产“6+1”制度，持续开展“十个示范工程”和“八个一”活动，丰富了安全管理内涵，安全管理水平进一步提升。同时，根据不同时期生产特点，组织开展了压力容器、雨季安全用电、消防安全、危险化学品等专项检查，进一步加大了路检路查和GPS监控管理力度，有效预防了交通安全事故的发生，安全环保事故为零。

4．经营管理

2009年柳赞作业区实行三级管理模式，对费用指标进行分解，调整完善了考核指标体系，每月召开成本例会，每季召开经济活动分析会，找准成本控制中存在的问题，并采取措施及时纠正，确保了全年经营目标的实现。充分发挥内控体系防范约束作用，积极开展内控流程自我测试，堵塞了经营管理漏洞。

【其他】

1．队伍建设

2009年柳赞作业区大力加强了党员和员工队伍建设。党员队伍建设方面，以党员责任区为载体，组织开展了各种主题活动，每季度对党员进行一次考核，使党员在夺油上产、安全生产、成本控制、遵纪守法等方面发挥了先锋模范作用。

员工队伍建设，坚持开展形势任务教育，帮助员工正确认识形势，找准定位，在思想上牢固树立“夺油上产、降本增效，人人有责”的大局意识和责任意识；定期开展思想动态调查活动，有针对性地做好员工的思想政治工作，把思想问题解决在萌芽状态。

工会积极做好了对困难员工的摸底调查工作，建立了困难家庭档案、单亲女员工档案等，累计为困难员工发放帮扶资金2.3万元，金秋助学资金3000元。

2. 员工培训

柳赞作业区在培训特色、培训重点、培训质量上下功夫，形成了多层次、多渠道、全方位、广覆盖的员工培训机制，2009年组织各类集中培训35次，培训1865人次，进一步提升了员工的综合素质。同时，建立了有利于人才成长的平台，举办各类岗位技术比武12次，使各类人才脱颖而出。

（周正林）

老爷庙油田采油作业区

【概述】 截至2009年底，老爷庙油田采油作业区（以下简称老爷庙作业区），共有员工445人，其中，正式职工198人、子女工75人、高职专科生23人、短期合同工149人。机关下设5个科室，即综合办公室、经营管理科、生产调度室、安全环保科、作业管理科。基层下设地质工程大队1个；基层队站6个，采油队4个和维修队、作业监督站各1个。老爷庙作业区共管理油水井316口（油井297口，水井19口）、计量站31个、转油站3座、注水站点9个、单井拉油点25个。拥有固定资产原值33.11亿元，净值23.95亿元。全年生产原油11.7万吨，完成年度计划的101%；生产天然气1860万立方米，完成年度计划的133%；吨油操作成本856元/吨，控制在油田调整计划指标之内。

【主要工作】

1. 开发与生产

一是油水井精细化管理工作。2009年通过开展每周、月度采油例会、动态分析会等，及时把握生产动态，挖掘油水井管理措施潜力，全年共计实施调参、检泵等管理措施700余井次，累计增油3000吨。

二是油藏地质研究和油藏管理。2009年对6个断块进行了注采井网的调整与完善，完成注水区块油水井动态监测工作量110余井次，完成注水区块油水井调控措施工作量100余井次，有16口井见到明显效果，累计增油1万吨。

三是开展措施潜力研究。通过强化措施运行，措施增油效果显著提高，2009年实施老井措施75井次，措施有效率达到80%，累计增油1.1万吨。

2. 经营管理

老爷庙作业区以“压减成本、降本增效”贯穿于全年成本及经营工作始终。主要以“全面预算管理”为主线，充分发挥月度预算委员会的作用，做到了分析及时、考核到位；加强了会计核算工作，在落实责任成本的同时，根据费用的发生过程设置控制“节点”；实行了资产管理责任制度，由各单位负责人对本单位资产负总责，以避免资产流失等。

3. 基础工作

2009年老爷庙以强化“三基”工作

为主题，大力加强基层建设，切实夯实基础管理，基层管理水平不断提高。基层班子建设、党支部建设和精细基础管理上狠下功夫，堵塞了管理漏洞，实现了基础管理的规范化；继续推行了“三级六档”培训工作制度，具体落实“抓两头、带中间”的培训方法，大力加强基层员工操作技能知识培训，为基层建设提供人才保证；坚持把企业文化建设的着力点和支撑点放在基层，努力创造条件，开展贴近基层、贴近员工、贴近实际的业余文体活动，在基层营造了良好的文化氛围。

4．HSE 管理

2009 年老爷庙作业区主要在全区范围内扎实地开展了“123456 工程”、“八个一活动”和“十个示范工程”活动，并取得良好效果；结合岗位实际细化集团公司《反违章禁令》，加大了 HSE 检查力度，重点加强关键装置、要害部位的安全运行管理及特种作业监督，确保了老爷庙作业区的安全生产。

5．党建与政治工作

2009 年老爷庙作业区党总支以创建先进党支部和标准基层队为目标，党支部的战斗堡垒作用和党员的先锋模范作用得到充分发挥，主要按照集团公司“六个一”和油田《党支部工作条例》要求，以“四创”为载体，加强以党支部为核心的基层建设，认真开展了劳动竞赛活动，充分动员广大员工为夺油上产和降本增效的积极性。生产工作的积极性，采油上产和降本增效效果显著。

（李　文）

井下作业公司

【概述】　截至 2009 年底，井下作业公司（以下简称井下公司）共有员工 910 人，其中职工 370 人，子女及市场化用工 118 人，外雇工 422 人。机关设有综合办公室、生产办公室、安全环保科、技术部、经营管理科、机动科和安全监督站。基层一线设有 10 个作业队、2 个试油队、4 个大修队，共 16 个单位，基层二线设有特车队、氮气作业队、井控装备队、修保队、物资供应站、交井队、前线服务队、后勤服务队 8 个单位。井下公司现有主要生产设备 95 台（套），其中各种规格修井机 26 台，水泥车 14 台，制氮设备 2 套，罐车 23 台，其他主要辅助设备 30 台，主要设备综合完好率为 94.6%。2009 年共完各类作业井 820 口，2670.49 个标准井次，其中油水井措施 784 口、试油（气）12 口（20 层）、大修 24 口，分别同比提高 181%、110% 和 41%，措施增油 13.48 万吨，2009 年实现产值 3.08 亿元，利润 1568 万元。

【管理工作】

1．生产管理

主要在生产组织上坚持合理安排作业队伍，强化协调指挥，合理安排工作量，重点抓好试油（气）井、新井及重点措施井的生产运行管理，生产效率不断提高；成立了 3 号岛项目部，先后有作业八队、作业一队、试油二队 5 部动力上岛作业。自上岛作业以来，项目部克服各种困难，高效组织生产，到2009年12月底，累计完成新井投产、投注及二次作业40多井次，施工一次成功率和优质井率均达到100%。

2. 安全管理

一是狠抓安全基础工作。主要完善了19项涉海井下作业安全管理规范。安全隐患排查与党政、员工安全教育培训等，通过强化责任，狠抓落实，安全隐患得到及时和有效整改，全年安全等培训1460人次，提高了广大员工的安全意识和操作技能。

二是加强安全监督。建立了专门的安全监督队伍，在高73基地设立了前线监督站和5号平台、3号岛设立了现场监督点，开展了日常的安全巡查、夜查以及驻井、驻岛监督。重点加强了井控、现场标准化、防火防爆等方面全程监督，保证了安全措施的有效落实。同时，突出抓好了井控工作。

三是强化应急演练。主要完善了应急管理体系，新建了一套车载应急物资库用于陆上应急，原应急物资库补充了部分装备后，专用于3号岛应急；制订了井喷着火等8个专项应急预案并重点强化了井喷、硫化氢中毒等应急演练等。

3. 技术管理

一是开展了3号岛气举采油作业技术配套工作，配套了部分岛上作业生产、生活装备，形成了一套岛上气举采油投产、作业的施工程序和方法。

二是开展了超深井试油、试气作业技术配套工作，配备了2套三项分离器、3套两项分离器，4套压井节流管汇、6套高压液控防喷器等，使装备水平满足了超深井试油试气的需要。同时，开发了氮气泡沫施工业务，成为井下公司新的经济增长点。

三是订购了连续油管设备和不压井作业设备，2009年上半年均到货，投产之后，井下公司为油技术服务能力将有一个较大的提升。

四是加强质量管理与控制，在质量管理和控制上，强化了方案的审核、设计的审批、施工过程的技术监控等关键环节，2009年施工一次成功率99.52%，优质井率96.59%，资料全准率99.67%。措施作业有效率81.1%。

4. 经营管理

一是开展了试油（气）业务，全面恢复了试油工作，专门成立了试气领导小组，集中力量顺利完成了南堡5-81号等深层试气任务，全年共计完成井12口的试油施工任务，实现收入3513万元，弥补了作业工作量的不足，创造了新的经济增长点。

二是积极开展新业务。2009年主要开展了送泵、残液回收、氮气泡沫冲砂等高附加值的业务，发展了内部修保、加工制作力量，减少外委费用约300万元。同时，努力降低生产成本，实施了套车搬家大包合同，根据工作量情况辞退12台生产用车，降低了车辆运费。

【其他工作】　一是扎实开展了学习实践科学发展观活动。进一步深化了领导班子和广大党员干部对科学发展观的理解和认识，明确了发展方向和思路，坚定了走内涵式发展之路的信心，领导班子引领公司科学发展的能力进一步增强。

二是改善员工工作、生活条件。2009年井下公司建立了3号岛食堂和1号岛基地，提高了一线伙食标准和餐饮质量；美化绿化了厂区环境，建设了灯光篮球场等体育活动场所，配齐了维修值班房、宿舍、办公室的空调；积极搞好防暑降温等福利，鼓励员工休假，落实了外雇工的年休假制度，并报销路费等。

三是工团组织积极发挥纽带作用，关心慰问困难家庭，帮助他们渡过难关，调动了广大员工的生产工作积极性。积极倡导全员健身，组织各类文体活动，丰富了员工的业余文化生活。在2009年油田第十届篮球比赛中，井下公司男篮一举夺得冠军，鼓舞了队伍士气。

（聂　俊）

油气集输公司

【概述】　截至2009年底，油气集输公司（以下简称集输公司）共有员工647人，其中，正式职工311人，市场化用工336人。机关设生产办公室、安全监督科、经营管理科、综合办公室4个机关科室，基层设高尚堡联合站、高尚堡油气处理厂、管道分公司、老爷庙联合站、南堡联合站5个基层单位。集输公司拥有固定资产原值17.5亿元，净值13.9亿元，新增资产5.48亿元。主要负责油田油气水的集中、处理、储存与输送。目前集输公司共有原油储罐20具，总容积47万立方米；原油稳定装置4套，设计处理能力530万吨/年，天然气处理装置3套，设计处理能力200万立方米/日；污水处理系统5套，设计处理能力9.3万立方米/日，生化处理系统4套，设计处理能力5.9万立方米/日；有高迁、南高迁、高庙、柳高、高南等主要油、气、水管线15条（管线全长437.7千米）。

2009年集输公司原油外输171万吨，原油含水合格率100%；轻烃完成1.23万吨；天然气外输量15255万立方米；联合站处理液量2462万立方米，污水外供总量426万立方米，生化外排量1697万立方米，圆满完成了全年的各项生产任务指标。

【主要工作】

1．管理工作

一是生产运行管理。对高尚堡150万吨原稳加热炉进行了改造，解决了炉管偏流问题，提高了加热效率；改进了老爷庙原稳不凝气系统排污流程、建设投用了高尚堡天然气脱硫系统、消除了高尚堡天然气处理装置重接触塔等设备材质不合格造成的问题等，消除了隐患。同时，加强了生化处理系统日常管理和高柳等主要输气管道的运行管理，有效遏制了天然气的盗气活动，确保了管道的安全运行。

设备管理方面，2009年圆满完成了电气春检、高尚堡油气处理厂年度检修、老爷庙联合站装置检修等，避免了以修代保的做法；对关键装置、特种设备、压力容器、长输管道、安全附件等基本情况进行了摸底和统计，建立了相关台账和档案，及时做好了日常的维护、保养、检查和监控工作。

基建项目管理方面，2009年集输公司实施计划投资建设项目9项，完成投资1.9亿元；非安设备购置项目33项，完成投资747万元；油田专项维护大修项目3项，完成投资377万元等。项目运行符合油田经济运行程序，投资得到有效控制，达到了预期效果。

二是经营管理。2009 年主要加强了预算控制与管理，对年初预算指标进行了重新修订与下达，并定期开展了经济活动分析，分析解决预算执行过程中的实际问题，使全年成本费用控制在调整范围之内；加强了项目运行管理和固定资产管理，开展了固定资产清查，摸清了家底，提高了资产的完整性；严格遵循油田经济运行程序办理项目的论证、立项、实施、合同签订和结算等经济事项，2009 年集输公司参加各类经济合同谈判并签订合同 30 份，合同金额达 1.37 亿元。

三是安全环保管理。2009 年集输公司安全环保工作在层层签订安全环保责任，完善安全环保管理制度的基础上进一步修订和完善了各级应急预案，并按应急预案组织大型联动应急演练 4 次，各基层单位演练 26 次，班组演练 480 余次。

强化了日常监管，全年共查处违章行为 18 人次，违章记分 42 分，下发隐患整改通知单 58 份，对存在的安全环保隐患项目全部得到整改落实。同时，严格施工管理，全年动火作业 311 次，动土作业 46 次，有限空间作业 55 次，高空作业 53 次，均未发生任何事故。

2．科技创新与技术改造

2009 年集输公司通过及时组织部分新建改造工程投产，对老系统进行调整优化，保证了今后油田上产的需要。主要是采出水综合利用工程正式投入使用，该工程的投产全面提升了油田采出水生化处理能力，为油田采出水综合利用打下基础；高尚堡回注水精细过滤工程，通过多次改进和优化，滤后水质持续达到一级回注标准，解决了高尚堡地区的回注水质问题；集输公司南堡油田 1 号陆上终端地面工程，于 2009 年 11 月 2 日一次投产成功，该工程的投产，优化了地面集输处理系统结构，结束了南堡天然气无法处理的历史，提高了唐山用气质量。

3．队伍建设

2009 年集输公司党委大力加强党建工作和队伍建设，主要加强了班子建设和队伍作风建设，深入开展了“星级优秀党员”主题实践活动等，扎实的建设和活动的开展，使集输公司员工队伍的精神面貌得到显著变化，广大员工的生产积极性高涨，工作效率大大提高，“双文明”建设取得积极成果。2009 年采取多种形式积极搞好宣传报道工作，全年发表新闻稿件 206 篇，电视报道 91 篇，全面及时地报道了公司各方面工作的开展情况，展示了员工良好的精神风貌。

同时，加强了对员工的技能培训，全年集输公司送外培训 58 人次，举办培训班 32 期，共培训 1154 人次。

4．工团工作

2009 年集输公司工会、团委开展了一系列活动，活动开展得卓有成效，丰富了员工的文化生活，增强了队伍的凝聚力。高尚堡联合站荣获河北省“青年文明号”光荣称号，并被评为油田“模范基层队”。

【基层单位】

1．联合站

主要负责陆上油田作业区来液的处理，实现油、气、水分离 。目前原油处理规模 200 万吨 / 年，污水处理能力 8.3 万立方米 / 日，生化处理能力 5.9 万立方米 / 日，原油库容 5.5 万立方米。

2．油气处理厂

主要负责陆上油田作业区的原油稳

定与天然气处理任务，由高尚堡总厂、CNG 加气站两部分组成。现处理能力为原油稳定 250 万吨 / 年、天然气日处理 25 万立方米、CNG 日加气能力为 30 万立方米。

3．老爷庙联合站

主要承担着将老爷庙和南堡油田作业区的原油脱水稳定及储运、天然气处理及商品天然气外输、轻烃和液化石油气储存、外销、污水处理及外输的任务。该站油气分离脱水设计能力 100 万吨 / 年；原油稳定处理设计能力 100 万吨 / 年；天然气处理设计能力 40 万立方米 / 日；污水处理设计能力 2 万立方米 / 日。

4．南堡联合站

该站于 2009 年 10 月建成投产，主要负责南堡油田 1 号、2 号构造所产原油和天然气的处理、存储和外输任务。其设计规模为天然气处理量 135 万立方米 / 日，原油脱水处理量 178 万吨 / 年，原油稳定处理量 178 万吨 / 年，原油储存能力 20 万立方米。

5．管道分公司

主要负责对油田目前共计 15 条主要油气水集输管道的巡线、维护、管道防腐和管道检测工作等任务。

（寻灵杰）

勘探开发建设项目部

【概述】　2009 年 2 月 15 日，油田成立勘探开发建设项目部（以下简称建设项目部），由原南堡油田勘探开发公司、南堡油田 1 号平台地面建设项目经理部、南堡油田 2 号平台建设项目经理部、南堡油田 4 号海洋工程项目经理部、南堡油田 5 号平台建设项目经理部、海上钢制平台建设项目经理部基础上组成。全面负责油田勘探开发工程项目的建设，对建设项目的投资控制和施工的质量、工期、安全环保等负全责。截至 2009 年底，共有职工 69 人。设综合办公室、生产调度科、计划经营科、财务科、安全环保科、钻井工程科、地质科、试油作业科、基建海工科 9 个科室。拥有油气资产及固定资产原值 308.64 万元，净值 147.34 万元。

2009 年建设项目部大力开展技术攻关和新技术应用，取得了显著成效。油基钻井液在南堡 11−E4− 斜 508 井首次应用成功，低自由水基钻井液体系在南堡 13− 斜 1064 井首次使用取得良好效果，钻井周期 19 天，平均机械钻速 22.75 米 / 小时，是同区块同类井钻速的 2 倍；随钻固化技术解决了钻机废弃物处理问题，既解决了人工岛密集型布井节约占地面积问题，又使处理后的废弃钻井液、污水排放达到国家排放标准。

【管理工作】

1．经营管理

2009 年建设项目部全面加强以投资控制为重点的经营管理工作，收到了良好效果。一是实行单项（井）工程招投标，通过钻井、测井、定向井、钻井搬迁等项招标工作共节约钻井投资 9387 万元。二是加强单井预算管理，根据油田下达的年度钻井投资计划和井位部署，编制单井预算，控制了单井钻井成本。三是钻井投资实施分项目管理，切块使用分解到分管领导、科室，严格投资控制，节约了投资资金。

2．质量管理

2009年建设项目部严格落实施工措施，提高固井质量，对于重点井、复杂井固井，优选技术方案，明确施工措施，全年共固井152井次，油层固井合格率98.16%，优质率61.11%；加强了随钻过程中测斜数据的验收等工作，确保了井眼轨迹数据的真实性，加大了高难度井、重点井和防碰绕障井的轨迹监控工作，防止了井眼碰撞事故的发生，井身质量合格率达到了100%；加强了油气层的保护，对重点井实施现场取样室内复核，共抽取钻井液样62井次，渗透率恢复值合格率90.32%。同时，抽检钻井液材料6批次，共计21种材料，合格率为85.71%，提高了油气层保护水平。

【其他】

1．钻井、地质和试油

2009年开钻126口井（其中探井6口，评价井8口，开发井112口），完成计划的120%；共完井118口。累计施工井136口，完成钻井进尺382170米；全年录井126口，录井总进尺123107米，发现岩屑显示4832.3米，气测初步解释7673米，其中油层936米，油气层646米；完成试油26口38层。新井投产共完成井63口，措施改造井11口。

2．安全管理

2009年建设项目部在安全管理方面做了大量细致的工作，确保了全年安全生产。逐级签订了安全环保责任书、加强了安全环保制度建设和HSE体系建设，加大了隐患查处的力度等，全年共计排查各类隐患问题1826项，整改率100%。

认真抓好了关键环节安全环保的管理和应急管理，提高了应对风险的能力；制订了钻井的井喷应急预案，认真组织开展了消防、防硫、防喷演习演练等。全年共组织承包商进行各种工况井控演习478次，有效提高了承包商应急处置的能力。

3．潜山勘探

2009年潜山共钻探4口井，南堡1−80井潜山地层录井共见显示13层32.3米，钻井取心取出油斑显示2.54米，试油日产7.2立方米；南堡1−85井潜山地层录井见荧光显示18米/4层，原钻机试油获日产12立方米的工业油流；南堡21−斜2460井和南堡21−斜2462井2口均钻遇良好油气显示；南堡5−98井四开后在井深4903—5368米，采用钻井液密度为1.18克每立方米的抗高温、低失水、高效防塌钻井液欠平衡钻进，共点火4次，全烃含量最高达100%，火焰高3米宽0.6米，取得了较好的勘探效果。同时，积极抓好了基建海工和产能建设，进展顺利。

4．培训

2009年建设项目部有针对性地进行员工培训工作，全年共组织培训38期（次），共约628学时，通过培训，员工的技术与管理水平得到一定提高。

5．基层建设

2009年根据建设项目部职能的调整，重新规范了业务流程，修订完善了63个管理制度等，为提高项目管理水平起到了促进作用。

（安晓文）

工程监督中心

【概述】 截至2009年底，工程监督中心（以下简称监督中心）共有职工86人。下设办公室、经营财务科、钻前监督科、井控安全科、钻井监督科、地质监督科、测井监督科、基建海工监督科8个科室。拥有固定资产原值680.08万元，净值285.12万元。2009年监督中心认真履行监督职责，严格把好现场质量关，确保了工程质量，圆满完成了各项监督任务。同时，扎实抓好了安全环保工作，为油田生产建设提供了安全保障。

【主要工作】

1．生产经营

一是主要工作量完成情况。2009年监督钻井开钻井127口，完井119口，固井施工316井次，定向井施工246井次，完成钻井进尺405381米；监督试油井施工33口，64层，酸化9井次，投产3口；监督测井118口309井次，完成约400万测量米、井壁取心3573颗、地层压力测试测压437点；监督录井进尺251592米，发现岩屑油气显示共1476层10450米，气测解释油层228层1865米，油气层147层1283米，油水同层396层2923米，差油层6层38米；监督基建海工工程207项，监督钻前施工平台32个，基础施工76座，废水池固化41个，随钻固化施工45井次，水井施工11口；派驻现场监督77人，驻井巡井12845次，日常监督巡井2265井次，组织及参加各类现场交底、验收会1697次，下发各类监督指令1608个；发出隐患整改通知单663个，现场监督检查发现各类隐患2327项，整改2144项，未能整改的隐患都督促施工队作出了防范措施。

二是主要质量指标完成情况。油层固井119井次，固井质量一次合格率、井身质量合格率、钻井液质量合格率均达到100%；常规取心总进尺200.8米，心长186.57米，收获率92.91 %；钻前、地质录井、试油、测井质量合格率和基建海工工程质量合格率均达到100%。

2．工程质量

2009年监督中心对工程质量从开工前、施工过程及工程完工等，严格依据设计、合同和相关标准和规范进行现场监督，及时组织召开现场协调会，并解决了施工过程中出现的问题；严格抓好了施工阶段的验收和资料验收，随时关注资料采集情况，及时发现问题，及时补测验证。

3．新技术应用

2009年监督中心组织实施了五项新技术的应用，水平井钻井和完井技术、尾管固井完井和分级注水泥固井等特殊完井技术、低自由水和油基等优质钻井液技术、密闭取心技术、2号构造深层欠平衡钻井技术。通过新技术的应用，有效地提高了工程质量，加快了施工进度，提高了钻井技术水平，取得了较好的勘探开发效果。

4．钻井提速

2009年监督中心认真落实各项提速措施，积极做好现场每个施工环节的钻井提速工作，加强了钻井、定向井、取心、固井、测井、录井各施工队伍的协调，认真监督工作，减少钻井事故的发生。重点做好了 NP1–3 人工岛钻井提速工作，3 号岛全年完井 45 口，平均井深 3287 米。与 2008 年南堡 2–3 平台相比，在平均井身增加 49.82 米的情况下，机械钻速提高了 21.48%，钻机月速度提高了 31.12%，钻井周期了缩短了 27.57%，完井周期缩短了 25.19%，生产时效提高了 3.18%。同时，积极做好钻井降本增效工作，通过严格的监督和现场（此处将队场改成现场）把关，2009 年节约成本 23.84 万元。

5．党建与思想工作

2009 年监督中心党委狠抓党建和思想教育工作，积极开展班子、队伍、党支部、廉洁文化建设等各项工作，有效促进了领导班子和职工队伍整体素质的提高，为圆满完成各项生产经营任务奠定了坚实基础。

（赵　娜）

开发技术公司

【概述】　截至 2009 年底，开发技术公司（以下简称技术公司）共有员工 278 人，其中，职工 140 人，子女工及高职专科生 40 人，外雇工 98 人。机关设综合办公室、生产办公室、安全技术科、经营财务科 4 个科室；基层设油管厂、化验中心、调剖队、测试大队、污泥残液处理站 5 个单位。拥有固定资产原值 5319 万元，净值 3737 万元，2009 年技术公司积极拓宽业务领域，强化精细经营管理，全面完成了全年经营业绩指标。同时，大力推进了 HSE 管理体系建设，开展了“安全生产月”等系列活动，组织各类安全检查 145 次，对存在的隐患及时进行了整改，确保了技术公司的安全生产。

【主要工作】

1．拓展业务

2009 年技术公司完善了油田油管（杆）实物管理、维修中心，新建油管修复车间，具备了油管清洗、检测、修复、部分工具加工等能力；开展了化学药剂质量监测、产品质量检测、注水水质检测等业务；建立了油田压力表检定管理中心，承担了油田全部压力表的检定和管理工作，承担了单井点注水、无机体系调剖、污泥调剖等项目等，技术服务等大大拓展。组建了污泥残液处理站，油田污泥和残酸液处理两项业务正式投入运行。

2．生产运行

2009 年重点抓了化验分析、油水井测试、调剖施工及压力表标定等重点领域的质量控制，杜绝了质量责任事故。全年累计完成油管（杆）配送回收 1262 井次。其中油管 17.9 万根、抽油杆 4.1 万根，加工斜井抽油杆 1.5 万根，化验样品取样检测 1.5 万个；分层测试 23 井次、注水水质普查取样 238 井次、人工岛清蜡 401 井次；仪表校验 2.6 万块，调剖工艺施工 51 口井；累计注入液量 51.5 万立方米，处理残酸液 0.59 万立方米，污水回注 0.62 万立方米，回收原油 77.12 吨。

3．企业管理

2009 年技术公司严格控制员工总量，调整和精简了管理人员，合理配置人力资源，充分挖掘内部潜力，全年累计缩减外雇工 114 人；建立起一套激励各单位增收节支、强化基础工作的考核机制，严格预算外支出和维修管理，自己能动手干的坚决不外委。加大了修旧利废工作力度，千方百计创收创效，全年累计节约各类费用 42 万元。

4．基层建设和党群工作

在基层建设方面，认真开展了岗位练兵和基本功训练，2009 年累计组织各类培训班 28 期，培训 810 人次，组织各类考试 654 人次，关键岗位、特殊工种持证上岗率达到了 100%。同时，为基层单位新建了办公室、会议室、食堂，更新了办公和会议设施，配备了消毒柜、保鲜柜等餐饮设施，为所有的生产现场和办公区域安装了摄像监控装置。

党群工作方面，认真做好了信访稳定和一人一事的思想政治工作，宣传油田形势和政策，确保了技术公司队伍的和谐稳定；工团组织围绕生产经营活动，组织开展了“精细管理、优质服务、增收节支、挖潜增效”劳动竞赛等活动和扶危帮困活动，定期走访慰问困难员工家庭。较好地解除了员工的后顾之忧。

（杨　宾）

供　应　处

【概述】　截至 2009 年底，供应处共有在册员工 238 人，其中，正式工 163 人，子女合同工 65 人，外雇工 10 人。机关设党政办公室、物资管理科、经营财务科、综合调度科、安全科；主营业务部门设采购中心、计划中心、商务中心、质检中心、价格中心、资产调剂中心；生产部门设黑沿子转运站、唐海库。供应处拥有固定资产原值 3202.8 万元，累计折旧 1654.7 万元，资产净值 1548.1 万元。2009 年供应处累计实现供应额 16 亿元，实现采购额 13.4 亿元，节约投资约 1 亿元，圆满完成了各项业绩指标。

【管理工作】

1．质量管理

2009 年供应处不断强化质量管理，一是对新品牌，新厂家、重点工程用料和关键物资，扩大检验范围，确保了质量管理的落实。出具评价报告，汇总公布检验结果，增加不合格厂商曝光率，杜绝了不合格物资进入油田市场。二是对保质期内的在用物资、库存物资的保管、保养情况进行专项检查，对防爆电器、橡胶产品、化工产品等定期抽检，发现问题及时纠正。三是定期深入用户单位和项目组，通过现场办公、走访座谈等形式，共同查找问题，制定整改措施，提高质量管理水平等。

2．计划管理

2009 年供应处改进管理方式，对生产维修物资，结合实际分析需求，并严格审核，提高了准确率；对工程项目物资，主动与需求单位沟通对接，了解设备材料的相关情况，避免遗漏或重复上报等现象的发生；2009年先后召开计划管理座谈会7次；建立健全了物资计划申报管理办法，加大了对计划申报单位的管理考核力度，提高了计划申报的准确性。

3．采购成本控制管理

一是强化过程监督。扩大了招标覆盖面和选商范围，增加了投标商数量，吸引具有较高资质的商家参与投标，加大了监督力度，并推行了投标保证金制度等，对约束和规范供应商从业行为起到了积极作用。全年实现招标采购金额10.4亿元。

二是优化采购渠道。按照物资市场供应的实际情况来采购油田所需物资，有效地把控了物资采购的源头，保证了所采购物资的质优价廉。

三是完善价格监控体系。将价格控制部门纳入业务范畴，开展独立市场询价工作，积极做好了价格分析、异议协调等工作，2009年共发布各类重点物资市场跟踪信息106份，更新百种采购物资价格17批次，集中协调用户单位价格异议7次。同时，制定出台了《供应处物资价格监督管理暂行规定》，明确询价流程，加大了对业务人员询价工作的监管力度，提高了价格监管人员的管理水平。

四是积极做好物资调剂使用工作。坚持库存分析制度，合理配置仓储资源，把工程余料、退料调剂作为提高仓储管理水平、减轻成本压力的主要内容。成立了专项工作小组，建立健全了《物资退库管理规定》，规范了余料检验、回收、保管、发放的流程及奖惩办法；采取在能源一号网公开调剂，延迟执行订单合同，与周边油田、生产厂家建立库存共享机制等措施，加快了调剂处置速度。2009年共调剂使用石油专用管等各类余料退料近1.6亿元。

4．队伍管理

2009年供应处党委重视基层和廉政建设，采取了一系列行之有效措施，狠抓队伍管理的落实工作，并抓出了成效，提升了员工队伍的综合素质，全年未发生一则违规违法现象。

（牛卓鹏）

供电公司

【概述】　截至2009年底，供电公司共有员工235人，其中，正式职工146人，市场化用工44人，劳务工45人；再就业8人。机关设有综合办公室、经营管理科、生产运行科、安全环保科和技术科5个科室。基层设变电运行工区、电力维护工区、计量检定中心、南堡油田供电工区、发电队、高尚堡供电队、唐山通信站、唐海通信站和油区通信站9个单位。拥有固定资产总值58097.40万元，净值48282.6万元。现有110千伏变电站2座，总容量143兆伏安；35千伏变电站8座，总容量112.3兆伏安；110千伏输电线路2条，总长54千米；35千伏输电线路14条，总长116千米；10千伏线路73条，总长302.4千米；配电变压器524

台；应急发电站2座，安装1950千瓦燃气发电机8台，700千瓦柴油发电机组6台，200千瓦移动式柴油发电机组1台，移动发电车4台（400千瓦1台，500千瓦3台）；通信电缆120皮长千米，光缆线路281芯千米，实际电话装机6128部，信息网装机2784部。2009年完成供（发）电3.68亿千瓦·时，满足了油田生产建设的需求。

【生产组织】

1．生产运行

一是根据不同季节、不同气候条件，除采取及时调整负荷分配、运行参数等技术措施外，还加强对运行设备、线路的巡视力度。变电运行工区坚持每周一次对变电设备的全面检查，电力维护工区坚持雷雨过后必巡、大风过后必巡、线路改变运行方式后必巡、线路跳闸重合成功后必巡，线路下有施工必巡的“五个必巡”制度。油区通信站定期对通信线路进行巡检，及时发现和消除了隐患。同时，凡遇恶劣天气，干部都要亲临现场，及时解决运行管理中的难题。

二是为了提高电力、通信应急抢险能力，供电公司在高尚堡、南堡设立了前线值班室，由机关、基层干部24小时值班；电力维护工区全天候待命，高尚堡供电队、南堡油田供电工区长期驻扎一线，发电队应急发电不分昼夜，油区通信不仅服务热情，而且主动靠前服务，及时地保障了各孤岛勘探开发的通信联系。2009年共参与电气项目验收112次，现场停送电200余次，电力、通信抢险18次，执行倒闸操作任务511次、共6300多项，操作准确率达100%，为油田生产建设提供了可靠的电力、通信服务。

2．春检工作

针对油田电网连续6年未进行停电检修和许多潜在隐患难以发现的实际，2009年油田采取了停电对电网进行春季检修办法。为了使春检工作既全面彻底，又把停电时间压缩到最短，供电公司坚持“油田电网检修与上游电网检修相结合、线路检修与设备检修相结合、停电检修与带电检修相结合、高压检修与低压检修相结合”的原则，先后 3次对春检方案进行了论证和优化，努力把原油生产的损失降到最低。在春检过程中，供电公司将生产指挥、安全监督和后勤服务等工作移到现场，加强了组织协调和现场监控，共安排160余人次进行危险点守护，设置警示标识400余点次，依靠自有队伍的力量，经过近两个月的努力，提前保质保量完成了检修任务。共检修变电站9座、线路52条，消除站内设备隐患53处、线路隐患305处。通过运行证明，春检后电网可靠系数明显提高，接地、跳闸等线路故障接近为零。

3．燃气发电

2009年面对专业技术人员少，业务技术不熟，管理经验不足等困难，供电公司发动广大员工边学边干、边干边学，经过不懈努力，逐步摸索和掌握了天然气发电的技术和管理经验，并圆满地完成了发电任务。全年共发电5165.24万千瓦·时，不仅满足了南堡2−3勘探开发的用电需求，而且为油田减少动力费支出2000多万元。

4．开办集团网业务

2009年供电公司以提高经营效益和为广大职工家属办实事、办好事为出发点，在油田有关领导和主管部门的大力支持下，主动与移动公司多次商谈，组建了油田内部集团网，开办了集团网业务，使加入集团网的职工家属享受了网内资费0.05元/分钟，手机接打油田市话不收费的优惠待遇，受到了油田广大职工家属的普遍好评。

【管理工作】

1. 经营管理

一是狠抓节能降耗。借春检停电之机，更换耗能较高的S7型变压器83台，减少耗电50万千瓦·时，节约电费25万元以上；坚持实施低压集中补偿和分散补偿的措施，根据负荷变化，对各变电站电容及时进行投切，使电网功率因数长期稳定在0.96左右，2009年受上游地方电网奖励电费103.47万元，同比增加4.31万元。同时，拆除停用电潜泵变压器99台，总容量14525千瓦，全年节约电量31万千瓦·时，减少电费支出14.68万元。

二是强化外用电管理。主要制定了《供电公司外转供电管理办法》，实施了外用电高压计量改造，采取了外用电高压侧计量和全电子式多功能电能表计量方式，提高了外用电计量精度和监测手段，有效地堵塞了跑、冒、滴、漏现象。

三是过紧日子。主要采取了扩大资金预算范围、严格控制费用支出的一系列措施，特别突出了对非生产性支出的控制，各种费用按计划5%标准进行了压减，机关用车由原来的7台压减为4台，使各项成本支出全部控制在预算以内。

2. 6S管理

2009年按照油田的统一安排，供电公司积极开展6S推行工作，成立了领导小组，编制了《供电公司6S现场管理推行方案》，举办了6S现场管理培训班，建立了样板区和示范标准，投资32万元对各站点现场进行了6S标准化改造，使供电公司现场管理水平有了明显的提高。

3. 安全管理

2009年供电公司层层落实了安全环保责任，扎扎实实地开展了安全工作系列活动，加大了安全投入，进一步夯实了安全环保基础工作，保持了安全环保工作的平稳态势，供电公司连续三年被评为油田安全环保先进集体。

【其他】

1. 员工培训

2009年供电公司按照本公司业务和岗位实际，认真制订培训计划，并狠抓落实，全年共组织送外培训20余人次，岗位培训80余次，培训覆盖率达100%。全年新取特殊工种证49人次，复审6人次，特殊工种持证率达100%，新取技能鉴定证21人，其中3人取得技师资格。

2. 党建工作

2009年供电公司党建与思想政治工作结合本公司的实际，组织广大党员开展争创“春检先锋、运行模范”主题实践活动和以“四创”为主的“创先争优”等活动，坚持“抓运行管理从思想工作入手，做思想工作从运行管理出发”的原则，使党员的先锋模范作用得到充分发挥，供电公司党总支和所属的9个党支部经油田党委组织部考核，全部达到了一类标准，变电运行工区党支部被评为油田“红旗党支部”。

（谭永慕）

油气销售公司

【概述】 截至2009年底，油气销售公司（以下简称销售公司）共有职工28人。下设原油销售科、石油产品销售科、财务科和综合管理科4个科室。拥有固定资产原值72万元，净值27万元。2009年销售公司克服困难，战胜挑战，圆满完成了油田原油、轻质油、天然气销售和油气货款回收等各项业绩考核指标，全年共销售原油172.52万吨，天然气3.39亿立方米，回收货款59.18亿元，实现了安全、清洁、有序销售。

【销售工作】

1．原油销售

一是管道原油销售。2009年销售公司与油田相关部门和单位密切配合，与股份公司油气调运部门、相关炼油厂、管道公司等单位建立了良好的工作关系，及时调整落实管输计划，加强管输原油品质监控，认真做好计量标定设施、计量仪表、化验仪器的监管，管输原油销售顺畅有序，全年管道销售原油171.04万吨。

二是落地油、清罐油销售。2009年结合原油价格走势选择最优的销售时机，及时、公开、公正组织落地油、清罐油销售，尽可能增加销售收入。按照油田相关要求，召集油田相关单位和部门人员到现场，严格按照程序操作，公开透明销售，自觉接受监督。全年销售落地油1087.23吨，清罐油622.08吨。

2．天然气、轻质油等销售

一是天然气销售。2009年销售公司根据油田开发规划，加强天然气销售规划研究，制定了最大限度服务于油田发展的配套措施；整合油田天然气资源，完善符合市场发展规律的天然气销售良性竞争机制，根据天然气不同销售方式、不同用途，按油田相关文件的规定确定销售价格；制定下发了《中国石油冀东油田公司天然气销售管理暂行规定》和《关于加强天然气计量工作的实施方案》等，实现了天然气销售计量体系科学、有效运行。全年销售天然气3.39亿立方米。

二是轻质油等石油产品销售。2009年继续坚持每周组织油田相关部门，依据当期原油价格、周边市场行情和油田生产实际，共同制定合理的销售价格。同时，加强了对用户在守法经营方面的教育和监督检查，严格执行拉运制度，全年销售轻质油1.29万吨，液化气1.46万吨。

【其他工作】

1．货款回收

2009年销售公司根据各单项销售业务的不同情况，通过建立有效的油气货款结算制度，采取灵活、有针对性的油气款回收办法，全力做好油气货款的回收工作。在管道原油、钻井用原油货款回收方面，按中石油内部结算要求，实行封闭结算；在天然气气款回收方面，统一与能源公司结算，每月一次，确保了天然气款的及时回收；在轻质油、落地油、清罐油、轻质污油货款回收方面，始终坚持先交预付款后发货和收取保证金的原则，确保货款及时、全部回收。全年油气货款回收率达100%，累计回收油气货款59.18亿元。其中，管输原油款55.18亿元，天然气款3亿元，轻质油款0.54亿元，钻井用油、落地油、清罐原油、轻质污油款共计0.03亿元，结算管输费0.43亿元。

2．基础工作

一是加强油气销售相关课题的研究，从实际出发并为实际工作提供创新思路和改进措施，推动了各项油气销售工作管理水平的提高。

二是严格落实成本预算管理制度，成本费用实行“切块管理、分项考核”，严把费用支出关，定期进行财务情况分析，确保了全年成本费用控制在计划范围之内。

三是制定了有效的防范措施和应急处置预案，进一步完善了监督约束机制，狠抓安全教育和安全管理工作，提高销售人员防范和应急能力，实现了安全清洁销售。

3．党群工作

2009年销售公司党支部按照党风廉政建设责任书的要求，班子成员实行阳光管理，做到了销售业务各环节公开透明；开展了党员责任区、民主评议党员等活动，通过党员的先锋模范作用，营造了追求“三高”、倡导“四讲”的良好氛围；同时，销售公司在职工思想政治工作、降本增效、安全清洁销售、劳动竞赛和文体活动等方面都做了深入细致、扎实的工作，取得积极成效。2009年原油销售科连续15年被评为油田“双文明”先进集体。2009年油田各月外销原油、天然气及其他明细，见表10–1。

表10–1 2009年油田各月外销原油、天然气及其他明细表

项目	原油销售（吨）	其他销售（吨）						天然气（立方米）
	管 输	轻质油	落地油	清罐油	钻井用油	轻质污油	合 计	
1月	164588	1224				31	1255	27214312
2月	161133	749	14			6	769	31396783
3月	176160	931	257			22	1210	24924389
4月	154091	1400	130		25		1555	27247224
5月	148941	1236	15				1251	26942132
6月	132849	1202	299	622			2123	28987169
7月	135803	1079	84				1163	28410250
8月	136832	1144			29		1173	24905580
9月	126739	930			23		953	28657556
10月	124434	898	288		30		1216	31466264
11月	123211	1111			48		1159	27406408
12月	125659	961					961	31746410
累计	1710440	12865	1087	622	155	59	14788	339304477

（王乃源）

中国石油海上应急救援响应中心

【概述】 中国石油海上应急救援响应中心（以下简称应急中心），设综合管理科、运行协调科、技术培训科、物资装备科4个科；基层单位设曹妃甸救援站、塘沽救援站、营口救援站、船舶服务队4个基层队站。截至2009年底，应急中心共有员工136人，其中，机关21人，曹妃甸救援站59人（含高级船员10人），营口救援站24人，塘沽救援站27人，船舶服务队5人。固定资产原值5179.04万元，净值4260.86万元。应急中心目前共有各式围油栏10650多米，各式收油机46台及73套配套装备等和各类溢油应急物资。同时配备了64套消防装备、90套救生装备、84套通信装备、9套潜水装备等。下属3个救援站分别租赁2艘应急船舶保障日常训练和应急的需要，自建船舶已经到位2艘，2009年底，应急中心基本具备了海上油气开发Ⅱ级突发事件处置能力。

【建设】

1．应急队伍建设

2009年主要抓好业务建设，通过加强应急培训和演练，提高了员工素质和应急能力。全年共进行海上及岸滩溢油应急演练、海上消防和救生演练1472.44小时，2433人次，共进行站内预案演练431小时，1547人次，体能训练338.6小时，6434人次；抓好作风建设，锤炼优良作风，培育“招之即来、来之能战、战之能胜”的团队精神。

2．应急装备建设

2009年以来，重点抓好了有关应急指挥决策系统、岸滩指挥系统的配备方案编制和实施，潜水装备的调研、选型和实施等工作。

全年组织3个监造组对多功能工作船、搜救船、国产小型溢油回收船进行驻厂监造，建造情况进展良好。其中，多功能工作船“中油应急101”和小型溢油回收船“中油应急302”于2009年12月29日到达曹妃甸，搜救船“中油应急201”和小型溢油回收船“中油应急301”将于来年交付使用。同时，抓紧了4艘进口小型溢油回收船的购置工作。

3．应急指挥系统建设

建设了一套集船舶监控、通信联络、数据传输、现场指挥、辅助决策和应急模拟功能于一体的应急指挥系统，经过前期大量的调研、论证等工作，目前，陆地应急通信、监控系统已基本建设完成；海上应急指挥通信系统，由多功能工作船和搜救船实现；岸滩应急指挥通信系统，由应急指挥车实现，已经完成了技术合同、商务合同的签订，正在加紧实施；应急指挥决策系统，完成了技术协议和合同的签订，项目已经开始实施。

4．应急体系建设

按照“科学规范、精干高效”的原则，建立了中心指挥室和3个救援站指挥室，由应急指挥系统进行通信联络和辅助决策，实行24小时应急分队值班制度，直升机和装载应急装备的船舶时刻备航，定期巡航值守海域，逐步形成了一套科学有效、反应迅速的应急管理体制。

应急中心与多家国内外应急机构和组织建立起联系，初步建立应急反应联系网络，共享应急资源，加强应急联动响应，做好了包括信息共享、通信联络、应急预案衔接等各方面应急准备工作。2009年与营口海事局签订了《营口水域污染应急联动协议》，与曹妃甸海事处签订了《曹妃甸水域海上搜救联动机制协议》等。

【日常工作】

1．日常管理

2009年应急中心主要做好了建章立制，建立起了各种管理体系，组织编写了《船舶管理体系手册》等，确保了各项演练和应急任务的需要。同时，采取有效措施，切实搞好了应急中心党建与思想政治工作和各种文体活动，调动了员工的工作积极性。

2．年度演习任务

为进一步检验海上石油作业整体应急联动能力，提高海上应急水平，经过前期各项演习准备工作，应急中心分别于2009年9月10日在中油海33号平台参加了大港油田2009年度海上综合应急演习，于9月16日与辽河油田浅海石油开发公司在南堡3号人工岛联合举行2009年度辽河油田海域岸滩应急演习，于9月23日，在南堡1号人工岛东北潮间带附近，参加了2009年冀东油田岸滩应急演习。

3．各油田海上守护

为保障油田海上原油生产和运输，应急中心编制守护方案，克服恶劣海况和天气等困难，组织应急分队轮流值守南堡作业区生产井投产和运输码头，全年执行守护任务60余次，共计982人次，卸载原油29957吨、柴油1810吨、污水2370吨，有力地保障了油田海上生产运行。同时，应急中心还完成了各项应急任务，充分展示了中国石油的良好形象。

（刘啸夫）

唐山冀东石油建设工程有限公司

【概述】　截至2009年底，唐山冀东石油建设工程有限公司（以下简称油建公司）共有员工385人，其中，正式职工172人，子女工65人，高职高专生33人，外雇用工115人。机关设生产技术科、安全科、经营科、综合办公室4个科室。基层设油气工程队、电气工程队、建筑工程一队、建筑工程二队、保运工程队、准备队、防腐厂7个单位。拥有资产总额37445.79万元，其中固定资产净额1218.60万元，流动资产36227.19万元。现有设备313台，其中生产设备147台。全年共承揽各类工程2155项，实现营业收入37906.73万元，经营利润263.60万元，分别完成年计划的108.3%和131.8%，其中自营施工收入达到4586.93万元，同比增长61%。

油建公司随着生产组织方式的转变，组织机构也做了相应的调整，成立了技术质量科，与生产技术科合署办公；成立了安全监督站，强化了安全监督力量；成立了预算定额组，对油建公司预算实施集中统一管理。同时，积极稳妥地做好了原基建海工部、工程监督中心、资金结算中心分流人员的纳入工作。

【生产与工程建设】 生产方面，2009 年油建公司按照油田关于转变生产运行方式的要求，理顺了生产管理程序，提高了生产组织协调的及时性和有效性；开展了土建工程自营施工试点，为下一步扩大土建领域的自营施工积累了经验。海工施工取得了重大突破，圆满完成了 2 号人工岛、3 号人工岛、4 号构造钻前、油气工艺、电气安装、气举投产以及部分土建工程等任务，被油田评为“生产运行系统先进集体”。

工程建设方面，2009 年油建公司圆满完成了南堡 1–3 人工岛地面工程、渤海大道沿线设施迁改工程、油田原油商业储备库工程等一系列重点工程的施工任务，得到了油田领导的高度赞扬。

安全生产方面，油建公司严格执行各项安全规章制度，强化了施工现场安全管理；2009 年共组织动火作业 260 次、动土作业 158 次、带电作业 35 次，确保了全年安全生产无事故。

【管理工作】

1. 质量管理

油建公司加强了施工质量过程控制，加大了现场监督检查的力度，认真组织质量管理体系内部审核，严把工程材料质量关等，确保了工程质量。

2. 经营管理

主要制定了《油建公司经济运行程序》，对工程分包、招标、进度款支付、预（结）算管理、专项费用使用、设备租赁、自采物资管理等方面的 18 项工作建立了流程，堵塞了管理漏洞。

3. 分包工程管理

油建公司制定了《油建公司分包工程管理办法》，提高了分包工程管理费比例，切断了工程转包的利益链条；严格控制了分包队伍的准入，严把资质关，大幅度提高了工程招标比例；强化了对工程施工过程的监督，杜绝了工程实施过程中的转包，维护了油田的整体利益。

【其他】

1. 员工教育培训

以“三支队伍”建设为重点，全年共组织各类培训 56 期，452 人次。广泛开展了岗位练兵活动，在油田开展的电焊工、维修电工、配电线路工技能竞赛中，有 9 名选手在竞赛中获奖，3 人获得了“油田技术能手”的称号。

2. 党工团工作

党建方面，油建公司党委认真落实党建质量体系，党建与思想政治工作成效更加突出，油建公司党委被评为“河北省国资委系统先进基层党组织”，电气工程队党支部被评为油田“红旗党支部”，油气工程队被评为油田“模范基层队”，金长林被评为油田“模范共产党员”和“劳动模范”。

工团工作方面，2009 年油建公司工会开展了“夺油上产、降本增效”活动，与其他单位一起承办了油田职工文化艺术周第二场文艺演出，组织员工参加了油田第五届运动会，取得团体第二名的好成绩。

团委积极开展创“青年文明号”和争当“青年岗位能手”活动等，举办了“科学发展·青年论坛”活动，为青年员工提供了充分展示才华的平台。

（杜海坡）

唐山冀东石油机械有限责任公司

【概述】 截至2009年底，唐山冀东石油机械有限责任公司（以下简称机械公司）共有员工375人，其中正式职工130人，子女工35人，劳务工210人。机关设党政办公室、经营科、企管科、生产科、质量安全环保科5个科室。基层设销售公司、研发设计中心、质检中心、容器制造分公司、修理分公司、自控维护分公司、钻采设备分公司、生产准备分公司、油管检修分公司、光正分公司和后勤服务站11个基层单位。拥有租赁资产原值4215.70万元，净值2887.52万元；自有资产原值6483.55万元，净值5661.18万元。拥有设备269台，其中，起重机27台，数控机床16台，大型机床3台，普通车床25台，焊接设备90台。机械公司主要承担油田生产建设所需的产品加工制造、机泵安装维修和生产保运服务等。2009年机械公司以“优质高效保一线，立足油田求发展”为目标，完成产值1.98亿元，考核利润1650万元，分别超年度预算32%和10%。同时，扎实开展“安全环保基础年”活动，实现了安全清洁生产；狠抓了质量管理和经营工作，全面完成了2009年经营业绩指标。2009年机械公司有关数据统计，见表10–2。

表10–2　2009年机械公司有关数据统计表

序号	项　目	内　容	完成量	单　位
1	产品制造	各类容器	122	台
		加热炉	21	台
		过滤器	201	台
		计量间、阀组间、配水间、野营房	67	栋
		自动化计量间	7	栋
		套管头	150	套
		配电箱、控制柜	985	台（套）
		泄油器	352	套
2	加工修复	套管加工	7833	吨
		套管修复	3724	吨
		短套管、联顶节加工	638	支
		套管检测	39.8	万米
		油管涂层、喷标	1458	根
		加工配件	2000	件

续表

序号	项　目	内　容	完成量	单　位
3	维修安装	抽油机新机安装	59	台
		抽油机旧机拆组及保养	114	台次
		机泵修理	198	台次
		抽油机项修与保养	240	台次
		车辆保养维修	185	台次
4	自动化维护	自动化系统维护	472	台次
		电泵维修	73	套
		电缆检测	8.56	万米
		电泵电缆配送回收	403	次
5	项目建设	新厂区厂房扩建工程	已完工，投入使用	
		食堂浴室工程	已完工，投入使用	
		油管检修车间建设工程	已完工，投入使用	
		电潜泵检维修能力建设工程	已完工，投入使用	

【主要工作】

1．基础建设

一是项目建设。机械公司自筹资金完成了4项工程建设项目：厂房扩建工程建成机械加工、铆焊2座厂房，建筑面积4509平方米，投资902万元；生产辅助用房建设工程建成员工食堂和浴室，建筑面积1050平方米，投资230万元；油管检修车间建设工程，建筑面积1084平方米，投资350万元；电潜泵检维修能力建设，完成电泵检修生产线的建设，投资282万元。4项工程均按期完工，并已交付使用。

二是制造能力建设。形成了由4台热处理炉、大容量强制冷却装置构成的热处理能力和由6台数控机床和3台大型机床构成的套管头、采油树产品的高效加工能力。同时，购置了先进的电脑多元素分析仪，化学分析能力成倍提高。

三是队伍建设，采取各种形式加强了员工培训，2009年举办培训106期，共培训1667人次。

2．科技创新与技术改造

成功开发了行星轮式抽油机，3台已应用于作业区现场，创造产值180万元；取得了井口装置和采油树产品A级制造许可证，形成了采油树产品批量制造能力；油管检修业务、标准化橇装设备制造业务稳步开展，完成“五小”成果76项。

3．党群工作

2009年机械公司党委开展了基层“星级”班子创建活动和 “科学发展当先锋，我为企业解一难”党建主题实践活动，有力促进了各项工作。机械公司党委和10个党支部全部被油田党委评为一类党支部；工会、团委全年组织大型文体活动5次，积极开展劳动竞赛等活动，促进了生产经营任务的完成。

（李大明　邹晓玲）

唐山冀油瑞丰化工有限公司

【概述】　唐山冀油瑞丰化工有限公司（以下简称瑞丰化工公司）注册资金为1500万元。现有员工156人，其中职工58人，子女工35人，高职高专生6人，社会化用工57人（其中外雇工41人，家属工11人，买断再就业人员5人）。共设综合办公室、经营财务科、质量安全环保科、生产运行科4个机关科室.。基层设化工厂、配液站、产品研发中心3个队站。公司法人管理机构设有股东会、董事会和监事会，为董事会领导下的经理负责制。

瑞丰化工公司主要生产设备有反应釜15套、各类泵64台、各种生产用储罐43具、过滤器5套，锅炉3台。2009年实现产值16532万元，实现利润1849万元。

【主要工作】

1．生产经营

2009年瑞丰化工公司大力实施科技兴企、人才强企、低成本、走出去四大战略，各项工作都取得了新的成绩。2009年采油化工自产产品累计生产6262.09吨，累计销售29526.7吨；累计生产销售酸配液4382.5立方米，累计生产、销售压井液38740立方米，满足了油田生产要求。同时，加快了海上化学药剂的研究和加药服务工作，保证了海上生产与服务范围逐步由陆上向海上的转移。

2．安全环保

2009年瑞丰化工公司规范HSE管理体系和ISO 9001质量管理体系的运行，落实安全生产责任制，认真做好危险化学品出入库登记、运输管理及职业健康体检等工作，公司全年未发生上报安全环保责任事故，在油田和集团公司组织的质量抽检中，未发现质量问题，出厂产品质量合格率达到100%。

3．科研创效

2009年瑞丰化工公司采取自己研发、合作开发等方式，逐步增加产品种类，替代经销产品，共研发新产品丙酸铬交联剂、固井水泥用降失水剂等7项。通过对相关处理剂的评价筛选，为招标提供了依据，科研创效达到577万元，实际实现利润总额1849.19万元，股东投资回报率20.7%。同时，加快推进药剂降量工作的开展，同比加药量总体减少45.8%，日节约加药费用3.157万元，2009年节约加药费用1000万元左右。

4．队伍建设

2009年瑞丰化工公司制定下发了《瑞丰化工公司技术创新奖励办法》、《瑞丰化工公司奖金考核细则》、《瑞丰化工公司销售管理办法》，修订了《五型班组考核细则》、《星级员工考核细则》，开展了技能鉴定工作，逐步拉开了班组之间、员工之间的收入差距；认真开展了“五型”班组创建活动、“标准基层队”、“6S管理活动”等，促进了基层队站、施工现场、作业现场等标准化管理水平的提高。同时，关注员工的实际利益和员工的健康、安全、劳动保护等工作，根据用工复杂的特点，尽量保持不同群体利益的平衡，保持了队伍的稳定。

（刘 玲）

唐山冀东石油志达车辆服务有限责任公司

【概述】 截至 2009 年底，唐山冀东石油志达车辆服务有限责任公司（以下简称志达公司）共有员工 397 人，其中，正式员工 308 人，子女工 22 人，外聘员工 59 人，再就业人员 8 人。共管理各种车辆 577 台，船舶 17 艘。主要承担油区生产指挥用车和值班送班、通勤、客运长途、码头管理及海上运输等多项任务。

志达公司机关设党政办公室、生产管理科、质量安全环保科、技术机动科、经营管理科、财务科 6 个科室；基层设码头与海上运输管理中心、客车队、唐山小车一队、唐山小车二队、唐海小车一队、唐海小车二队、后勤保养站、综合服务队。

2009 年志达公司资产 6967.8 万元，固定资产原值 2463.4 万元，净值 982.6 万元；实现收入 2.21 亿元，利润 946.61 万元，完成了油田下达的经营指标；设备完好率达到了 97%，服务满意率始终保持在 90% 以上。

【管理工作】

1．生产管理

船舶方面，共投用 5091.5 个工作日，航行 3818.5 个工作日，累计运送人员 61364 人次，运送车辆 21561 台次，装卸原油 33225 吨，实现了安全、高效运行。

车辆方面，综合出勤率保持在 94% 以上，在保障油田生产生活用车的同时，还完成了唐山市“陶博会”和曹妃甸论坛征调用车等任务。

服务质量方面，客运车辆实现了“不落下一个乘客”的服务目标，码头与船舶管理初步建立了服务质量管理机制。

2．经营管理

2009 年，志达公司接管了码头与船舶运输管理业务和陆上货物运输（钻机搬迁、污水倒运、污水回注）管理业务，增加了收入，扭转了经营亏损的被动局面。针对业务调整实际，制定《市场管理实施细则》，建立相互牵制的审批结算制度。终止外雇劳务工到期劳动合同 40 人，对基层队部人员进行了精简，动员驾驶员和机关后勤人员向一线岗位转移，既解决了人员超编问题，又满足了新业务用工需求。通过对船舶资源、油料供应实施招标，海上运输成本同比降低约 2.71 亿元，节约运输成本 200 多万元。

3．安全管理

逐级签订了安全生产责任书，2009 年志达公司编写了《码头 HSE 作业指导书》，配齐了安全管理人员，坚持不懈地做好安全检查和路查夜查，2009 年安全检查 110 余次，路查夜查 580 余次，使存在的安全隐患及时得到整改等，累计组织应急演练 40 余次。

【其他】

1．教育培训

2009 年，志达公司针对海上业务聘请专业人员进行长期业务指导的实际，组织18名管理人员和11名操作人员进行了司索及司索指挥取证培训，安排66名管理人员和操作员工进行了“五小证”培训，针对陆上业务，对16名新入厂员工（包括管理人员）进行入厂教育，对5名驾驶员进行客车增驾培训。2009年共有1067人次参加了志达公司主办的各类培训班，参加油田内部培训班45人次，送外培训86人次，通过教育培训，员工的业务素质和操作技能不同程度地得到了提高。

2．党群工作

2009年志达公司党委按照党建质量管理体系要求，每月对各支部进行测评、检查和通报，坚持每季度上一次党课，开展党员示范车、党员先锋岗、党员责任区及科学发展当先锋等主题实践活动，定期进行员工思想动态调查，做好耐心细致的思想政治工作，促进了队伍作风和素质的提高。

工会组织广泛开展合理化建议征集、劳动竞赛、送温暖及各种文体活动，凝聚了广大员工的智慧和力量。

团总支开展了“安全生产、青年争先”青年联谊会、主题教育演讲比赛、安全知识竞赛等活动，调动了青年员工的工作积极性。

（刘永刚）

唐山冀东油田能源开发有限公司

【概述】　截至2009年底，唐山冀东油田能源开发有限公司（以下简称能源公司）共有职工47人。能源公司下设4部1室和2个基层队，即生产项目部、市场营销部、安全环保部、财务资产部、综合办公室和供气队、输气队。能源公司经营范围有压缩天然气终端市场开发及技术服务、仪器仪表批发和液化石油气、天然气、压缩天然气整批销售及石油天然气的处理、储存等。

能源公司生产设施主要有压缩天然气加气站1座，日加气能力30万立方米；天然气处理装置1座，日处理天然气25万立方米；管理着4条天然气外输主干线，日输气能力300多万立方米，并具备计量远程监控系统。拥有固定资产原值12755万元，净值9302万元。2009年销售天然气33200万立方米，销售轻烃8460.7吨，销售液化气14752.7吨，实现油气销售收入4.26亿元、利润总额3540万元。

【主要工作】

1．工程项目建设

2009年，能源公司组织建设项目有5项，即同油气集输公司结合完成了高尚堡处理厂和老爷庙处理厂年度检修工作，两套装置的安全性和生产稳定性得到了更进一步的提升；投资建设了高尚堡天然气脱硫装置和集配气系统改造工程，确保了天然气处理装置安全运行和产品质量达标；对高—滦管线和高—唐管线进行了维护改造，均进行了不停气带压封堵连头，未对用户造成停气影响；计量远传系统投入使用，实现了14个站点的数据采集与上传；完成了三友供气站维护项目和丰南分输站供电项目，确保了两个站的安全生产。

2. 市场开发

2009 年随着永唐秦天然气输气管线的建成投产和唐山市区冬夏季用气量的差异，天然气销售量大幅下降，能源公司及时提出了市场结构“两个调整”的销售思路，即将调峰量部分转移到价格受能力更强的季节用户上，将压缩天然气量逐步转移到管道用户上。4 月冬季采暖期结束后，唐山市区日用气量由 60 万立方米减少到 40 万立方米，再加上油区自用和采暖用气量的减少，合计每天减少用气量约 40 万立方米。针对存在的问题，积极开拓市场，寻找新的季节用户，在南唐、高滦管道附近开发新用户 4 个，新增管道天然气销售量约 10 万立方米 / 日，实现了油田天然气产销平衡。

3. 经营管理

一是深入开展“降本增效”活动。降低成本方面主要是开展了“我为降本增效献一策”的全员合理化建议征集活动，共采纳降本增效合理化建议 16 条，降低维修费用和库存生产材料等费用 1041 万元。增效方面，首先同唐山燃气公司测算唐山工业用气与非工业用气比例，确定了合理的工业用气量，共增加收入 300 万元。

二是积极进行天然气推价工作。通过多次与用户结合，2009 年新开用户全部按《关于 2009 年供城市燃气新增气量适用价格指导意见》的要求上浮 10% 执行，跟踪唐山地区煤炭价格的变化，与三友电厂建立调峰用气价格浮动定价机制，及时调整三友电厂调峰用气价格。通过推价工作的开展，使油田天然气销售获得了最佳的效益。

4. 安全工作

2009 年能源公司通过“天然气管道保护月”、“迎国庆、保安全”活动月、“风险识别和隐患排查月”、“计量管理活动月”等活动的开展，不仅确保了日常生产安全，而且确保了能源公司的安全生产；加强了管道安全管理。公司所管辖的管线近 200 千米，地况复杂，在加强日常巡检的同时，配备了长输管道 GPS 定位仪和雷迪 PCM+ 管道防腐层检测仪，使管道检查工作更为精细，全年共排除各种隐患 34 起，确保了管道安全运行。

5. 队伍建设

2009 年能源公司加大培训力度，采取多种形式、层次和途径，对员工进行现场知识讲解、专业技能培训和思想教育，全年共举办培训班 18 期，累计培训 259 人次；参加油田及外部培训 14 期，累计培训 43 人次，通过培训提高了职工的业务素质。完善了《考勤管理制度》、《奖金考核办法》、《降本增效管理办法》等，并狠抓了落实，收到良好成效。同时，深入开展了科学发展观学习实践活动等，通过活动的开展，解放了思想、理清了思路、找准了问题、促进了工作。

（张　蕊）

唐山北田油气开发有限公司

【概述】 截至2009年底，唐山北田油气开发有限公司（以下简称北田公司）共有员工116人。北田公司下设生产科、安全科、综合办公室、市场营销科；1个标准基层队：输气队。

2009年初，油田按照“法人企业做精做专做强”的经营发展思路，将北田公司原油业务整体切转作业区。北田公司全力拓展天然气新业务和新项目，经营范围涉及天然气销售、压缩天然气市场开发及销售、天然气发电、钻井节电、钻井天然气发电、小区供气等业务，经过不懈努力圆满地完成了2009年各项生产经营业绩指标。全年共实现销售收入1.1亿元，销售额为2008年度的124%；利润贡献额2200万元，完成年度指标1450万元的152%，利润贡献额为2008年度的232%，实现了全年安全生产无事故。

【主要工作】

1．天然气销售业务

一是拓展新用户。北田公司成功实施能源公司ϕ660毫米南唐管线与北田公司ϕ159毫米南黄开管线联头，实现天然气10万立方米的日倒输能力，有效地提高了销售气源；对沿线所有高能耗陶瓷、轧钢厂进行了逐一排查走访，积极开拓新用户，全年共开发新用户5家，增销天然气3万立方米。同时，新开发压缩天然气客户4家，日增销售量6.5万立方米。

二是组织实施南堡2-3平台火把气回收项目。北田公司经过对南堡2-3平台10万立方米的火把气情况进行深入分析后，积极与辽河兴隆台技术工程处合作，成功兴建南堡2-3平台天然气压缩项目，经过2个月的认真选址、制订方案、施工监督等程序后，2009年4月28日实现投产，该项目的实施在减小了火把气排污污染的同时，又增加了销售收入，全年共实现销售收入856万元，获利541万元。

2．综合开发业务

一是实施天然气发电业务。2009年北田公司经过深入细致调研天然气发电项目，充分利用8台天然气发电闲置设备和放空火把气发电，累计实现发电量4100万千瓦·时，年利润1500万元。

二是拓展钻井节电项目。2009年北田公司大力拓展钻井节电项目，利用网电代替钻井柴油发电，成功应用直流钻机滤波补偿装置在南堡油田A槽508井钻井试验，3个月节电利润177万元，北田公司按利润分配原则，获利106万元。

三是开展钻井天然气发电项目。2009年北田公司通过调研和测算发现，油田钻井基本采用柴油发电，柴油发电平均成本1.8—2.0元/千瓦·时，而天然气发电成本仅为0.6—1.0元/千瓦·时。通过开展钻井天然气发电项目，利用天然气发电代替钻井柴油发电，既减少了巨额柴油成本，又增加了天然气销售量。

四是拓展黑轻烃回收项目。2009年北田公司通过加大收集黑轻烃业务，在减少污水排放污染的同时，收到了可观的销售收入。

五是保障石油馨苑小区供气。油田将石油馨苑小区供气工作作为一项惠民工程交北田公司管理，北田公司选派了技术骨干先后多次到唐海燃气公司小区供气管理部门培训和取经，经过一年的精细管理，已全面完成该小区 592 户住户内天然气管线全天候整改工作，保证了 431 户成功通气。

3．安全管理情况

一是夯实安全基础。北田公司加强了安全生产基础工作的管理，将定期检查和专业性检查相结合，2009 年共组织岗位大检查 12 次、设备专项检查 2 次、隐患大排查 4 次，对检查出的隐患全部整改。

二是加强应急管理。北田公司对应急预案进行了完善，新建两项应急预案。在硬件方面，完善配备了各种有毒有害气体检测设备，为每个气站配备了正压呼吸器等安全护具，每季度进行一次专项应急演练，下属各气站每周进行一次应急演练，均收到了良好的效果。

三是加大全员培训力度。2009 年坚持每月组织北田公司全体员工进行一次以安全基本知识等为主要内容的考试，全年共组织安全考试 12 次，参考人员 800 余人次，及格率为 99%，同时，加大了天然气现场安全管理力度，保证了管道正常运营。

4．队伍建设情况

2009 年北田公司在加强班子建设的同时，主要加强了基层建设，党建工作和工会共青团工作，队伍建设取得显著成效。

（平连民）

唐山冀东油田工程造价咨询有限公司

【概述】　截至 2009 年底，唐山冀东油田工程造价咨询有限公司（以下简称造价公司）共有员工 65 人，其中正式职工 64 人，劳务工 1 人。造价公司下设综合办公室、勘探钻井预算科、地面基建预算科、工程准备预算科、地面基建概算科、海洋工程预算科、价格信息管理科、造价复核科。主要承担油田勘探开发、地面和海洋工程建设项目的概预算审核，工程招标标底编制，物资价格信息管理等工作。2009 年造价公司大力夯实基础工作，实现了年度工程造价审计审减误差小于 5% 和安全环保无事故的业绩指标。

【主要工作】

1．生产经营

2009 年，造价公司按时完成了工程概预算审核和标底编制的工作量和物质价格咨询工作，全年共计完成建筑安装工程概算 442 项，建安工程预算 65 项，建安工程结算 1164 项；组织咨询审核物资价格 99123 余项，非标设备及材料加工组价预算审核 1434 项等。在油田基础设施建设和矿区建设的造价审核方面，做到了严格把关，为油田控制投资、降低成本作出了努力。

2．工程造价定额管理

2009 年造价公司通过调研和多方咨

询，克服船舶种类多、船舶型号多等不利因素，提供了较为准确的各类船舶租赁价格，确保了海上生产所需船舶租赁的及时性；积极探索降本增效的途径，提出了5条降低钻井投资的建议并被采纳，有效控制了投额度。为加强招投标工作的保密性管理，制定下发了《招标、议标标底审核程序管理办法》，进一步规范了标底审核程序。

3．教育培训

2009年，造价公司主要加大了青年员工和转岗员工的培训力度。在专业技术方面，除聘请专家开办了石油安装工程量计量规则等专业技术培训班外，还采取见缝插针和师带徒的方式，分电气、工艺安装、土建工程三部分，由内部业务骨干组织培训。同时，积极营造良好的氛围，鼓励员工参加造价师等职业技能考试。通过组织管理培训及教育，造价人员的造价工作水平及新技术、新工艺的适应能力有了大幅度提高。

（汪 洋）

唐山冀东石油宾馆有限公司

【概述】 截至2009年底，唐山冀东石油宾馆有限公司（以下简称石油宾馆）共有员工291人，其中唐山石油宾馆180人，唐海石油宾馆分公司111人；职工56人，子女工16人。石油宾馆主营业务为餐饮、住宿。下设客房部、餐饮部、前厅部、工程部、接待部、办公室、财务部、唐海石油宾馆分公司。

2009年度计划经营收入2200万元，实际完成3096.28万元；服务满意度达到99.35%；荣获2009年中国酒店、餐饮业年会颁发的“绿色节能示范酒店”称号。

【主要工作】

1．建章与培训

石油宾馆把提升服务质量，创立行业品牌，提高经营效益作为追求目标，不断完善管理制度，逐步规范操作程序，整理编纂了《石油宾馆操作实务》，使服务质量有了保障。为提高员工技能，采取业务考核、技能比赛、班前测试、参观学习、“师带徒”等方式，对员工进行全方位的培训，培训合格率达到100%。

2．经营管理

2009年，石油宾馆从服务型转为经营服务型，面对经营和利润指标的压力，强化外部市场的开发，网络预定、形象宣传、客户公关、合同签订等多管齐下，接待量比2008年同期翻了一番。努力提高顾客满意度，向油田员工家属发出了优质服务承诺书，提出了“三星级宾馆五星级服务”的口号。针对反映较大的问题进行整改。经过努力，客户满意度比2008年提高5个百分点。改进接待模式，在VIP和团队的接待中，确立了以接待部总牵头，以接待通知单为标准，做到环环相扣，相互协调，信息及时，顾客满意。注重掌握客人的个性需求，了解客人饮食喜好，一切为宾客着想。全年共接待VIP客人137批，共1818人次，实现重大接待满意率100%。

3．降本增效

2009年，石油宾馆注重节能降耗，

多种举措压缩成本，在党员干部中开展人均创收 5000 元活动；成立采供组，设立质检员，原材料采供严格把关，对供货商进行了统一招标，定期公布原材料价格，接受监督；后厨加强“垃圾桶”的管理，杜绝制成品的流失。千方百计降低单房物料消耗，加强一次性用品的回收、二次利用管理；鼓励客人减少床上用品的洗涤次数。通过这些措施，客房的一次性物品成本下降 20%。

4．安全管理与团队建设

在安全管理方面，石油宾馆层层签订安全责任书，努力把好各环节、各部门的安全关，杜绝了安全事故发生。团队建设方面，主要在员工中开展主题教育活动，弘扬企业精神，营造了和谐氛围，通过活动的开展，培养了过硬的员工队伍。

（杜乐元）

矿区服务事业部

【概述】　矿区服务事业部（以下简称事业部）共有职工 459 人，子女工 74 人，外雇工 488 人（主要从事小区、办公楼、食堂、公寓的保安、保洁、绿化、维修、维护等服务工作）。截至 2009 年底，共有固定资产原值 56910 万元，累计折旧 9606 万元，固定资产净值 47304 万元。其中，事业部机关占 0.3%，物业公司占 80.3%，教培中心占 7.4%，社区中心占 8.7%，职工医院占 3.3%。事业部狠抓安全环保工作，实现了全年无事故的目标。

【主要工作】

1．企业管理

2009 年，事业部按照油田“三控一规范”的要求，精简了组织机构，裁减机关人员充实到了基层各单位。为了便于管理，减少中间管理环节，将医疗卫生管理部、离退休及社区管理部的业务及人员分别划归职工医院、社区管理中心负责。

修订、制定了包括物业与公共事业管理、绿化管理等方面在内的《油田公司基地小区住房管理办法》、《职工食堂管理办法》、《油田公司物业与公共事业管理办法》、《油田公司绿化管理办法》等 11 项管理办法，对加强管理起到了促进作用。

2．矿区建设

2009 年，事业部共完成矿区建设投资 2652 万元，工程项目 51 项，取得了实实在在的效果。在工程实施过程中强化了项目制度建设，建立了每月定期检查制度，对重点项目进行对口指导，坚持服务到现场，解决问题在现场。全年矿区建设工程质量合格率和矿区建设工程投资控制率均达到了 100%。

3．物业管理

2009 年事业部加强物业管理的考核和监督，坚持物业管理监督信息周公示制度，全年共计发布监督信息公告 38 期，信息 161 条；加强了对公寓和食堂的管理，全年按规定程序办理安排住宿和就餐人员 1200 余人，退宿、退餐 400 余人；抓好绿化的管护工作，完成了唐山、唐海基地绿化填平补齐，组织油田二级单位绿化工作人员加强对病虫害的防治。积极响应唐山市绿化工作安排，完成了南湖公园义务植树任务等。

【基层单位】

1．物业公司

2009年物业公司强化经营管理措施的落实和压减成本的支出，全年节约资金600多万元，较好地完成了2009年预算指标，积极开展质量回访，实行精细管理，服务质量和服务满意率进一步提高。(详见“物业公司”栏目)

2．社区管理中心

2009年社区管理中心业绩指标2516万元，实际完成指标2700万元。全年无退休人员越级上访事件发生，退休人员生活费按时足额发放，退休职工和社区居民队伍基本稳定。(详见“社区管理中心”栏目)。

3．职工医院

2009年职工医院严格控制成本、努力提高经营收入，完成门诊工作量45035人次，全年经营收入910万元，比年初预算增收180万元。(详见“职工医院”栏目)

4．教育培训中心

教育培训中心按照油田2009年工作会议部署，以为生产一线输送合格人才、为油区家长在一线夺油上产解除后顾之忧为工作重点，紧紧抓住职工教育、幼儿教育两条主线，通过不断增强大局意识、责任意识，圆满完成了全年各项工作任务，实现中心健康、持续、和谐、稳定发展。

（卞智勇）

社区管理中心

【概述】　截至2009年底，社区管理中心(以下简称社管中心)有在册职工54人，服务对象3751人(见表10-3)。机关设综合办公室、管理科、医疗保险科、财务科4个机关科室；基层设唐山居委会、唐海居委会、凤凰园管委会、光明健身俱乐部4个基层单位。唐山健身俱乐部总建筑面积5793平方米(地上3911平方米)，设有室内篮球馆、健身房、乒乓球室、台球室、跳操房以及壁球、攀岩等。俱乐部共有乒乓球台10张，台球桌5张，各类健身器材39套。唐海活动中心建筑面积7000平方米，设有篮球馆、图书室、乒乓球室、台球室等活动场所。凤凰园活动中心占地面积260平方米，设有台球、乒乓球、图书阅览室、棋牌室等场所。

表10-3　2009年社管中心管理服务对象情况　人

分类	退休人员							退养职工	有偿解除劳动合同人员		职工遗属	家属子女	
地区	唐海	唐山	凤凰园	北京	上海	天津	其他		未就业	已就业		家属	子女
人数	404	592	196	79	30	153	50	15	103	631	38	980	750
合计	1504							15	734		38	1730	
总计	4021												

【主要工作】 2009年社管中心发放退休职工生活补贴3486.74万元（河北省2975.9万元、集团公司362.54万元、油田公司148.3万元）；代收医疗保险、养老保险581.18万元（医疗保险170万元、养老保险411.18万元）；医疗费报销560万元；退休职工各项支出2517.02万元。

1．职工慰问工作

慰问困难职工102户，发放慰问费用11.37万元；慰问老领导、患重病人员和特困家庭28户；为2246名退休退养职工、有偿解除劳动关系人员发放“双节”补贴269.5万元；做好建国60周年期间对老党员、老干部、老工人的慰问工作，共慰问退休职工、有偿解除合同人员、职工遗属、低保家庭76人，发放资金7.4万元；“金秋助学”共资助困难学生7户，发放资金1.5万元。

2．文体与集体活动

为庆祝建国60周年和大庆油田发现50周年积极做好退休职工书法、美术、诗歌、散文的征集和上报工作，参加了油田文化周后勤服务板块的文化汇演，组织了32人方队和100人的腰鼓队参加了油田第五届职工运动会开幕式表演。按规定完成了油田1398名退休人员养老金调整资料的填报工作，按时将调整的7.1万元养老金发放到退休职工手中。进行了退休职工生存鉴定，共认证异地人员196人；登记唐山市全民医保参保人员1523人。

3．家属工费用补贴和退休人员疗养

2009年下半年，油田职工家属成批不断地就退岗家属生活补贴费用问题到社区管理中心上访。根据有关文件精神，油田结合家属工专用补贴实际，及时对家属工按相关规定给予专用补贴，确保了油田家属工稳定。

根据油田相关政策，社管中心不再组织退休人员外出疗养，而是实行疗养货币化。社管中心组织相关人员对历年来的退休人员疗养情况进行了查询，并进行了三榜公示，对存在的问题进行了整改，2009年共发放疗养费用166人次，发放资金50万元。

4．唐海文体活动中心建成

2009年5月，唐海文体中心建成并试运行，针对试运行阶段的部分设备设施及办公物品不到位、基础资料填写不规范、消防中控室值班人员未取证等问题，积极加强同有关部门的联系和沟通，使相关工作尽快地落实到位。同时，投入资金近20万元对存在的问题进行了整改，加装了防护栏，整改了消防门等，消除了安全隐患。

【工作成果】

1．总体费用情况

2009年，油田核定社管中心费用指标2516万元，实际发生2838万元，剔除调整数330万元，全年实际完成指标2508万元，节余费用8万元，为计划的99.68%（见表10–4）。

表10–4　2009年社管中心费用使用情况　　万元

项　目	2009年度预算	账面发生数	剔除新增项目	本年实际支出	2008年同期数	同比增长	为计划的(%)
职工管理费	1032	1146	149	997	803	194	97
退休职工管理费	1484	1692	181	1511	1605	–94	102
合　计	2516	2838	330	2508	2408	100	99.68

2．在职职工费用情况

2009年预算1032万元，实际支出1146万元，剔除2009年调整数149万元，实际支出997万元，节约成本35万元，为年计划的96.6%（见表10–5）。

表10–5　2009年职工管理费用使用情况表　万元

项　目	年度预算安排	账面发生数	调整项目	年度实际	为年计划（%）
一、固定费用	823	973	149	824	100
二、变动费用	209	173		173	83
（一）管理性支出	68	67		67	99
（二）业务招待费	3	2		2	80
（三）其他	138	104		104	75
1．物料消耗	24	23		23	95
2．误餐费	43	37		37	85
3．水、电、暖费	57	32		32	56
4．其他	14	12		12	85
合　计	1032	1146	149	997	

3．退休人员费用情况

2009年费用计划1484万元，账面发生数1692万元，剔除调整数181万元，实际支出1511万元，超支成本27万元，为年计划的102%（见表10–6）。

表10–6　2009年退休职工管理费用情况　万元

项　目	年度预算安排	年度账面发生	调整项目	年度实际	为年计划（%）
1．活动费	30	36		36	120
2．困难补助	25	18		18	71
3．特需费（节日慰问费）	491	386		386	79
4．统筹外费用	330	347	17	330	100
5．退休职工医疗统筹费	150	162	12	162	100
6．局级干部用车	89	102		102	114
7．处级电话费	15	13		13	85
8．退休职工疗养费	60	169	107	62	103
9．家属生活补贴	185	252		252	136
10．退休活动租赁及物业费	15	15		15	100
11．退休职工独生子女奖励		30		30	
12．其他	94	162	45	105	
合　计	1484	1692	181	1511	

（侯俭伟）

职工医院

【概述】　职工医院由唐海总院（一级甲等）、唐山门诊部、凤凰园卫生所3个医疗区块组成，设有内儿科、外妇科、医技科、药械科、防疫科、计划生育办公室、综合办公室等科室。截至2009年底，职工医院（卫生处）共有在册职工115人，固定资产原值1897.4万元，净值1315.9万元，床位规模100张。

2009年职工医院完成门诊工作49129人次；病床使用率达41%；患者好转率98%、治愈率为96%。全年经营收入约910万元。

【主要工作】

1．基础工作

一是改善患者就医条件。在油田的政策、资金支持下，引进了一些较为先进的医疗设备，改善了就医条件，提升了医院诊疗能力和诊断水平，满足了油区患者的需求。

二是实行“双层级”业绩考核。2009年职工医院实行月度奖金与考核成绩直接挂钩的兑现办法，做到了严考核、硬兑现，奖金发放做到了公平、公正。

三是对医院环境进行综合治理。主要为重点部门和科室安装了防盗门，并在院内外安装了摄像监控系统；维修了因老化出现脱落的局部墙面，对简陋的凤凰园卫生所进行了简单装修，并对屋内的电路设施进行了安全改造；对唐山门诊部暖气管道设施系统进行了改造，结束了每年在供暖期间发生的严重漏水现象，同时积极做好了职工医院的规范化管理工作。

2．医疗服务

按照领导“开展一年一度的大型健康体检”的指示精神，职工医院积极做好了2009年度职工健康体检工作。对油田所有员工和家属进行基础健康管理，基本掌握了全局员工的健康状况，为油区居民提供了健康预警，达到了有病早发现、早预防、早治疗的目的，为油区职工健康提供了保障。

3．医疗检查

2009年，职工医院先后组织了10余次病历检查，现场解决问题，排除了医疗安全隐患。

加强了监督检查和隐患治理，2009年度医院共开展各类检查22次，共查出安全环保隐患或问题56项，逐一进行了落实。

4．公共卫生服务

按照国家“六位一体”的社区医疗卫生建设要求，为广大的社区居民提供精细化健康管理服务。

一是2009年重点针对爆发的甲型H1N1流感疫情，组织人员积极应对，严格执行传染病防治法，及时搞好疫情上报，做好了疫病的防治；在冬季疫情高发期，职工医院努力做好协调工作，成功申请到疫苗共计600支，优先为幼儿园的孩子和教职工，以及志达公司的客车司机进行了流感疫苗的接种，控制了甲型流感的流行蔓延。为保障前线生产工作的延续性，防疫人员携带疫苗深入一线开展工作，顺利完成接种约5000人次。

二是食品卫生管理。主要协同唐海县卫生防疫站、油田矿区事业部，对油田辖区内食堂进行了2次检查，确保了油区内无食物中毒和重大传染病的发生。同时，2009年免费为儿童接种疫苗2000针次，生育服务证发放率和人口预测准确率均达到100%。

（李　珊）

教育培训中心

【概述】　截至2009年底，教育培训中心（以下简称教培中心）共有员工195人，其中职工76名；子女工32名，高职专科生7名，外雇劳务工30名；再就业50人。机关设综合办公室、安全后勤科、培训科、技能鉴定科、函授部5个科室。基层设唐山幼儿园、唐海第一幼儿园、唐海第二幼儿园、馨苑幼儿园、职工文化中心5个基层单位。

2009年教培中心围绕油田发展需要开展职工培训工作，努力提高培训质量。全年共举办新员工入厂教育培训班、特种作业培训班、海员培训班共计51期，培训学员2985人；并做好了油田98名子女外送华北培训工作；全年共安排12次内部HSE培训，培训人员917次，2009年度教培中心被评为油田安全生产先进单位。

【主要工作】

1. 技能鉴定

2009教培中心努力调控技师鉴定结构，全年共组织32个工种840人的普通级别职业技能鉴定工作；组织100人次参加高级技师、技师资格考评工作，21人通过技师资格认证；外送技师7人、高级工骨干5人参加了集团公司相关工种技师培训班。

2. 成人教育和幼儿教育

成人教育方面，2009年函授学历教育共招收石油大学远程教育新生166名，送出毕业生228名，目前共有在册学员438名。幼儿教育方面，教培中心四所幼儿园以不断深化素质教育，促进了幼儿健康成长。在2009年油田第五届职工运动会上，100名孩子和10名幼儿教师共同表演的大型团体操《可爱万岁》，向油田职工家属充分展示了幼儿园素质教育的成果。2009年开展了“六一”文艺汇演，亲子运动会、幼儿讲故事比赛、幼儿卡拉OK比赛、迎新春家长开放日等寓教于乐、丰富多彩的活动，确保了油田幼儿健康成长。

3. 降本增效

教培中心采取降低通信费用、减少差旅费用、压减车辆费用、招待费用等措施，加大管理费用控制力度，压减成本。并坚持将有限的费用向教学一线倾斜和业务科室倾斜，降本增效显著。

4. 精神文明建设

2009年教培中心党总支积极引导员工以油田生产建设为己任，主动为油田一线搞好服务。一是开展了以“降本增效、优质服务”为主题的劳动竞赛活动。先后组织了第十三届教师、第八届保育员、炊事员技能技巧比赛、三所幼儿园艺术领域教师赛课、机关工作人员计算机比赛等竞赛活动，2009 年度教培中心荣获油田“夺油上产、降本增效”劳动竞赛第三参赛板块第一名。二是在两节送温暖活动中，慰问困难职工和离退休职工 10 人次，送出慰问金 8000 元；在 2009 年 6 月下旬开展的“夏送清凉活动”中，教培中心领导深入一线慰问员工，送去饮料、西瓜等消暑物品，让员工真正感受到工会组织的温暖。三是全面推行“创五型、争星级”评比活动，涌现出了一批先进典型。教培中心第一幼儿园团支部被评为“河北省国资委青年文明号”。

（姜　虹　孔谜娜）

冀东油田物业公司

【概述】　截至 2009 年底，冀东油田物业公司员工 1230 人（正式职工 161 人，子女工 25 人，再就业 373 人，劳务工 671 人）。物业公司机构设置为“3 室 18 队”，即综合办公室、管理办公室、经营办公室和唐海综合服务队、唐海综合维修队、唐海公寓服务队、唐海生活服务队、唐海保安服务队、唐海前线服务队、石油馨苑服务队、唐海收费站、唐山综合维修队、唐山综合服务队、唐山生活服务队、唐山保安服务队、田庄综合服务队、唐山研发中心物业部、唐山收费站。截至 2009 年底，物业公司共有固定资产 2080 项（唐海基地 1448 项，唐山基地 581 项，田庄基地 51 项），固定资产原值 4.58 亿元，净值 3.81 亿元。其中：唐海基地资产原值 3.39 亿元，净值 2.94 亿元；唐山基地资产原值 1 亿元，净值 0.74 亿元；田庄资产原值 0.19 亿元，净值 0.13 亿元。2009 年物业公司实行精细管理、精心服务，努力创造和谐舒适、安全稳定的工作、生活环境，管理与服务工作取得了新的成绩。

【三个基地】

2009 年物业公司圆满完成了唐海西区与石油馨苑的热水管线连通、唐山原南海渔家餐厅改造、唐海南区整体改造和唐海基地北区、西区停车场及田庄围墙维修等一系列工程的现场监督与管理工作，新增了石油馨苑底商招租、唐山 51 号职工家属食堂等服务项目，实施了唐海基地、石油馨苑冬季采暖管网的维护改造以及唐山凤凰园小区的采暖协调工作，把油田领导对油区职工家属的关怀落到了实处。

1. 唐海基地

完成住户及公共设施维修 5320 户次，供电 783.8 万千瓦·时，供冷水 82 万立方米，供热水 39 万立方米，排污水 69 万立方米，采暖维修 320 户次；清理生活垃圾 735.5 吨，绿化管护面积约 17 万平方米，液化气站共计发放液化气 14249 瓶；职工住宿总人数 1825 人次，全年接待各类会议 1600 余次。2 号岛、5 号岛、黑沿子接待就餐约 10 万余人次；石油馨苑共入户水电维修 1760 余户次，协调、督促施工方检查、整改小区工程质量遗留问题 200 余次，清理生活垃圾 1000 余吨。

2．唐山基地

小区公共设施及入户维修1440项次；液化气站上门服务8943余户次，绿化维护4万平方米，环卫清扫面积4.3万平方米，垃圾清运1344余吨；接待就餐6.9万余人次。

3．田庄基地

田庄基地占地面积80.34万平方米，环卫清扫面积2万平方米，有培训楼1座，学员公寓床位180张，食堂日平均接待就餐人数100人（开班期间）。主要设施、设备有2台燃煤锅炉、2座10千伏配电室、上水井等。全年共计完成各类维修1000余次。

【管理工作】

1．物业管理

一是职工食堂管理。2009年物业公司加大了食堂管理力度，确保饭菜质量不降，成本不超。在所属8个食堂服务满意率调查问卷测评中，最高满意率达99%（2号岛食堂），最低满意率70%（石油馨苑食堂），平均满意率85%。

二是实行"一卡通"。自2009年1月1日起，油田在全油区实行了"一卡通"充值工作，物业公司先后承担了油区4600余户的信息摸底、登记、数据录入等基础工作，3月底油区补贴卡、缴费卡全部发放到位，"一卡通"系统按期顺利实施。

三是抓好冬季供暖工作。2009年冬季供暖物业公司做到了"五个到位"，即"人员组织到位、供暖设备维护到位、设备运转基础资料齐全到位、供暖安全保障服务措施到位、供暖试压等工作宣传到位"，把冬防保温工作落到实处。

四是严密做好甲型H1N1流感防控。主要增加了油田小区、食堂、公寓等地消杀和垃圾清理密度，加强了食品卫生管理，起到了良好的防控效果。

2．经营和设备管理

经营管理方面，2009年物业公司与各基层单位分别签订了2009年业绩合同，指标、责任到人。按照管理性支出降低20%的要求，将"三费"支出明确专人负责，并严加监管，起到了节能降耗，增收节支的作用。增加了唐山51号甲区、石油馨苑停车收费项目，规范了停车秩序，全年增加收入12万元。

设备管理方面物业公司在确保设施、设备安全运行的前提下，依靠自己的力量对设备进行维修、保养，对必须外委的维修项目，在做好市场调研的基础上，选择价格相对低、服务质量有保障的专业厂家修理，维修费同比大幅度降低。

3．安全管理

2009年物业公司完善了HSE委员会机构，明确了安全职责，制定了年度安全环保工作目标，与基层单位签订了《安全环保责任书》，每季度召开一次HSE委员会，每月召开安全形势分析会，及时研究解决安全环保工作中存在的问题。开展了全员安全警语征集活动，共140条；注重职业健康，改善工作环境。建立和完善了职业健康工作制度，通过发放防暑降温用品、调整夏季户外工作时间、降低噪声等措施，改善工作环境，维护了员工健康。

【其他工作】

1．教育与竞赛

2009年物业公司开展了管理人员培训、劳动用工管理培训、小区物业管理培训、PPT办公软件操作培训、通讯员培训、office办公软件培训、园林绿化培训、文明礼仪培训和岗位安全知识培训，特种设备管理培训等培训班，共培训1015人次，培训取证377人；2009年

6 月底物业公司开展了 2009 年技能竞赛活动，112 名选手报名参加了电工、绿化、维修、保洁、烹饪等项目的技能竞赛，达到了预期目的。

2．队伍建设

2009 年物业公司在全体员工中开展了“树典型、争先进、讲奉献”的创优争先活动，涌现出了“心系用户的好青年”喻李军、“优秀共产党员”王树青、“勤勤恳恳维修人”吴勇安等先进典型，营造了“比、学、赶、超”的良好氛围；积极组织参加了油田组织的各类文体活动，在油田“庆三八靓丽风采”时装表演比赛中获三等奖，在油田第五届职工运动会上荣获精神文明奖等。

（李　娜）

第十一篇

油田大事记

油田大事记

一月

10 日　油田一百万吨原油商业储备库项目正式开工。

13 日　柳北地区沙三[3]油藏二次开发方案通过勘探与生产分公司审查。

15 日　油田 2009 年工作会议暨三届三次职工代表大会在唐海召开。油田总经理苟三权首先传达了集团公司 2009 年工作会议精神和集团公司党组书记、总经理蒋洁敏关于油田 2008 年工作情况汇报的批示，作了题为《认清形势，转变观念，坚定信心，努力开创油田科学发展的新局面》的工作报告。会议听取并审议了《总经理工作报告》、《工会工作报告》、《财务工作报告》的决议。在集团公司人事部李宏伟副处长的主持下，大会对油田领导班子和班子成员进行了民主测评。

16 日　油田对 2008 年度涌现出的"铁人基层队"、"劳动模范"和先进集体、先进班组、先进个人以及劳动竞赛先进单位进行表彰。

18 日　河北省副省长张和、省政府副秘书长于万魁在省政府贵宾楼亲切会见油田总经理苟三权、党委书记张国旗。

二月

8 日　中共中央政治局委员、国务院副总理张德江在集团公司副总经理王宜林等的陪同下，在曹妃甸工业区规划展示中心，听取了油田总经理苟三权关于冀东油田生产经营情况的汇报。

9 日　油田在唐海、唐山基地隆重举办元宵节焰火晚会。

16 日　集团公司矿区服务工作部副主任付建昌一行来油田调研指导工作。

25—27 日　南堡油田潜山勘探技术座谈会在唐山石油宾馆召开。

三月

4 日　南堡 1–3 人工岛按照"标准化设计、模块化建设"指导思想和"先进、适用、经济、美观"的原则，第一口井 NP13–X1091 井顺利开钻。

5 日　集团公司渤海湾盆地南堡凹陷勘探开发示范工程及项目协调会在油田召开。

同日　油田召开纪检监察工作会议。

17 日　油田隆重召开开展深入学习实践"科学发展观"活动动员大会，全面启动深入学习实践科学发展观活动。

21 日　油田五项科技成果通过省级鉴定。

23—24 日　股份公司勘探与生产分公司海上安全检查组来油田检查海上安全管理工作。

27 日　油田举办深入学习实践科学发展观专题讲座，中央党校教授余昌淼作专题辅导报告。

31 日　油田物业管理“一卡通”正式实施。

四月

8 日　集团公司安全环保部组织部分专家对油田海洋石油春季开工情况进行了为期 3 天的安全监督检查。

9 日　油田在南堡 1-3 人工岛举行岛上人员整体撤离（逃生）应急演习。

同日　油田党委在唐海基地文化中心举办劳动模范事迹报告会。

12 日　油田海上最大规模酸压施工南堡 1-80 井大型酸压施工顺利实施。

16 日　油田召开“和谐油区”共建座谈会。

20 日　油田召开南堡油田东营组重大开发试验项目研讨会，勘探与生产分公司副总地质师廖广志及相关领导出席会议。

21 日　油田召开领导干部大会，传达贯彻集团公司领导干部学习实践活动读书班暨学习讨论成果交流会精神。

23 日　油田召开科学发展观学习讨论成果交流会，集团公司学习实践活动第五指导检查组组长冯尚存，成员汝登峰、朱丹出席会议。

25 日　油田领导干部培训班顺利结束，176 名在职领导干部分 4 期在长庆油田培训中心接受了轮训。

27 日　广顺号油轮装载的 1084 吨原油在南堡 1-1 人工岛卸油码头成功卸载，标志着南堡 1-1 人工岛卸油码头全面承担起南堡油田海上导管架原油的卸载任务。

30 日　油田召开劳模座谈会。

五月

5 日　油田团委召开纪念“五四”座谈会。

6 日　集团公司总经理、党组书记蒋洁敏一行来油田进行工作调研，中国科学院院士、中国石油学会理事长贾承造，股份公司副总裁兼勘探与生产分公司总经理赵政璋等一行陪同调研。

8 日　油田最大的 35 千伏变电站南堡油田 1 号人工岛 35 千伏变电站投产一次成功。

12 日　油田召开海洋石油安全环保工作会。

13 日　河北海事局副局长赵兴林一行到我油田，就油田海上应急救援、船舶管理等情况进行交流。

14 日　油田召开领导班子学习实践活动专题民主生活会，集团公司学习实践活动领导小组成员、学习实践活动领导小组办公室副主任、思想政治工作部副主任贾光生，集团公司学习实践活动第五指导检查组组长冯尚存、成员汝登峰出席会议。

16 日　油田第十届职工篮球赛开幕。

18 日　油田召开领导干部大会，学习贯彻集团公司总经理、党组书记蒋洁敏来油田调研时的重要讲话精神。

20 日　股份公司勘探与生产分公司副总经理王元基一行来油田调研。

六月

1日　油田全面启动“安全生产月”活动。

5日　油田党委召开贯彻落实科学发展观情况分析检查报告群众评议会，集团公司学习实践活动第五指导检查组成员朱丹出席会议。

同日　油田开展第38个世界环境日宣传活动。

9日　集团公司党组决定，任命金明权为冀东油田分公司党委副书记，纪委书记，工会主席；免去王富同志的冀东油田分公司党委副书记、委员、纪委书记、工会主席职务。

同日　股份公司决定，修景涛兼任冀东油田分公司安全总监；免去金明权的冀东油田分公司副总经理，安全总监职务。

11日　南堡1号人工岛至3号人工岛海底电缆工程胜利竣工。

同日　油田在南堡11–E4–X508井首次使用油基钻井液。

12日　冀东油区首届“渤钻杯”篮球邀请赛在唐海基地正式拉开序幕。

17—18日　中油宇安HSE培训中心对油田两级主要负责人和安全管理人员80多人进行安全资格复训。

下旬　南堡5号构造6口井全部完钻，南堡5–82等3口井试气工作全面启动，标志着南堡5号构造深层天然气试气工作全面展开。

23—24日　股份公司滩海工程质量检查组对油田2009年在建海洋工程项目进行检查。

25日　油田召开深入学习实践科学发展观活动总结暨“创先争优”表彰大会，集团公司第五指导检查组组长冯尚存和成员汝登峰、朱丹到会指导。

30日　南堡1–3人工岛岛体工程正式完成。

“七一”前夕，油田党委获省国资委“十佳”先进基层党组织称号。

七月

9日　油田承担的国家科技重大专项“渤海湾盆地南堡凹陷勘探开发示范工程”任务合同书顺利通过国家科技重大专项实施管理办公室的最终审核。

全面启动爱国爱企教育“十个一”活动。

在河北省建设厅表彰的2008年度省级园林式小区、园林式街道的名单中，冀东油田唐海基地北区、唐海县新城大街分别获得园林式小区和园林式街道荣誉称号。

14—15日　集团公司防洪防汛检查组来油田检查指导工作。

16—19日　集团公司电子采购业务分析交流会在冀东油田召开。

23日　油田召开学习贯彻集团公司领导干部会议精神视频会。

29日　油田采出水综合利用一期工程通过竣工验收。

29—30日　油田召开《铁人》电影观后感座谈会。

30日　油田举办预防职务犯罪专题讲座。

30—31日　集团公司安全环保部特种设备安全管理专项督查组一行来油田检查指导工作。

八月

5—12 日　集团公司井控及安全检查团来油田检查工作。

6 日　国家发改委体改司司长孔泾源一行莅临南堡油田 1–1 号人工岛考察调研。

同日　油田召开维护稳定工作视频会议，安排部署迎接新中国成立 60 周年维护稳定工作。

8 日　南堡 1–29 井组海上集输工程一次投产成功。

10 日　“展石油儿女英姿，庆祖国六十华诞”职工文化艺术周活动在唐海职工文化中心拉开序幕。

11 日　油田召开 2009 年度社会治安综合治理工作会议。

12 日　油田召开学习实践活动群众满意度测评大会，对油田开展深入学习实践科学发展观活动情况进行了评价。

16 日　油田采油新技术应用学术成果在“河北省石油学会采油技术应用研讨会”上荣获一等奖 1 名，三等奖 2 名。

26 日　南堡油田 2010 年产能建设方案通过股份公司审查。

九月

5 日　南堡 1–3 号人工岛整体气举采油第一口井南堡 13–X1078 井投产。

8 日　股份公司地面工程质量检查组来油田检查指导工作。

10 日　集团公司副总经理、党组成员喻宝才来油田调研指导工作。

10 日、16 日　中国石油海上应急救援响应中心和大港油田、辽河油田有关单位合作，分别在大港油田举行海上应急综合演习，在辽河油田举行海域岸滩应急演习。

12 日　以“弘扬奥运精神，推进全民健身”为主题的第五届职工运动会隆重开幕。

15 日　南堡油田 1 号、2 号构造贯通工程顺利通过竣工验收，标志着油田最长跨海大桥建成通车。

23 日　油田在南堡 1–1 人工岛东北潮间带附近成功举行岸滩应急演习，全面检验海上应急救援响应中心岸滩溢油应急反应处置能力。

28 日　油田思想教育基地和油田南堡展厅荣获中国石油企业精神教育基地的命名。

十月

15 日　集团公司副总经理、党组成员王宜林来油田检查指导工作。

同日　集团公司环保考核检查组一行来油田检查指导工作。

16—17 日　股份公司审核组一行对油田“两书一表”制定和实施工作进行审核。

22 日　由国家海洋局牵头的国家海洋环境保护联合执法督察组一行来到油田，对海洋石油勘探开发污染防治情况展开专项检查。

29 日　油田召开第一次党代会。

30 日　油田召开稳定并提高单井日产工作会议，落实蒋洁敏总经理提出的要抓住稳定并提高单井日产量的“牛鼻子”这一工作要求。

十一月

4日　渤海钻探工程公司总经理秦永和、副总经理周宝华一行来油田访问座谈。

同日　油田档案馆被评为集团公司“档案（史志）工作先进集体”，胡德元同志被评为集团公司“档案（史志）工作先进个人”。

5日　油田召开工程建设领域突出问题专项治理工作领导小组会议，标志着油田工程建设领域突出问题专项治理工作启动。

6日　第三届渤海湾油气田勘探开发技术座谈会在油田隆重召开。

8日　河北省林业局局长武国堂来油田检查指导绿化工作。

11日　在河北省企业家协会组织的“河北省诚信企业”评选活动中，油田荣获“河北省诚信企业”称号。

同日　油田召开ERP系统建设扩大实施启动会，集团公司信息管理部副总经理古学进出席会议。

12日　南堡油田1号陆上终端地面工程正式投产。

26日　集团公司“三重一大”决策制度执行情况检查组一行5人来油田进行为期3天的检查调研。

十二月

8日　中国石油海上应急救援响应中心第一艘自建多功能工作船投入使用。

10日　在中国石油海上应急救援响应中心成立三周年之际，集团公司党组成员、副总经理、股份公司副总裁廖永远专程来油田检查指导工作。

15日　冀东南堡油田东营组重大开发试验成果汇报与验收会在北京举行，冀东南堡油田东营组重大开发试验项目顺利通过验收。

17—18日　油田召开2009年度工作务虚会。

18日　股份公司对油田堡古1井钻井工程方案进行评审。

31日　油田北京办事处新址隆重揭牌。

截至12月31日，油田全年生产原油173.02万吨，生产天然气4.57亿立方米。

（王　辉）

第十二篇

附 录

2009 年底油田员工队伍现状统计表

管理人员	小　计	正局级	副局级	正处级	副处级	正科级\高级主管	副科级\主管
2170	1030	2	7	72	123	410	416
专业技术人员	小计	正高	副高	中级	助理	员级	其他
1189	1189		79	271	666	28	145
操作人员	小计	高级技师	技师	高级工	中级工	初级工	其他
2977	2977	1	52	634	169	675	1446
职称结构	小计	正高	副高	中级	助理	员级	其他
2726	2726	10	310	792	1233	67	314
年龄结构	30 岁以下	31—35 岁	36—45 岁	46—55 岁	56 岁以上	平均年龄	
6336	2138	1002	2212	814	170	35.5	
学历结构	博士研究生	硕士研究生	大学	大专	中专	高中及以下	
6336	17	203	1953	2152	790	1221	

2009 年油田勘探开发主要指标表

序　号	项目名称	计量单位	计划数	完成数
一	新建产能			
1	动用油气可采储量	万吨	683	626.5
2	原油生产能力	万吨	90	80
二	油气产量			
1	原油	万吨	173	173.0168
2	天然气	万立方米	28000	45757
三	油气商品量			
1	原油	万吨	172.8	172.8438
2	天然气	万立方米	18000	33930

2009 年油田勘探开发主要工作量表

序　号	项目名称	计量单位	计划数	完成数
1	二维地震采集	千米		
2	三维地震采集	平方千米		120
3	预探井数	口	19	14
4	预探井进尺	万米	7.955	8.4122
5	评价井数	口	4	14
6	评价井进尺	万米	1.4	5.5983
7	开发井数	口	231	215
8	开发井进尺	万米	67.34	67.1071

2009 年油田勘探开发投资表

序号	项目名称	计量单位	计划数	完成数
	合计	万元	813140	769829
一	预探投资	万元	103323	106950
1	物化探	万元	3560	4560
2	预探井	万元	95775	97716
3	预探其他	万元	3988	4674
二	评价投资合计	万元	4800	64733
1	评价井	万元	4200	63228
2	评价其他	万元	600	1505
三	开发总投资	万元	607884	505017
1	陆地开发直接投资	万元	115000	93401
	其中：钻井投资	万元	110915	91761
	地面投资	万元	4085	1642
2	滩海开发直接投资	万元	378789	365415
	其中：钻井投资	万元	150000	141803
	地面投资	万元	228789	194167
3	天然气产能建设	万元	7350	
4	开发前期准备	万元		
5	开发试验	万元	62209	31166
6	老油气田改造	万元	6650	6676
7	开发辅助生产	万元	37886	37802
四	公用工程	万元	18368	26751
五	石油商业储备设施建设专项工程	万元	78765	66378

2009 年油田勘探开发主要效益指标表

序号	项目名称	计量单位	计划数	完成数
1	储量发现成本	美元 / 桶		
2	油气开发成本	美元 / 桶	17.62	15.89
3	建百万吨油气产能直接投资	亿元	36.11	33.2
4	建百万吨油气产能综合投资	亿元	67.54	63.13
5	探明亿吨油气可采储量直接投资	亿元		

2009 年油田员工基本情况一览表

人

类别	序号	单　位	小计	职工	子女工	大专生	油田内部劳务派遣	唐山人才派遣劳务	唐海临港派遣劳务	天津派遣	朝阳派遣	再就业
机关处室	1	油田领导	9	9								
	2	副总师	6	6								
	3	总经理办公室	13	13								
	4	生产运行处	33	33								
	5	规划计划处	20	20								
	6	财务处	33	33								
	7	人事处	18	18								
	8	企管法规处	19	19								
	9	质量安全环保处	22	22								
	10	审计处	17	17								
	11	土地处	48	17			31					
	12	科技信息处	11	11								
	13	党委办公室	9	9								
	14	党委组织部	4	4								
	15	机关党委	3	3								
	16	纪检监察处	5	5								
	17	工会办公室	8	8								
附属机构	18	勘探开发综合档案馆	15	11			4					
	19	资金结算中心	34	26								8
	20	人才交流中心（再就业协调办公室）	10	8								2
	21	工程质量监督站	16	15								1
	22	安全环保监督中心	18	18								
	23	信息中心	24	24								
	24											
	25											
直属机构	26	勘探部	17	17								
	27	开发部	22	22								
	28	基建海工部	21	18	3							

续表

类别	序号	单 位	小计	职工	子女工	大专生	油田内部劳务派遣	唐山人才派遣劳务	唐海临港派遣劳务	天津派遣	朝阳派遣	再就业
直属机构	29	工程技术部	22	22								
	30	投资公司综合办公室	7	7								
	31											
借调	32	借调人员	11	11								
二级单位（分公司）	33	勘探开发研究院	367	344	3		16					4
	34	钻采工艺研究院	153	153								
	35	井下作业公司	963	369	83	35	32		311	70	53	10
	36	油气集输公司	649	309	126	93	95		25			1
	37	勘探开发建设项目部	69	67	2							
	38	南堡油田采油作业区	471	202	44	200	25					
	39	工程监督中心	86	85	1							
	40	供应处	267	162	65		27		10			3
	41	供电公司	242	145	18	26	21		24			8
	42	开发技术公司	278	140	30	10	30		68			
	43	油气销售公司	28	27	1							
	44	中国石油海上应急救援响应中心	137	68			65		4			
	45	高尚堡油田采油作业区	832	402	143	94	164		29			
	46	柳赞油田采油作业区	493	231	88	52	109		13			
	47	老爷庙油田采油作业区	444	198	74	23	134		15			
	48	能源公司	72	42	1	6		23				
	49	造价公司	78	61	2	1	10		2			2
	50	设计公司	164	100	7			34	19			4
	51	北田公司	222	172	11			15	18			6
	52	石油宾馆	292	68	14			209				1
	53	油建公司	285	56	65	33			115			16
	54	机械公司	483	130	33	2			317			1
	55	瑞丰化工公司	185	58	35	6			81			5
	56	唐山冀东石油志达车辆服务有限责任公司	432	308	21				95			8
	57	矿区服务事业部（卫生处）										

续表

类别	序号	单　位	小计	职工	子女工	大专生	油田内部劳务派遣	唐山人才派遣劳务	唐海临港派遣劳务	天津派遣	朝阳派遣	再就业
费用单位	58	矿区服务事业部机关	40	38	2							
	59	教培中心	201	76	27	7	22		15			54
	60	新闻中心	14	14								
	61	社会保险中心	12	12								
	62	社区管理中心（退休职工管理处）	132	65	4		18		20			25
	63	物业公司	1001	159	20		86		309			427
	64	职工医院	160	94	15		9		11			31
	65	冀东中学	1									1
		东油分局	41									41
合　计			9789	4801	938	588	898	281	1501	70	53	659

注：数据截止日期：2009 年 12 月 31 日。

（贾晓辉　龚彬馨）